本书为教育部人文社会科学研究青年项目"农村宅基地'三权分置'的风险识别与规制研究"（编号：18YJC790075）结项成果

宅基地"三权分置"风险识别与规制研究

李国权　著

人民出版社

序　言

党的二十大报告指出："我国发展进入战略机遇和风险挑战并存、不确定难预料因素增多的时期，各种'黑天鹅'、'灰犀牛'事件随时可能发生。我们必须增强忧患意识，坚持底线思维，做到居安思危、未雨绸缪，准备经受风高浪急甚至惊涛骇浪的重大考验。"①改革总是与风险相伴相生，改到深处更会遇到激流险滩。如何有效防范和化解改革风险，做到改革而不改向、变革而不变色，始终是我们面临的重大现实课题。

宅基地"三权分置"作为新时代我国深入推进宅基地制度改革的重大理论和实践创新，产权主体多样性、利益关系交织、制度环境复杂、实施场域独特……，这使得这一土地制度改革既存在显著的理论绩效，也存在可能的潜在风险。潜在风险挤迫下的宅基地"三权分置"促使风险的语境设定成为审视宅基地"三权分置"改革的逻辑前提。习近平总书记多次强调："农村土地制度改革是个大事，涉及的主体、包含的利益关系十分复杂，必须审慎稳妥推进。"②对宅基地"三权分置"风险进行识别与预判，并以制度化的力量加以防范与规制，应当是中国式现代化进程中全面推进乡村振兴的关键环节。

李国权博士的《宅基地"三权分置"风险识别与规制研究》一书，立足我国农村宅基地制度改革的实践探索，围绕宅基地"三权分置"的制度演进和过程

---

① 习近平.高举中国特色社会主义伟大旗帜　为全面建设社会主义现代化国家而团结奋斗——在中国共产党第二十次全国代表大会上的报告[M].北京:人民出版社,2022:26.

② 习近平.论"三农"工作[M].北京:中央文献出版社,2022:86.

机理,将理论分析与实证检验、历史分析与逻辑分析、定性分析与定量分析、抽象分析与具体分析结合起来,从制度复杂系统的视角,探讨了宅基地"三权分置"风险的发生背景与形成机理;运用扎根理论质性分析法和社会网络分析模型识别和评价了宅基地"三权分置"风险的特征事实;基于国内外实践经验,提出了宅基地"三权分置"风险规制对策。无论是研究选题还是学理论证,以及对策建议都具有一定的理论意义与学术价值、实践意义与应用价值。该书坚持运用辩证唯物主义世界观方法论,导入不确定性思维,基于改革风险治理的视角,探讨宅基地"三权分置"问题,无疑是对已有研究的补充和完善。从研究范式看,本书尝试引入制度演化复杂理论和风险系统治理理论,应用复杂系统、复杂网络理论、演化博弈论等交叉学科的方法,解析宅基地"三权分置"风险演化的逻辑问题,这为制度系统及其演化提供了一种新的视角。从逻辑归宿看,本书没有简单地就风险论风险,而是立足于新发展格局下乡村振兴战略实施这一大背景,运用了一般与特殊、历史与现实、具体与抽象、实证分析与规范分析相结合的研究方法,从制度创新的角度入手,在对宅基地"三权分置"制度的结构以及制度变革的内在逻辑、方式、路径进行准确描述和深入研究的基础上,对宅基地"三权分置"风险与规制进行了多层面、多视角的分析和系统的设计。从学术观点看,本书运用中国特色社会主义政治经济学最新成果,将宅基地"三权分置"视为一个涵盖产权制度安排、实施机制和制度环境"三位一体"的复杂适应系统,在此基础上进一步将"三权分置"的文本内涵拓展为落实集体所有权、保障农户资格权、适度放活使用权及调适国家管制权的四个实践维度,从而体现了宅基地"三权分置"这一产权制度的嵌入性特征。同时,将宅基地"三权分置"风险定义为一种制度演进复杂性所引致的制度冲突,并从制度体系优化的视角提出规制这一风险的制度路径,从而构建一个具有高度逻辑自洽的制度创新论点。

本书研究思路明晰、视角独特、论证充分,但由于宅基地"三权分置"改革是一个重大的现实问题和理论课题,其改革风险的识别与规制更具系统性、复杂性和动态性,虽然作者的学术努力业已形成了一种整体把握,但该问题还有很大的研究空间。希望李国权博士和有志于宅基地"三权分置"改革问题研究的学界同人能够在既有研究基础上，继续迎难而上、刻苦钻研，不断为深化我国农村土地制度改革实践贡献学术力量。

中国工程院院士

2024 年 7 月 于龙湖现代免疫实验室

目 录

绪　　论

农村土地制度改革对于我国改革发展具有"初原性"意义,关乎农民根本利益、关乎农村长远发展、关乎国家长治久安。宅基地制度作为一项极具中国特色的土地制度安排,承载着经济、政治、文化、社会、生态等多重功能,在保障农民住有所居、促进社会和谐稳定、推动乡村全面振兴中发挥着极为重要的作用,是农村土地制度改革中最为敏感、最为谨慎、最为复杂的领域。2018 年中央一号文件正式提出,探索宅基地所有权、资格权、使用权"三权分置",从而开启了我国农村宅基地制度改革的新篇章。目前,宅基地"三权分置"改革正处在试点探索阶段,这一制度变革因遗留问题众多、利益关系交织、涵盖领域广泛、涉及主体多元、承载功能复杂,必须依法规范、审慎稳妥、有序推进,确保风险可控、底线可守、预期可达。以发展的理念、系统的观念、辩证的思维、前瞻的视野理性审视宅基地"三权分置"风险,对其形成机理做出合理的解释,进而提出相应的规制对策,对于深化宅基地"三权分置"改革、全面推进乡村振兴具有重要的现实意义和理论价值。

第一节　研究背景与缘起

在全球化与现代化相互交织的世界百年未有之大变局下,改革创新与风险扩张犹如"孪生兄弟"形影相随,风险已成为我们这个时代的标志性特征和理解世界的无所不包的背景[①]。在一个不确定的世界中谋求改革发展,就必

---

① 张成福,陈占锋,谢一帆.风险社会与风险治理[J].教学与研究,2009(05):5—11.

须从不确定性出发,观察经济社会运行的基本态势,形成对经济社会运行的基本看法;从防范化解风险的忧患意识出发,评估各项政策制度效果,考察各类市场主体行为;从识别规制风险的前瞻谋划出发,探索更多的改革未然状态,回应改革的应然需求。

一、乡村振兴战略进入全面推进期

在现代化政治中,农村始终扮演着关键的角色。全面建设社会主义现代化国家,实现中华民族伟大复兴,最艰巨最繁重的任务依然在农村,最广泛最深厚的基础依然在农村。党的十八大以来,特别是党的十九大首次提出实施乡村振兴战略以来,我国乡村振兴取得了显著成果,促进了农业全面升级、农村全面进步、农民全面发展。党的二十大描绘了以中国式现代化全面推进中华民族伟大复兴的宏伟蓝图,提出全面推进乡村振兴,加快建设农业强国的目标任务。从"实施乡村振兴战略"到"全面推进乡村振兴",意味着我国乡村振兴进入了新阶段。站在以中国式现代化全面推进中华民族伟大复兴的高度,全面推进乡村振兴的初始条件、预设目标、实现途径、保障措施等都发生了深刻变化,呈现出多动力驱动、广时空背景和超复杂实践等特征,其过程必然伴随各种制度的设立和重置、资源要素的配置和分配、内外关系的搭建和重建,带来对既有规范和利益的冲击和改变,从而面临更多的不确定性。

当前及未来相当长的一段时间里,全面推进乡村振兴的重点在于通过多元措施推进乡村产业振兴、人才振兴、文化振兴、生态振兴、组织振兴,进而统筹解决乡村发展在人、地、业、钱、财等方面面临的突出问题和难题,将乡村建设成为集田园综合体、生命共同体、村镇有机体、特色经济体、创业联合体于一体的综合性地理空间,最终实现农业强、农村美、农民富和城乡融合发展。在这一过程中,我国将由以农为本、以土为生、以村而治、根植于土的"乡土中国"转向乡土变故土、乡村变故乡、城乡相融合的"城乡中国",乡村地域系统也将实现由多功能乡村系统向融合型城乡系统转变,原有封闭、同质、单一的传统乡村社会将逐步发生变化,现代乡村社会日益走向开放、流动、融合。在传统与现代双重风险的交织下,局部乡村地区已出现的生态系统、生计系统、社会文化、互助功能等方面的问题都可能酝酿风险端倪①。在乡村内涵和外延的结构性裂变、整合、重组过程中,既存在诸多发展机遇、变革空间,也伴随着重构、失范所带来的诸多发展挑战、改革风险。如何准确把握、积极引导好这种全方位的演进态势,建立起高效务实的动力机制和有序规范的平衡机制,统筹推进高质量发展和高水平安全,保持农村经济社会平稳较快发展,迫切需要不断做出理论和实践的回应。

二、农村土地制度改革迈入攻坚期

土地制度在一个国家农村制度体系中,是最为重要的生产关系安排,是一切制度中最为基础的制度②。在我国这样一个农业大国里,土地具有深厚根基和深层底色,土地制度的适配程度和执行效度影响甚至决定着国家与农民之间的关系。建立并不断完善与经济社会发展相适应的农村土地制度,始终是我国历次国家制度变革中的重要任务。党的十八大以来,我国通过农村土地产权制度、承包经营制度、征地制度、集体经营性建设用地入市制度、宅基地使用制度等一系列制度改革,完善了农村土地产权权能,提高了农村土地市场配置效率,促进了脱贫攻坚的实现和乡村振兴的推进。在宅基地制度改革方面,各地在宅基地确权登记颁证、加强村民自治管理、探索新的取得方式以及盘活闲置宅基地等方面取得了积极进展,尤其是自 2018 年中央一号文件正式提出探索宅基地"三权分置"后,试点地区以所有权、资格权、使用权"三权分置"为导向开展了富有成效的探索。但宅基地"三权分置"必然面对不同力量互动博弈而产生的合作或冲突,利益结构和互动过程的复杂化必然蕴含并形成各种矛盾与挑战,加剧了诱发和激化改革风险的可能性,而这些风险将在很大程度上影响和制约宅基地"三权分置"的总体进程,进而引发一系列社会问题。为此,习近平总书记多次强调:"农村土地制度改革是个大事,涉及的主

---

① 杨艳文.乡村振兴视域下农业农村现代化面临的社会风险及化解之道[J].领导科学,2021(18):83—86.

② 韩长赋.中国农村土地制度改革[J].农业经济问题,2019(01):4—16.

体、包含的利益关系十分复杂,必须审慎稳妥推进。"①也正是鉴于这一制度创新的特殊性、复杂性和紧迫性,中央层面始终强调要"稳慎推进",保持足够历史耐心,确保风险可控、底线可守,决不能犯颠覆性错误。

事实上,试点地区在探索宅基地"三权分置"实现路径中也的确存在因交易程序不规范、价值评估不公正、补偿机制不完善、利益分配不平衡、规划利用不合理、监管机制不健全等问题而引发侵害农民权益、破坏社会秩序、异化乡村伦理、威胁耕地红线等风险。宅基地"三权分置"风险的发生不仅影响乡村振兴中要求坚持农民主体地位,坚持人与自然和谐共生,坚持因地制宜、循序渐进的基本原则,还阻碍了通过宅基地产权优化搭载乡土文化,助力文化振兴;发展特色产业,助力产业振兴;实施复垦复绿,助力生态振兴;吸引人才下乡,助力人才振兴;强化基层治理,助力组织振兴的改革进程。因此,宅基地"三权分置"风险预警和防范已成为当务之急,如何有效识别和规避宅基地"三权分置"的潜藏风险,是实现以宅基地制度改革推动乡村振兴、迈向共同富裕的关键。为此,2021年中央一号文件明确指出"稳慎推进农村宅基地制度改革试点","探索宅基地'三权分置'有效实现形式"。2023年中央一号文件进一步提出"稳慎推进农村宅基地制度改革试点,健全土地流转资格审核与风险防范制度,深入开展重点风险领域治理攻坚"。至此,如何有效化解宅基地"三权分置"风险,稳慎推进宅基地"三权分置"改革,成为当前我国农村宅基地制度改革的重要问题。

第二节　研究现状与评述

宅基地"三权分置"作为一项具有鲜明中国特色、时代气息的农村土地制度安排,既是对我国现行宅基地制度的一种突破和超越,也是对新时代实施乡村振兴战略的回应和关照。自2018年中央正式提出探索宅基地"三权分置"以来,经济学、社会学、人类学、法律学、管理学等基于不同视角展开了富有理

---

① 习近平.论"三农"工作[M].北京:中央文献出版社,2022:86.

论启发意义的对话,形成了较为丰富的研究成果。这些具有创建性价值的研究成果既为探究宅基地"三权分置"风险问题提供了有力的学理支撑,也为解析宅基地"三权分置"风险问题提供了更为广阔的对话空间。

一、宅基地"三权分置"风险研究进展

从我国农村土地制度变迁的历史进程可以看出,土地制度选择的本身就是一个风险分摊、增值收益、谈判成本和效率损失之间的权衡过程[①]。由于国外很多国家实行土地私有制,而我国实行的是土地国有和集体所有制,土地所有制的根本差异导致国外文献很少有关于"宅基地"的研究,涉及宅基地"三权分置"风险的研究更为缺乏,与此相关的文献多隐含在土地污染[②]、生态环境风险[③]等研究领域。国内关于宅基地"三权分置"风险的研究则主要集中在2010年以后,研究成果主要集中在宅基地"三权分置"风险识别、风险认知、风险归因、风险评价以及风险防范等几个方面。

（一）宅基地"三权分置"风险的特征事实

国内早期对宅基地改革风险的研究主要集中在宅基地流转领域。由于一些地方管理不严格、操作不规范、相关服务体系不健全,出现了流转合同不规范、权利义务不明确、规模化流转对农民的风险保护不够到位等内蕴社会风险的现象[④]。在宅基地置换中存在宏观政策风险、政府主导风险、法治空白风险、规划决策风险、粮食安全风险、环境恶化风险、企业承诺风险、财政赤字风险等[⑤];在使用权流转交易中存在农房抵押风险、耕地流失风险、农民利益受

---

① 姚洋.集体决策下的诱导性制度变迁——中国农村地权稳定性演化的实证分析[J].中国农村观察,2000(02):11—19+80.

② Chang E E,Chiang P C,Lu P H,et al. Comparisons of metal leachability for various wastes by extraction and leaching methods. Chemosphere,2001,45(1): 91- 99.

③ Benn S,Dunphy D,Martin A. Governance of environmental risk: new approaches to managing stakeholder involvement. Journal of Environmental Management,2009(4): 1567- 1575.

④ 丁东铭,魏永艳.新时期社会风险评估机制建设进程中的失范问题及其对策[J].长白学刊,2017,(04):58—65.

⑤ 相子国.农村宅基地置换工作中的风险控制——以德州市为例[J].管理学刊,2011,24(01):82—86.

损、乡村伦理破坏、农村社会动荡①以及贫富两极分化加剧、集体和农民利益受损、房地产泡沫加剧、宅基地和"城中村"被固化等风险②;在宅基地继承过程中可能面临农户利益受损的风险、闲置率增高的风险、乡村伦理被破坏的风险③以及集体耕地流失、农户一户多宅、农民利益受损、城镇化延缓的风险等④。一些学者重点针对宅基地抵押可能产生的风险进行了分析。韦想等(2015)从金融机构和农村居民两个方面分析了宅基地使用权抵押贷款中的风险⑤;惠献波(2016)分析了宅基地使用权抵押法律、信用、操作、市场和道德风险的成因⑥。此外,也有学者探讨宅基地流转中的农村社会治理风险⑦,认为农村宅基地制度改革过程中面临农村社会可能受损的风险、国家粮食安全受威胁的风险、农民权益受侵害的风险、宏观调控被削弱的风险、政府管理效益受损的风险等⑧。

自2018年宅基地"三权分置"正式提出后,国内学者对其潜在风险进行了分析,认为宅基地"三权分置"改革推进过程中对于农民的生产生活方式以及其"半工半农"经济业态产生了冲击,可能衍生了包括政治、经济、文化、环境在内的多重风险。吕军书等认为,法律界定的模糊会导致宅基地改革推进的政治风险⑨,"一户多宅"确权困难更是严重影响宅改推进和社会稳定;缺乏

---

① 吕军书,张文赟.农村宅基地使用权流转的风险防范问题分析[J].河南师范大学学报(哲学社会科学版),2013,40(02):102—105.

② 周国平,徐净,王丹.农村宅基地流转的风险防范[J].科学发展,2013(11):39—43.

③ 吕军书,时丕彬.风险防范视角下农村宅基地继承制度改革的价值、困境与破局[J].理论与改革,2017(04):12—19.

④ 韩楠.论农村宅基地使用权继承制度改革的风险防范[J].农业经济,2018(12):79—80.

⑤ 韦想,狄志颖,吕昕.农村宅基地使用权抵押贷款风险分析与完善[J].法制与社会,2015(04):212—213+216.

⑥ 惠献波.宅基地使用权抵押融资模式、风险及防范策略分析[J].农村金融研究,2016(02):73—76..

⑦ 郭晓鸣,虞洪.四川农村宅基地自愿有偿退出探索实践及其潜在风险和应对建议[J].国土资源科技管理,2017,34(03):9—14.

⑧ 林超,陈泓冰.农村宅基地流转制度改革风险评估研究[J].经济体制改革,2014(04):90—94.

⑨ 吕军书,张硕.宅基地"三权分置"的法律内涵、价值与实现路径[J].农业经济,2020(06):92—94.

对宅基地性质的甄别以及研判,"一刀切"严重降低了宅基地社会保障作用,
产生了社会保障风险;林津等指出,利益分配失衡和隐形流转等问题会危害集
体经济健康发展,造成经济风险①;郭苗苗等则着眼于文化角度,认为可能导
致文化断档、宗族矛盾深化产生基层道德风险等问题②;周慧敏等指出,宅基
地大规模流转更改经营方式,可能会对环境造成破坏,引发治理难度,危害粮
食安全③;此外,还有学者就农民权益风险、公共服务风险和就业环境风险等
做了大量研究。宅基地"三权分置"改革可能存在片面追求改革进度而导致
农民利益受损的风险,危及乡村治理秩序和社会稳定④。贺雪峰(2018)认为,
宅基地资格权难以落实,使用权的放活则将农民置于失地风险之中⑤。制度
的变迁需求低估了宅基地财产权化制度变革的社会风险和不良后果,一味高
歌猛进的宅基地财产权化的制度变革可能会导致"产权失灵"的闹剧⑥。因
此,如何在宅基地"三权分置"改革中规范权利行使,规避宅基地流转过程中
的潜藏风险,让风险最小化、利益最大化,是宅基地制度改革能否实现预期目
标的关键⑦。郑风田(2018)对宅基地"三权分置"制度设计核心进行探索,并
简要分析了改革中的制度风险类型⑧。还有学者认为其主要有政策衔接风
险、规划管控风险、红线突破风险、农民利益风险、集体收益风险⑨;还包括集

---

①　林津,吴群,刘向南.宅基地"三权分置"制度改革的潜在风险及其管控[J].华中农业大
学学报(社会科学版),2022(01):183—192.

②　郭苗苗,杨博宇.基于文化价值保护视角下的宅基地使用权流转问题研究——以陕北窑
洞为例[J].乡村科技,2019(17):46—47.

③　周慧敏,陈凤,邓思宇,等.国外农地经营权流转经验及启示[J].江苏农业科学,2022,50
(17):290—294.

④　陈思媛,韩述.宅基地"三权分置"改革:政策演进、风险分析及防范对策[J].中国西部,
2021(06):102—108.

⑤　贺雪峰.农村宅基地"三权分置"改革能收获什么[J].决策,2018(07):13.

⑥　印子.对宅基地使用权初始取得市场化的反思[J].天津行政学院学报,2014,16(06):
86—91.

⑦　刘双良,秦玉莹."三权分置"背景下宅基地流转风险防范——基于物权视角的分析[J].
农业经济,2020(04):95—97.

⑧　郑风田.避免宅基地"三权分置"改革陷入风险[J].农村工作通讯,2018(08):42.

⑨　汪杨植,黄敏,杜伟.深化农村宅基地"三权分置"改革的思考[J].农村经济,2019(07):
18—25.

体土地所有权的落实风险、资格权的福利和机会风险、宅基地和农民房屋使用权运行风险①、宅基地资源俘获风险②。因此,应防范宅基地抵押风险、耕地流失风险和农民利益损失风险③,防止以扩大城镇非农建设用地来源为目的,强行收回农民宅基地,损害农民宅基地权益④。

(二) 宅基地"三权分置"风险的识别评价

在学者们纷纷提出要加强制度创新风险防范的同时,关于制度创新风险的评价分析模型的研究也日益增多。由于制度创新会受到众多复杂的风险因素的影响,制度创新风险的分析与评价成为一个复杂的系统。近年来,关于风险评估方法和模型的研究,除传统的专家调查法、故障树法、流程图法、财务报表法等方法外,国内越来越倾向于引入和开发制度创新风险识别的综合性方法,包括流程图法和环境分析法相结合的综合分析法、基于梅兹曼尼安—萨巴提尔模型的政策风险识别方法、基于 CIM(Controlled Interval and Memory Models)模型的风险评估模型、基于集值—层次分析的风险评估模型和基于 RBCS(Risk Breakdown and Controlling System)模型的风险管理模型⑤。国外研究认识到制度变革风险评估片段式处置的局限,倡导采用定量风险评估(QRA)、生命周期评估(LCA)等方法对环境制度、土地制度、医疗制度、科技制度等具体制度进行风险评估。近年来,社会资本理论、审议民主理论及心理学等理论成果被嵌入公共政策风险评估研究,得出多学科知识的运用有助于使未来的不确定性和偶然性合理化⑥的结论。

国内一些学者尝试运用不同的工具,对宅基地制度创新的风险进行

---

① 叶剑锋,吴宇哲.宅基地制度改革的风险与规避——义乌市"三权分置"的实践[J].浙江工商大学学报,2018(06):88—99.

② 于水,王亚星,杜焱强.农村空心化下宅基地三权分置的功能作用、潜在风险与制度建构[J].经济体制改革,2020(02):80—87.

③ 郭晓鸣,虞洪.四川农村宅基地自愿有偿退出探索实践及其潜在风险和应对建议[J].国土资源科技管理,2017,34(03):9—14.

④ 韩俊.农村土地制度改革须守住三条底线[J].山西农经,2015(01):11.

⑤ 尹贻林,陈伟珂,王亦虹.公共政策的风险评价[M].北京:科学出版社,2012:89—153.

⑥ Robert Danisch. Risk assessment as rhetorical practice:the ironic mathematics behind terrorism, banking, and publicpolicy[J]. Public Understanding of Science, 2013, 22(2): 236-251.

识别①。李雪萍(2012)结合实地调研和文本资料,将农地流转风险分为法律风险、市场风险、经营风险、合同风险和社会风险,并采用 AHP 法,建立农地流转风险层析结构模型,构建判断矩阵对农地流转风险进行评价②。林超、陈泓冰(2014)运用风险矩阵和 Borda 序值法,对宅基地流转风险进行了识别与定量评估③。惠献波(2017)依据实地调研数据,通过建立模糊综合评价模型,从耕地保护、土地管理、农民权益、地产市场以及城乡统筹五个方面,对重庆地票交易制度风险进行了评价④。刘永健等(2017)基于网络层次分析法和灰色聚类分析对农村宅基地上市流转风险进行了评价⑤。吴明发等(2018)从"经济、社会、环境和保障"四个维度构建了宅基地流转的农户个体风险评估体系,并运用层次分析法和模糊综合评价法进行实证评估⑥。在定量测度方面,严静等(2016)基于脆弱性视角从文献综述法、比较分析法、归纳总结法三个维度构建了宅基地退出社会风险评价指标体系和评价模型,探讨了宅基地退出社会风险的成因,对相应的指标进行阐释并给出度量方法⑦。此外,还有学者从风险认识的视角,分析了宅基地制度改革的影响因素。关江华、黄朝禧(2013)通过构建基于农户福利和风险的宅基地流转意愿函数,从福利与风险两个维度归纳了影响农户宅基地流转意愿的因素⑧。张婷等(2016)从宅基地

① 周梦思.农民宅基地用益物权抵押风险识别及其防范对策研究[D].南昌:江西财经大学,2016.

② 李雪萍.基于层次分析法的农村土地流转风险评价研究[J].科技经济市场,2012(04):63—66.

③ 林超,陈泓冰.农村宅基地流转制度改革风险评估研究[J].经济体制改革,2014(04):90—94.

④ 惠献波.地票交易制度风险评价及防范对策研究——基于重庆市的实证分析[J].西华大学学报(哲学社会科学版),2017,36(04):59—65.

⑤ 刘永健,耿弘,孙文华,等.基于网络层次分析法和灰色聚类分析的农村宅基地上市流转风险评价研究[J].上海农业学报,2017,33(04):138—145..

⑥ 吴明发,严金明,陈昊.农村宅基地流转的社会风险评估实证研究[J].科学经济社会,2018,36(01):64—70.

⑦ 严静,孔令刚,程从坤,等.宅基地退出社会稳定风险评价指标体系研究[J].石家庄经济学院学报,2016,39(06):72—78.

⑧ 关江华,黄朝禧.微观福利与风险视角的农户宅基地流转:武汉调查[J].改革,2013(08):78—85.

退出过程中农户的期望收益及退出后的风险预期两个方面对宅基地退出行为进行分析,认为退出宅基地后房屋面积减少、财产性收入功能消失、房屋价值降低的风险,阻碍了农户的宅基地退出行为,所以,政府在制定宅基地自愿、有偿退出制度时应充分考虑农户宅基地退出过程中的期望收益和退出后的风险[①]。钟苏娟、朱新华(2018)的研究表明,农户对各类风险的感知程度是影响宅基地流转意愿的重要变量,宅基地制度改革应立足农民分化的特征事实,以农户权益保护为前提,以农户生存发展能力提升为保障,创设多元化推进模式[②]。朱新华、陆思璇(2018)依据对江苏和安徽的农户调查数据,采用定量分析的方法,解析了农户的风险认知、抗险能力对其宅基地退出意愿的影响,得出风险认知、抗险能力与农户宅基地退出密切相关,且农户抗险能力与退出意愿之间存在非常明显的倒 U 形特征,即一旦抗险能力的财富效应大于宅基地退出改革成本效应,抗险能力便从总体上表现出对农户宅基地退出意愿的抑制;另外,宅基地区位、宅基地利用类型、试点地区与非试点地区的差异会导致农户权在抗险能力方面表现出显著的个体差异。故此,农村宅基地退出改革政策须关注不同特征农户群体的多样化需求,并提高农户对宅基地退出改革风险认知的能力,同时健全农户就业、培训服务体系,加快城乡统一社会保障制度建设以提高农户的抗险能力;在此基础上,针对宅基地的区位类型和利用类型,实施差别化的宅基地退出政策安排,诸如差别化的补偿方式、补偿标准、实施步骤等[③]。孙鹏飞等(2019)通过对安徽省金寨县农户的调查,提出风险预期对农户宅基地退出行为具有显著的负向影响的观点[④]。

国外对农地交易的风险评价较为全面,这为我国宅基地"三权分置"风险评价提供了有益的参考和借鉴。Parks(1995)从风险规避及边际农村土地利

---

① 张婷,张安录,邓松林.期望收益、风险预期及农户宅基地退出行为——基于上海市松江区、金山区农户的实证分析[J].资源科学,2016,38(08):1503—1514.

② 钟苏娟,朱新华.农户分化、风险认知与宅基地流转意愿[J].现代经济信息,2018(16):3—5.

③ 朱新华,陆思璇.风险认知、抗险能力与农户宅基地退出[J].资源科学,2018,40(04):698—706.

④ 孙鹏飞,赵凯,周升强,等.风险预期、社会网络与农户宅基地退出——基于安徽省金寨县 626 户农户样本[J].中国土地科学,2019,33(04):42—50.

用的角度对"非理性"土地利用进行了深入的分析,得出土地交易风险影响土
地的不确定性收益以及投资者财富分配的结论①。John Chiwuzulum Odozi
(2015)利用风险评估工具对尼日利亚的土地交易进行研究,发现土地交易风
险可能加剧食品贸易风险②。Bappaditya Mukhopadhyay(2018)指出农地交易
的寻租风险会导致大量的农民失业失地,加剧社会矛盾和不稳定因素③。Ler-
man(2006)、Esayas Meresa(2019)分别对中欧地区④和埃塞俄比亚⑤的农地交
易进行调查,发现农地交易的费用增加风险和生态维护成本增加风险会阻碍
农地交易活动,限制农地流转规模。Ann Grubbstrom(2018)研究发现土地交
易的产权风险将困扰承租人或买方对于土地的开发和使用⑥。Yoko Kijima
(2020)通过对乌干达和肯尼亚的土地交易市场进行研究,发现土地交易风险
将降低农地使用效率,提高农作物种植成本,加剧当地贫困程度⑦。Stein
Holden 和 Hosa'ena Ghebru(2005)对埃塞俄比亚的土地租赁行为研究后,发
现农地交易的契约风险将增加交易双方签署租赁合同时的交易成本⑧。

（三）宅基地"三权分置"风险的成因分析

社会风险的形成,归根到底是传统社会向现代社会转型过程的伴生物。

① Parks P J.Explaining "irrational" land use risk aversion and marginal agricultural land[J].
Journal of Environmental Economics and Management,1995,28(01):34-47.

② John Chiwuzulum Odozi.Cross border trade in grain between Nigeria and neighbouring Niger:
risk management assessment along Sokoto Illela-Konni border land[J].Cogent Economics & Finance,
2015,3(1)55-59.

③ Bappaditya Mukhopadhyay.Towards an efficient land transfer policy[J].The Journal of Devel-
oping Areas,2018,53(4).

④ Zvi Lerman,Natalya Shagaida.Land policies and agricultural land markets in Russia[J].Land
Use Policy,2006,24(1),14-23.

⑤ Esayas Meresa, Yikunoamlak Gebrewhid.Application of GIS and remote sensing to analyse
land use land cover change detection and vegetation dynamics using multi-temporal satellite images; the
case of Mariamdehan Kebele, Tigray Region, Northern Ethiopia[J].Asian Journal of Geographical Re-
search,2019:1-11.

⑥ Ann Grubbström,Camilla Eriksson.Retired farmers and new land users: how relations to land
and people influence farmers'land transfer decisions[J].Sociologia Ruralis,2018,58(4):707-725

⑦ Yoko Kijima,Rayner Tabetando.Efficiency and equity of rural land markets and the impact on
income: evidence in Kenya and Uganda from 2003 to 2015[J].Land Use Policy,2020,91:104416.

⑧ Holden S,Ghebru H E.Impact of land certification on land rental market participation in
Tigray Region, Northern Ethiopia[J]. SSRN Electronic Journal, 2007(5211).

在西方学者看来,土地交易风险产生的根源在产权安排和交易市场的不完善。Arrow and Fisher(1974)将经济学中提出的"选择价值"理论与土地交易决策问题结合起来,提出农村土地资源的未来供求状况不确定性是引发农地交易风险的重要原因的观点①。有效的土地利用首先应建立在对土地产权结构的了解,并增加对土地产权带来收益的预期,进而演变出更多土地利用模式来更优配置土地②。同时,稳定的土地产权能有助于提高土地投资价值③,也会激励农村土地的产出④。土地流转效率受土地区位价值、市场开放程度、个人风险偏好、配套制度完善程度等因素的影响⑤;土地流转市场机制完善程度越高,土地流转程度也就越高⑥;土地权属稳定性越高,越容易吸引土地所有者投资⑦。土地整治能够有效改善土地的质量,有利于农业机械化的发展,有助于增加农民个人收入⑧,同时也能提高耕地的利用效率,促进农村经济发展⑨。土地整治项目的社会效益评价应该包括项目的支持度、基础设施的改善、居民的福利保障、居住环境等方面⑩。土地整治绩效评价影响因素有宗地

---

① Arrow K J, Anthony C F.Environmental preservation, uncertainty and irreversibility[J].Quarterly Journal of Economics,1974,88(02):312-319.

② Harold Demsetz. Toward a theory of property rights[J]. American Economic Review, 1967, 57(02): 347-359.

③ Armen Alchian and Harold Demsetz. The property right paradigm [J]. The Journal of Economic History, 1973, 33(01): 16-27.

④ Besley, Timothy. Property rights and investment incentives: theory and evidence from Ghana [J]. Journal of Political Economy, 1995,103(05): 903-937.

⑤ Mykola1, Bugaienko, Olena1. The substantiation of urban habitats peer land exchange in U-kraine[J]. Geodesy and Cartography, 2016, 42(02): 53-57.

⑥ Sherwood K, Chaney P.The resale of right to buy dwellings: a case study of migration and social change in rural England[J]. Journal of Rural Studies, 2000, l6(01): 79-94.

⑦ Sherwood K,Chaney P.The resale of right to buy dwellings: a case study of migration and social change in rural England[J]. Journal of Rural Studies, 2000, l6(01): 79-94.

⑧ Mihara M. Effects of agricultural land consolidation on erosion processes in semi-mountainous paddy fields of Japan[J]. Journal of Agricultural Engineering Research, 1996, 64(03): 237-247.

⑨ Zvi Lerman and Natalya Shagaida. Land policies and agricultural land markets in Russia[J]. Land Use Policy, 2007, 24(01): 14-23.

⑩ Laird, Frank N..Participatory analysis, democracy, and technological decision making[J]. Science, Technology and Human Values, 1993,18(03): 341-361.

区位特征、法律因素、物性属性和经济条件等①。税收法规和政府间财政关系激励地方当局进行城市化，这种权力下放导致农村居住用地面积的不断增长，这对生态系统产生了严重的负面影响，使能源安全遭到威胁②。

国内学者主要从法律短板、社会信任、资产增值、风险规避等四个角度分析了宅基地"三权分置"风险的成因。宅基地"三权分置"改革，由于产权治理结构存在内在运行机制和环境适配性缺陷的不确定性，导致实践过程中产生宅基地权益难以充分实现、宅基地再配置与再利用效益不足等潜在风险损失③。部分学者从法律视角和制度变迁视角来分析农村宅基地"三权分置"改革风险的成因。一是法律视角，宅基地"三权分置"中权属风险主要源于"三权"存在权属困境，法律界定模糊是导致政策"空转"引发公共风险的直接原因④。首先是宅基地所有权主体虚化和权能受阻⑤；其次是农户资格权界定不明晰，农村集体经济组织成员权立法缺失⑥，并且"资格权"创设法理依据不足⑦；最后是使用权流转范围受限，主要在于农房买卖合同法律依据不统一⑧。二是制度变迁视角，当前宅基地"三权分置"仍处于初步探索阶段，需注意其因政策实践偏差而诱发宅基地集体使用权虚化、保障性权能弱化等潜在风险⑨。由制度变迁产生的风险逐渐显现，其原因一方面是各级政府承担的

----

① Demetriou D. The assessment of land valuation in land consolidation schemes：the need for a new land valuation framework（Article）[J].Land Use Policy, 2016, 54：487−498.

② Timothy J Assal, Jessica M Montag. A tale of two land uses in the American West：rural residential growth and energy development[J]. Journal of Maps, 2012, 8(4)：327−333.

③ 吴丽,梁皓,霍荣棉.制度信任框架下宅基地"三权分置"改革制度风险研究[J].中国土地科学,2020,34(06):41—47.

④ 温世扬,陈明之.宅基地资格权的法律内涵及实现路径[J].西北农林科技大学学报（社会科学版）,2022,22(03):73−81.

⑤ 赵欢.宅基地三权分置制度研究[D].保定：河北大学, 2019.

⑥ 郭娇.宅基地农户资格权研究[D]. 南京：东南大学, 2019.

⑦ 丁国民,龙圣锦.乡村振兴战略背景下农村宅基地"三权分置"的障碍与破解[J].西北农林科技大学学报(社会科学版), 2019, 19(01)：39—50.

⑧ 董新辉.宅基地使用权流转制度的困境、出路与重塑[J].学术交流, 2018(09)：104—111.

⑨ 于水,王亚星,杜焱强.农村空心化下宅基地三权分置的功能作用、潜在风险与制度建构[J].经济体制改革,2020(02):80—87.

信用成本和维稳成本增加,另一方面是村民道德风险带来的改革成本增加①。王蕾等认为,社会资本的差异导致了信息鸿沟,提升了交易成本,衍生了一系列社会信任风险②;宅基地增值诱惑下机会主义作祟,共谋现象导致诸多不正当利益索求现象。长久以来宅基地"象征性、继替性、家族福利性"等价值观念的影响使农户拒绝宅基地的退出和有序流转③,由此衍生的制度虚化以及执行困难等风险影响治理效能。

（四）宅基地"三权分置"风险的规制对策

风险防范是指风险管理者有目标、有计划地通过风险防范措施降低风险发生的概率,减少风险造成的损失④。宅基地"三权分置"风险防范治理需跳出宅基地"三权分置"之外寻找协同合力共同解决⑤,强化宅基地各项功能⑥,发挥宅基地所有权监管能力,探索宅基地退出多元化利用机制,防范改革潜在风险⑦。在宅基地使用权流转制度的设计方面必须考虑在私法逻辑中嵌入公法逻辑这样一种复合结构,同时注重流转风险的多层次防范措施⑧。一些学者从法律、制度、主体等方面提出了防范改革风险的举措。一是完善法律法规,规定宅基地使用权流转范围,明确各主体对宅基地的权利,确定"三权"之间的关系⑨。二是建立健全风险保障制度,建立宅基地流转监管机制,并完善

① 卢江海,钱泓澎.制度变迁视角下宅基地使用权流转市场研究——基于义乌市宅基地"三权分置"改革实践[J].财经论丛,2019(11):102—112.

② 王蕾,郭晓鸣.乡村转型下的农村宅基地制度改革[J].华南农业大学学报(社会科学版),2020,19(05):39—46.

③ 邱丽.从"祖业观"到"集体观":宅基地制度改革与地权观念演变——基于江西余江的考察[J].南京农业大学学报(社会科学版),2021,21(03):167—178.

④ 陈振.农地流转风险:国内外研究进展、述评及改进.农业经济问题,2021(6):76—88.

⑤ 刘双良.宅基地"三权分置"助推乡村振兴的多重逻辑与实现进路[J].贵州社会科学,2021(03):146—152.

⑥ 雪克来提·肖开提,迪力沙提·亚库甫.乡村振兴战略导向下的宅基地"三权分置"制度改革[J].新疆师范大学学报(哲学社会科学版),2019,40(05):131—137.

⑦ 王蕾,郭晓鸣.乡村转型下的农村宅基地制度改革[J].华南农业大学学报(社会科学版),2020,19(05):39—46.

⑧ 秦小红.经济法视域中的若干涉农制度研究[D].重庆:西南政法大学,2014.

⑨ 房建恩.乡村振兴背景下宅基地"三权分置"的功能检视与实现路径[J].中国土地科学,2019,33(05):23—29.

农村住房保障制度,预设宅基地管理指导机构,建立宅基地抵押强制保险制度①。三是加快构建多元化主体参与的风险联动防控机制,设置风险发生的预警机制和宅基地入市流转的准入门槛,实施农户救济措施②。建立健全宅基地使用权流转登记制度,构建宅基地风险防范的市场机制和集体内部监督机制,优化宅基地流转程序③;加强土地使用管理,严惩违法占用宅基地行为,严厉打击市场投机行为等④。四是强制要求进城农民或者失地农民购买社保防范社会风险,国家通过划定基本农田和建档立卡的方式防范耕地失控风险,借鉴城市房地产限购限贷的调控措施,并对流转增值收益部分进行征税,进而防范扰乱土地市场风险⑤。五是持续完善"三权分置"配套制度,充分发挥社保、财税、金融、住房等相关制度的协同作用,建立农村宅基地"三权分置"改革风险防范制度体系⑥。完善宅基地"三权分置"改革制度设计,推动制度改革有机融合,避免制度改革冲突⑦。此外,吴明发等构建广东省翁源县宅基地流转风险评估体系,提出农村宅基地流转处于"中警"级别,应从微观角度进行风险预防⑧;胡大伟等分析杭州市宅基地盘活实践存在风险问题,从政府资源配置机制角度提出建议⑨;刘双良等通过揭示现行宅基地盘活过程中存在

---

① 陈振,罗遥,欧名豪.宅基地"三权分置":基本内涵、功能价值与实现路径[J].农村经济,2018(11):40—46.

② 刘双良,秦玉莹.宅基地"三权分置"政策的议程设置与推进路径——基于多源流理论模型视角的分析[J].西北农林科技大学学报(社会科版),2019,19(01):60—68.

③ 刘双良,秦玉莹."三权分置"背景下宅基地流转风险防范——基于物权视角的分析[J].农业经济,2020(04):95—97.

④ 韩立达,王艳西,韩冬.农村宅基地"三权分置":内在要求、权利性质与实现形式[J].农业经济问题,2018(07):36—45.

⑤ 付宗平.乡村振兴框架下宅基地"三权分置"的内在要求与实现路径[J].农村经济,2019(07):26—33.

⑥ 李国权.论宅基地"三权"分置的可能风险及防范对策[J].河南社会科学,2020,28(12):46—53.

⑦ 吴丽,梁皓,霍荣棉.制度信任框架下宅基地"三权分置"改革制度风险研究[J].中国土地科学,2020,34(06):41—47.

⑧ 吴明发,严金明,蓝秀琳,等.基于模糊综合评价模型的农村宅基地流转风险评价[J].生态经济,2018,34(1):94—97+170

⑨ 胡大伟.宅基地"三权分置"的实施瓶颈与规范路径——基于杭州宅基地制度改革实践[J].湖南农业大学学报(社会科学版),2020,21(1):49—55

的风险,提出建立多元主体联动的风险防范机制①。

二、宅基地"三权分置"风险研究评述

现有文献的各类洞见或着眼于宏观视角的观察,或着力于微观机制的实现,尝试在规范体系内部和超越规范体系为宅基地"三权分置"改革寻求外部性证成,且对宅基地"三权分置"风险已给予广泛的关注,呈现出由单维度的风险识别研究向多维度的风险识别、风险影响机制、风险等级评价、风险防范举措等研究的发展趋势,研究方法也从单一的定性分析法转向定性与定量相结合的综合分析法。这说明,一方面,宏观的理论阐释是多元的,也是复杂的,就像宅基地"三权分置"风险本身的多元性与复杂性一样,既与我国政治、经济、社会、文化等相关联,又极具地理与地域的特征。因此,现实的复杂性必然反映在理论上的复杂性。另一方面,理论上的多元对话恰恰是理论向纵深发展的一个前提,也是理论完善中的一个不可或缺的环节。由于宅基地"三权分置"还属于新事物,目前既有成果主要立足于管理中的制度缺陷和主体行为等问题,从应然和规范层面探讨改革的重要性和迫切性,力求表明改革"何以需要"的价值趋向和"三条底线"不能突破的底线意识,关于宅基地"三权分置"风险这一新兴领域的研究尚处于起步阶段,系统性、整体性的研究框架尚未形成,这一制度创新风险生成机理及其动态演进问题仍是理论界研究的黑箱,对宅基地"三权分置"风险的形成机理、传导机制等缺少必要的系统解析,将其同制度创新风险联系起来,基于风险治理的视角解析宅基地"三权分置"的论述尚不多见,以下几个方面仍有待深入。

在风险识别中,现有研究从经济、政治、文化、社会、生态等层面归纳了宅基地"三权分置"的潜在风险,主要涉及农民与集体权益受损的经济风险,社会保障不足与矛盾加剧的社会风险,耕地退化与生态景观损毁的生态风险,财政收入下滑与制度绩效受损的政治风险等。但总体而言,风险识别还存在对

---

① 刘双良,秦玉莹."三权分置"背景下宅基地流转风险防范——基于物权视角的分析[J].农业经济,2020(4):95—97.

风险动态性和主体多元性的忽视,且尚未形成应用性强的分类体系,无法准确回答宅基地"三权分置"中各类参与主体到底面临哪些风险:多数学者只是持综合性的立场、运用归纳演绎的方法进行简单罗列,而没有从不同的维度对其展开深入分析,忽略了宅基地"三权分置"风险涉及主体多的特点,不利于后续推进宅基地利用风险评价和风险防范等研究。实际上,宅基地"三权分置"不同阶段、不同环节、不同主体面临的风险是不同的,要想全面系统地识别各类风险,必须基于实地调查资料,按照宅基地"三权分置"的产权配置逻辑,依次识别可能面临的风险。

在风险评价中,已有研究主要围绕影响机制和风险等级评价展开研究。因在研究区域、研究视角、研究方法等方面存在差异,故相关文献的研究结果也各不相同。由于宅基地"三权分置"风险的综合性较强,指标很难全部量化,现有研究一般采用定性与定量相结合的方法对其展开评价,尽可能提高评价结果的科学性。但这些方法往往基于风险之间相互独立的假设条件,针对单一风险选择一定指标进行评价,而忽略了风险之间的关联性,且缺乏在不同实现模式下的风险差异性分析。实际上,宅基地"三权分置"各类风险相互之间存在着复杂的影响关系,忽略不同风险之间的联系和扩散,容易造成对风险的误判,要想对宅基地"三权分置"风险展开科学评价,必须首先确定各类风险相互之间的影响关系,进而构建风险网络,然后对风险网络的关键因素和关键关系展开评价,而现有研究恰恰缺乏对这方面的关注。

在风险规制中,现有研究大多遵循"问题—对策"的传统逻辑思路,依据风险特点,通过定性分析的方法简单总结风险产生的原因,制定一系列风险防范措施,形成了法律法规体系、集体组织机制、市场配套机制三方联动的风险防范体系。但整体而言,对宅基地"三权分置"风险的成因分析过于宽泛简单,大多只是在相关研究中略带提及,忽视了风险产生过程的复杂性,导致最终制定的风险防范措施缺乏针对性和有效性。实际上,宅基地"三权分置"风险并不能简单地认为是一种或多种风险因素直接导致的后果,而是在外界不确定性风险源的复杂作用下,产权配置与交易给参与主体带来损失的可能性和后果的组合,风险机理极为复杂。要想提高风险规制对策的针对性和有效性,必须全面揭示农地流转风险的形成机理,而现有文献对这方面的研究还较为缺乏。

三、宅基地"三权分置"风险研究展望

随着我国城乡结构的调整优化以及新型城镇化高质量发展的推进,宅基地"三权分置"研究的方向、重点、任务都或将发生重大转变。当前对宅基地"三权分置"风险的研究为未来理论研究和实践探索提供了重要的参考价值和理论支撑。同时,伴随着宅基地"三权分置"试点范围拓展、试点内容深化所生成的大量的案例和数据,将为该领域的研究提供丰富素材,并提高相关方法的可用性。站在"两个大局"交织、"两个一百年"交汇的新的历史起点上,我国乡村经济社会发展的高度复杂性和不确定性也越来越突出。如何直面广大乡村发展的不确定性与风险性,应该是学术界理论思考的一个重要课题。因此,从理论解释的角度看,借鉴风险社会理论、制度创新理论等的研究成果,引入宅基地"三权分置"风险这一新的理论分析视角既必要也可行。

一是重视辩证性,把风险作为宅基地"三权分置"改革不可忽视的重要变量来理解和认识。深化宅基地"三权分置"改革不应仅仅以"已然"的问题为导向,而应更强调以"未然"的风险为导向。已有研究成果和实践探索表明,风险是宅基地"三权分置"改革的固有之维,构建宅基地"三权分置"风险识别与规制机制实质上内嵌于农村宅基地改革和制度创新之中。全面深化宅基地"三权分置"改革必须将风险纳入制度设计和制度实施的全过程、全方位。基于这种思维的转换,要制定出具有针对性、可操作性和全方位联动的风险防控体系,后续研究须进一步深度论证剖析宅基地"三权分置"风险的形成机制,厘清各类风险的风险源与作用路径,从而形成基于政府、市场、集体、农户等多主体视角且实践性强的风险防范对策。

二是树立历史观,把宅基地"三权分置"风险置于实施乡村振兴的宏观背景中来认识和理解。宅基地"三权分置"不仅仅是为了追求单纯的经济效益,更要关注社会效益、生态效益的实现,不仅仅是对新发展阶段实施乡村振兴战略的回应,更是对新中国成立以来农村宅基地制度的守正创新,不仅仅是宅基

地产权制度的结构调整,更是宅基地管理、利用制度系统的综合优化,唯有在贯彻历史性和整体性分析的马克思主义产权理论范式下,才能客观呈现其风险演进的复杂性、特殊性和系统性。这就需要紧紧围绕乡村振兴战略相关要求,深入研究各类风险之间的影响,构建宅基地利用风险网络,着重从风险网络的关系密度和结构特征等方面展开分析,增强风险评价的科学性和精确性。同时,逐步扩大研究区域,注重不同实现模式的风险评价研究,形成可推广、可复制的经验总结,从而推动宅基地"三权分置"与全面推进乡村振兴良性互动。

三是树立系统观,把宅基地"三权分置"风险识别与规制作为一个系统来认识和理解。宅基地"三权分置"风险呈现出非线性、开放性、系统性、涌现性等特征,涵盖经济、政治、社会、文化、生态等多个领域。要想全面系统地识别各类风险,必须基于实地调查、文献资料、政策文本等多元数据,建立长时间序列的跟踪调查数据库,制定出科学的风险识别体系,按照宅基地"三权分置"的系统逻辑,更加准确地识别各类风险主体在不同时期可能面临的风险,形成应用性强的风险分类体系。由此,系统思维是宅基地"三权分置"风险研究的重要方法论,不掌握系统思维,就难以洞悉风险治理的复杂性,也就难以设计并实施可行的规制方案,难以选取合意的治理工具,进而牵一发而动全身地影响宅基地"三权分置"改革大局。

第三节　研究目的与意义

在当前世界百年未有之大变局背景下,不确定性已成为全球热词,谁主动认识和把控了风险,谁就掌握了世界。如何防范化解改革风险,推动经济发展,维护社会秩序,是每一个国家现代化进程中都高度关注的话题。改革本身就是应对风险的理性选择。风险一方面将我们的注意力引向了我们所面对的各种风险……,另一方面又使我们的注意力转向这些风险所伴生的各种机会,成为一个致力于变化的社会的推动力①。反思风险是对宅基地"三权分置"改

———————

① 安东尼·吉登斯. 失控的世界[M].周红云,译. 南昌:江西人民出版社,2001:20—66.

革问题的主动发现,而不是对改革本身的无端质疑。从风险的维度审视宅基地"三权分置",不是反对改革、阻挠改革、抑制改革,而是使改革行动更加谨慎、更趋稳健、更富理性,最终成就改革。无视改革风险则恰恰是把改革置于危险的边缘。宅基地"三权分置"试点探索都是"摸着石头过河"的,带有一定程度的风险和不确定性。当前,我们在理念上、实践中高度重视防范化解宅基地"三权分置"风险,但从理论方面看,系统化的宅基地"三权分置"风险理论仍显欠缺,学界对这一风险的演化关系、形成机理和放大机制研究较少,规制宅基地"三权分置"风险的理论储备不足,实际操作缺乏有力的学理支撑,构建系统的理论范式,识别阻碍改革与发展的关键领域和关键环节的风险,并通过深化改革消除改革风险,使现实的不确定性中内含着一个确定性的未来,是当前包括宅基地"三权分置"在内的农村土地制度改革的一项极为紧迫的任务。

一、研究目的

宅基地"三权分置"风险不仅是农村宅基地制度改革进程的影响要因,而且也是乡村振兴中引导农村宅基地制度改革方向的重要参照。"三权分置"风险的应对结果,直接影响着改革成效,对风险认识得当、应对充分,有助于防患于未然,必将推进改革;反之,消极与错误的应对方式则会阻碍改革。宅基地"三权分置"所诱发的各种矛盾问题和风险挑战为农村宅基地制度改革的深化提供了选择和创新的可能性,而将风险视为机会积极应对,实现农业农村可持续和有序的现代化,依然要从坚决而审慎的改革中寻求解决之道。

本研究的主要目的在于:试图超越现有宅基地"三权分置"的研究现状,运用复杂性科学、演化经济学、制度经济学、风险社会学等多学科理论和方法,通过构建一种整合的、多学科交叉的理论框架,在全面认识和梳理我国新时代新征程农村宅基地"三权分置"改革历史演进过程、实践探索现状、未来发展趋向的基础上,基于辩证的、系统的、动态的思维,揭示宅基地"三权分置"的本质特征,解构宅基地"三权分置"的复杂系统,探讨这一复杂制度系统风险的生成机理、表现形态、发生可能及其规制策略,以期为全面深化宅基地"三权分置"改革提供理论依据和实践指导。

第一,阐释宅基地"三权分置"制度的复杂系统。宅基地"三权分置"作为新发展阶段全面推进乡村振兴的重要制度安排,具有本土性、实践性、原创性的特征,其生成动因、演进逻辑、功能导向、结构层次、制度逻辑等是马克思主义土地产权思想的中国化时代化。已有文献对宅基地"三权分置"的演化逻辑、制度特征、实践要义等问题进行了深入探讨,但从制度复杂系统的视角对其多维制度逻辑、多层制度结构、多元制度主体、多样制度功能的耦合性、复杂性方面的研究不足。本研究嵌入制度复杂理论,尝试对宅基地"三权分置"的复杂制度系统的属性、构成和特征进行揭示。

第二,梳理宅基地"三权分置"风险的生成背景。以改革风险防范化解为逻辑起点,基于制度动态演进的视角,把宅基地"三权分置"这一制度创新置于复杂的社会系统之中,对宅基地"三权分置"的演进过程、制度逻辑、价值意蕴、实践特征、现实障碍等进行全面梳理,解析宅基地"三权分置"如何从文本形态经由不同行政层级向下传递,并在与社会的互动中转化为实践形态,提炼出关键影响因素,探究这些影响因素如何相互作用,以及对宅基地"三权分置"风险产生何种形塑作用,客观呈现宅基地"三权分置"风险生成的现实背景,全面认识和理解宅基地"三权分置"的现实问题,进而基于制度创新的规律性和中国实践的本土性,为农村宅基地"三权分置"改革提供相应的理论支撑。

第三,解析宅基地"三权分置"风险的演化机理。基于新兴经济视角、城乡共融视角以及中国特有国情视角,耦合制度创新理论与风险社会理论,把宅基地"三权分置"风险作为一种内生性的制度创新风险,基于宅基地"三权分置"制度环境的复杂性、制度演进的时滞性、制度结构的系统性、制度主体的多元性、制度功能的多样性,对宅基地"三权分置"的演化情景、演进过程、制度结构、利益主体、功能价值等进行系统分析,从制度演进复杂性的视角,揭示宅基地"三权分置"风险的生成机理、传导机制、作用路径以及风险效应,明确宅基地"三权分置"风险治理的理论基础,为防范和化解宅基地"三权分置"风险,进一步完善和优化宅基地"三权分置"制度框架提供必要的理论依据。

第四,呈现宅基地"三权分置"风险的特征事实。立足于宅基地"三权分置"风险的质性特征,依托实证调研数据、文献资料数据、政策文本数据等,运用改进的扎根理论质性分析法,从落实集体所有权、保障农户资格权、适度放活使用权三个维度,对宅基地"三权分置"可能面临的风险进行科学、合理的识别。在此基础上,基于宅基地"三权分置"风险的复杂网络特征,运用社会网络分析法,从整体网络和个体网络两个层次,结合实证调研数据,对识别出来的宅基地"三权分置"风险进行测度评价,发现其中的关键风险因素和主要风险关系,综合研判宅基地"三权分置"风险的层次特征、风险等级,为规制宅基地"三权分置"风险提供精准的目标靶向。

第五,探寻宅基地"三权分置"风险的规制策略。遵循制度创新风险规制的基本规律,立足新发展阶段实施乡村振兴战略的现实基础,总结借鉴新中国成立以来土地制度改革风险规制的实践经验,坚持问题导向与目标导向相统一,针对宅基地"三权分置"可能风险,搭建一个宅基地"三权分置"风险治理的"理念—机制—组织—目标"框架,从宅基地"三权分置"风险产生的制度源头出发,围绕宅基地"三权分置"的理念更新、机制优化、组织完善、利益调适等,提出一个精准化、协同化、系统化的宅基地"三权分置"风险治理策略,为确保宅基地"三权分置"稳慎推进、风险可控、底线可守提供相应的决策参考,为深化我国农村土地制度改革提供一个前瞻性、针对性、对策性的思路框架。

二、理论价值

宅基地"三权分置"作为一种具有鲜明中国特色的农村土地产权制度创新,具有制度创新的规律性和中国实践的本土性。理论研究和实践探索都表明,制度创新既是减少不确定性、应对风险挑战的重要路径,也是生成现代风险,形成风险社会的主要根源。从理论视角上看,探讨宅基地"三权分置"风险问题至少有三个方面的边际贡献。

第一,拓展宅基地"三权分置"的研究视角。宅基地"三权分置"是一项重要的农村土地产权制度创新。近年来我国农村宅基地制度问题已经成为一个显性的社会问题,关于宅基地"三权分置"的研究也由此成为一个热点研究课题。但由于目前宅基地"三权分置"改革尚处在试点探索阶段,理论层面和实践领域这一重大制度变革也尚未形成完全统一的认识,且已有的理论研究更多是从"应然"角度去研判宅基地"三权分置"未来图景,对其中的现实障碍也多是基于确定性逻辑的推理,虽然也有一些文献触及了宅基地"三权分置"风险问题,但这些成果多是零散性的思路和原则性的对策,缺乏具有系统性、指导性、操作性的研究,这事实上忽略了宅基地"三权分置"制度创新的复杂性演化特征。由此,本书以不确定性的逻辑假设为前提,从制度演化复杂性的视角,把宅基地"三权分置"风险归旨为一种复杂社会系统中的制度创新风险,审视宅基地"三权分置"风险问题,对宅基地"三权分置"风险的内涵、表征、类别进行归纳与提炼,探讨宅基地"三权分置"风险的生成背景、诱发因素、演进机理、传导机制等,并提出宅基地"三权分置"风险识别与规制的框架体系和对策建议,弥补宅基地"三权分置"制度创新风险研究的不足,从更为现实的视角拓展宅基地"三权分置"问题的研究领域,从而将宅基地"三权分置"研究推向纵深。

第二,开辟制度演化复杂理论的试验场域。目前各种制度理论的典型缺陷是未能清晰地揭示制度环境的多面性、相互矛盾性、差异性和变异性[1]。近些年来,随着制度创新理论的不断拓展,"制度演化是一个复杂性不断增强的过程"这一观点已经得到学术界的基本认同。然而,囿于其所在学派核心方法论的局限性,已有研究所构建的理论体系在解释制度演化问题时,更多的是依据逻辑推演而形成的理论观点。但事实证明,理论与理论的嫁接并不能全面解释制度演化的复杂动态过程,更需要用实践去对这一客观现象进行检验。中国宅基地制度及其变迁是一个检验和拓展制度变迁理论的非常好的对象[2],为我们分析制度复杂性提供了最佳的观察点。本书以转型中国作为构建制度演化复杂理论的最佳试验场所,尝试以宅基地"三权分置"这一具有中国特色的制度创新实践活动为核心对象,在制度创新理论中嵌入复杂适应性

---

①　陆亚东.中国管理学理论研究的窘境与未来[J].外国经济与管理,2015,37(03):3—15.

②　刘守英,熊雪锋.经济结构变革、村庄转型与宅基地制度变迁——四川省泸县宅基地制度改革案例研究[J].中国农村经济,2018(06):2—20.

系统理论,从实证分析的角度解析制度演化的复杂性规律及由此衍生的制度创新风险问题,从而更全面地揭示制度演化过程的复杂性本质,增强制度演化复杂理论的普遍解释力。

第三,促进改革风险规制理论本土化进程。资本逻辑与技术理性的共谋开启了风险由自然转向社会的篇章,风险社会发轫于现代性工业社会似乎已是一个不争的事实。我国作为一个发展中的社会主义国家,在全球化的外力推动与国家内部转型的双重驱动以及时空压缩的赶超发展过程中,风险治理的价值理念、思维方式、治理目标、治理路径以及治理机制都与西方资本主义国家迥然不同。尤其是"三农"领域的改革与发展的基础性、长期性、艰巨性和复杂性特征更为显著,改革存量风险化解和增量风险防范更为独特。正如有的学者所言,中国农村土地制度的形成和发展,是很难用规范的纯经济学的语言和逻辑做出解释的①。这就需要深入我国自己的历史脉络和现实处境中,结合我国历史传统及我国社会转型中纷繁复杂的风险社会现实,通过对自身实践活动结果的自我反思、自我校正以及自我调控,提炼出具有本土化意义的概念,形成具有我国特色的学术话语,最终构建出能够切实反映我国国情并对我国经验具有解释力的概念体系和理论范式。本书以宅基地"三权分置"这一极具中国特色的制度创新实践为对象,透视其中的风险生成机理、演化逻辑及其规制策略,不仅有利于推动风险规制理论的中国化进程,更有利于形成和重构富有中国特色的农村改革风险治理理论体系。

第四,推动制度理论与风险理论之间耦合。每种科学理论都只是观察到的世界这个万花筒的一面,每种理论所观察到的画面都加起来才是一个完整的世界。从这个意义上讲,理论之间的关系并不是一个非此即彼、相互排斥的关系。新制度经济理论立足于个人主义和功利主义的经济哲学基础,沿用新古典主义的边际成本均衡分析法,对制度创新的动因、条件、路径、方向进行了多角度的阐释;制度主义风险社会理论认为现代风险是人为制造的风险,制度

---

① 靳相木.中国乡村地权变迁的法经济学研究[M].北京:中国社会科学出版社,2005.

既是现代风险的根源,也是规制风险的出路。制度创新理论与风险社会理论都强调人在互动实践中的重要性,关注制度这一独特现象,突出制度的动态演化特征。但二者均以西方社会为本位,采取个体主义研究方法,偏重于资源配置、个人行为激励这样的微观效率问题,忽视平等、社会稳定、文化这样的宏观效率问题。宅基地"三权分置"作为一种历史传承、现实关照和未来留白,纵向对比错综复杂,横向比较盘根错节,以这一产权制度为载体,把风险管理理论嵌入制度创新理论中,不仅可以弥合两种理论范式不可通约性的鸿沟,而且可以基于多种理论间的关联来建立一个复杂性的科学范式,进一步优化和改进已有的理论基础,实现对以往研究不足的有效补充,从而对复杂社会情境下的土地制度演化进行较为系统的分析。

三、实践意义

现代社会有关公共事务的任何重大决策都要进行必要的风险评估与分析,《"十四五"推进农业农村现代化规划》把"坚持统筹发展和安全"作为工作原则之一,提出坚持总体国家安全观,树立底线思维,充分发挥农业农村"压舱石"作用,防范和化解影响农业农村现代化进程的各种风险。宅基地"三权分置"作为关乎公共利益与价值的重要制度创新也必然需要风险评估与风险防范。从风险的视角审视宅基地"三权分置"不是反对改革或阻挠改革,而是使这一最敏感、最复杂、最谨慎的改革行动更加慎重、更加稳妥、更富理性,从而有效避免改革决策的封闭性、主观性和盲目性。同时以此形成一种"倒逼机制",为宅基地"三权分置"参与主体利益和意志搭建一个开放的表达平台。这既有利于宅基地"三权分置"本身的持续深化和包容发展,也有利于全面推进乡村振兴落地见效。

第一,增强宅基地"三权分置"改革的风险意识。当今社会风险处处存在。生活和生存于这样的风险社会之中,人们必须将一切社会生活和活动都建立在拥有风险意识的前提下,只有当人们普遍地拥有了危机意识,才能寻找和发现风险社会中的生存之道。中央层面始终强调推进宅基地"三权分置"改革要稳慎推进,保持足够历史耐心,并高度重视重大决策的社会稳定风险评估工作。如何事先识别潜在的和显在的风险因子,并针对目标进行风险选择和风险管控,对于宅基地"三权分置"而言,既是一个及时的经验总结问题,也是一个如何继往开来、真正实现可持续发展的问题;对于处在不同区域、不同阶段的宅基地"三权分置"创新实践者来说,也是需要认真思考和慎重面对的问题。导入不确定性的"社会思维"对宅基地"三权分置"风险问题进行系统性的研究,有助于各级政府和市场主体能够紧密联系外部环境深刻变化和国内改革发展稳定面临的新情况新问题新挑战,充分认识防范化解重大风险的重要性和紧迫性,进一步增强防范化解重大风险的政治自觉和责任担当。

第二,优化宅基地"三权分置"改革的制度框架。利用社会科学研究服务政府政策制定,增强政策影响力,一直是学术领域努力的方向和关注的重要议题。制度具有双重属性,可以减少不确定性、弥合分歧、减少冲突、形成规范准则、稳定秩序,但是也可能导致冲突、产生风险。制度功能的发挥不是一成不变的,关键需要根据客观环境与主观思维的变化与需求,建构合适的制度变迁方式,适时进行有效调整,以便提供相对有效与稳定的制度预期。宅基地"三权分置"离不开一定的经济社会环境,内外环境变动不居与制度变迁相对滞后的天然矛盾决定了宅基地"三权分置"的改革红利与创新风险并存的客观事实。将宅基地"三权分置"置于现代风险社会的背景中,耦合制度创新理论与风险社会理论,对其制度演进的逻辑进行反思,既可以从复杂社会系统中考察宅基地"三权分置"风险存在的现实基础,又可以深刻理解制度创新风险的形成机理,这为分析和解决宅基地"三权分置"中存在的问题提供了重要的理论视角和实践依据,对于优化宅基地"三权分置"制度框架具有重要的现实意义。

第三,指导宅基地"三权分置"改革的风险治理。宅基地"三权分置"因涉及层多面广、历史矛盾突出、利益平衡难度大已成为我国新型城镇化、农业现代化、城乡一体化、农民市民化、推进乡村振兴、实现共同富裕等诸多问题的焦点和难题。由于宅基地"三权分置"改革目前仍处在探索阶段,试点时间较短、内容不足、覆盖面小,改革探索还不够充分,而且前期试点实践中也面临着制度成本上溢、预期收益降低、资产监管缺位、外部环境变迁等不确定性风险①。宅基地"三权分置"改革推行到位后将面临更加多样化的主体,涉及的社会关系也会愈加复杂。这就要求在深化宅基地"三权分置"改革中必须立足国情农情,着力增强改革的系统性、整体性、协同性,采取审慎稳妥的措施加以推进。正确认识阻碍改革与发展的风险,并通过深化改革消除改革风险,使现实的不确定性中内含一个确定性的未来,是我们当前极为紧迫的任务②。以前瞻性的视野预判和识别宅基地"三权分置"可能的风险并提出相应的规制思路,从正反两个方面总结试点探索经验教训,无疑对于优化和构建宅基地"三权分置"实现机制、全面深化农村宅基地制度改革具有重要的现实指导意义。

第四,服务新时代农村土地制度改革现实需要。新时代我国农村土地制度改革是全面推进乡村振兴的重要任务。农村土地制度改革不仅要从经济或政治逻辑考量,而且要从人与社会的整体性角度考量。土地作为基础性的生产要素,其改革关系到经济社会中各产业和部门,空间上覆盖了城市和乡村,具有高度综合性和广域复合性,农村土地征收、集体经营性建设用地入市、宅基地管理制度改革相互关联、相互制约,只有进行联动性改革、凝结互动合力,才能更好地推动农村土地制度改革进程。为实现农村土地制度建设目标,风险管理需要在考虑乡村振兴全局的基础上开展深入研究,包括识别农村土地制度改革关键风险、阐明风险演化机制、厘清风险演化规律、提出系统控制策略等。宅基地"三权分置"是我国农村产权制度改革的创新实践,坚持问题导向的农村改革路径的系统化设计,是集农村宅基地产权制度、管理制度、城乡融合、乡村治理、共同富裕等各个方面于一体的综合性改革。以此为例运用系统论构建宅基地"三权分置"制度哲学,深入研究宅基地"三权分置"的价值目标、组织结构、功能耦合,洞悉制度运行机理,对于深刻把握农村土地制度创新

① 贺雪峰.论农村土地集体所有制的优势[J].南京农业大学学报(社会科学版),2017,17(03):1—8+155.
② 竹立家.理性的改革逻辑何以可能——从风险社会理论及现实不确定性出发[J].人民论坛·学术前沿,2012(07):16—23.

规律,推动农村土地制度更加成熟更加定型、把我国制度优势更好转化为国家治理效能具有重要意义。

第四节　研究思路与方法

宅基地"三权分置"作为新时代我国农村土地制度改革的重要政策导向,是一个复杂的制度创新体系。本书超越现实确定性的定式思维,坚持辩证唯物主义和历史唯物主义方法论,遵循中国特色社会主义政治经济学的分析理路,基于制度动态演进的视角,借鉴土地产权理论、制度创新理论、风险社会理论等,依据实证调研数据和文献检索资料,综合运用经济学、管理学、社会学的分析工具,尝试在"应然"与"实然"状态之间架起一个"未然"桥梁,搭建一个宅基地"三权分置"风险的理论分析框架,将宅基地"三权分置"改革置于全景化的现代社会文化与制度系统之中予以审视,探索宅基地"三权分置"改革在风险丛生的现代社会中可能面临的风险表征、生成机理及其规制对策。

一、研究思路

宅基地"三权分置"风险识别与规制研究涵盖经济学、管理学、社会学、人类学、法学等多个学科,单纯从微观视角上难以把握各个子系统的关联机制,单纯从宏观视角上无法刻画风险主体之间的利益博弈关系,为此,本书立足实施乡村振兴战略的宏观时代背景,以中国特色社会主义政治经济学为学理支撑,批判借鉴西方经济学的分析方法,以理论为经、以叙事为纬,耦合制度创新理论与风险社会理论,把宅基地"三权分置"风险作为一种本土化内生性的制度创新风险,以制度创新的复杂性为逻辑主线,按照"提出问题—溯源机理—实证分析—借鉴经验—探析对策"的思路框架,循着从环境剖析到自身透视、从理论研究到工具集成、从模型构建到应用解释的逻辑路径,力图全面完整地理解宅基地"三权分置"制度的复杂适应系统,为整体把握宅基地"三权分置"风险的特征事实提供可行路径。

首先,搭建理论分析框架。通过背景分析和文献梳理,梳理宅基地"三权分置"研究进展以及不足,提出宅基地"三权分置"风险识别与规制的理论命题,从而确立研究的方向和重点,形成整个研究缘由;在判别土地产权理论、制度创新理论、制度复杂理论、风险社会理论、风险治理理论等的适应性基础上,提出相应的理论假设,明确研究的逻辑起点、逻辑主线和逻辑归宿,从而基于制度创新维度,搭建一个"制度动态演进—复杂适应系统—风险生成机理—风险识别评价—风险规制管控"的理论分析框架。

其次,探究风险生成机理。贯通历史、现状和未来,从制度动态演化的视角对宅基地"三权分置"的生成逻辑、演进过程、变迁特征、制度意蕴等进行动静结合的理论解析;以试点地区的探索为现实图景,通过实证调研,梳理宅基地"三权分置"的实践举措、现实障碍、未来取向。据此,嵌入制度复杂理论,揭示宅基地"三权分置"的复杂制度网络特征及其风险溢出效应,形成一个理论与实践高度自洽的宅基地"三权分置"制度"复杂系统→不确定性→风险机理"的逻辑理路,明确宅基地"三权分置"风险生成的理论机理及其传导机制。

再次,呈现风险特征事实。立足于宅基地"三权分置"风险的质性特征,引入制度创新风险的分析方法,依据对河南、山东、浙江、四川等典型地区的实证调研数据、中央政府的政策文本数据、权威数据库的文献资料数据等,运用改进的扎根理论质性分析法,从落实集体所有权、保障农户资格权、适度放活使用权三个维度,发现和识别宅基地"三权分置"过程中的经济、政治、文化、社会、生态等领域的可能风险,揭示宅基地"三权分置"风险规制的独特拓扑性质,厘清各类潜在风险的属性及其特征,列出宅基地"三权分置"的风险清单。

第四,评估风险外溢效应。基于宅基地"三权分置"的复杂制度系统特征,依据风险识别结果,运用社会网络分析法,结合实证调研数据资料,构建宅基地"三权分置"风险因素模型,通过对中心度、原因度、节点度等方面的计算,分析宅基地"三权分置"风险因素间的相关性,从而找出关键风险因子,定量表达不同类别风险的发生概率、危害程度、影响对象、可能后果等,为规制宅基地"三权分置"风险提出精准的目标靶向和施策依据。

第五,提出风险规制策略。在梳理借鉴新中国成立以来土地制度变革风险规制的实践经验的基础上,将宅基地"三权分置"风险规制纳入国家整体治理的宏观视域下,基于现代风险治理的"价值理念—制度体系—行动框架"基本逻辑,立足宅基地"三权分置"与风险的本体关联性,从重塑宅基地"三权分置"风险规制的价值体系、筑牢宅基地"三权分置"风险规制的制度根基、优化宅基地"三权分置"风险规制的行动策略等三个方面提出一个宅基地"三权分置"规制的系统化解决方案。

二、研究方法

本书并非对宅基地"三权分置"风险现象进行简单描述,而是试图解释一组复杂现象之间的相互关联、结构原因和内在机制,并在此基础上引发更为一般意义上的关于宅基地"三权分置"风险规制的政治经济学讨论。所以,重在分析解释,而非经验描述。不过,前者实际上对后者提出了更高的要求,即深入地描述有助于更好地分析解释。换言之,解释前述现象,需要深入了解宅基地"三权分置"利益主体行为选择的真实逻辑及其互动机制,这就对研究方法的选择提出了新的要求。为此,本书着重从理论和实证两个层面构建一个宅基地"三权分置"风险的理论分析框架,为规制宅基地"三权分置"风险提供相应的理论支撑:一是从理论的视角审视与反思农村宅基地"三权分置"风险的生成机理和演化逻辑;二是从实证的视角分析与探讨农村宅基地"三权分置"风险的现实表征和应对策略。与此相适应,主要采用理论分析与实证检验相结合、历史分析与逻辑分析相统一、定性分析与定量分析相统一、抽象分析与具体分析相结合等方法。

第一,理论分析与实证分析有机结合。首先从理论的视角尽可能系统地界定了与宅基地"三权分置"风险相关的概念,然后借鉴土地产权理论、制度创新理论、制度复杂理论、风险社会理论、风险管理理论等理论工具,提出相关理论假设,搭建出宅基地"三权分置"风险的理论分析框架。同时,基于田野调查、文献数据、文本政策的整理,针对宅基地"三权分置"过程中诸如政府管控风险、集体虚位风险、农户失宅风险、金融信贷风险等进行详尽细致的分析、比较、综合、概括,获取原始数据资料,为风险识别提供数据支撑,构建宅基地

"三权分置"风险清单,进而在理论归纳与实证检验相结合中,客观呈现宅基地"三权分置"风险的特征事实。

第二,历史分析与逻辑分析有机结合。在对宅基地"三权分置"风险的分析与研究时,一方面从历史的视角全面详尽梳理与总结了宅基地"三权分置"的历史嬗变进程及其多样化的试点探索实现路径,归纳与发现宅基地"三权分置"风险演化的历史背景、现实表征及未来走向;另一方面则从逻辑分析视角,运用归纳、演绎、判断、推理等规范化分析手段,对宅基地"三权分置"风险治理的基本原则、内在规律、结构体系及其相关关系进行理论分析与科学界定;在此基础上借助历史反思与现实创新使历史的结论与逻辑分析的目标有机统一起来,以此来探究宅基地"三权分置"风险规制策略设计的合理性与科学性。

第三,定性分析与定量分析有机结合。宅基地"三权分置"风险的识别和规制不仅是一个受多重因素影响的极为复杂的问题,而且与乡村社会中的思想体系、价值判断、治理结构、经济基础等问题直接相关联,无法单纯用数学模型加以精确分析与模拟。同时,风险治理的实践表明,宅基地"三权分置"各类风险的发生概率、危害程度各不相同,如果不正视这些客观的差异性,仅仅停留在定性分析层次上,不对其风险进行定量评价,那么必然无法更深刻地认识与理解农村土地制度变革与运行的内在规律性,所得出的结论也就难免过于空洞抽象,而缺乏应有的具体化与有效化。有鉴于此,首先运用基于改进的扎根理论的质性分析法对宅基地"三权分置"风险进行识别,以此来把握宅基地"三权分置"风险的类型与表征。在此基础上,嵌入社会网络分析法,依据实证调研数据,对宅基地"三权分置"风险进行定量表达,以求定性分析与定量分析结合起来进行全面研究。

第四,抽象分析与具体分析有机结合。宅基地"三权分置"风险作为现代风险社会中的一种制度创新风险,其生产、演化与传导显然不是孤立进行的;同时,虽然不同主体、不同领域、不同环节这些风险会呈现不同的特点,但是在这些不同的特征事实背后必然隐含着内在的共同的演化规律;而这些规律又恰恰是我们进行理论分析与研究的重点所在,揭示宅基地"三权分置"风险的演化规律,唯一的方法就是在选择合理参考系统的前提下,运用抽象分析与具体分析相结合的方法。为此,本书将宅基地"三权分置"风险治理置于新发展阶段实施乡村振兴战略的宏观背景下,遵循制度创新风险治理的普遍性规律,借鉴金融风险治理、项目风险治理、企业风险治理等经验,尝试克服超越已有研究的局限与不足,在借鉴新中国成立以来土地制度变革风险规制经验的基础上,提出宅基地"三权分置"风险规制的相应策略。

三、创新之处

宅基地"三权分置"是在保持集体所有权的前提下,通过产权细分和交易发生来释放农村土地配置活力,由此必然带来制度取向、权利结构、权利主体、利益关系、法律逻辑等多维度的深刻变革,这也意味着在实践层面将面临一系列新问题、新挑战。对于这项兼具综合性、系统性以及复杂性等特点的农村土地制度改革,其潜在风险是多样复杂的,而且,如若这些风险与其他领域的改革风险相互叠加、相互裹挟就有可能加重改革风险。

第一,逻辑起点的转换。经济学无法回避不确定性问题,不确定性必须作为经济分析的内生变量进入经济研究视野并予以重视。由于宅基地"三权分置"改革目前尚处于试点探索阶段,人们大多关注宅基地"三权分置"制度的积极作用,在一定程度上忽视或忽略其存在的不稳定、不确定性因素,风险意识相对薄弱。理论界对制度创新风险的研究尚未形成完整且系统的理论体系,尤其是将制度创新理论与风险社会理论结合起来,对宅基地"三权分置"这一具有鲜明中国特色的制度创新实践的研究尚属空白。本书坚持运用辩证唯物主义世界观方法论,导入不确定性思维,基于风险规制的视角,探讨宅基地"三权分置"问题,无疑是对已有研究的补充和完善。

第二,研究范式的超越。制度作为现代经济学研究的重要领域,对其形成及变化的分析同样离不开系统和演化的研究视角。国内外学者对宅基地"三权分置"风险作出了一定的贡献,但多侧重于静态单一视角,导致引申出的风险防范措施无法突破"问题—对策"的传统逻辑思路,本书尝试引入制度演化复杂理论和风险系统治理理论,着重从制度复杂系统理论出发,应用复杂系统、复杂网络理论、演化博弈论等交叉学科的方法对宅基地"三权分置"的制度演化及其风险机理进行综合研究,在复杂适应系统理论框架下,探索宅基地"三权分置"风险演化的逻辑问题,这一研究为制度系统及其演化提供了一个新的视角,从理论工具和研究思路来说较之现有关于制度演化问题的研究,是一个较大的创新,拓展了其研究的理论方法和研究视野。

第三,逻辑归宿的突破。认识真实的中国乡村制度及其变动逻辑,不能简单地套用西方经验和西方理论,用理论和制度代替实践,用目的代替过程,用规范代替分析,用二元代替复杂的纠缠关系,而必须在中国自身的历史传承或断裂中,从近几十年的伟大社会改革实践中建构和确定问题意识、概念、视角、分析框架乃至理论体系。宅基地"三权分置"风险分析的全部基础都存在于新发展阶段特殊背景下的农村土地制度改革过程之中。本书没有简单地就风险论风险,而是立足新发展格局下乡村振兴战略实施这一大背景,运用一般与特殊、历史与现实、具体与抽象、实证分析与规范分析相结合的研究方法,从制度创新的角度入手,在对宅基地"三权分置"制度的结构以及制度变革的内在逻辑、方式、路径进行准确的描述和深入研究的基础上,对宅基地"三权分置"风险与风险控制进行多层面、多视角的分析和系统的设计。

第四,研究方法的突破。正如有的学者所言,地权是乡村社会历史变迁的全息元,蕴含着乡村社会历史的全部信息含量,任何单一学科的单向度研究都不可能全面地再现乡村地权演变的历史过程[1]。在风险识别中,立足宅基地"三权分置"风险的质性特征,耦合政策文本、文献资料和实地调研三方面数据,进一步拓展了扎根理论识别宅基地"三权分置"风险的数据来源渠道,把政策层面、理论层面和实践层面对宅基地"三权分置"风险的理解和认识融合起来,突破了已有扎根理论分析法数据来源单一的局限。在风险评价中,基于宅基地"三权分置"风险的社会网络属性,创造性地把社会网络分析法嵌入风险测度评估中,确定各类风险相互之间的影响关系,构建宅基地"三权分置"风险网络,从整体和个体两方面对风险网络的关键因素和关键关系展开评价,

---

[1]　张佩国.近代江南乡村地权的历史人类学研究[M].上海:上海人民出版社,2002:1.

最终得到宅基地"三权分置"风险网络的关键风险。

第五,研究观点的创新。本书从马克思主义的立场出发,在批判地吸收制度创新和风险管理相关理论的基础上,运用中国特色社会主义政治经济学最新成果,立足我国宏观经济社会体制的背景和特质,将宅基地"三权分置"作为一个涵盖产权制度安排、实施机制和制度环境"三位一体"的复杂适应系统,在此基础上进一步将"三权分置"的文本内涵拓展为落实集体所有权、保障农户资格权、适度放活使用权及调适国家管制权的四个实践维度,从而体现了宅基地"三权分置"这一产权制度的嵌入性特征。同时,基于理论与实践的综合分析,将宅基地"三权分置"风险定义为一种制度演进复杂性所引致的制度冲突,并从制度体系优化的视角提出规制这一风险的制度路径,从而构建一个具有高度逻辑自洽的制度创新论点,从理论和实证相互耦合的视角揭示宅基地"三权分置"风险的制度根源。

第一章 理论框架的构建

宅基地"三权分置"是一项极为特殊的中国特色农村土地制度创新,其风险的成因、表征、机理等具有显著的内生性、本土性、实践性特征。宅基地"三权分置"风险既是一个实践课题,也是一个理论命题,既是一种制度创新风险,也是一种公共政策风险,其生成、演化、归因、治理等涉及土地产权理论、制度创新理论、制度复杂理论、风险社会理论、风险治理理论等。立足当代中国的农情、国情和发展阶段,厘清宅基地"三权分置"风险的相关概念,溯源宅基地"三权分置"风险的理论基础,搭建宅基地"三权分置"风险的分析框架,构成了本研究的前提基础。

第一节 核心概念界定

概念分析是科学研究的逻辑起点。正如黑格尔所言,概念在其展开的过程中就表现为理论,对于名词不断加细的定义过程就是概念展开的过程①。无论是基于归纳逻辑的质性研究,还是基于演绎逻辑的量化研究,概念在厘清社会科学知识大厦的内部结构和逻辑关系中始终居于核心地位,扮演着通约知识的关键角色,反映了在具体研究与理论研究间架设桥梁的学术努力。宅基地"三权分置"风险作为制度创新风险的一种具象呈现,涉及土地制度、制度风险、风险规制等一系列基本概念。科学把握宅基地"三权分置"风险,首先就必须对相关核心概念作出合理的厘定。

---

① 黑格尔.精神现象学:第 1 卷[M].北京:商务印书馆,1959:57.

一、土地制度

土地制度是指人们在一定社会经济条件下,基于土地归属和利用问题而产生的关于土地关系的政策、法律、法规等总称,包括土地所有制度、使用制度、规划制度、保护制度、征用制度、税收制度和管理制度等,其核心内容包括土地归谁所有和土地如何经营两个方面。按照辩证唯物主义的基本观点,土地制度作为社会经济关系的总和,其形成与发展的根本动力来自社会生产力的进步与人地关系的演进。土地制度以土地为载体并表现为人与人的关系,它嵌入在社会系统中,因嵌入特征而具有时序的演变性和空间的差异性。一块土地能否成为一种财产以及成为何种性质的财产,是由其所在的社会制度而不是由大自然来决定的①。因此,与时俱进地推进我国农村土地制度的改革,为农业、农村和农民提供新的制度安排,是我国全面实现社会主义现代化的重要途径和制度保证。

"宅基地"作为一个极具浓郁民族气息、富有鲜明中国特色,为我国法律所独有的术语②,既有其独特的社会政策落实内涵③,也残存着一丝挥之不去的意识形态色彩④,最早出现在 1962 年 9 月《农村人民公社工作条例(修正草案)》中,是一个"约定俗成"的概念⑤。杨杰(2007)认为,宅基地是用于建造非商业性质农民私宅的农村土地⑥。王利明(2005)主持起草的《物权法草案》把宅基地规定为农村集体经济组织的成员依法批准用以建造个人住宅的农民集体所有的土地⑦。谌种华(2004)认为宅基地包括农民建造住房和必要

---

① 程雪阳.重建财产权:我国土地制度改革的基本经验与方向[J].学术月刊,2020,52(04):98—108.

② 陈小君,蒋省三.宅基地使用权制度:规范解析、实践挑战及其立法回应[J].管理世界,2010(10):1—12.

③ 郑尚元.宅基地使用权性质及农民居住权利之保障[J].中国法学,2014(02):142—157.

④ 刘承韪.产权与政治:中国农村土地制度变迁研究[M].北京:法律出版社,2012:25.

⑤ 韩俊.中国农村土地问题调查[M].上海:上海远东出版社,2009:83.

⑥ 杨杰.宅基地问题的法律分析[J].南京农业大学学报(社会科学版),2007(2):74—77.

⑦ 王利明.中国民法典学者建议稿及立法理由:物权编[M].北京:法律出版社,2005:272,273.

的附属设施所需要的土地①。联合国粮食及农业组织土地词汇手册（中文版）曾经将宅基地定义为"农村集体经济组织为保障农户生活需要而拨给农户建造房屋及小庭院使用的土地，可以用于建造住房、辅助用房（厨房、仓库、厕所）、庭院、沼气池、畜禽舍，柴草堆放等"，这是目前对宅基地概念比较明确的界定②。由此可见，宅基地是一种非经营性建设用地，是农村集体经济组织为满足本组织内成员的生活和生产需要而无偿分配给成员使用的土地。宅基地制度则是指围绕宅基地所有、占有、支配和使用诸方面的原则、方式、手段和界限等政策、法律规范和制度的体系。从狭义的视角看，宅基地制度可理解为附着在宅基地上的国家、集体、农民等不同主体的产权关系集合③，主要包括宅基地的所有制度、使用制度以及管理制度。目前，我国对农村宅基地管理没有专门性法律法规，相关的法律法规主要体现在《宪法》《民法典》《土地管理法》《城乡规划法》《不动产登记暂行条例》等的条款之中。

二、产权与产权分置

广义的"产权"包括一切物质性的权利，狭义的"产权"仅指具有绝对性的财产权，不包括相对性的权利，如债权等权利。经济学视野下，产权是一个社会强制实施的选择一种经济品的使用的权利，并非以表明某一项归属关系为目的的概念。产权是具有复数形态的"权利束"，在其他情况不变时，任何物品的交换价值都取决于交易中包含的产权束④，它包括行动团体对资源的使用权与转让权以及收入的享用权⑤，具有一定的排他性、可分割性，产权利益

---

① 谌种华.耕地保护新举措——浅谈农村宅基地的清理整顿[J].农村经济,2004(S1)：18—20.

② 转引自涂圣伟.中国乡村振兴的制度创新之路[M].北京:社会科学文献出版社,2019：159—184.

③ 乔陆印.农村宅基地制度改革的理论逻辑与深化路径——基于农民权益的分析视角[J].农业经济问题,2022(03)：97—108.

④ R.科斯,A.阿尔钦,D.诺斯等.财产权利与制度变迁——产权学派与新制度经济学派译文集[M].刘守英等,译.上海:上海三联书店,上海人民出版社,1994：204.

⑤ Steven N.S.Cheung.The structure of a contract and the theory of a non-exclusive resource[J] Journal of Law and Economics,1970(13)1：49-70.

通过产权主体在财产权利的界区内的权能行使实现①。考虑到产权包含了占有权、使用权、处置权以及受益权等多种细分权利,经济主体因权利组合的差别而形成不同的产权结构,而产权结构服务于资源配置优化。产权作为一种社会工具,其重要性就在于事实上它们能帮助一个人形成与其他人进行交易时的合理预期,引导人们实现外部性较大的内在化的激励②。通过权利界定和规则设置,产权制度能够减少社会生活的不确定性,并且将外部性内部化,使对行为规制的社会成本内化,对财产维持、改进和流转产生激励,避免经济主体争端和在财产保护上的过多投入,从而实现更佳的财富分配的机制③。产权的"减少不确定性"与"外部性内部化"功能,使得其对生产要素或资源有效配置具有重要意义。法学视野下,财产权的发展史也与其权利客体的性质和社会生产力的发展状况紧密相关,从过去对作为典型财产的动产、不动产等有体物设立的以所有权为核心的物权,到对作品、专利、商标等无形智力成果设立的知识产权,说明财产形态与价值发展至一定阶段会产生相应的设置产权、形成稳定产权状态的需求。

从法律视角看,权利是法律对可支配稀缺资源归属的规定④,权利配置则是以法定权利的方式将某种人身利益或财产利益配置给特定的法律主体,使其享有的此等利益受法律保护,包含产权界定和规则选择两层逻辑⑤。产权界定明确对特定客体是否以及向何等主体以财产权方式予以保护,而规则选择涉及权利配置的具体实现。权利包含两部分基本内容,即权能和利益,二者互相依存、内在统一,利益是权能的目的,是使一定权能成为产权内容的条件,任何产权在利益上的实现,都要求其主体行使相应的权能。作为一种社会强制性的制度安排,产权具有界定、规范和保护人们的经济关系,形成经济生活

---

① 罗必良.新制度经济学[M].太原:山西经济出版社,2005:237.
② R.科斯,A.阿尔钦,D.诺斯等.财产权利与制度变迁——产权学派与新制度经济学派译文集[M].刘守英等,译.上海:上海三联书店,上海人民出版社,1994:98.
③ 斯蒂文·沙维尔.法律经济分析的基础理论[M].赵海怡,史册,宁静波,译.北京:中国人民大学出版社,2013:11—21.
④ 李锡鹤.民法原理论稿[M].北京:法律出版社,2009:186.
⑤ 高永周.回到科斯:法律经济学理论探源[M].北京:法律出版社,2016:98,100—101.

和社会生活的秩序,调节社会经济运行的作用。一般认为产权具有以下四项功能:一是激励功能。产权归根结底是一种物质利益关系,任何产权主体行使产权,都以追求其物质利益为内在动力,因而产权激励其主体去实现物质利益。二是资源配置。产权制度的具体安排,具有调节或影响资源配置状况的作用。三是约束功能。产权对产权主体在行使产权的经济活动中具有强制作用。四是协调功能。建立和规范财产主体行为的产权制度,可以协调人们的社会关系,保证社会秩序规范、有序地运行。法学领域更关注产权的后两项功能,而经济学领域则更关注产权的前两项功能。这是因为产权的后两项功能更直接地与法学所研究的行为规范和权益保障密切相关,而产权的前两项功能则更与经济学所关注的行为决策和经营活动密切相关①。产权关系并非单一所有关系,其中各权项之间的统一和分离,取决于一定的社会生产力和生产关系的性质及其发展程度,也取决于与此相适应的经济制度的发展程度②。产权分置是对财产权权能作分割后,分配给不同适合主体以利用、合作等的制度安排或权利结构。由此,一宗财产上的权属通过分割以满足对财产利用的不同目的③,同时基于产权的约束功能,任何产权权能的作用空间存有一定界区④,从而不同主体得以在相应的界区和限度内行使权利。以宅基地为客体的财产权分置,其结构下的各权利源于所有权部分权能的剥离,权利之间边界清晰且互不相容。

三、风险与制度风险

"风险"一词最早起源于早期的海上航行贸易,意指海上航行的船只由于自然现象或灾害所造成的触礁沉船等的危险性。相传远古时期,常年在海上漂泊的渔民们深知"风"对于他们意味着无法确定的危险,"风"和"险"往往

---

① 胡历芳,曾寅初."三权分置"下农地权利性质与权能安排——基于法学和经济学的跨学科分析[J].社会科学研究,2023,(02):86—96.
② 严枝.马克思的产权理论及其现实意义[J].真理的追求,1997,(02):17—22.
③ 熊丙万.实用主义能走多远?——美国财产法学引领的私法新思维[J].清华法学,2018,12(01):129—151.
④ 叶祥松.论马克思的产权理论[J].经济纬经,2000,(04):15—18.

是相伴而生的,因此就有了"风险"的说法。"对于那些前去征服世界的第一批冒险家和商人来说,危险莫过于沉船,从一定程度上说,这就是风险诞生的时刻。"①进入现代社会后,对风险概念的界定首先出现在经济学领域。1895年美国学者海恩斯最早把风险概念定义为某种行为的不确定引起的损害或损失的可能性②。20世纪初期,美国学者威雷特在其论文《风险与保险的经济理论》中指出,风险是关于不愿发生的事件发生的不确定性之客观体现③。这一定义指明了风险的客观性、不确定性和非对称性特征。1964年美国学者威廉和汉斯又把人的主观因素纳入风险分析的体系当中,提出风险虽然是客观存在的,但是不同人对不同风险具有主观判断意识,需要区别对待④。而奠定现代风险基本概念框架的则是耶茨和斯通,他们提出了风险结构的三因素模型,即潜在损失、损失大小以及潜在损失发生的不确定性共同构成了风险的内涵⑤。贝克指出,风险是指充满危险的未来,由于预测未来从而影响当前行为,风险概念表明人们创造了一种文明,以便使自己的决定将会造成的不可预见的后果具备可预见性,从而控制不可控制的事情,通过有意采取的预防性行动以及相应的制度措施战胜种种副作用⑥。国内学者周宜波将风险从广义上界定为实际结果与预期结果的变动程度,既包括不利结果的一面,也包括有利结果的一面⑦。顾孟迪、雷鹏提出风险是预期结果与实际结果的偏离,把风险视为实际结果与主观预料之间的差异⑧。

综合上述观点,风险可以被理解为损失的不确定性,即遭受损失或伤害、

---

① 乌尔里希·贝克,约翰内斯·威尔姆斯.自由与资本主义[M].林国路,译.杭州:浙江人民出版社,2001:119.

② 顾镜清等.风险管理[M].北京:中国国际广播出版社,1993:21.

③ 王巍.国家风险:开放时代的不测风云[M].沈阳:辽宁人民出版社,1988:29.

④ 汪忠,黄瑞华.国外风险管理研究的理论、方法及其进展[J].外国经济与管理,2005(02):25—31.

⑤ J.Frank Yates,Eric R.Stone. Risk appraisal[A]//J.Frank Yates.Risk taking behavior[C]. NewYork:John Wiley Sons Ltd,1992. 387-401.

⑥ 乌尔里希·贝克,约翰内斯·威尔姆斯.自由与资本主义[M].路国林,译.杭州:浙江人民出版社,2001:118.

⑦ 周宜波.风险管理概论[M].武汉:武汉大学出版社,1992:9—11.

⑧ 顾孟迪,雷鹏.风险管理[M].北京:清华大学出版社,2009:3.

导致问题的可能性,也可以将其解释为"问题"。风险的构成主要包括三个方面:风险因素、风险事故和风险损失。风险因素是引发风险事故发生的条件或潜在原因;风险事故是导致风险损失的直接或外部原因,是风险损失的媒介;风险损失是指非故意的、非预期的和非计划的人身损害及财产经济价值的减少。风险因素可能引发风险事故,风险事故可能造成风险损失,它们三位一体共同构成了风险存在与否的基本条件。

风险具有客观性与普遍性、偶然性与必然性、潜在性与不确定性、时间性与空间性、可识别性与可控性、损失性与收益性以及行为相关性与可变性等特征。依据不同的标准,风险可以划分为不同的类型。从涉及的主体来看,有个人风险、群体风险和社会风险;从涉及的领域来看,有经济风险、政治风险、文化风险、社会风险和生态环境风险;从产生的原因来看,有自然风险、人为风险,而人为风险中又有技术风险和制度风险两种情况;从发生的频率来看,有常规性风险与偶发性风险;从发生的时序来看,有传统风险与新兴风险等[①]。不同类型风险的划分都是相对的,而且它们之间还可能相互联系、相互转化。风险概念体现了人们主动规避不确定性风险的一种努力,体现了当时人们面向未来、趋利避害的一种积极冒险精神,它彰显了人类的一种主动认识世界和改造世界的主体意识,而这也恰恰包含了当代社会理论家所分析的现代性的精神要素。从这一点来分析,风险概念从诞生时起就不仅仅是一个一般性的描述性概念,而已经成为一个社会历史范畴。

制度是减少不确定性、应对潜在风险的重要工具,但受制于人类自身的有限理性和外部环境的不确定性,制度本身也是风险产生的一个重要根源。广义的制度风险是指现代社会风险。在贝克看来,风险与制度具有本体论关联,现代风险源自制度设计,制度问题是风险社会的根本性问题。风险治理依赖制度安排,正是从这双重意义上说,当代社会的风险就是一种制度性风险[②]。由此可见,广义的"制度风险"是指一项制度安排在未来实践过程中产生的不

---

① 邹积亮.政府突发事件风险评估研究与实践[M].北京:国家行政学院出版社,2013:26, 25—27.

② 乌尔里希·贝克.世界风险社会[M].吴英姿,孙淑敏,译.南京:南京大学出版社,2004:10.

可预测性、不具可控性。狭义的制度风险是指新制度生产、实施、反馈过程中,受制于制度环境的不确定性而产生的非预期效应。按照科斯等人的观点,由于制度创新存在着搭便车以及行为主体偏好不稳定和缺乏高度策略性的行为等因素的局限,所以,创新过程会出现内生性和外生性两种不同情境的制度不均衡现象。内生性制度不均衡易发生制度停滞,而外生性制度不均衡易导致制度过剩[①]。杨小娟认为,制度风险是一种给绩效带来负面影响的不确定事件,表现为混乱程度的高低[②]。曾玉珍等认为制度风险是指由于政府行为或其颁布的相关法律法规和政策变动等宏观经济环境的变化而使农业经营遭受损失的一种可能性[③]。也有学者认为,制度风险是由制度环境变量、制度设计缺陷与制度实施缺少效率等因素所产生的对制度本身施加的风险影响,表现为预期效果与实际效果的负差距[④]。由于制度设计的主观动机与现实运行的客观效果不能达成一致,进而出现功能偏差并导致种种不确定的意外后果即会形成制度风险[⑤]。李文祥则认为,因为事物的风险是指事物结局或结果的不确定性,由于制度变化过快带给人们行为的不确定性,实际上是人们的行为风险,风险的主体并不是制度而与制度风险无关,真正意义上的制度风险,是指尽管制度的内在结构完整、基本原则与实施方案匹配,但其自身被预期的功能仍发生偏差而出现不确定性[⑥]。

四、规制与风险规制

"规制"作为一种现象在现代社会中呈现出不断蔓延扩展的趋势,无论是在学术讨论,还是在现实实践中,"规制"都可以称得上是一个高频词汇,经济

① R.科斯,A.阿尔钦,D.诺斯等.财产权利与制度变迁——产权学派与新制度经济学派译文集[M].刘守英等,译.上海:上海三联书店,上海人民出版社,1994:371—376.
② 杨小娟.熵在制度风险管理中的应用分析[J].湖南城市学院学报(自然科学版),2016,25(05):39—40.
③ 曾玉珍,穆月英.农业风险分类及风险管理工具适用性分析[J].经济经纬,2011,(2):128—132.
④ 邓大松.社会保险[M].北京:中国劳动社会保障出版社,2002:67.
⑤ 付舒.社会养老保险制度风险表征及其化解策略[J].重庆社会科学,2014(06):16—22..
⑥ 李文祥.论制度风险[J].长春市委党校学报,2008(05):13—17.

学、政治学、管理学、社会学和法学等诸多学科分别从不同的维度和视角，对规制这一主题进行深入研究。诚如学者所言，规制是一种现象，从来都很难对其有一个明确而清晰的界定。对于其内涵及其范围，争议一直存在①。英国学者安东尼·奥格斯亦认为，如今频繁地出现在各种法学与非法学的文献上的"规制"一词，不是一个专业用语，而是一个含义广泛的词汇②。严格说来，"规制"并非一个法律专业词汇，法律学者虽对其广加运用，但却未进行准确界定，而对规制理论的贡献也远不及经济学者，很多时候，只是将经济学的规制概念和理论移植到法学领域。事实上，虽然"规制"一词为众多不同学科的研究者广泛运用，但是真正对规制概念有贡献的学科主要还是经济学。梳理规制主题的研究历史会发现，规制主题的研究长期以来主要为经济学者所垄断，那些源自公法传统的公共行政学者只是偶尔对规制主题有所贡献。无怪乎安东尼·奥格斯在论及规制概念时亦指出，"规制"基本上是一个政治经济学的词汇，正因如此，只有联系不同经济组织及维持这些经济组织的法律形式的分析，才是了解规制的最佳途径。

诚然，规制是一个含义广泛的开放性概念，但这并不意味着规制概念可以漫无边界，因为"如果规制是每一种事物的话，那它便什么都不是"③。因此，在承认规制概念精确界定困难的同时，我们还是需要给"规制"作出一个具有包容性的界定，这种包容性体现在规制概念既要能够满足不同学科的研究需要，也需要契合规制理论和实践的发展趋势。在现代社会中，"规制"一词处于一种看似矛盾的悖论之中：一方面学者不断强调在现代社会中规制的重要性，另一方面关于放松规制的呼声逐渐成为主流观点。透过这种似是而非的悖论现象，我们可以发现"规制"一词的内涵也逐渐在发生变化。经典的规制理论认为，规制是公共机构针对社会共同体认为重要的活动所施加的持续且

---

① Morgan B, Yeung K.An introduction to law and regulation: text and materials. law in context series[J].Social Science Electronic Publishing, 2007:3-4.

② 安东尼.奥格斯.规制:法律形式与经济学理论[M].骆梅英，译.北京:中国人民大学出版社,2008:1.

③ Robert Baldwin, Martin Cave, Martin Lodge. The Oxford handbook of regulation, Oxford University Press, 2010:12.

集中的控制①。这一观点将规制理解为一种政府主体的"集中控制"行为,具有高度的权力性和单向性。这就是我们所言的传统"命令—控制"的规制版本。客观而言,在现代社会中,传统的规制版本逐渐衰落,而代之以一种更加灵活、更具活力的规制概念。布莱克教授便试图超越传统的"命令—控制"的规制版本,将规制界定为"一种试图控制、命令或影响他人行为的活动"②。这一定义将规制与强调多中心参与的现代治理理论相连接,适应了现代社会中规制活动的发展变迁,并契合了从传统规制到现代治理的现代转型,是一种"现代治理"版本的规制概念。这一版本的规制概念也逐渐为主流的规制理论研究者所接受。在笔者看来,从规制理论的发展趋势来看,这种治理版本的规制概念更符合现代社会规制实践的发展趋势,是一个有包容性和生命力的概念。

在美国法官史蒂芬·布雷耶看来,风险规制是指规制者通过让我们免于或削减同特定潜在风险物质乃至有潜在风险的人的接触,来让我们的生活变得更加安全的一种典型"决策于未知之中"的领域③,具有显著的不确定性。风险规制是人类控制未来的抱负④。国内学者赵鹏认为,所谓风险规制即设立专业的行政机构,对可能造成公共危害的风险进行评估和监测,并通过制定规则、监督执行等法律手段来消除或减轻风险⑤。刘恒认为,风险规制是指政府的相关机构所采取的规避或降低风险,保证民众安全和提高环境质量的活动,属于社会性规制的范畴,不包括经济性风险的规制,其根本目的是杜绝或降低风险发生概率,保障生存环境的质量和民众生命的安全,延长寿命⑥。沈岿则

---

① P. Selznick. Focusing organizational research on regulation//R.Noll(ed.) , Regulatory Policy and the Social Science,1985:363.

② Julia Black. Decentring regulation: understanding the role of regulation and self-regulation in a "post-regulatory" world, 54 Current Legal Problems, 2001:142.

③ 布雷耶.打破恶性循环:政府如何有效规制风险[M].宋华琳,译.北京:法律出版社,2009:35.

④ 安东尼·吉登斯,克里斯多弗·皮尔森.现代性:吉登斯访谈录[M].尹宏毅,译.北京:新华出版社,2000:193.

⑤ 赵鹏.风险社会的自由与安全——风险规制的兴起及其对传统行政法原理的挑战[J].交大法学,2011,2(01):43—60.

⑥ 刘恒.论风险规制中的知情权[J].暨南学报(哲学社会科学版),2013,35(05):2—14+161.

认为风险规制是指设立专业的行政机构,对可能造成公共危害的风险进行评估和监测,并通过制定规则、监督执行等手段来消除或者减轻风险①。戚建刚认为,风险规制活动是规制机构应对风险的一系列专业的系统的活动之和,它主要包括风险评估、风险管理和风险沟通几个环节。其中,风险评估具体包括风险评估议题的形成、风险的识别估算、风险的评价等内容;风险管理包括风险规制措施归纳、风险规制措施评估、风险规制措施衡量、风险决策、执行、监督与反馈等多个环节;风险沟通则贯穿于整个风险规制过程之中,是相关主体之间对风险及风险防范信息的传递交流②。

综合国内外学者的观点,风险规制是一个具有包容性的概念,广义的风险规制涉及风险或者潜在风险的预防、发生和消除的全过程,包括风险识别、风险评估与狭义风险规制三个环节,其中风险识别是前提和基础,强调的是在进行风险评估与风险规制之前识别风险,寻找各种存在的风险及潜在的风险因素;风险评估是承前启后的中间桥梁,也是最具技术性的环节,强调依赖科学工具进行分析评价。狭义的风险规制仅指风险决策与实施的过程,也是最具政策性的环节,强调的是规制主体在进行风险决策或作出风险干预时应考虑多元主体利益平衡问题,并作出综合研判,主要是指规制主体为了应对风险而采取的控制和消除措施。

第二节 基础理论溯源

任何一种制度创新实践都具有深厚的历史积淀和时代背景,有赖于理论的指导,不可能凭空而来、一蹴而就。宅基地"三权分置"作为一种制度创新实践,是内嵌于复杂社会系统之中的宅基地制度动态演化与结构耦合的交互过程,这一过程既是制度的动态演进过程,也是制度的结构优化过程,还是制度的外部适应过程。探寻这一过程的风险识别与规制问题,需要立足制度演

---

① 沈岿.风险规制与行政法新发展[M].北京:法律出版社,2013:16—17.
② 戚建刚.灾难性风险行政法规制的基本原理[M].北京:法律出版社, 2015:106.

进的"环境—过程—结构—功能"的复杂适应系统视角,在土地产权理论、制度变迁理论、制度逻辑理论、风险社会理论、复杂系统理论中找寻相应依据。

一、土地产权理论

西方产权理论把产权制度看作人们围绕财产配置而形成的规则,认为产权揭示了人们围绕财产形成的权利结构,是包括一个人或其他人受益受损的权利,是界定人们如何受益及如何受损,因而谁必须向谁提供补偿以使他修正人们所采取的行动①。西方产权理论特别强调产权的权利结构及其与资源配置的关系,集中研究给定社会制度下不同产权形式的效率问题,关注产权内部细分权利的结构安排及其与资源配置效率的关系,这对于理解土地制度的具体实施和演变具有启示作用。同时,西方产权理论的逻辑链条是用产权来解释发展,将产权制度视为经济发展的前提而非结果。其核心论点是,明确界定和严格保护的私有产权是经济发展的必要条件。在西方产权理论看来,产权与发展的上述逻辑是一般性和超历史的,适用于一切国家和一切发展阶段。这一理论在经济发展上隐含的政策含义是,只有私有产权和自由市场才能引致和支撑持续的经济发展。然而,这一理论既不能完全解释西方国家自身的发展道路,也不能为其他国家的发展提供一种普遍性和必然性的指导模式,尤其不能解释中国这样建立在公有制基础上的经济模式为什么能够成功跨越贫困陷阱、实现持续快速的经济增长。发展经济学家赖纳特就明确提出,财产权利本身实质上并不是资本主义和经济增长的原因②。事实上,西方产权理论对产权与发展关系的解释在很大程度上是一种意识形态化的西方叙事,它所论证的发展模式只是一种基于西方特定文化和历史条件的特殊路径,并不具有普遍性和必然性③。

---

① A.阿尔钦.产权:一个经典注释[G]//R.科斯,A.阿尔钦,D.诺斯等.财产权利与制度变迁——产权学派与新制度经济学派文集[M].刘宇英等,译.上海:上海三联书店,上海人民出版社,1994:166.

② 埃里克·S.赖纳特.富国为什么富穷国为什么穷[M].杨虎涛等,译.北京:中国人民大学出版社,2013:173.

③ 冈纳·缪尔达尔.亚洲的戏剧:南亚国家贫困问题研究[M].方福前,译.北京:商务印书馆,2015:13.

在马克思的经典著作中虽然没有明确给出"土地产权"这一概念的范畴定义,但其对土地产权的内容与外延作出的精辟论述却始终蕴含着十分丰富且独特的逻辑内涵,并构成了一个完整的马克思土地所有制理论逻辑体系。马克思主义产权理论反对抽象的绝对必然性,强调发展的特殊性、具体性和差异性,体现了用发展来解释产权的深刻的历史意识。按照唯物史观,作为上层建筑的产权是由生产力和生产关系决定的,而不是作为上层建筑的产权决定着生产力的发展。由此,产权的形成和演变是内生于社会生产力的发展过程之中的,发展是因产权是果,应当用发展来解释产权而不是相反。"一切生产都是个人在一定社会形式中并借这种社会形式而进行的对自然的占有。"①这种关系通常表现为法律形态的所有权,但本质源于经济关系的所有制,"一定所有制关系所持有的法的观念是从这种关系中产生出来的"②。马克思认为产权一定是历史的,没有适合于一切发展阶段的产权制度,"一切所有制关系都遭到了经常发生的历史的更替,都遭到了经常发生的历史的变更"③。马克思的所有制理论侧重从整个社会系统来理解所有制的长期演变问题,并将所有制视为人们围绕资源占有而形成的社会关系,重点阐释这种关系的形成动因、内在结构及演变趋向,以此为整个社会的长期演化提供规律性认识,其分析为解析土地制度的长周期演变提供了理论渊源。因此,产权制度首先不是个人之间的一种交易关系,而是不同阶级或不同社会集团之间的一种生产关系。关于产权结构,马克思认为广义产权是由终极所有权、占有权、支配权、使用权、处置权和收益权等构成的权利束,其内在结构可有多种组合,如共有产权、国有产权、集体产权、合作产权、个体私有产权等。由于马克思研究的目的是从生产关系的角度分析所有权的不同形态、所有权的本质及其变迁规律,所以其更重视对所有权的分析,突出对终极所有权的研究。

虽然马克思土地产权思想和西方产权理论在逻辑起点上有所不同,但二者都强调制度的"社会关系"特征及其与"资源稀缺性"的关联,前者更关注整

---

① 马克思恩格斯文集(第8卷)[M].北京:人民出版社,2009:11.
② 马克思恩格斯全集(第30卷)[M].北京:人民出版社,2009:608.
③ 马克思恩格斯文集(第2卷)[M].北京:人民出版社,2009:45.

体的、长期的制度演变,且强调所有制对社会形态的区分功能及对所有权的基础作用;后者更关注给定社会形态下具体的产权结构问题,强调产权的排他性及其结构安排对经济效率的影响。就我国农村宅基地制度而言,上述两种理论能够提供重要的研究资源,但均需要进行"本土化"改造。新中国成立以来,我国实现现代化面临的约束条件和阶段目标存在差别,与此关联的宅基地制度的内涵和实施效果也不相同。在这种背景下,马克思土地产权思想强调所有制嵌入在整个社会系统中,这对于理解我国农村宅基地"三权分置"具有启示意义,即宅基地制度的形成和变动不是孤立事件,应从宏大的整体社会系统出发进行解释,具体表现为社会主义制度下不同阶段的经济社会安排。这种嵌入特征也弥补了新制度经济学难以充分阐释所有权长期变迁的缺陷。同时,在土地公有制给定的情形下,如何立足我国经济体制转型背景分析宅基地用途转化、功能拓展和配置效率,需考虑宅基地权利细分及不同权利的再组合。西方产权理论对此是有帮助的。然而,西方产权理论通常将产权的权利主体假定为具有很强排他性的"私人",而中国的土地产权结构则包含作为所有者的国家及农村集体,且作为国家代表的政府也存在中央和地方等不同层级。这意味着在使用西方产权理论时,需要注意其与我国宅基地制度运行条件之间的差异。概括起来,理解我国宅基地制度问题有三个基本支柱:与所有制理论相关的社会嵌入,即联系社会系统来分析土地制度;与产权制度理论相关的权利结构,即注重公有制条件下的细分权利组合;与中国作为社会主义大国相关的本土特征,即强调推动权利安排与中国自身制度和目标之间的匹配。

二、制度创新理论

制度创新理论是制度经济学与熊彼特创新理论两个学术流派的融合。1912 年,熊彼特以"创新"概念构建了一种与主流经济学迥异的经济理论,认为创新是指把一种新的生产要素和生产条件的新结合引入生产体系,包括引入一种新产品、采用一种新生产方法、开辟一个新市场、获得一种新的供应来源、实现任何一种工业的新的组织等五个方面,这里的组织创新也可以看成是

部分的制度创新①。20 世纪 70 年代初之后,以诺思为代表的新制度经济学家
们把制度看成是影响经济增长的主要因素和内在动因,不仅揭示了制度的本
质内涵,而且构建了这一理论完善的分析框架和严密的宏观与微观理论
体系②。

　　所谓制度创新是创新主体为实现一定目标而进行的制度重新安排或制度
结构的重新调整,是一个制度的替代、转换、交易与变迁的过程③。制度创新
的本质是对构成制度框架的规则、准则和实施机制所做的边际调整,这一过程
不仅意味着利益格局的调整,更意味着权利结构的变化。制度创新的根本目
的是降低交易成本、提高交易效率,最大限度地满足人的需要,最小限度地限
制人的需要。新制度经济学家认为,资源、技术、偏好与制度等的配置是一个
联动的体系,制度变迁意在实现更高的效率,表现为对制度均衡的动态搜
寻④。从结果来看,制度创新实际就是制度这一产品的供给与需求不断在动
态变化中达到均衡的过程,它是一种社会效益更高的制度对低效益制度的替
代过程。在现存技术、信息成本、资源稀缺性和未来不确定性的约束条件下,
解决市场竞争成本问题需要有效率的产权制度安排,因此,制度创新的一个重
要内容就是产权结构的创新。同时,由于利益集体和其他约束条件的存在,制
度创新如同技术演进一样,也存在着报酬递增和自我强化机制,即路径依赖。
制度一旦形成,便具有了潜在影响和惯性,在一段时间内持续发挥作用并潜移
默化地影响后续制度的变迁,"人们过去作出的选择决定了他们现在可能的
选择"⑤。沿着既定的路径,制度创新可能进入良性循环的轨道,也可能顺着
原来的错误路径锁定在某种无效率的状态之下。

　　制度创新基本上可分为两种类型:一种是诱致性制度变迁,另一种是强制
性制度变迁。诱致性制度变迁是指现行制度安排的变更或替代,或者是新制

---

①　约瑟夫・熊彼特.经济发展理论[M].郭武军,译.北京:华夏出版社,2015:152.

②　马洪,孙尚清.西方新制度经济学[M].北京:中国发展出版社,1996:87.

③　道格拉斯・C.诺思.经济史中的结构与变迁[M].陈郁等,译.上海:上海三联出版社,上
海人民出版社,1994:225—226.

④　彭德琳.新制度经济学[M].武汉:湖北人民出版社,2002:178.

⑤　道格拉斯・C.诺思.制度变迁理论纲要[J].改革,1995(03):52—56.

度安排的创造,它由个人或一群人,在响应获利机会时自发倡导、组织和实行;强制性制度变迁是由政府命令和法律引入和实行的。国家是一种在某个给定地区内对合法使用强制性手段具有垄断权的制度安排。国家的基本功能是提供法律和秩序,并保护产权以换取税收。由于在使用强制力时有很大的规模经济,所以国家属于自然垄断的范畴。诱致性制度变迁必须由某种在原有制度安排下无法得到的获利机会引起。然而,强制性制度变迁可以纯粹因在不同集团之间对现有收入进行再分配而发生,而且国家有能力去设计和强制推行由诱致性制度变迁过程所不能提供的、适当的制度安排。

诺思和戴维斯把制度创新过程分为以下五个阶段:首先,形成推动制度变迁的第一行动集团;其次,提出有关制度变迁的方案;再次,根据制度变迁的原则对方案进行评估和选择;然后,形成推动制度变迁的第二行动集团;最后,两个集团共同努力去实现制度变迁。在经过上述这些步骤而使制度创新实现后,这时就出现了制度均衡的局面。但这种制度均衡不是永久不变的,随着制度环境的改变,制度均衡就会被重新打破,因此,制度发展的过程就是从制度均衡到制度创新,再到制度均衡,又再回到制度创新的过程。同时他们还指出,制度创新的主体分为三种不同的层次,即由个人、团体、政府来分别履行创新职责。

马克思的唯物史观提供了制度变革的宏观历史视野和研究方法。马克思是第一个对制度发展和变迁的一般规律作出系统阐述的思想家。新制度经济学家诺思曾提出:"马克思的分析框架是最有说服力的,这恰恰是因为它包括了新古典分析框架所遗漏的所有因素:制度、产权、国家和意识形态。马克思强调在有效率的经济组织中产权的重要作用,以及在现有的产权制度与新技术的生产潜力之间产生的不适应性。这是一个根本性的贡献。"[①]马克思曾对唯物史观做过如下纲要式的经典表述:"人们在自己生活的社会生产中发生一定的、必然的、不以他们的意志为转移的关系,即同他们的物质生产力的一定发展阶段相适合的生产关系。这些生产关系的总和构成社会的经济结构,

---

① 道格拉斯·C.诺思.经济史中的结构与变迁[M].上海:上海人民出版社,1991:68.

即有法律的和政治的上层建筑竖立其上并有一定的社会意识形态与之相适应的现实基础。物质生活的生产方式制约着整个社会生活、政治生活和精神生活的过程。不是人们的意识决定人们的存在,相反,是人们的社会存在决定人们的意识。社会的物质生产力发展到一定阶段,便同它们一直在其中运动的现存生产关系或财产关系发生矛盾。于是这些关系便由生产力的发展形式变成生产力的桎梏。那时社会时代就到来了。随着经济基础的变更,全部庞大的上层建筑也或慢或快地发生变革。"①

从上述这段经典表述可以看出,在马克思的视域下,生产关系和上层建筑共同构成社会的政治经济制度,制度的变迁是生产力发展的结果,是生产方式演进的结果。制度之所以发生变迁是因为原有的制度不能适应生产力发展的新要求,从而导致生产力决定并带来生产关系的变革与发展。因此生产力和经济基础是上层建筑变迁的根本原因。马克思指出:"制度变迁的过程是生产力的张力和生产关系的适应能力之间的相互作用过程。"②按照马克思的解释,制度创新的机理可以概括如下:生产技术的改良和发明导致新的劳动工具的出现,以及协作、分工等生产技术组织形式的变化;生产技术组织的变化又引致生产过程中人们的相互关系即生产关系的变化;而生产关系的变化最终引起政治和法律等上层建筑的变化。

三、风险社会理论

风险社会理论是目前关于风险问题研究的主导理论范式和分析当代风险问题的最直接的重要理论基础,它是从风险整体转型的视角来研究当代社会重大变迁的类似观点和相近理论的总称。作为一个分析概念,"风险社会"是在 20 世纪 80 年代出现的,经历 40 多年的发展,风险社会理论逐渐形成了制度、文化、系统与环境三个不同学派③。

---

① 马克思恩格斯选集(第 2 卷)[M].北京:人民出版社,1995:32—33.
② 马克思恩格斯全集(第 23 卷)[M].北京:人民出版社,1972:640.
③ 张广利,许丽娜.当代西方风险社会理论的三个研究维度探析[J].华东理工大学学报(社会科学版),2014,29(02):1—8+16.

　　制度主义风险社会理论认为,现代社会风险是现代性变异的一种结果,是20 世纪以来高科技的突飞猛进以及各种制度建构所内在具有的自反性,他们强调技术性风险、制度性风险和风险分配。1986 年德国社会学家乌尔里希·贝克在《风险社会》一书中首次提出,现代性正从古典工业社会的轮廓中脱颖而出,正在形成一种崭新的形式——风险社会①。在贝克看来,风险社会是现代化、技术化和经济化进程的极端化不断加剧以及现代性的各种制度有组织的不负责任所造成的后果②。在贝克的影响下,英国社会学家安东尼·吉登斯提出,现代性总是涉及风险观念③,且作为一种包含资本主义、工业主义、监督机器和对暴力工具的控制四个维度的激进化和断裂构成了风险社会的肇始④。在以贝克、吉登斯等为代表的制度主义风险理论的视域中,当代社会风险是一种制度性、结构性风险,它是现代性制度变革过程中的产物。一方面,现代社会风险依赖于人的决定,即具有人为性,而人的活动又受到一定的制度约束。另一方面,风险的控制要通过创设各种社会制度来实现,依赖社会风险控制制度来控制这种制度性风险。"任何人只要不想对此视而不见,那么要实现自己的目标——经济增长、充分就业和社会保障,他就必须丢开现存的政治框架或者至少应该对此进行展开、重构和修改。"⑤正是从这双重意义上说,当代社会的风险就是一种制度性、结构性风险。

　　以玛丽·道格拉斯和阿隆·维达斯基为代表的文化主义风险社会学派认为,现代社会风险并没有增加,而是被觉察和意识到的风险增加了。他们认为等级制度主义文化、市场个人主义文化和社会群落之边缘文化导致社会走向混乱的无组织状态。尽管风险在实质上有着客观依据,但必然是通过社会形成的⑥,

　　① 乌尔里希·贝克.风险社会[M].何博闻,译.南京:译林出版社,2004:2.
　　② 乌尔里希·贝克,威尔姆斯.自由与资本主义[M].路国林,译.杭州:浙江人民出版社,2001:125.
　　③ 安东尼·吉登斯.失控的世界[M].周红云,译.南昌:江西人民出版社,2001:22.
　　④ 安东尼·吉登斯.现代性的后果[M].田禾,译.南京:译林出版社,2000:135—139.
　　⑤ 乌尔里希·贝克,安东尼·吉登斯、斯科特·拉什.自反性现代化[M].赵文书,译.北京:商务印书馆,2001:48.
　　⑥ Thompson M, Wildavsky A. A proposal to create a cultural theory of risk[M]. 1982:148.

"是集体的建构物"①。美国心理学家保罗·斯洛维克、莎拉·李奇特斯坦和巴鲁克·费什霍夫认为风险是由受到心理、社会、制度和文化等多种因素制约的个人主观定义的。他们强调,只要调查方法运用合理,这些因素之间的内在关系就可以被定量化和模式化,而方法中最重要的预设就是"风险生来是主观的"②。在风险应对方面,道格拉斯和威尔德韦斯从"风险文化"出发来寻求应对现代社会风险的方法,认为实实在在的现代风险本身并不重要,关键在于是谁在认知并强化了风险意识与观念,走出风险社会的结构困境,找到应对社会风险的正确途径,不仅需要从制度层次上来规避,而且需要建构合理的风险文化来自省。

从系统与环境维度对风险社会研究的代表人物是卢曼,他认为现代社会是一个功能不断分化的自我指涉系统,伴随功能分化而产生的社会结构的多重复杂性和不确定性,以及时间结构的复杂性是现代社会风险产生的根源。规避和应对风险的可能性在于如何增强反省,使社会分化的功能转移相对化,以便控制无法抑制的社会权利和利益增长的冲动③。卢曼虽然没能给出规避风险的直接方案,但他提供了一个规避风险的可能性,即提高系统的反思能力,从而使社会分化的功能转移相对化,以便控制无抑制的权利和利益增长冲动。

从理论视角关联上看,马克思主义的社会批判理论及其辩证方法论在审视当代社会风险及其理论问题上,无疑拥有着总体性分析和批判性考察的独到视域④。马克思站在人类社会实践活动的高度,以辩证唯物史观揭示了现代性发展实践及其异化性、风险性的矛盾辩证规律。虽然马克思主义经典著作中没有明确使用"社会风险"这样的概念,但就当代西方社会风险理论作为一种从风险视角反思现代性的本质及其趋势的学说而言,它与马克思主义有

---

①　Douglas M., Wildavsky A. Risk and culture: an essay on the selection of technological and environmental dangers. Berkeley: University of California Press, 1982:186.

②　Sheldon Krimsky, Dominic Golding(eds.).Social theories of risk. London: Greenwood Press, 1992:129.

③　Niklas Luhmann. Risk sociology. Berlin Press,1991:17 –118.

④　莫凡.马克思主义社会风险思想研究[M].兰州:甘肃人民出版社, 2014:125.

共同的理论主题。正如丹尼尔·贝尔所言,所有涉及资本主义演变的现代社会学说都是"同马克思对话"①。马克思站在人类社会发展的高度,基于劳动实践过程中的主客体关系批判黑格尔"只看到劳动的积极的方面,没有看到它的消极的方面"②,并提醒人们"每一种事物好像都包含有自己的反面"③。在马克思恩格斯看来,人类物质生产实践的二重性是社会风险产生的起点;资本逐利的本性以及与生产社会化的矛盾对立是风险产生的内在根源;全球化进程和科技进步推动风险的跨时空、跨地域蔓延,通过暴力革命实现资本主义生产关系的根本性变革是化解风险的根本出路④。

风险社会理论不仅提出了一个观察现代社会的新的视角,更为重要的是从现代中提炼出自己的现代性方案——反思性现代性。这一方案是对现代性与后现代性的争论久拖未决的学术回应。按照风险社会理论的解释,宅基地"三权分置"作为一种制度创新,其根本目的是清晰界定宅基地的每一束权利归属,避免产权公共域的存在,从而减少权利侵害和租值耗散,在本质上是控制土地制度领域社会风险的一种举措,但由于宅基地"三权分置"是一种现代性的制度结构,只要是产权制度改革,就必然会涉及原本被传统体制所凝固而仅具有符号意义的沉睡资源迅速被激活,相对凝固的财产迅速演化为可流动、可利用的资本。所以,农村宅基地"三权分置"改革不仅是市场化、资本化的过程,而且是盘活存量、激发活力的过程。由于农村宅基地这个被盘活的存量资源要进行产权改造和权能扩展,事实上这个过程也就必然有很大资产再分配的空间,进而会不可避免产生相应的风险。

四、风险治理理论

现代意义上的风险治理理论与实践最早可以追溯到 20 世纪 20 年代的法国,1925 年被誉为管理理论之父的法国专利学家亨利·法约尔在其著作《工

---

① 樊浩.中国伦理精神的现代建构[M].南京:江苏人民出版社,1997:382.
② 马克思.1844 年经济学哲学手稿[M].北京:人民出版社,2000:101.
③ 马克思恩格斯选集(第 1 卷)[M].北京:人民出版社,2009:775.
④ 陈东冬.社会风险治理的理论依据、实践困境和创新路径研究[J].中共南昌市委党校学报,2022,20(03):48—52+62.

业管理与一般管理》中将风险管理思想引进企业。20世纪30年代之后,学界开始采用科学的方法研究风险管理,从20世纪50年代开始,风险管理理论得到了推广并受到了普遍重视,70年代迅速发展并形成了系统化的管理科学。2000年欧盟发布了题为《诚信网络框架:风险治理的新视角》的报告,正式提出了"风险治理"的概念与模式,倡导通过利益相关者的广泛参与来解决风险决策中目标存在冲突以及科学不确定性等问题,努力达成对风险议题的共同理解①。2005年,国际风险治理理事会进一步明确了风险治理的概念,即风险治理包含风险识别、风险评估、风险预警、风险沟通、风险控制、风险决策和风险管理等元素,其核心过程包括风险预警、风险评估、风险管理三大主要流程②。此后,风险治理成为西方特别是欧洲学界讨论的重要课题。作为一种新兴概念,风险治理是从对传统风险分析理念和标准实践的批判和拓展开始的,更加强调风险管理主体的多元性、社会因素和心理因素、风险利益相关者和公众的参与性、风险沟通等方面的作用③。

　　现代风险治理理论主要分为权力视角和权利视角,前者强调客观权力结构的异化以及自上而下的治理,后者强调主观权利感知的解放以及自下而上的参与。从方法论上看,二者均有一个共同的假设,都认为人类将经验转化为实践的行动必须借助某种中介。这一变化的"中介"赋予行动者某种原则,使人类的行为变得有序而不至于失范。二者的分野在于权力视角认为"中介"受客观因素决定,而权利视角认为"中介"受主观因素决定。简而言之,它们分别从客观权力结构和主观权利感知两个维度探讨风险的起源和性质。当我们将风险视为一个历时性的过程,而不是一种暂时的现象时,就能发现,风险既来自技术、权力等结构的异化,又产自人们反思和批判等认知过程。风险治理应当采取权力和权利融合的视角,从客观和主观互动的角度识别风险,以国

　　① European Commission, The TRUSTNET framework: a new perspective on risk governance, Brussels, European Commission Nuclear Science and Technology Directorate-General for Research, 2000.

　　② International Risk Governance Council. Risk governance: towards an integrative approach [R]. International Risk Governance Council, 2005.

　　③ 钟开斌.风险管理研究:历史与现状[J].中国应急管理,2007(11):20—25.

家与社会的互动为基础,建构风险预防、风险识别、风险决策、风险管制以及风险交流的闭合循环。

风险管理理论对本研究的启示在于:首先,宅基地"三权分置"风险也是由风险因素、风险事故和风险损失等要素构成。宅基地"三权分置"过程中存在诸多风险因素,这些风险因素通过集聚效应引发风险事故作用于风险承受者产生风险损失,当损失超出利益主体风险承担能力时,就会产生相应风险后果。其次,宅基地"三权分置"风险分析框架同样由上述传统的风险分析框架发展而来,但是由于宅基地"三权分置"风险具有涉及主体多、牵扯利益大、社会网络性强、产生过程复杂等特点,因此需要结合宅基地"三权分置"的特点进行相应改进,形成包括风险识别、风险评价、形成机理和管控对策等环节在内的宅基地"三权分置"风险理论分析框架。

第三节　分析框架构建

长期以来,我们把"常态社会"作为对象来理解,认为经济社会的发展是以常态且按照固有的规律进行的,坚信人的理性力量和社会发展的有序性。直到德国著名社会学家乌尔里希·贝克提出"风险社会"理论,才促使人类意识到社会的发展并非均匀演进,相反,其中存在着人类无法预料的突发性、不确定性和难以预料性。宅基地"三权分置"作为新时代我国农村土地制度改革的重要方向,具有理论的原创性和实践的探索性,其根本目的就是应对各种不确定性,化解乡村风险以及公共风险,这一制度创新实践事关亿万农民切身利益和社会稳定大局,影响因素错综复杂,需要进行长期探索才能建立起新的制度框架,决不能急躁冒进、急于求成。研究宅基地"三权分置"问题也不能过度依赖确定性的"工程思维",而应更多导入不确定性的"社会思维",超越"应然"与"实然"二元对立的传统分析框架,嵌入"未然"的桥梁,以"风险导向"去认识和理解这一制度变革。

一、逻辑起点

马克思指出,"全部社会生活在本质上都是实践的"①。人类认识世界、改造世界的实践活动促进了生产力的发展和人类文明的进步,然而人类的社会实践活动受到主客观条件的制约,会产生主观与客观、偶然与必然、可能与现实的矛盾和摩擦,使人的实践活动面临难以预料的不确定性风险,实践的创造性和异化性正是这种"人造风险"产生的根源。就像卢曼说的,我们生活在一个"除了风险别无选择的社会"②。自贝克提出"风险社会"理论以来,"风险社会"成为人们观察、理解、分析和诠释现代社会的重要概念,为理解现代社会的结构特点、风险成因及系统治理提供了独特的视角。理解制度创新的风险问题,必须建立在承认不确定性的基础上展开。所有制度创新都是针对未来的,而未来是不确定的。制度创新既有可能对冲风险,也有可能制造风险,这就是现代风险社会的基本特征。也可以说,制度创新在某种意义上是对未来发展的一种模拟。这种模拟能否达到预期目标受到诸多因素的制约,核心问题就是"不确定性及其引发的风险"。问题导向是针对"实然"状态,而风险导向是针对"未然",后者比前者更重要。所以,制度创新的核心理念就是风险,要基于风险来观察、分析和判断,并形成以风险为导向的制度创新理念。

宅基地"三权分置"事实上是宅基地产权不断细分、利益不断均衡、功能不断拓展的动态调整过程。这是中央政府、地方政府、农村集体、农村居民以及社会公众等利益主体在特定制度环境下,以追求外部利润内部化为目的的利益博弈过程,这一过程不可避免受经济社会环境和主体利益偏好等因素的制约,这又构成了宅基地"三权分置"风险的生成逻辑。一方面,宅基地"三权分置"制度创新与风险治理在本质上具有相同的主题,制度创新所要解决的主要问题是城乡结构转变下与现有宅基地制度的不相适应;风险治理所面对的主要矛盾是宅基地产权结构、配置格局、利益关系调整之间的冲突,二者的

---

① 马克思恩格斯选集(第 1 卷)[M].北京:人民出版社,2012:56.

② Luhmann N.Risk: a sociological theory,Berlin: De Gruyter, 1993:218.

理念从本质上是一致的,即都是将消除制约乡村振兴战略实施的现行宅基地产权制度矛盾作为自身的根本任务。

宅基地"三权分置"改革是一项系统性的制度创新,包含众多改革领域和配套措施,从当前重点来看主要有三个方面:一是宅基地产权关系明晰化;二是宅基地资源配置市场化;三是宅基地系统治理法治化。三个方面重点都必然要在风险治理理念框架下才能有效实现,因此必须遵循风险治理的基本规律。同时,风险治理理念亦以宅基地"三权分置"改革为契机,深度融入全新的流程设计中,以此才能实现宅基地"三权分置"运行顺畅、风险可控、底线可守的改革目标。宅基地"三权分置"制度创新与风险治理具有一致的改革战略思路。风险治理与制度创新深刻的内在联系还体现在战略建设思路的一致性上。两者都力图通过引入新的制度框架来实现农村宅基地资源合理配置;着眼点都落在对现行宅基地产权制度进行反思和推动产权结构重构上;都是以对农村宅基地资源的配比优化和要素的系统重组作为路径选择,最终实现农村宅基地资源配置合理化、流转市场化、治理法治化等目的。由此可见,宅基地"三权分置"制度变革与风险治理之间有着内在逻辑关联,这就需要我们跳出传统的确定性制度分析框架,把不确定性纳入制度分析框架之中。但如果对未来的不确定性及其引发的风险缺乏准确判断,优化宅基地资源配置结构、确保宅基地居住保障功能、激活宅基地经济财产价值等系列政治、经济、社会等方面的发展目标,很可能是难以实现的。

二、理论假设

本书的核心研究对象是宅基地"三权分置"风险识别与规制,直接地说是基于这样一个假设:风险的产生是源于制度安排的缺陷,而对风险的防范和规避也得从制度安排的角度去思考,即制度的缺陷产生了风险,通过制度的优化进而使风险得以有效地防范和控制。宅基地"三权分置"制度是农村宅基地制度未来重要的实践模式,宅基地"三权分置"风险是农村土地制度改革相关风险的一种具象呈现。宅基地"三权分置"界定了本书研究的领域范围,"制度创新风险"指出了本书研究的核心范围。本研究主张重新审视那些为研究者所忽视的"实然"要素,考察其存在的必然性以及制度与体制的稳定性。做这样一种研究态度的调整,并不意味着不对制度执行现实进行反思与批判,不做制度与体制情境的调整与优化,而是将这些客观存在于宅基地"三权分置"实践中的现实问题作为复杂制度实践情境的构成部分,以制度演化复杂性的视角,嵌入"风险理性"的概念,在"应然"与"实然"之间搭建一个"未然"的桥梁,从而使宅基地"三权分置"研究的结构性前提发生相应变化,即由确定性的抽离化向不确定的复杂化转变。在此背景下,将宅基地"三权分置"现实困境的诸多因素作为复杂制度情境中的变量,讨论这些内外变量对宅基地"三权分置"风险的影响机理和传导机制,从一个更为宏观、更为全面、更富理性、更富创新性的视角去探寻和应对不确定性带给宅基地"三权分置"的风险挑战,以在未来的改革路径、过程以及结果中去构建新的确定性。为了确保研究逻辑缜密且收放有度,本研究提出以下四个理论假设。

第一,宅基地"三权分置"是一个复杂制度系统,充满了现实不确定性。宅基地制度改革是农村土地制度改革中牵涉利益最复杂的领域,影响因素错综复杂,需要通过长期探索才能建立新的制度框架。在制度结构上,宅基地"三权分置"不仅涉及正式制度,也涉及非正式制度,不仅涉及产权制度,也涉及管理制度;在制度价值上,宅基地"三权分置"承载着提高农民保障、释放财产价值、维护政治稳定、涵养生态环境等多重功能;在利益主体上,宅基地"三权分置"是一个政府、市场、社会多重利益博弈的过程。宅基地"三权分置"开放性、动态性、非线性、主体性的多重复杂性促使其构成了一个具有多个层次和多重目标的复杂适应系统,从而在制度设计、制度实施、制度反馈过程中充满了不确定性。

第二,宅基地"三权分置"风险是一个客观存在,根源在于制度复杂性。制度主义的风险观认为现代社会结构和制度是风险社会形成的根源。宅基地"三权分置"作为一种制度创新实践,具有实践的二重性特征,其风险不以人的意志为转移并超越人们主观意识的客观存在,而且在制度运行的全生命周期内,风险是无处不在、无时不有的。从演进的角度来看,宅基地"三权分置"所处的特殊历史背景及其阶段发展战略、制度选择约束下的复杂性、变异性和多维性,制约着宅基地"三权分置"的特殊表征及其变迁的互动和张力。制度存在自我扩展与演化的逻辑,其变迁与完善通常是一个渐进且连续的过程,与社会发展阶段相适应,在达到制度目标之前,制度、市场和社会方面始终存在着不确定性,这还不排除因其他原因而造成的制度、市场和社会方面的反复。

第三,宅基地"三权分置"风险是一种制度风险,具有内生的建构性。吉登斯指出,传统社会风险是一种局部性、个体性、自然性的外部风险,当代社会风险则是一种全球性、社会性、人为性的结构风险①。风险概念与发展的机遇和代价相连,与发展的理念、道路和模式相伴,与现代化进程中的制度抉择、文化形塑、责任分摊密不可分,在相关概念的网络中才能获得其内涵,是相关概念网络的纽结。宅基地"三权分置"风险不是单一的风险,而是密切关联着社会风险、经济风险、政治风险、文化风险、生态风险等风险在内的复杂综合性风险。这些相互关联的风险具有鲜明的本土化、内生性特征。宅基地"三权分置"作为具有鲜明中国特色的土地产权制度创新,其风险的生成条件、演化规律、传导机制等既具有一般意义上风险的普遍特征,又具有中国特色的鲜明特征,在本质上是一种内生性、本土性制度创新风险。

第四,宅基地"三权分置"风险具有可识别性,是一种可量度不确定性。风险并不意味着真实的损失,而是未来结果出现收益或损失的不确定性。风险在经济学研究中被引申为一种客观存在的、可计算的发生损失的未知性。1921年,弗兰克·奈特在《风险、不确定性和利润》中提出,风险属于不确定性的一种,属于"可测度的不确定性"。宅基地"三权分置"的政治效应、社会效应、经济效应彰显是一个多维复杂的长期过程,因而宅基地"三权分置"风险作为一种制度创新风险往往具有一定的普遍性、隐藏性、突发性等特征,然而这种普遍性、隐蔽性、突发性的背后始终遵循着土地产权制度创新的客观规律,在对这一客观规律把握的基础上,我们可以采用相应的标准或者定量、定性的方法对各类宅基地"三权分置"风险的表现类型、危害程度进行刻画、描述或度量,从而能够有效合理识别宅基地"三权分置"的相应风险。

---

① 安东尼·吉登斯.现代性的后果[M].田禾,译.南京:译林出版社,2000:25.

　　第五，宅基地"三权分置"风险具有可规制性，是制度创新包容性的体现。风险的发生既可能造成灾难和痛苦，也可能带来发展和创新，其损失与收益机会并存，如果应对得当，风险所导致的影响和压力就可能转化为变革的推动力和催化剂，存在风险的脆弱环节往往会受到更多关注，从而成为新的发展领域。宅基地"三权分置"风险是一个动态性、前瞻性的不确定性状态，也是一种负向性的制度变革状态。宅基地"三权分置"风险普遍存在于产权主体与客体之间的可能关系之中，但不是一种必然的实体存在，它不是既成事实，也非既定结果。这些风险成为现实时就转化为改革危机，而风险本身就是转化为危机或机遇的可能性。虽然说风险从总体上是负面的、不利于目标达成的，但存在化险为夷的可能，也隐喻着新的发展机会。制度创新既是规制风险的工具也是产生风险的根源，制度属性是对风险属性的有效契合，风险与危机间接推动着制度的完备，也形塑了新的制度变迁方式与路径，形成了制度构建的机遇，而制度风险防范与规制则进一步促进制度创新的包容性和持续性。

三、分析范式

　　一个研究范式的确立就意味着研究者在问题的选择、假设的建立、方法的运用和理论的形成上具有一致性，其硬核包括价值取向、逻辑框架、经验事实以及三者的互动关系。在解析宅基地"三权分置"时，基于过去与事实的"应然"与"实然"相互对立的传统分析框架表现出越来越大的不匹配性，亟待构建一种基于预期与未来的"风险导向"分析框架。本研究试图以制度演化复杂性的视角，阐述宅基地"三权分置"制度系统演进的复杂网络特征，在此基础上揭示宅基地"三权分置"制度系统演化的风险事实，并基于制度创新与风险规制之间的逻辑互动，提出相应风险规制思路和对策。这一范式的宗旨是在宅基地"三权分置"的"应然"与"实然"状态之间架起一个"未然"桥梁，把宅基地"三权分置"纳入马克思主义实践二重性分析框架之中予以考量，主要特征表现为四个方面。

　　第一，以风险存在的客观性为逻辑起点。风险是一种不以人的意志为转移，独立于人的意识之外的客观存在，无论是自然界的物质运动，还是社会发展的规律,都由事物的内部因素所决定,由超越人们主观意识所存在的客观规律所决定。制度作为一种基于人的有一定目的的主观建构存在物,不仅是人类在长期社会生产实践中寻求个人与群体和谐相处的必然选择,更是人类恰适认知人之自然属性和社会属性的理性皈依。任何制度都是有人在一定条件下和一定环境中进行设计、理解和执行的。宅基地"三权分置"作为一种人类实践活动,是主观性和客观性的辩证统一、绝对性和相对性的辩证统一、科学性和价值性的辩证统一、普遍性和特殊性的辩证统一、传承性和创造性的辩证统一,具有不确定性的显著特征。为此,本研究将宅基地"三权分置"风险作为一种客观存在,并以此为逻辑起点,将风险存在嵌入宅基地"三权分置"制度设计与制度运行中,从而构建以风险为导向的制度分析框架,探究宅基地"三权分置"风险的发生逻辑、特征事实、规制对策等。

第二,以制度演化的复杂性为逻辑主线。宅基地"三权分置"是一个涵盖制度"情景适应—过程演进—结构优化—功能耦合—主体博弈"于一体的复杂适应系统,制度创新风险的生成、演化、传导、治理等有其内在规定性。宅基地"三权分置"是城乡二元结构下基于宅基地产权关系调整而形成的社会利益关系、资源配置结构、要素存在方式的自觉性主动性调整、转换,是对原有制度的突破或重构。在这一调整或转换过程中,由于信息的不对称、契约的不完全、利益的不均衡、环境的不确定等,制度设计层面或新旧制度衔接不畅可能发生意外、破坏、损失,即产生制度创新风险。为此,本研究立足制度创新复杂性的视角,从宅基地"三权分置"的演进过程、制度结构、制度环境、制度功能、制度主体等多个视角来认识和理解宅基地"三权分置"的复杂网络系统,进而以此为逻辑主线,探究宅基地"三权分置"风险问题。

第三,以风险主客观的辩证性为逻辑遵循。风险作为一种不确定性,既源于风险行为主体触发社会风险的随机性,也源于风险利益主体对风险认知与理解的不确定性,既是现实的,又是建构的,既是客观的,又是主观的,它主要是一种社会定义的"构想",是一种想象的现实。宅基地"三权分置"风险从识别、感知、预警、评估到规制,其中每一个具体环节都是客观现实反馈与主观性价值判断综合作用的结果。受多元风险主体价值观念、认知程度的影响,不同的主体在面对风险问题时呈现出不同的价值判断风险既可以是一种客观存在,也可以是一种主观建构。宅基地"三权分置"的制度逻辑可以通过一系列机制对主体行为施加自己的影响,主体能感知到制度复杂性正是由于制度逻辑对组织的运作施加了作用。由此可见,宅基地"三权分置"风险的存在是客观的,但人们对未来的不确定性的认识与估计与个人的知识、经验、精神和心理状态有关,不同的人面对相同的事物会有不同的判断,因此,人们对宅基地"三权分置"风险认知又是主观的,或者进一步说,宅基地"三权分置"风险体现的是主体和客体交互产生的一种认知,基于客体又不局限于客体。由于个体差异、期望水平、信息影响、风险特征性质等的影响,不同主体对宅基地"三权分置"风险的认知是存在差异性的,这就构成了宅基地"三权分置"风险研究的辩证逻辑。

第四,以制度变革与风险规制的互耦为逻辑内核。宅基地"三权分置"的"制度创新"与"风险规制"是一个硬币的两个面。一方面,制度创新的目的是减少现行宅基地制度带给乡村振兴的不确定性,提高宅基地资源的配置效率,将外部利润内部化,为实施乡村振兴战略提供新动能;风险规制是为了超越过去构建起来的经验确定性和理论确定性,用风险意识不断地去构建新的确定性,以确保宅基地"三权分置"改革的稳定性和可持续性,二者在目的上具有同源性。另一方面,宅基地"三权分置"风险的深层次原因是治理不善造成的。因此,制度优化、治理有效是防范和控制宅基地"三权分置"风险最重要的手段。现代社会中,人们在不断制造着新的风险的同时,又在不断创造性地管理风险、消除风险,人们在不停地与各种风险的斗争中推动社会发展进步。只有当我们的思维和意识从不确定性出发时,才能获得我们所需要的集体确定性。相反,若是我们的思考只从确定性出发,思维就会固化,我们得到的就可能是发展的不确定性,甚至面临危机。这就是历史的辩证法,也是研究宅基地"三权分置"风险的基本逻辑内核。

第二章　我国农村宅基地制度的历史演进

　　识别和规制宅基地"三权分置"风险,不仅需要系统研究宅基地制度发展的历史脉络,更要深刻把握宅基地制度变迁的内在机理与规律特征,从制度的演变历程中汲取经验与教训。人类寻求安居乐业的漫长演变历史启示我们,用于建造住宅的土地要素配置结构与使用效率是由土地制度安排所决定的,特定时空条件下的土地制度设计对参与土地市场交易的不同主体会提供不同的约束和激励。我国农村宅基地制度作为一项兼具政治稳定、社会保障和经济财产等功能的制度安排,其主要目标是确保农村居民"户有所居"并优化土地资源配置。这一制度的形成与发展是一个持续演进的动态调适过程,不仅是经济社会制度变革的显著标志,更成为推动经济社会制度变革的重要力量之一①。新中国成立以来,伴随着城乡经济的发展和人地关系的变迁,农村宅基地制度先后经历了从"多权合一"的过渡,到"两权分离"的完善,再到"三权分置"的探索,这一演进过程既是国家、集体、农民个体等多方利益主体基于宅基地权利的互动博弈,也是宅基地政治、经济、社会多维价值功能的均衡调适。从演进特征看,我国宅基地制度的形成和演变是以国家发展战略为导向,以农民发展需求为基础,以政府和农民互动为推力,以处理好农民增收、农业现代化与新型工业化、新型城镇化关系为基点,以发挥宅基地的多重要素功能为目标的强制性与诱致性相结合、突变式与渐进式相结合的制度变迁过程。

---

　　① 蔡立东,姜楠.农地三权分置的法实现[J].中国社会科学,2017(05):102—122+207.

第一节　我国农村宅基地制度的演进轨迹

财产权的界定、配置和保护是任何社会都必须解决的最复杂和最困难的问题之一,必须以某种方式解决它①。农村宅基地作为农村集体经济组织为居住在其行政管辖范围内的成员供给的住宅用地,是农村建设用地类型中重要的组成部分且占地规模最大②。新中国成立以来,源于国家、社会与市场之间的结构演变,我国农村宅基地制度沿着"要素整合、结构重组、功能优化、利益调适"的内在逻辑,发生了多次变迁,逐步演变为一套具有中国特色的农村土地制度体系。依据宅基地的权能结构、权利归属、治理导向、功能变迁等,可以把我国农村宅基地制度的演进过程划分为六个不同的阶段,不同阶段的宅基地制度都与相应时期的经济发展、政治稳定、社会建设特征密切关联,并在类型、内涵和功能上存在明显的差异。

一、"多权合一、农民私有、自由流转"阶段(1949—1961年)

宅基地是农民群体的家园载体,发挥着维护农村社会秩序稳定、保障农民安居乐业的特殊作用。新中国成立之初,我国接近九成的人口生活居住在农村地区,其中三亿多人口为无地或者少地农民,占农村人口的61.98%③。面对国家"革命"和"发展"的双重历史任务,为兑现"耕者有其田"的政治承诺,确保农民"住有所居",巩固新生人民政权,中央政府彻底废除了地主阶级封建剥削的土地所有制,确立了农村土地农民私有制。在这一基本土地制度框架下,农村宅基地的所有权和使用权"两权合一",统一归属于农民私有,农民依法占有和使用宅基地,可以自由流转宅基地及其地上附属建筑等。1950年颁布的《中华人民共和国土地改革法》废除了封建社会形成的土地确权契约

---

① Alchian A A.Some economics of property rights[J].Politico,1965,30(4):816-829.

② 李婷婷,龙花楼,王艳飞.中国农村宅基地闲置程度及其成因分析[J].中国土地科学,2019,33(12):64—71.

③ 王敬尧,魏މ.当代中国农地制度变迁的存续与变迁[J].中国社会科学,2016(2):73—92.

关系,确立了以个人为单位平均福利分配、以农户为单位发放土地房产所有证的宅基地制度,规定宅基地所有权与使用权集于一体,统一归农民私人所有,政府颁发统一印制的土地所有证,农户以房契作为产权凭证,农民凭借完整的所有权和使用权可以自由转让、买卖以及抵押宅基地。1954 年颁布的《中华人民共和国宪法》明确规定,农户对农村宅基地的所有权受到国家强制力捍卫,私有财产沿袭继承同样受到国家的认可和保护。此后,在合作化运动初期阶段,"平均分配、无偿取得、永久占有、两权合一、农民私有、自由交易"依然是宅基地制度的基本特征。1956 年出台的《高级农业生产合作社示范章程》第十三条第一款明确规定,入社后的土地由农民私有变为合作社集体所有,集体土地所有权得以确立,农业生产合作社是集体土地所有权的主体。但对宅基地所有权的处理较为复杂:一方面该章程明确规定社员原有房屋地基无须入社,宅基地所有权自然属于农民;另一方面社员新修房屋需用的地基由合作社统筹解决,但是没有明确此类宅基地的所有权性质。1959 年颁布的《高级农业生产合作社示范章程》也未把宅基地纳入集体所有制改革的范畴。

新中国成立初期宅基地制度的形成是一种"自上而下"式的强制性制度变迁,这种"暴风骤雨"式的变迁迅速地将新制度安排好并发挥了巨大的作用,降低了权力寻租机会,节约了制度变迁成本。这一时期的宅基地制度具有鲜明的政治导向性和历史过渡性特征,宅基地更多被视为基本的生活资料,承载的主要功能是巩固政权和保障居住,制度设计遵循保障农民居住权的理念,平均分配、无偿取得,体现了政治因素在制度变迁中的主导作用①。在分配方式上以公平正义为导向,采用平均主义;在权能结构上,宅基地所有权与使用权"两权合一";在权能归属上,宅基地及其房屋的所有权以及与之关联的使用、配置、收益等权利完整地赋予了农民,农民对宅基地拥有包括所有权、使用权、收益权、让渡权等在内的完整产权,可以自由买卖、出租、抵押和继承宅基地及其房屋,但受制于市场发育程度的制约,彼时宅基地的财产价值功能

① 董新辉.新中国 70 年宅基地使用权流转:制度变迁、现实困境、改革方向[J].中国农村经济,2019(06):2—27.

尚未彰显,宅基地流转交易的市场现实需求微乎其微。

二、"两权分离、公有私用、一宅两制"阶段(1962—1980 年)

随着我国农村集体化改造运动的深入推进,农村宅基地也逐步被纳入集体化的范畴之中,宅基地产权制度也由此前的农民私有制逐步转向"两权分离、公有私用、一宅两制"的阶段。1962 年,中共中央颁布的《农村人民公社工作条例修正草案》首次提出了"宅基地"的概念,并确立了"两权分离、一宅两制、公地私房"的农村宅基地制度框架。在这一制度框架下,农村宅基地与房屋所有权分别归集体和农户所有,宅基地不得出租买卖,农户住房则可租赁买卖,且宅基地使用权可随房屋一并流转,但流转的前提是宅基地所有权依然归集体所有,农户享有的是宅基地使用权。1963 年中共中央发布的《关于各地对社员宅基地问题作一些补充规定的通知》提出,社员具有买卖及租赁房屋的权利,房屋出卖后宅基地的使用权随之转移给新房主所有,此时宅基地的使用权从所有权中分离,"地随房走"的原则同时确立,形成了宅基地"两权分离"制度雏形。同年发布的《最高人民法院关于贯彻执行民事政策几个问题的意见(修正稿)》,正式提出"宅基地使用权"的概念,宅基地产权结构得以逐步细化。1975 年颁布的《中华人民共和国宪法》以根本大法的形式确立农村"队为基础、三级所有"的人民公社集体经济架构。此后,农村宅基地的集体所有权、农户无偿获得使用权以及国家保护农民的房屋和其他各种生活资料所有权等制度安排基本形成,且衍生出相应的组织制度和管理制度。

这一时期所形成的以"集体所有、农民使用、地随房走"为特征的宅基地制度依然是一种"自上而下"式的强制性制度变迁,与农业社会主义改造相关联。在具有"政社合一"特征的农村人民公社中,为实现生产资料所有制的社会主义公有制变革,维持高度集中的计划经济体制,我国在广大农村地区以集体所有制的形式,把包括宅基地在内的生产资料统一划归农村集体所有,农村集体获得了土地所有权及与此关联的使用权、处置权,农民则以集体方式与土地结合。该阶段宅基地的产权结构和权能归属发生第一次细分明确:所有权归集体,使用权归农民,农民可以无偿取得、长期占有宅基地的使用权,并拥有地上房屋的所有权,但不准出租、买卖和擅自转让宅基地使用权。此时的宅基地管理制度则随着宅基地的外部性而相应调适,组织制度处于计划经济时期自上而下的严格管控阶段。一方面,国家不可能对宅基地所有权和使用权都进行强制性限制;另一方面,虽不限制城镇居民购买农房,但城镇居民享有的福利制度仍是农民十分向往的,不大可能出现大量城镇居民返乡购买农村宅基地的情况。这一阶段所形成的"两权分离、公有私用、一宅两制"以及产权管制的制度安排是人民内部利益的调整,是农民利益的让渡、集体利益的获取,宅基地所有权从农民私有转为集体公有符合经济社会发展规律,也满足了特定环境的政治需要。

三、"两权分离、公有私用、限制流转"阶段(1981—1996年)

随着改革开放进程的不断推进,我国农村经济社会发生了翻天覆地的变化,以家庭联产承包责任制为代表的农村改革极大地激发了广大农民自主经营和合理利用土地的热情。农民生活水平的提高使得其有了更高的居住需求和流转收益诉求,然而,利益驱动下农村宅基地使用管理问题变得日益复杂。面对农村建房乱占耕地、无序扩张等现象,为破解宅基地制度与现实需求之间的矛盾,在政府主导与市场驱动的双重作用下,农村宅基地制度在持续巩固"集体所有、农民使用"的基本权能结构的基础上,围绕总量控制、规划布局、土地节约、用途管制、用地限额、交易限制、城乡分治等进一步严格规范管理。1981年,国务院发布的《关于制止农村建房侵占耕地的紧急通知》提出,农村建房用地必须统一规划,合理布局,节约用地;分配给社员的宅基地,社员只有使用权,既不准出租、买卖和擅自转让,也不准在承包地和自留地上建房、葬坟、开矿、烧砖瓦等。1982年2月,国务院发布的《村镇建房用地管理条例》作为改革开放以后农村建设用地管理的首个法规,首次对宅基地用途管制原则、面积限额要求、退出办法等进行了规定。同年颁布的《中华人民共和国宪法》以根本大法的形式规定宅基地属于集体所有。1986年颁布实施的《民法通则》和《土地管理法》进一步明确了集体土地所有权的行使主体以及行使方式。之后《土地管理法》的历次修订,均坚持宅基地归集体所有、农民使用的权利结构,并进一步强化了城乡地政的集中统一管理,明确了宅基地审批的主体。上述一系列政策举措的出台,有效规范了宅基地审批、使用、管理等。为适应宅基地需求日益增多的发展趋势,1989 年出台的《关于确定土地权属问题的若干意见》开启了宅基地流转交易的探索,提出城镇及市郊农民集体土地上的房屋,可在一定条件下依法自愿出售给本集体以外的农民集体或个人。1990 年,国务院批转国家土地管理局《关于加强农村宅基地管理工作的请示》,首次提出进行农村宅基地有偿使用试点,探索逐步建立和完善土地使用费管理制度,并明确禁止非农人口使用农村宅基地,这意味着我国农村宅基地流转管理进入了严格管控阶段。1993 年国务院发布的《关于加强土地转让管理严禁炒卖土地的通知》作出了明令禁止农民的住宅向城市居民出售的规定。1995 年新修订的《确定土地所有权和使用权的若干规定》重点对居民建房占用土地出现的超标处置问题作了时限上的规定,同年出台的《中华人民共和国担保法》则明确了宅基地使用权不得抵押的禁止性规定。

在"两权分离、公有私用、限制流转"阶段,宅基地制度的变迁主要是对原有制度的进一步规范和细化,总量控制和适度调适等管控目标是该阶段制度变迁的主要特征。这一阶段的农村宅基地"两权分离、公有私用"的制度架构更加完善和具体,所有权归集体、使用权归农民,并严格限制流转交易,总体上表现为通过收紧宅基地使用权主体资格、明确管理主体、厘清管理权限、强化用途管制,注重总量控制。但在市场需求的引导下,宅基地私下隐性交易时有发生,为回应市场的变化,一些局部试点陆续开展了宅基地有偿使用,这为此后宅基地使用权的流转交易奠定了相应的基础。

四、"两权分离、公有私用、适度调适"阶段(1997—2012 年)

随着社会主义市场经济体制改革的逐步深化,农村宅基地的财产价值日益凸显,土地价格尤其是城市周边的土地价格不断飙升,农村土地的市场化进程加速推进,炒卖宅基地、侵蚀耕地、违法违建以及无序流转等社会问题日益严重。为了有效抑制宅基地过度占用耕地的现象,1997 年国务院发布的《进一步加强土地管理切实保护耕地的通知》提出,实行占用耕地与开发、复垦挂钩的政策,农村居民的住宅建设要符合村镇建设规划;农村居民每户只能"一户一宅"且不超过限定标准,多出的宅基地依法收归集体所有。这标志着我国宅基地由单一限制宅基地的获得转向宅基地获得及其退出的双向机制。1998 年修订颁布的《土地管理法》《土地管理法实施条例》《村民委员会组织法》等都作出了禁止城镇居民取得宅基地的规定,试图通过缩小宅基地原始取得的主体范围这一权利取得的入口来化解上述矛盾。由此,我国宅基地制度安排被锁定在宅基地归农村集体所有、农民住房的处置受到严格限制的固化状态。1999 年国务院发出《关于加强土地转让管理严禁炒卖土地的通知》首次明确禁止城市居民购买农村住宅,并在 2004 年《国务院关于深化改革严格土地管理的决定》中再次明确禁止城镇居民在农村购置宅基地。流转限制"一刀切"的初衷在于防止宅基地使用无序和管理困难,但也切断了宅基地从保障福利转化为显化财产的通道。在后续的实践中,我国开始探索在"两权分离"框架下放活宅基地使用权的可能。进入 21 世纪之后,以"两权分离"为特征的宅基地制度仍具有内核的稳定性,但具体形式却逐渐难以满足实践发展的需要。2007 年颁布的《物权法》首次明确了农村宅基地使用权的"用益物权"性质,确立了宅基地权利结构的基本格局。2008 年,国务院发布的《关于集约节约用地的通知》提出鼓励利用闲置住宅用地建房和腾退措施。同年召开的中共十七届三中全会明确提出完善农村宅基地制度,依法保障农户宅基地用益物权,进一步在政策层面为农村宅基地改革明确了发展方向。

可以看出,"两权分离、公有私用、适度调适"阶段的农村宅基地制度是在土地利用总量控制的管理体系下,既强调宅基地的严格审批,也试图探索宅基地的有效腾退,总体上呈现以下几个方面的特征:一是限制流转与隐性交易矛盾突出,国家法律和政策层面对宅基地使用权流转进行了限制,但私下宅基地交易不减反增,尤其是在部分城郊和经济发达地区,宅基地的地下交易和隐性流转现象更为突出;二是宅基地使用权规范体系日趋完善具体,面积标准、申请条件等进一步细化规范;三是市场化驱动作用愈加显著。2000 年以后,在市场需求的驱动下,宅基地管理制度由强调审批与调控转向探索闲置宅基地腾退机制,并开始探索宅基地使用权流转,但受各方因素限制,闲置宅基地退出机制实践效果不佳,宅基地腾退制度运行困难,亟待改革,局部探索并没有取得实质性的突破①。

五、"产权明晰、功能拓展、放活探索"阶段(2013—2017 年)

伴随着新型工业化、新型城镇化的深入推进,我国农业农村现代化建设取得显著成就,工农互促、城乡互补、协调发展、共同繁荣的新型工农城乡关系格局初现端倪。在这一时代背景下,国家顺应发展需求和农民诉求,试图通过农村宅基地制度改革试点,探索农村宅基地赋权拓能、盘活利用的有效形式,推动宅基地权利从封闭走向开放,保障农民收益和发展权益,提高宅基地节约集约利用效率,破解城乡发展建设用地矛盾。2013 年 10 月党的十八届三中全会通过的《中共中央关于全面深化改革若干重大问题的决定》首次明确提出要拓展农村宅基地和农房财产性功能,推动农村宅基地制度改革试点,探索增加农民财产性收入渠道。这为彻底破除宅基地制度改革的现实障碍提供了行动指南。2015 年初,以宅基地依法公平取得、节约集约使用、自愿有偿退出为目标要求的首轮宅基地制度改革专项试点在全国 15 县(市)展开,试点地区重点围绕完善宅基地权益保障、取得方式、管理制度,探索宅基地有偿使用制度、自愿有偿退出机制。2015 年 8 月,国务院公布《关于开展农村承包土地的经营权和农民住房财产权抵押贷款试点的指导意见》,在全国推行农村住房财产权抵押试点。2016 年 3 月人民银行、原银监会等六部委联合印发《农民住房财产权抵押贷款试点暂行办法》,针对农民住房财产权抵押贷款试点作出详细部署,当年 9 月,原国土资源部发布的《关于建立城镇建设用地增加规模同吸纳农业转移人口落户数量挂钩机制的实施意见》提出,允许进城落户人员在本集体经济组织内部自愿有偿退出或转让宅基地。2017 年,宅基地改革试点期限延长至 2018 年底,范围从 15 个拓展到 33 个。宅基地试点改革范围和期限的拓展,改变了"一地一试,封闭运行"的农村"三块地"的改革思路,

---

① 刘守英.中共十八届三中全会后的土地制度改革及其实施[J].法商研究,2014,31(02):3—10.

一些试点地区开始探索宅基地指标交易和调整成为集体经营性建设用地入市,在一定程度上推动了宅基地制度改革朝向财产权利的方向演进。

首轮宅基地制度改革试点的具体做法虽然各不相同,但总体上是围绕完善农民宅基地权益和取得方式、探索宅基地有偿使用制度、探索宅基地自愿有偿退出机制、完善宅基地管理制度四个方面展开,实质上是国家为保障农民财产收入和盘活闲置宅基地以满足农村发展用地需求逐步探索推动农村宅基地财产权显化的结果。整体来看,试点探索健全了宅基地权益保障方式,在保障村民户有所居的同时,增加了农民财产性收入,取得了积极成效,有效积累了农村宅基地产权有限开放下的相关改革经验,为未来改革奠定了基础。但碍于宅基地的固有保障属性,一些深层次矛盾和问题尚未得到有效破解,从实践来看仍存在法律界定模糊、政策协调缺乏、配套机制不健全等现实问题,亟须在国家层面进一步完善制度设计,强化政策配套。

六、"三权分置、扩权赋能、试点拓展"阶段(2018 年至今)

党的十九大以来,中央一号文件聚焦农业农村优先发展,自 2018 年起连续关注宅基地改革,将其作为乡村振兴的重要支撑纳入农村土地改革的重要内容,推动各地开展了有益探索。2018 年 1 月,全国国土资源工作会议提出,探索宅基地所有权、资格权、使用权"三权分置"。2018 年 2 月,中央一号文件《关于实施乡村振兴战略的意见》正式提出探索宅基地所有权、资格权、使用权"三权分置",落实宅基地集体所有权,保障宅基地农户资格权和农民房屋财产权,适度放活宅基地和农民房屋使用权,从而确立了新时代我国农村宅基地制度改革的基本方向。2019 年中央一号文件对此再次作出部署,同年修订的《土地管理法》将宅基地审批权下放至乡镇,并将宅基地改革的职责由国土部门转移至农业农村部。2019 年 9 月,农业农村部印发《关于积极稳妥开展农村闲置宅基地和闲置住宅盘活利用工作的通知》,指导各地在依法维护农民宅基地合法权益和严格规范宅基地管理的基础上,探索盘活利用农村闲置宅基地和闲置住宅的有效途径和政策措施。2020 年中央一号文件提出,以探索宅基地所有权、资格权、使用权"三权分置"为重点,进一步深化农村宅基地制度改革试点。2020年6月,中央全面深化改革委员会第十四次会议审议通过了《深化农村宅基地制度改革试点方案》。同年9月,中央农办、农业农村部召开深化农村宅基地制度改革试点电视电话会议,安排启动实施104个县(市、区)以及3个地级市以"五探索、两完善、两健全"为内容的新一轮宅基地制度改革试点。2021年中央一号文件明确要求,加强宅基地管理,稳慎推进农村宅基地制度改革试点,探索宅基地所有权、资格权、使用权分置有效实现形式。2021年3月,《中华人民共和国国民经济和社会发展第十四个五年规划和2035年远景目标纲要》把"探索宅基地所有权、资格权、使用权分置实现形式"作为健全城乡融合发展体制机制的重要内容,纳入全面推进乡村振兴的总体战略部署之中。至此,"三权分置"成为新时代我国农村宅基地改革的基本方向。

多样化试点探索是"三权分置、多元主体、试点拓展"阶段宅基地制度改革的主要特征,其制度变革的价值取向主要是保护农民财产权利①。面对农村宅基地无序扩张及其管理失控,国家尊重宅基地保障功能和财产属性,放活宅基地使用权以保障农户获得宅基地利益和优化宅基地资源配置,并运用"试点—评估—推广—调整"模式逐步推进。地方政府积极探索宅基地取得、使用、用途管制和"三权分置"等多样改革。山东禹城、浙江义乌和德清、四川泸县等试点地区结合实际,探索了一些宅基地"三权分置"模式。目前,全国100多个试点地区正在积极探索宅基地所有权、资格权、使用权分置实现形式,并着眼保护进城落户农民宅基地权益,探索农户宅基地资格权的保障机制以及宅基地使用权的流转、抵押、自愿有偿退出、有偿使用等。虽然目前农村宅基地"三权分置"具体实施路径尚未明晰,但从该理念的提出可以预见今后农村宅基地产权的有限开放趋势。

第二节 我国农村宅基地制度的演进规律

制度变迁是制度供给和需求互动匹配推动制度非均衡和均衡循环往复的

---

① 向勇.宅基地三权分置的立法意旨[J].农业经济问题,2019(04):10—17.

过程①。无论是中国经济的宏观改革,还是某一项微观制度的改革,都遵循其阶段性的发展规律②。新中国成立以来,我国农村宅基地制度经历从农民所有制到集体所有制,再到"两权分离"和"三权分置"的演进历程,作为国家发展战略在宅基地领域的"映射",在很大程度上是一个发生在我国的"本土故事"③,是在国家确立所有制的前提下,通过微观主体参与来细分土地权利,进而形成不同权利的组合和土地要素再配置。纵观这一演进过程,虽然不同时期的宅基地制度都有着深刻的政治、经济、社会和历史元素错综交织其中,但一条制度变迁的逻辑主线却清晰地贯穿始终,使得宅基地制度酝酿、形成、成熟和演变的过程有规律可循,有经验可鉴,从整体上看,这是政府逐步向微观主体放权让利的过程,是市场在土地配置中凸显作用的过程,是土地权利组合形态多元化的过程。

一、由供给主导转向需求诱致的制度变迁

制度变迁方式受制于有着特定偏好和利益的制度创新主体之间的力量对比关系,按照实施主体及实现路径的差别,可分为微观主体自发推动的自下而上的诱致性变迁和依赖政府强制实施的自上而下的强制性变迁。强制性变迁表现为国家意志,诱致性变迁体现的是行为主体对成本与收益的评估。诺思认为,制度变迁的方式从纯粹自愿的到完全由政府控制的都有可能,在这两个极端中间存在着广泛的半自愿半政府的结构。林毅夫也提出,制度变迁往往是诱致性与强制性共同作用的结果。诱致性制度变迁会在某种原有制度安排下无法得到获利机会时,引起更有效率制度的替代,但由于制度安排是一种公共货品,仅靠诱致性创新会导致一个社会中制度安排的供给少于社会最优,而国家干预可以补救持续制度供给的不足。由此可见,发展目标和主体诉求是

---

① 袁庆明.制度经济学(第二版)[M].上海:复旦大学出版社,2019:245.
② 程虹.制度变迁的周期:一个一般理论及其对中国改革的研究[M].北京:人民出版社,2000:276.
③ 高帆.中国城乡土地制度演变:内在机理与趋向研判[J].社会科学战线,2020,(12):56—66+281.

制度变迁的基本牵引力量,而制度供给满足发展目标和主体诉求的难易程度和成本取决于发展目标和主体诉求的复杂程度。一般而言,越是单一目标、单一诉求,制度供给的成本越小,越容易实现。

我国农村宅基地制度创新是需求诱致因素下,地方政府尊重微观主体意愿且不触犯体制约束前提下进行中间扩散型的渐进式制度创新①,是在适应发展目标和主体诉求多元化、复杂化背景下,诱致性变迁与强制性变迁结合中逐步由供给主导转向需求诱致的变迁,经历了从政府单一推进转向政府主导与多元微观主体参与的过程。新中国成立初期,"多权合一"的宅基地制度主要是为了满足农民"居者有其屋"的利益诉求。在实行社会主义改造和建设过程中,宅基地农民集体所有制是为了探索社会主义公有制在农村的实现形式,促进农业农村发展为国家发展战略提供支持。有房住和生活资料的自由支配是农民基本的利益诉求,宅基地所有制的变化,不会影响这两项基本利益诉求,才形成了"两权"分离的制度安排。上述阶段的宅基地制度需求主体主要是政府和农民,制度供给的难度和成本较低,以政府创设制度为主,主要是通过国家力量或政府强制方式推进的。随着经济社会的发展和市场化改革的深化,发展目标逐步多元化,从以经济迅速发展转向经济发展、粮食安全、农民增收、绿色发展、城乡融合、共同富裕等多个方面。制度需求主体逐步复杂化、多元化,从以政府和农民为主,转向各级政府、基层组织、农村居民、城市居民、乡镇企业及其他利益相关主体。最直接的利益主体——农民,也出现了明显分化,老年农民、年轻农民,务工农民、兼业农民、留守农民等。宅基地制度供给主体面对的发展目标和利益诉求多元化、复杂化后,制度供给需要统筹兼顾的方面迅速增多,制度供给成本明显提升,只能瞄准主要矛盾、解决主要问题,并依靠不同层级政府和基层组织的实践探索形成经验反馈给中央政府。这样,政府对宅基地制度的制定和实施仍有主导作用,但微观主体成为制度变迁的参与者,推动者就由制度供给为主转向需求诱导。特别是党的十八大以来,

---

① 杨玉珍.需求诱致和体制约束下我国土地制度创新路径——兼论试点市的土地制度创新行为[J].现代经济探讨,2015(4):34—38.

宅基地制度改革更加注重农村集体与农民需求,改革步伐、内容与形式更加注重农民参与、农民意愿。这决定了未来农村宅基地制度创新的方向,主要是农民和农民集体利益诉求的演变方向。

二、由产权封闭转向产权开放的制度变迁

我国农村宅基地制度的演进过程本质上是适应城乡要素关系变化的演进节奏,推动固化权利、封闭空间向放活权利、开放空间的宅基地利用格局转变过程。新中国成立以来,我国城乡关系经历了城乡分割、城乡二元、以城带乡、城乡融合等演变阶段。这一演进过程是宅基地公有制实现形式从"单一权利"走向"权利结构",即在所有制给定条件下"产权束"中不同权利的组合的过程。农村宅基地的权利和利用格局经过了固化为农民和农民集体、封闭在农民的宅基地单一用途,堵住和收紧城市居民下乡占用宅基地建房的制度通道,向强化农民和农民集体宅基地权益保障、放活宅基地使用权,实现城乡融合背景下宅基地要素资源开放利用的新格局转变的过程。城乡关系推动宅基地利用格局演变的内在关联是宅基地作为土地要素资源的角色定位转变和城乡要素关系的变化,尤其是要素市场化配置的增强,需要制度供给层面为宅基地的规范管理、有序利用提供制度保障。新中国成立初期,我国实行严格管控的户籍制度,形成了事实上的城乡二元分割的社会体制。虽然1962年之前农村宅基地具有较为完整的私有制权属,但是宅基地供给相对宽松、城乡人口流动缓慢,使宅基地的利用呈现相对封闭状态。20世纪60至90年代,城乡不对等的二元结构差距逐渐拉大,城乡之间、工农之间的人口流动加剧,城市居民下乡占用宅基地建房以及农民乱占耕地建房、宅基地私下买卖等逐步增多,宅基地管理面临挑战。同时,农村人口迅速增多,宅基地供给紧张压力凸显。为此,国家建立起了以"一户一宅、无偿使用、面积法定、限定流转"的农村宅基地制度,形成了"两权分离"的农村内部封闭的宅基地管理制度。这一时期,国家从限制城市居民下乡申请宅基地建房开始,逐步收紧对非农业户口和返乡城市干部职工的宅基地审批权限,到最终禁止城市居民下乡申请或购买宅基地以及农房。进入21世纪后,为解决城乡建设用地紧缺但农村宅基地闲

置浪费的矛盾,国家推动农村宅基地制度改革试点,探索宅基地"三权分置",宅基地权利和利用格局从固化封闭向放活开放转变。目前,国家尚没有在法律等制度层面放开宅基地面向农民集体以外的权能和利用限制,但党的十八大以来,农村宅基地制度改革试点的过程中,逐步允许农村宅基地通过自营、出租、入股、合作、抵押等方式,拓宽宅基地权能,实际上是在为放活权能、开放利用探索制度经验。2015年第一轮农村宅基地制度试点改革中,四川泸县、浙江义乌等不少试点均将农村宅基地流转范围进一步扩大。

三、由功能单一转向功能复合的制度变迁

土地是人类生产、生活和生存发展不可替代的物质基础,具有功能多样性的特点,且在不同的历史时期和发展阶段,承载的功能各有侧重。土地功能是土地制度的历史轴心和现实基础,土地制度安排受既定条件下土地所承载的各项功能的影响。马克思、恩格斯很早就认识到土地的这种复杂属性及其与农村发展的关系,并初步阐明了其演变发展的趋势和路径。恩格斯在《国民经济学批判大纲》中指出,"土地是我们的一切,是我们生存的首要条件;出卖土地,就是走向自我出卖的最后一步;这无论过去或直至今日都是这样一种不道德,只有自我出让的不道德才能超过它"[1]。这里,恩格斯已经指出了土地的生存保障职能及其对土地买卖的限制意义。

我国宅基地制度变迁不仅仅是一个高效率的制度安排对一个低效率的制度安排的简单"替代"或"转变",也不仅仅是制度的边际调整过程,而是在特定转轨背景下适应农民与土地关系变化的演变节奏,推动生活资料单一功能向生活、生产、财产、生态、治理多重功能的宅基地属性转变。宅基地制度安排的基本考量因素是宅基地的功能属性,保障居住功能一直位居宅基地产权制度的主导地位。改革开放前,农民收入来源主要依靠农业生产,宅基地主要发挥生活资料的功能,并为农业生产经营提供辅助功能,财产属性并不明显,宅基地制度安排保障了其作为生活资料的功能,只允许农民建设住宅使用,对从

---

① 马克思恩格斯选集(第1卷)[M].北京:人民出版社,2012:31.

事各种非农经营活动加以限制甚至禁止。改革开放后,随着城乡二元结构的松动、宅基地资产功能的凸显等现实情况的变化,对宅基地的利用已经超出了保障功能的范围,宅基地保障属性逐步弱化,而财产属性却不断加强,农民流转的意愿和诉求日趋强烈,流转的动因日益明显,这一时期,宅基地作为生活资料的属性进一步增强,同时作为农民回乡有房住的兜底保障功能显现。这种利益诉求的转变要求宅基地制度变迁加强对农民宅基地权益的保护。迈入中国特色社会主义新时代,农民收入持续增长需要依靠乡村非农产业和产业融合发展的潜力,农民迫切需要以宅基地为基本要素参与乡村产业发展,获得乡村产业发展的增值收益;迫切需要发挥宅基地的财产属性和兜底保障功能,从制度上打开农民在工农之间自由切换、在城乡间进退有据的通道。这些正是当前农村宅基地制度创新的方向。

农村宅基地功能属性的变化为顺应农民和宅基地关系变化,调整优化农民、集体在宅基地制度安排中的权能地位提供了遵循。改革开放之前,农村相对封闭,宅基地与农民呈现较好的对应关系,宅基地和农房呈固化状态。这种延续性与血缘、宗族延续性相互重叠。改革开放后,尤其是迈入新时代,在城乡融合发展推动下,大量农民工常年务工、落户城市、扎根城市。国家持续强化农民宅基地使用权,维护农民宅基地权益,充分尊重农民意愿,禁止以不合理利益诱导农民放弃宅基地使用权。以此为前提,探索农户出租、出卖或退出农村长期闲置的宅基地使用权和农房的稳妥办法,激活了宅基地要素功能,提高了农村宅基地和农房的财产性收入。与此同时,宅基地由资源变资产,促进了宅基地与农民集体关系的变化。相当长时期内,农民集体对宅基地所有权的体现属于被"架空"状态,农民集体只承担了宅基地的管理职能,宅基地资产属性未被激活。具有资产属性的宅基地是农民集体发展集体经济的重要资源,需要农民集体发挥更多作用。党的十八大以来,随着农村集体产权制度改革的推进,农村集体经济组织迅速发展壮大,加大农村宅基地盘活利用力度,通过村集体统一开发经营民宿或农家乐、统一对外流转、统一复垦后进行指标交易等方式提高宅基地资产价值获取增值收益,不仅实现宅基地由资源变资产,提高了村集体与农民的收入,而且提升了农民对村集体的信赖度。以上说明,国家意志与实践基础共同规制宅基地产权结构,并影响到农业生产效率。宅基地产权分化组合以及产权体系的丰富和完善,既是产权制度改革的主要内容,也是倒逼产权关系变革的重要力量。

四、从公权主导转向私法彰显的制度变迁

在我国农村土地制度变迁过程中,政治追求和经济效益两条主线始终相互交织、此消彼长,并最终塑造了制度在不同阶段的特征差异,政治追求体现为公权主导,经济效益体现为私法彰显。宅基地制度的变迁往往是经济偏好与政治偏好相互博弈、实现均衡的过程,当政府的经济偏好大于政治偏好时,趋向于追求经济效益最大化,此时产权种类一般会细化且多元化;而当政治偏好大于经济偏好时,产权种类单一,社会政治效益最大化,经济效益较小[①]。在新中国成立后相当长的一段时间内,政治因素、国家行为等公权力都在农村宅基地制度变迁中起着主导性、根本性、决定性作用,而经济因素在早期宅基地制度变革中的作用并不明显。新中国成立初期的土地改革确立了与计划经济体制相适应的宅基地权利制度。在宅基地"两权分离"制度初步形成阶段,政治因素的主导地位与权力驱动机制相辅相成,集体享有宅基地所有权,农民享有宅基地使用权的权利结构的形成,旨在服务于"一化三改"战略的实施。依靠国家权力的发动,借助我国制度的优势,以带有国家强制色彩的推行方式完成了社会主义所有制的改造。其后,权力驱动机制在相当长的一段时间内得到延续、强化,表现为相关举措侧重于采用行政管理的手段,从土地管理、土地规划等方面规范宅基地秩序,满足稳定农村社会秩序的政治偏好。在土地改革以及合作化和人民公社时期,作为主要推动力量的公权力是农民个人所有的"两权合一"到集体所有、农民使用的"两权分离"的直接动因,且这种公权主导的思维在后来很长一段时间得到了延续,表现为通过限制流转等一系列政策的出台,使得宅基地的保障作用得到有效发挥。由于国家

---

① 赵艳霞,李莹莹.乡村振兴中宅基地"三权分置"的内生变革与路径研究[J].财经理论研究,2018,(05):1—8.

公权力对社会稳定的偏好,赋予土地的政治功能与社会保障功能大大超过了其经济功能,土地产权制度和农产品流通制度等一系列制度安排都是以社会稳定为主要目的,而不是以经济效率为主要目的。

改革开放后,伴随着从计划经济向市场经济的演进,宅基地权利制度变迁中政治因素的主导作用开始减弱,经济因素开始彰显并逐步增强。与之相对应的是,权力驱动机制逐渐式微,而主体权利行使机制开始兴起,并逐步强化。在逐步规范阶段,1984年"政社合一"的人民公社制度退出了历史舞台,意味着国家的行政权力开始从集体土地所有权中退出。《土地管理法》把宅基地使用权界定为一项财产权,2007年颁布的《物权法》更是从法律层面将其定性为派生于集体土地所有权的独立、排他、具有财产性质的用益物权。在转型升级阶段,经济因素占据主要地位,宅基地"三权分置"赋予农民更多财产性权利。主体对于权利的行使成为制度运作的枢纽,推动着提升宅基地的利用效率、激活宅基地的融资属性等目标的实现。

随着社会经济的发展,宅基地私权权能不断扩充,宅基地的私权属性不断彰显,社会各界对宅基地私权定位呼声越来越高。2007年《物权法》的颁布以及在此之前关于宅基地使用权立法规定的一系列讨论都可以视为宅基地制度发展史上的一件大事。虽然最终出台的《物权法》对宅基地使用权的规定内容较为简单,并且对很多棘手的关键问题采用了引致条款留待后续法律修改解决,但对宅基地使用权是用益物权的界定却具有重大的宣示意义。将这一重要问题规定在一部保护私权的私法之中,更是对宅基地私权属性的一次重要彰显。同时,宅基地制度不是一项单纯的经济制度,权利的逻辑和权力的逻辑都不可能完全展开,制度设计必须考虑在私法逻辑中嵌入公法逻辑这样一种复合结构,而宅基地交易也不是一个物权法可以规定的问题,能否交易的决定权在公法领域,公法层面上需要把握的方向是体现国家对私权的适度限制。由此可见,不论是私法逻辑嵌入公法逻辑,还是公权在私权中的限制,都体现了宅基地使用权流转制度设计上"公"与"私"的深刻交织,流转制度的改革也应体现出私法和公法复合的价值取向。

五、由身份属性转向契约关系的制度变迁

"身份"与"契约"既构成个体存在和社会秩序的制度基础,也是农民发展的两种表现形态。"契约"关系代替"身份"关系既是现代社会秩序的核心内容,也是人的发展的基础条件。19世纪英国历史法学派的代表人物亨利·梅因在对社会演变过程的研究中提出,所有进步社会的运动都是一个"从身份到契约"的运动①。契约被认为是人们设定权利和取得权利的方法。契约权利是权利在契约关系中的具体运用。新中国成立以来,农村宅基地制度变迁同样具有从身份属性到契约关系的演进特征,这实质上是国家与农民的关系从人身依附关系到独立契约关系的调整,是农民宅基地权利的逐步实现过程。新中国成立以来,农民宅基地权利的实现遵循着从无到有、从形式正义到实质正义的逻辑进路,这种关系调整又大大促进了农民契约权利的发展。

我国农村宅基地制度变革的核心内容是宅基地产权关系的调整,实质是如何实现农民对宅基地的财产权利。宅基地权利与身份关系的演变也是一个从"身份属性"到"契约关系"的发展过程。宅基地制度形成之初,其产权制度具有很强的身份属性。新中国成立伊始,随着土地改革的完成,农民获得了土地,成为"自耕农"。宅基地归属于农民所有,农户以房契作为产权凭证,可以自由转让、买卖以及抵押宅基地。伴随着农业集体化运动的完成,农民又失去了"自耕农"身份,转变为"农业合作社社员"身份。人民公社化以后,农民由"农业合作社社员"身份转变为"人民公社社员"身份,"身份农民"正式形成。在人民公社制度下,公社之于农民不仅是生产和生活的场域,而且是公社管控农民、农民依附于公社的复杂的政治经济关系。作为"社员"的农民,其生产生活、政治及意识形态等一切权利都依附于公社组织。宅基地制度的核心逻辑在于维护集体所有制,保障集体经济组织成员基本居住需求。改革开放后,家庭联产承包责任制实现了土地所有权和承包经营权的分离,突破了基于土地制度的农民对国家的人身依附关系,农民拥有对集体土地的承包经营权,实质上就

---

① 亨利·梅因.古代法[M].沈景一,译.北京:商务印书馆,1996:96—97.

形成了一种农民与国家之间契约化的产权关系,"身份农民"稳步地朝向"契约农民"发展。宅基地使用权的可交易性变为可能,但因小农经济的局限性,经济发展水平并不高,市场机制也不完善,虽然政策上农村宅基地使用权可自由交易,但农村宅基地的使用权交易仍很少发生。20 世纪 90 年代以来,宅基地制度变革和农业市场化发展,也带来了农村社会关系的契约化发展。农村社会服务的需求也促进原子化的农民通过契约化的方式组织起来,建立了各种类型的农村社会组织。乡村经济的发展使得农民有了更高的居住诉求和流转收益需求,然而利益导向下农村宅基地使用管理问题变得日益复杂。21 世纪以来,为了解决小农如何进入市场的问题和小农的生产服务供给问题,农民再次实现了契约基础上的再组织化。我国开始探索放活宅基地使用权的可能,2007 年《物权法》恢复了宅基地用益物权的法律地位,《中共中央关于全面深化改革若干重大问题的决定》明确要求改革完善农村宅基地制度。进入中国特色社会主义新时代,以产业兴旺、生态宜居、乡风文明、治理有效和生活富裕为总要求的乡村振兴战略强调基本居住福祉和财产权利显化的有机均衡。以所有权坚持公有制,资格权体现保障属性,使用权彰显财产属性,最终实现平衡居住保障和财产显化,为乡村振兴战略提供制度性供给保障成为宅基地制度安排的基本逻辑。

第三节　我国现行宅基地制度的基本框架

我国农村宅基地制度自 20 世纪 60 年代肇始,发展至今虽多有演变,但其产权结构依然集中表现为集体所有权和农户使用权的"两权分离",形成了"集体所有、成员使用,一户一宅、限定面积,无偿取得、长期占有,规划管控、内部流转"等为主要内容的宅基地制度。这一集政治体制、基层自治与法律规范于一体的综合性制度体系具有身份性、自用性、保障性、福利性、非财产性、非市场化特征[①],在保障农村"户有所居、民不失所"等方面发挥着极为重

---

① 张克俊,付宗平.基于功能变迁的宅基地制度改革探索[J].社会科学研究,2017(6):47—53.

要的作用。伴随着我国经济社会环境的深刻变革和城乡结构的不断转型,城乡融合加速推进、农民结构不断分化、人地关系逐步松动等对城乡要素市场配置也提出了迫切要求。以保障农民居住为核心价值取向,以土地福利赋权为基本特征的农村宅基地制度由于权利格局封闭、权能结构不全、流转交易受限、财产价值不显和细化管控缺位等内在缺陷导致农村宅基地资源配置效率下降及农民权益流失等一系列现实问题,逐步成为推进农业农村现代化的主要障碍。究其原因,其中重要的一点就在于现行宅基地产权制度安排下的土地公有产权实现形式相对比较凝固、单一,产权主体并未细化到农户本体层面,特别是产权主体虚置,宅基地用益物权、发展权等容易受到损害①。

一、我国现行宅基地制度的基本内容

我国现行农村宅基地制度是一个涵盖产权制度、分配制度、使用制度、管理制度等的制度系统,其核心功能在于维护农村土地集体所有和保障农民基本居住权利。这一制度契合了传统村庄封闭性和社会保障二元性的特点,为保障农民安居乐业和农村社会稳定发挥了重要作用。

(一) 二元化产权制度

现行宅基地的产权制度可以概括为"两权分离、一宅两制、登记管理、权能限定"。"两权分离"是指宅基地的所有权和使用权分离,所有权归属农村集体,使用权归属农民个体,以宅基地集体所有为前提和基础,农民可以占有、使用宅基地,是典型的二元产权体制。"一宅两制",指宅基地与附着在其上的住宅及附属物产权不同,宅基地归农村村民集体所有,农民只拥有宅基地使用权,可以长期占用、使用;宅基地之上的住宅及附属物归农民所有,是私有财产,享有一定的收益。"登记管理"是指宅基地和宅基地上的住宅通过不动产产权登记管理制度进行确权。"权能限定"是指宅基地使用权权能受到限制,不具有收益权能,是不完整的用益物权。

---

① 徐汉明.论公有产权的新模式——农民土地持有产权制度研究[J].法学评论,2010,28(04):24—28.

（二）身份化取得制度

宅基地分配制度可以概括为"身份限定、依法申请，一户一宅、限定面积"。"身份限定"是指只有农村集体经济组织成员才能原始取得宅基地使用权，主体具有特定性，是典型的成员权。取得宅基地使用权后，只能自己建房，不得出卖、转让，城镇居民无法原始取得宅基地使用权，不得购置宅基地上的住宅。"依法申请"是指取得宅基地使用权需履行"申请—批准"的程序，村民要获得宅基地的使用权，必须履行完备的申请手续，经有关部门批准后才能取得。《土地管理法》规定："农村村民住宅用地，经乡（镇）人民政府审核，由县级人民政府批准；其中，涉及占用农用地的，依照本法第四十四条的规定办理审批手续。""一户一宅""限定面积"是指一户农民只能拥有一处宅基地，且面积不得超过省、自治区、直辖市规定的标准。《土地管理法》规定"出卖、出租住房后再申请宅基地的，不予批准"，严格规定了一户农民只有一次宅基地使用权的原始权利。"一户一宅""限定面积"是宅基地分配制度的核心。

（三）福利性使用制度

宅基地使用制度可以概括为"无偿取得、无限期使用、无保留成本"。"无偿取得"是指农民取得宅基地使用权不需要支付任何费用或其他代价，这是对农民居住权利的保障。"无限期使用"是指宅基地使用权没有使用期限的限制，可以长期占有，终生使用。由于宅基地上的住宅及附属物可以继承，按照"地随房走"的原则，宅基地使用权实质上也可以继承。"无保留成本"是指农民取得宅基地使用权后，无论闲置多久，均无须缴纳相关闲置费。宅基地使用权"无偿取得、无限期使用、无保留成本"是在城乡二元体制下，基于农村相对贫困、社会保障不健全的实际而对农民居住权利的基本保障，具有福利性质。

（四）有限性流转制度

宅基地流转制度可以概括为"限制流转、地随房走"。"限制流转"是指宅基地使用权不得单独流转，但可以随宅基地上住宅所有权的转移而流转。《土地管理法》规定："农民集体所有的土地的使用权不得出让、转让或者出租用于非农建设"；"农村村民出卖、出租住房后，再申请宅基地，不予批准"；《民法典·物权编》规定耕地、宅基地、自留地等不得抵押。而房屋所有权的出卖、出租、继承或抵押则没有限制。同时,宅基地使用权与农宅的受让范围被严格限制在集体内部。"地随房走"是指宅基地使用权依住宅的合法存在而存在,随住宅所有权的转移而转移,具有从属性。在实践中,宅基地上住宅所有权的转移也有所限制,一般限于本集体经济组织内,流转对象和流转范围具有特定的限定性。

（五）多环节管制制度

宅基地管理制度可以概括为"规划计划、审批监管、用途管制、集约利用"。"规划计划"是指通过科学编制和严格实施土地利用总体规划、村镇建设规划,优化宅基地结构布局,合理分配宅基地;通过总量控制等方式,严格控制宅基地的规模和使用进度。"审批监管"是指严格履行宅基地使用权取得的程序,并加强宅基地申请和使用的监管。"用途管制"是指宅基地只能用于建造农宅,而不能另作他用,且使用宅基地建造的农宅严格限定为满足农户自住。"集约利用"是指要求、鼓励农民尽量使用原有宅基地和空闲地,结合原有住宅改造,解决新增宅基地的问题;通过"农转用"审批、"占补平衡"等政策约束农民占用农地建房;引导农民适度集中居住,推进农村居民点撤并整合和小城镇、中心村建设,引导农民自愿、量力、有序地在规划的居民点集中建房;推进"空心村"整治,鼓励宅基地整理、代储、复垦等工作,促进宅基地集约利用。

二、我国现行宅基地制度的显著特征

我国现行农村宅基地制度是集体化的产物,是仅存的资源稀缺程度很高却仍然采取福利分配的制度安排之一,这一制度安排的基础是集体所有权和农户使用权两权分离,在此基础上形成了三对强弱对比鲜明的权利结构,即强所有权与弱使用权、强身份权与弱退出权、强保障性与弱财产性。

（一）强所有权与弱使用权

我国现行宅基地的基本产权结构是所有权与使用权的"两权分离",宅基地所有权由农民集体专享,依据具体情形可分别对应于乡镇、村、生产队三级农民集体,但所有权相对于使用权处于明显的强势地位,二者之间的强弱对比十分突出。一是在宅基地的规划设计上,作为宅基地所有权代理人的村委会拥有村庄宅基地分配与占用的规划权,农户申请和使用宅基地要严格遵守村庄总体规划,不得违反规划私自乱占土地建造农宅。宅基地所有者一直拥有宅基地分配与占用的规划权,而宅基地使用权人则必须严格按照村庄规划来占用宅基地,农户在宅基地的占用规划上处于被动遵从的弱势地位。二是在宅基地的申请审查上,代表集体行使宅基地所有权的村委会掌握着宅基地申请能否通过的决定权。虽然 2019 年修正的《土地管理法》已将审批不占用农用地的宅基地申请的权力下放至乡镇政府,但在宅基地申请的基础环节,村委会掌握着关键的决定权。因此,在宅基地的申请审查环节,宅基地所有权人掌握着审查通过与否的关键决定权,而申请宅基地使用权的农户则完全处于被动地位。三是在宅基地的收回再利用上,村委会通常代理集体行使宅基地所有权人的收回与再利用权利。2019 年修正的《土地管理法》提出"鼓励农村集体经济组织及其成员盘活利用闲置宅基地"。鉴于盘活利用闲置宅基地需要大量资金,多数集体成员即便联合起来也无法筹集足够的资金来盘活,于是,拥有一定数量资金的集体就成为第一顺位的闲置宅基地盘活利用主体。此外,2019 年 4 月,中央首次提出"允许村集体在农民自愿前提下,依法把有偿收回的闲置宅基地、废弃的集体公益性建设用地转变为集体经营性建设用地入市"。因此,农村集体是盘活再利用甚至转变宅基地用途的主体,掌握着盘活再利用闲置宅基地的具体方式,甚至在转变宅基地用途后将其入市也有着绝对的支配权和收益权。可见,在宅基地的规划设计、申请审查、收回再利用三个方面,作为宅基地所有权人的集体拥有绝对的规划决策权、申请审查权、收回再利用权,甚至拥有转变宅基地用途后的入市交易权和收益权,而作为宅基地使用权人的农户在以上三个方面均处于明显的弱势地位。集体强势的宅基地所有权与农户弱势的宅基地使用权之间鲜明的强弱对比由此彰显。

(二)强身份权与弱退出权

宅基地的集体所有属性与农民个人的集体成员资格,使农民申请与获得具有天然的强身份属性的宅基地使用权较为容易。但是,若想退出宅基地使用权却并非易事,尤其是以市场价格有偿退出宅基地使用权更是困难重重。宅基地作为农村集体建设用地的一种,其集体所有的所有制属性不言而喻。同时,农民集体身份的获得是天然的,这种天然的身份属性不需要通过其他途径获得,只需要父母当中一人是本村户籍即可。由于集体身份获得的天然性,宅基地使用权的取得又完全依赖集体身份,所以,宅基地使用权具有天然的身份属性,即只要是未申请过宅基地的本村户籍人口,便有资格以农户家庭的名义无偿申请与使用一块符合标准的宅基地建造农宅以满足自身居住需求。可见,在申请与获得上,宅基地使用权表现出了强烈的身份属性。

与宅基地使用权强身份属性形成鲜明对比的是,其在退出上并不十分顺利。一方面,并没有明确法律与政策对退出宅基地使用权作出确切规定。2019年修正的《土地管理法》提出国家允许进城落户的农民依法自愿有偿退出宅基地,但是相关政策部署仅限于农民自愿、不得与城镇户籍挂钩、退出后再流转范围严格控制在集体之内等禁止性约束。另一方面,缺乏退出宅基地使用权的补偿资金及统一标准。在全国多数集体经济组织并无可观的集体资产以及集体资产经营收益的客观条件下,进城农民退出宅基地使用权的补偿资金难以筹集,因此,多数集体组织并无足够的宅基地使用权退出补偿资金。由于集体成员相较于集体组织资金力量薄弱,也无统筹利用宅基地的各种能力和资源,在实际的盘活再利用退出宅基地过程中发挥主导作用的只能是集体组织。由此可见,统筹再利用退出后的宅基地使用权的主体只能是集体,退出后的宅基地使用权并不能进入市场中自由交易。总之,在申请与获得上,宅基地使用权表现出强身份性权利的特征;而在退出上,由于无明确退出规则、无统一退出标准、不可自由进入市场,宅基地使用权表现出较弱的退出权利的特征。由此,宅基地使用权在申请与获得上的强身份性权利与较弱的退出权利形成了鲜明的对比。

（三）强保障性与弱财产性

宅基地兼具生活资料和土地财产两个属性,其具备居住保障和财产收益两个功能,但在实际运行中宅基地的居住保障功能明显强于其财产收益功能,甚至由于要严格落实宅基地的居住保障功能而遏制其财产收益功能。宅基地的住房保障功能来源于其作为生活资料的基本属性,其背后则是对社会稳定的最大需求。宅基地最基本的功能就是保障农民基本居住权①。由于关系到广大农村地区的安定和农民最基本的住房问题,因此,宅基地不只是一个经济意义上的词汇,其在政治意义上关系更为重大,甚至远重于其经济意义。与城乡分立的户籍制度相匹配,制度设计者主要考虑将农民固定在农村地区为工业建设提供农业支援,同时要求生产队作为集体经济组织保障农民的住房用地,使农民安心于农业生产。所以,宅基地的居住保障功能从宅基地制度建立伊始就成为主基调②。2019 年修正的《土地管理法》明确提出保障宅基地用地的目的是实现"户有所居"。因此,宅基地的居住保障功能从宅基地设立之初到现在一直都是宅基地的首要功能。

宅基地的财产收益功能源于其土地财产属性,其财产收益功能背后则是农民对实现个人收益的渴求。长期以来,宅基地的财产收益功能是被掩盖,甚至是被遏制的,其在城镇化进程中不断显化,但宅基地的财产收益功能却无从发挥。《土地管理法》将盘活再利用宅基地的主体完全限定在村庄内部,外部资本、单位和个人无从介入,宅基地的财产价值也就无从显现。可见,宅基地使用权的封闭性限制了其财产收益功能。不仅如此,在法律规定上,宅基地使用权也无收益功能:2020 年 5 月通过的《民法典》依然规定作为用益物权的宅基地使用权无收益权能。总之,在法律规定和实际操作中,宅基地使用权的财产收益功能都是被严格限制或遏制的。宅基地的生活资料属性使其具备了强大的居住保障功能,宅基地的转让收益功能受到了抑制,所以宅基地的强居住保障功能与弱财产收益功能的对比十分明显。

三、我国现行宅基地制度存在的问题

现行"两权分离"的宅基地制度是特定历史背景下的最优选择,其制度设计初衷是基于均等分配理念下保障农民的居住条件,为城市与工业优先发展提供支撑,进而保障农村社会稳定。毋庸置疑,这一制度安排在历史上为社会

---

① 韩长赋.中国农村土地制度改革[J].农业经济问题,2019(01):4—16.
② 董新辉.新中国 70 年宅基地使用权流转:制度变迁、现实困境、改革方向[J].中国农村经济,2019(06):2—27.

稳定与经济发展发挥了重要作用。但随着我国城乡社会结构变化、城乡空间结构演化和经济体制改革深化，以"两权分离"为特征的现行宅基地制度红利正在逐步释放殆尽，并逐步展现出一定的弊端。"两权分离"自始就存在重效率而轻均衡、重利用而轻所有、重资格权而轻使用权的特点。这些优势明显的特点越来越难以适应经济结构升级、社会发展转型的新要求，以及城乡资源要素流动性增强、建设用地资源稀缺性提高、农民资产价值显化诉求凸显等新形势，分配取得、无偿占有、限制流转、退出模糊等制度安排使农村宅基地使用问题丛生，造成宅基地供需难以对接，出现人地矛盾和资源浪费。

（一）权能局限导致财产价值无法彰显

"两权分离"框架下宅基地权能局限既表现为集体所有权权能不全，也表现为农户使用权权能不足。一方面，农村集体经济组织对宅基地更多拥有的是在农户间进行调整的权利，并不拥有法律赋予所有权人的全部权利。国家通过行政权力在很大程度上限定了农村集体对宅基地的处置权能，无论是上交税费还是在社区贯彻各项政策及从事必要的公共建设，农村集体更多扮演的都是国家代理人的角色。另一方面，宅基地使用突出表现为用益物权不完整、处分权缺乏。我国《民法典·物权编》虽然将"宅基地使用权"确定为"用益物权"，但只规定了"宅基地使用权人可以依法占有和使用宅基地并在该地建造房屋及其附属设施"，没有将"宅基地收益权"纳入"用益物权"范围，从而使这种"用益物权"具有不完整性。此外，《民法典·物权编》规定"农村宅基地不能抵押"，《土地管理法》也规定"宅基地使用权不能出租或者转让"。可见，现行相关法律对农村宅基地的处分权的规定，与充分实现宅基地财产功能产生了矛盾。由于农村经济结构演化、农业发展方式升级、农民收入结构转变、农民大量进城务工经商、"农二代"回乡意愿降低等，农民居住本村的需求下降而定居城镇的需求上升，宅基地使用权承担的居住保障功能事实上已经弱化，逐步由过去的保障性功能向资产性功能转变[1]，宅基地使用权固守居

---

[1] 林超,郭彦君.农村宅基地功能研究述评及对乡村振兴启示[J].经济体制改革,2020(04):194—199.

住保障功能的结果是以身份性架空财产性,"两权分离"结构逐渐演变为对农民财产性利益的身份限制。简言之,居住保障功能的弱化和经济价值的凸显导致宅基地使用权陷入制度困境。当今产业融合催生了"农村电商""民宿""乡村旅游"等新产业新业态,为宅基地财产性收入的实现提供了机会。在区位条件好的地方之所以存在宅基地隐性交易,就是因为宅基地存在实现财产性收入的现实需求。

（二）功能错位导致闲置浪费现象

不同的制度安排对行为主体具有不同的激励和约束功能,导致不同的资源配置效率。在计划经济体制和城乡二元结构下,我国农村宅基地配置具有浓厚的福利色彩和基本生活保障性质。在宅基地分配方面,农民以"户"为单位无偿获批一宗宅基地,在使用上法律并没有规定具体的时间期限,并且按相关法律规定子女对父辈房屋及房屋下的宅基地有合法继承权。这种无偿取得、长期使用的宅基地制度在实践中已经同宅基地基本生活保障功能日益弱化、财产功能不断强化的实际情况不相容。由于农民取得宅基地的成本极低,尽管有"一户一宅""面积固定"的规定并存在行政审批制约,但巨大的利益空间容易导致农民突破行政审批规范而多占、超占宅基地,从而出现一户多宅、面积超标、违法建设现象,导致村庄规划缺失、管理失范、功能布局散乱,公共空间不足、基础设施不完善,乡村人居环境亟待改善。根据世界各国的一般规律,随着农村人口减少,农村的建设用地就应该复垦为耕地或自然生态用地①。改革开放 40 多年来,伴随人口由乡到城的持续流动迁移,我国农村人口数量减少约 2.39 亿,与此同时宅基地面积却累计增加超过 3000 万亩②。截至 2020 年,全国乡村人口占总人口比例已经由 2012 年的 46.90% 降至 2020 年的 36.11%,而 2019 年全国宅基地闲置程度平均为 10.70%,部分地区农村房屋空置率已经超过 35%③。每年因人口转移新增闲置农房约 5.94 亿平方

---

① 高渊.中国寻路者[M]// 陈锡文.我与中国农村 50 年.上海:上海人民出版社,2019:152.
② 邹一南.积极推进农村宅基地制度改革试点[N].学习时报,2020-08-12.
③ 魏后凯、杜志雄.中国农村发展报告——聚焦"十四五"时期中国的农村发展[M].北京:中国社会科学出版社,2020:29.

米,折合市场价值约 4000 亿元①。根据 2000—2021 年的统计数据,农村常住人口由 80837 万人减至 49835 万人,但农村实有住宅建筑面积却由 195.18 亿平方米增至 267.30 亿平方米,这都表明宅基地资源长期无偿占有、利用粗放的现实问题②。

(三) 运行封闭导致土地要素流转不畅

宅基地的财产价值只能通过市场化才能表现出来并实现其价值。现行宅基地使用权的身份质素限定其流转性程度,只允许在本集体成员之间流转且受让方流转后的宅基地面积不得超过法定标准,同时严禁流转给本集体之外的社会主体,使之呈现出强封闭性和弱交易性的典型特征,容易造成农民宅基地财产成为无法流动的"沉睡资产",加剧我国农村居民点"小而散"的传统布局,影响农村生活基础设施和公共服务的合理配置与利用效率。同时,宅基地退出机制缺失与"人地分离"要求宅基地有偿退出的矛盾也进一步加剧了宅基地的闲置浪费。宅基地使用权长期固化,即使实际使用权人消失,也无法流转盘活,使空置宅基地与房屋不断产生,村民通过继承自然就形成了"一户多宅",宅基地利用愈发粗放。按照目前我国城镇化速度估算,预计 2030 年城镇化率将超过 70%,今后 20 年全国每年至少有 1000 万农村人口转移至城市,按照当前农村人均居民点建设用地 220 平方米计算,每年将会有 22 亿平方米的农村居民点建设用地闲置③。同时,由于实践中不同程度地出现了以"一户多宅""面积超标"为表现形式的"超额"占有使用宅基地的情形,宅基地资源的稀缺性不断增加,"一户一宅"的农民住房保障形式难以为继。尤其在我国东部沿海和大城市的城乡接合部,随着城镇化进程的逐步推进,土地级差收益逐步提高,建设用地愈发紧张,集体经营性建设用地的市场化配置趋势愈发明显。但是,宅基地无偿分配制度与土地资源的市场化配置趋势明显相悖,通过分配单宗宅基地以保障农民居住权益的难度日益加大,"一户一宅"的宅基地

---

①　乔金亮.对农村宅基地不能有"非分之想"[J].农村经营管理,2018(11):27.

②　洪名勇,曹豪爽.农村宅基地"三权分置"与村庄治理现代化提升路径[J].农业经济问题,2023(07):4—12.

③　宋志红.宅基地使用权流转的困境与出路[J].中国土地科学,2016,30(05):13—20.

保障制度难度不断加大,许多地区事实上已经没有宅基地可供分配。随着集体成员的不断增加,面对有限的土地面积,宅基地供需矛盾日益突出,部分合理的住宅用地需求得不到保障。

（四）管理滞后导致隐性交易屡禁不止

宅基地使用权"内部流转"规定与以沿海和市郊农村为代表的宅基地"隐性流转"的事实形成对比,使宅基地使用权"隐性流转"的事实对宅基地制度产生了冲击,昭示着关于宅基地的法律法规与事实状态之间的龃龉与冲突。国家在法律层面严格规定宅基地的使用和管理,但实施过程中难度大、成本高、风险高。随着宅基地资产价值的显化,宅基地存在隐性资产和潜在收益。1999年4月国务院办公厅发出的《关于加强土地转让管理严禁炒卖土地的通知》就将城镇居民排除在宅基地和农宅转让的对象之外,不仅禁止其购置农宅、占用宅基地建造住宅,而且规定以不给城镇居民购置的农宅、占用宅基地建造的住宅发土地使用证和房产证的方式来严格保证宅基地的内部流转性。进入21世纪,国家对宅基地的管制越来越严格,买卖形式的流转宅基地使用权被严格限制在集体内部,集体之外的组织、单位或个人严禁参与买卖形式的宅基地流转。2016年国务院两次发文中均明确"严格限定在本集体经济组织内部"引导和支持进城落户农民自愿有偿转让"三权"。与严格的宅基地使用权买卖形式的"内部流转"规定相背离的是,在现实中存在着大量"隐性流转"的情况,宅基地事实上的"隐性流转"与规定上的"内部流转"产生了矛盾。在现行占有无成本退出无补偿宅基地管理制度下,农户不仅不会主动退出宅基地,而且还想方设法利用闲置宅基地实现财产性收入。随着新型城镇化建设快速发展,城市规模不断扩张,农村宅基地随着周边土地用途转变以及道路交通基础设施完善,区位条件发生改变,宅基地潜在价值不断上升,特别是城中村和城郊接合部的宅基地潜在价格上涨最为明显。虽然现行法规禁止宅基地入市交易,但受经济利益、城乡居民利益互补等因素的共同驱使,在大中城市城乡接合部,或是在交通便利、工业基础条件优越、风景秀丽的区域,宅基地隐性市场是长期存在的,且流转规模较大,农民个体私下买卖宅基地,有组织地成规模进入市场也不时发生。与此同时,现行宅基地审批制度环节过多、周期长,不适应农民建房灵活性的需求,导致建房户边报边建、乱占滥建等现象时有发生。由于宅基地使用现状与法律间的矛盾,政府对宅基地使用的管理出现缺位,规划和用途管制无法完整实施。

第三章 宅基地"三权分置"的理论内涵

宅基地"三权分置"作为新时代我国乡村振兴战略目标与人地约束条件之间关系变动引致的土地制度变革,深刻内嵌于国家发展的宏观战略之中,体现了中国特色社会主义政治上的价值目标,揭示了以人民利益为中心和不断优化土地资源配置效率的制度原则,是中国式现代化道路在宅基地这种独特土地资源要素上的体现。这一由产权关系和产权规则为核心组合而成的复杂制度系统的演化与形成是宅基地产权不断细分、治权不断调适、利益不断均衡、价值不断耦合的动态调整过程,既遵循着制度创新的普遍规律,也彰显着鲜明的内生特色。对于这一制度的理解,我们既要知道"是什么",更要解释"为什么",还要明确"怎么样",这就需要立足新时代中国特色社会主义基本国情,对其制度来源、制度内涵和制度机理进行整体性理论建构。

第一节 宅基地"三权分置"的制度来源

马克思和恩格斯指出,周围的感性世界绝不是某种开天辟地以来就已存在的、始终如一的东西,而是工业和社会状况的产物,是历史的产物,是世世代代活动的结果①。导源于新时代我国经济社会发展格局的变化,以产权结构优化为核心的宅基地"三权分置"是中国式农业农村现代化进程中价值、规律、情境三维向量权衡协调、集成思维的结果②。这一制度吸收地方实践、试点探索的制度经验,借由多个政策性文件实现顶层设计。2018 年中央一号文

① 马克思恩格斯选集(第 1 卷)[M].北京,人民出版社,1995:76.
② 王宏波.社会工程学导论[M].北京:科学出版社,2021:123—126.

件《关于实施乡村振兴战略的意见》首次明确提出"探索宅基地所有权、资格权、使用权三权分置",成为宅基地制度改革的主要政策依据。宅基地"三权分置"既不是墨守历史既成形态的制度"活化石",也不是突如其来从外部输入的制度"飞来峰",更不是基于抽象理论思维的制度"乌托邦",而是有着十分确定的时代形态和现实形态,既是对现实问题的主动回应,也是对历史经验的批判借鉴,既是实践探索的直接产物,也是理论创新的最新成果,它孕育于中国国情农情,着眼于现实问题回应,服务于乡村振兴战略,具有内在的理论源泉、历史渊源和实践基础。

一、宅基地"三权分置"的理论源泉

建构在马克思主义政治经济学基础上的所有制思想和西方土地产权理论是认识和解决我国农村土地制度的主要理论分析工具①。宅基地"三权分置"既是马克思主义产权思想中国化时代化的产物,也是对西方现代产权理论的批判性借鉴吸收。马克思主义产权思想认为,产权本质上是一种由所有制关系决定的法权关系,是生产关系在法律上借以实现的具体形式,必须能够反映那种对物的占有关系所形成的人与人之间的物质利益关系或经济关系,现实的所有制关系是先于所有权所存在的本质和经济基础②,只有在人与人相互之间发生关系的社会里才有实际意义。在马克思看来,土地产权是由终极所有权及占有权、支配权、使用权、经营权、收益权、继承权和抵押权等一系列权利组成的权利束,具有动态演进性和可分割性。为使土地产权的权益在经济上得到最有效的实现,土地所有者可以根据需要,或是集中土地权能由单个主体行使自身权利,或是分离出一项或多项权能由不同的权能主体单独运行自身权利。分离和独立后的土地产权既要在经济上获得实现,又要使土地产权的分离和独立形成新的经济关系,否则,这种分离和独立就没有一点积极意义③。在

---

①　缪德刚.从单一产权到"三权分置":新中国农村土地产权制度70年沿革[J].西南民族大学学报(人文社科版),2019,40(12):103—112.

②　武建奇.马克思的产权思想[M].北京:中国社会科学出版社,2008.

③　洪名勇.论马克思的土地产权理论[J].经济学家,1998(01):28—33.

土地产权演进与分割过程中,生产关系是媒介,生产力是根本动力,所以"在苏格兰拥有土地所有权的土地所有者,可以在君士坦丁堡度过他的一生"①。马克思在《资本主义生产以前的各种形式》一文中曾详细地分析了亚细亚、古典古代、日耳曼三种公社的土地分配形式和所有权制度,这充分体现了马克思关于土地产权分割的思想。

对于土地产权的可分割性,西方土地产权理论也有同样的认识,产权只有在多个权利主体之间进行权利界定时才有存在的意义②。德姆塞茨认为产权是由诸多细化权利构成的一束产权③,完备的资产产权由附加在交易资产中的诸多细化权利构成,包括收益权、支配权、使用权、处分权等诸多权利,表现为附着于财产之上的"一组权利"。巴泽尔在产权束概念的基础上探讨了权利束的分割化与属性化特征,资产产权细化为无数细化权利界定,对资产每一种属性都赋予其"所有权","划小了所有权的核算单位",使得产权界定表现为对不同细化权利的具体界定④。巴泽尔还指出,当资产具有许多有用属性,并且为实现这些属性的最高价值而必须把属性分配给许多个人时,为了防止某人白白使用归别人所有的属性,就必须作出规定,予以限制。这种限制条件看似削弱了某人的权利,其实恰恰增大了大家权利的价值。

宅基地产权也是一个包含了占有、使用、收益、处置等多项权利在内的权利束,甚至每一项权利之下又可细分为更多的具体权利。宅基地制度在我国是一个极其重要的政治经济问题,贯穿这一问题始终的是归谁所有、由谁使用、所有者与使用者之间的关系如何处理⑤。各项权利如何设置以及在不同主体之间合理分配,对宅基地制度的公平与效率具有重大影响。市场经济普遍存在外部性问题,对于外部性问题的治理,关键是通过产权的界定和安排来

① 马克思恩格斯选集(第2卷)[M].北京:人民出版社,2012:606.
② 卢现祥,朱巧玲.新制度经济学[M].北京:北京大学出版社,2012:28.
③ 哈罗德·德姆塞茨.关于产权的理论.//R.科斯,A.阿尔钦,D.诺斯.财产权利与制度变迁[M].上海:上海三联书店,1991:29.
④ Y.巴泽尔.产权的经济分析[M].费方域,段毅才,译.上海:上海人民出版社,1997:142.
⑤ 杨海钦.关于综合改革农村土地使用权流转的理论探索[J].河南社会科学,2010(02):204—206.

有效实现外部性内在化,实践中可以采取的两种途径:一是当几乎没有合作阻碍时,构建法律以消除私人协商的障碍,此即产权的科斯定理。在交易成本较低时,通过法律界定简单且清晰的产权最有效。二是当存在较多的合作阻碍时,构建法律以使私人协商失败造成的社会损失最小化,此即产权的霍布斯定理。为了实现社会损失最小化目标,法律应将产权分配给评价最高的一方,产权交易不再必要,但要通过利益再分配来平衡。

土地资源的分配与利用是外部性问题显著的社会领域之一,在涉及人数很多、交易费用极大的情形下,主要通过设计土地用途管制制度和不动产税收制度以解决土地过度开发、公共用地保护不力等外部性问题,实现土地利用的社会利益;在涉及人数较少、交易费用可控的情形下,主要通过界定产权、产权细分并建立产权公平交易机制,促使经济活动的土地成本与土地收益直接对应,提高资源配置效率。前者要求保留土地的公权,包括土地用途管制权、土地征收权、土地优先购买权和土地增值征税权等;后者要求建构与经济社会发展阶段和发展水平相适应的土地产权体系,包括所有权、地上权、使用权、租赁权、抵押权和质权等,赋予产权主体更完整的权利束。目前,可行的改革途径就是"产权分置"。显然,宅基地"三权分置"的核心思想与现代产权理论高度契合。但需要指出的是:物权理论重在通过在所有权之外建构用益物权和担保物权等他物权,以加强财产利用;现代产权理论重在通过产权安排解决外部性问题,弥补市场机制缺陷,相比之下,后者更具有基础性意义。农村宅基地产权安排既要解决宅基地资产利用问题,增加农民土地财产性收入,更要解决宅基地利用外部性问题,确保宅基地可持续利用和农村社会稳定,以现代产权理论诠释宅基地"三权分置"无疑更加彻底、更加全面。

二、宅基地"三权分置"的历史渊源

在人类社会发展过程中,大部分都是把过去作为现在的典范,但对过去的虔敬中也往往存在罅隙,正因为如此,改变与创新才有机会出现①。在不同的

---

① 雅克·勒高夫.历史与记忆[M].方仁杰等,译.北京:中国人民大学出版社,2010:10.

社会生产力水平下,农村土地的权利构成及其运作模式具有不同的特征,但受历史、文化、自然条件等因素的综合影响,土地产权的配置在不同历史时期展现出一定的共性特征亦存在可能。

在我国古代传统的土地制度中,不乏产权分离和使用权长期化的例证,其中具有典型代表性的是两宋时期的"典权制度"和明清时代的"一田二主"制度。"典权制度"在魏晋南北朝时期已成雏形,隋唐时期在民间被广泛运用,至两宋时代被载入《宋刑统》,由此走向法律化和制度化轨道,成为土地交易的重要方式。典权指的是典买人支付典价取得占有出典人土地而享有使用收益和部分处分权的权利。典买人对典到的土地可自耕、可出租,也可转典,实施处分权,与拥有土地所有权的出典人不发生关系。土地典卖后导致土地所有权、占有权、使用权、收益权分离,出典人拥有的土地所有权通常称为"田骨""田根",典买人典到的土地称"典业"。与绝卖不同的是出典人将土地使用收益权出典给典买人,自己保留土地回赎权,交易一旦期满,出典人随时可以夺典。虽然典权一直面临被回赎的逆向交易可能,但典权制度的产生促进了土地产权权能的分化,为土地流通、合理配置土地资源开辟了新的途径①。

典权制度发展到明清时期,土地使用权开始进入市场,交易方式也越来越多样化。首先是盛行于明中叶以后的"永佃制",其特点是佃农可以永远耕种土地,即土地所有者不影响土地经营权②。到明代后期,"永佃制"进一步发展,并在江南逐渐形成了一种新的土地制度,即"一田二主",之后在福建漳州又出现了"一田三主"的现象③。"一田二主"意味着一份地权可以分成"田底权"和"田面权",佃农通过支付押租获得佃权,佃权作为一项有偿取得的权利,可以有偿转让或者典押银两,佃权可转让是"一田二主"与早期的"永佃制度"最大的区别。另外在"永佃制度"向"一田二主"过渡中,由于佃户追求土地投入补偿,产生了"立价交佃"现象,土地的价值增加可以在交易中得到补

① 戴建国.从佃户到田面主:宋代土地产权形态的演变[J].中国社会科学,2017(03):161—180+207—208.
② 聂鑫.传统中国的土地产权分立制度探析[J].浙江社会科学,2009(09):83—88+127—128.
③ 周子良.永佃权的历史考察及其当代价值[J].现代法学,2002(02):65—73.

偿,这也象征着"田面权"是土地部分所有权的权利让渡。另外,典田交易规定出典人不可将典田租回自己耕种①,必须遵守"典田离业"的规定。从土地产权结构来看,不论是宋代的"典权制度",还是明清的"一田二主",其实质都是对土地所有权和经营权的分置,比较而言,宅基地"三权分置"下的资格权类似田底权,使用权类似田面权。我国古代这两种土地制度与当代的宅基地"三权分置"虽然在产生时间与适用空间两个层面上存在明显区别,但却似乎存在某种超越时间与空间界限的衔接互通关系,所呈现出的制度表征高度一致,蕴含着同一种智慧。

三、宅基地"三权分置"的实践基础

人在制度的制定与实施中会产生制度学习,这是由人的本能与制度本身的可学习性所决定的。从这个意义上看,宅基地"三权分置"成为新时代我国农村宅基地制度改革的基本方向,也是向实践学习的结果。

一方面,宅基地"三权分置"源自承包地"三权分置"的外溢效应。宅基地与承包地一样都是不可再生的土地资源和我国集体土地的重要组成部分,承载着农民的社会保障功能,关乎亿万农民生产生活的保障基底和农民群体的生存居住安全。早在20世纪80年代,我国部分农村地区就有承包地"三权分离"的实践探索。1983年,湖北黄陂在部分地区实行以耕地代种、经营代理、合同代表等为主要类型的承包地代营制,以承包地经营权的暂时让渡为基本特征,在坚持承包地集体所有制性质和承包关系的基础上,稳定农户承包权,提倡流转经营权,把原来的所有权和承包权分离为所有权、承包权和经营权。这在事实上认可了承包权的相对独立性,打破了承包权与经营权合一的原则,在权属上把两者分离开来,承包权获得了部分产权属性和一定的经济地位②。进入20世纪90年代以后,承包地"三权分离"的实践在各地已普遍存在,主

---

① 龙登高,温方方,邱永志.典田的性质与权益——基于清代与宋代的比较研究[J].历史研究,2016(05):54—70+191.

② 田则林,余义之,杨世友.三权分离:农地代营——完善土地承包制、促进土地流转的新途径[J].中国农村经济,1990(02):41—44.

要形式包括浙江乐靖的农地自由流转制、广东南海的农地股份合作制、安徽天长的反租倒包制等。所有这些形式都坚持了承包地的集体所有权,维持了原集体与农户的承包关系,经营权则通过与承包权分离,转移到其他农民和集体经济组织手里,从而使"两权分离"演变成"三权分离"①。进入 21 世纪后,吉林、山东等省份为规避土地承包经营权不能抵押的限制,从土地承包经营权中分离出收益权、使用权、流转权,并以其办理银行质押、抵押贷款②,进一步拓展了承包地产权分离的范围和领域。迈入新时代,我国农村土地制度改革进入深化阶段。2013 年 12 月,习近平总书记在中央农村工作会议上指出:"把农民土地承包经营权分为承包权和经营权,实现承包权和经营权分置并行。这是我国农村改革又一次重大创新。"③2014 年中央一号文件《关于全面深化农村改革加快推进农业现代化的若干意见》正式提出实施农地"三权分置"改革后,农民的土地收益实现了增收,农地市场活力得到释放。承包地"三权分置"实现了经营权的完整性,降低了土地流转的交易成本,使得农村土地、劳动力、资本、企业家可以得到良好的组合,为宅基地"三权分置"改革提供了实践样本。

另一方面,近些年来我国农村宅基地试点探索中自发出现的改变宅基地使用主体和增加宅基地用途等做法形成了事实上的"三权分置"雏形。迈入新发展阶段,随着我国农村经济社会的发展,以"两权分离"为主要特征的宅基地制度已难以适应经济社会发展的需求,不仅体现了改革农村宅基地使用权流转制度的紧迫性,还隐含了宅基地使用权流转制度的未来发展趋势。宅基地使用权作为一项特殊的用益物权,具有权利主体的身份性、权利客体的特定性、权利流通的限制性、权利取得的无偿性和数量上的唯一性等特殊属性。尽管法律法规明确规定,宅基地所有权属于集体,个人只有使用权,未经批准任何人不得擅自转让、出租,但是宅基地自发入市交易的趋势势不可挡。宅基地隐形流转在某种程度上是宅基地使用权人试图突破现有制度安排来寻求

---

① 叶华.三权分离的改革思路与农地微观制度安排[J].社会科学家,1998(S2):47—49.

② 叶兴庆.从"两权分离"到"三权分离"——我国农地产权制度的过去与未来[J].中国党政干部论坛,2014(06):7—12.

③ 习近平.论"三农"工作[M].北京:中央文献出版社,2022:200.

自身利益最大化的理性选择。在此背景下,一些地方开始自发探索宅基地制度改革,相继形成了重庆"地票模式"、嘉兴"两分两换"模式、成都"双放弃"模式以及天津"宅基地换住房"模式等。2007 年我国颁布的《物权法》明确了宅基地的用益物权属性,由此拉开了国家严格宅基地管理制度下的宅基地权利结构的探索完善之路。党的十七届三中全会提出,要完善农村宅基地制度,依法保障农户宅基地的用益物权;2014 年的中央一号文件则进一步提出要完善农村宅基地分配政策,慎重稳妥地推进农民住房财产权抵押、担保与转让;2015 年的中央一号文件在《关于农村土地征收、集体经营性建设用地入市、宅基地制度改革试点工作的意见》的基础上,进一步提出宅基地制度改革试点措施,要探索农民住房保障的新型机制,并在同年 2 月启动了全国 15 个地块的宅基地改革试点。作为首轮宅基地制度改革试点地区的浙江义乌在全国率先开展了宅基地"三权分置"改革工作,涌现出具有代表性的"浙江义乌模式"。随后,其他试点也相继出台了具体实施方案,积极探索宅基地"三权分置"改革路径,其中一些地区在"三权分置"政策框架下敢为人先,在实践中大胆探索和创新,形成了如安徽旌德模式、浙江象山模式等一系列具有较好借鉴价值的典型实践样态①。这些地方实践探索的成功经验对宅基地"三权分置"制度的形成起到了正面效果累积和议程设置加速的作用。由此我们不难发现,与其说宅基地"三权分置"改革是理论重大创新,毋宁说是中央政策对宅基地使用权流转实践的有力回应,其实质是对宅基地改革实践经验的总结与提升。

第二节　宅基地"三权分置"的制度内涵

宅基地"三权分置"可以被理解为由制度环境、制度安排和实施机制等一系列旨在约束和指导人们配置和利用宅基地行为的游戏规则。新时代中国特色社会主义基本国情和制度体系作为宅基地"三权分置"的宏观环境,为其提

---

① 刘国栋.论宅基地三权分置政策中农户资格权的法律表达[J].法律科学,2019(1):192—201.

供了可选范围、设置了基本边界、规定了相应约束。在这样独特的制度环境中,宅基地所有权、资格权和使用权横向并行分置的产权安排与管制权、自治权、财产权因应调试的纵向治权相互嵌套耦合,共同构成了宅基地"三权分置"双层复合制度安排,并由此延伸出包括落实集体所有权、保障农户资格权、适度放活使用权和调适国家管制权等在内多重嵌套的"四位一体"实施机制。

一、宅基地"三权分置"的内生独特制度环境

制度环境作为一系列用来建立生产、交换与分配基础的政治、社会、法律基础规则,对可供人们选择的制度安排的范围设置了一个基本的界限,从而使人们通过选择制度安排来追求自身利益的增进受到特定的限制[①],不仅构成制度生成的基础,而且限定和约束着制度选择的可能边界。制度是人们为了节省交易费用而基于特定制度环境选择的结果,并且制度一经形成就会形成特定的产权安排,约束当事人之间的战略互动。宅基地"三权分置"同样是对制度环境的有效回应,是人们基于特定的制度环境制定且影响人们土地利用关系和行为的规则。以此,揭示宅基地"三权分置"的制度内涵,首先需要在学理层面阐述其发生机理,即要回答宅基地"三权分置"是从什么样的环境中来,为什么是这种而不是其他形式的制度安排。

(一)宅基地"三权分置"的宏观环境

新中国成立以来,我国面临的核心命题是:一个实行社会主义制度的发展中大国如何实现持续发展和共同富裕[②]。在这个命题中,社会主义制度、发展中大国和共同富裕实现分别构成了包括宅基地"三权分置"在内的一切农地制度演进的社会基础、约束条件和战略目标。社会主义制度体现为中国的现代化进程是在中国共产党领导下进行的,宅基地集体所有制和福利分配制度有别于主要资本主义国家,制度创新的目标是解放和发展生产力并最终实现共同富裕;发展中大国意味着我国是一个地理和人口规模举世罕见的国家,不

---

① 樊纲.渐进式改革的政治经济学分析[M].上海:上海远东出版社,1996:27—28.
② 高帆.中国农地"三权分置"的形成逻辑与实施政策[J].经济学家,2018(04):86—95.

仅需要解决经济增长和结构优化问题,同时也需要处理不同地域、不同部门、不同层级政府的协同问题;持续发展和共同富裕要求宅基地制度改革不仅要考虑宅基地利用效率问题,而且需要关注公平问题。这种"三位一体"格局相互交融、彼此结合,共同构成了宅基地"三权分置"的宏观环境,也决定着宅基地"三权分置"是在更为严苛的条件下实现更为高远的目标。

新中国成立以来,城乡二元结构始终是经济发展进程的重要特征事实,宅基地对农村居民,甚至对整个社会的秩序稳定充当着保障机制的角色,这种保障机制对于一个发展中大国的系统性经济转型极其重要。我国现阶段的基本经济制度是公有制为主体、多种所有制经济共同发展,而农地的集体所有制是体现"公有制为主体"的重要支柱,改革所要做的是探索土地公有制的实现形式。不同于西方多数改革家主张的"产权私有"观念,中国农村的土地产权制度改革跳脱出了"非公即私"的价值定论,走出了一条具有中国特色的产权改革道路①。这种"由国家控制,但要集体来承受其控制结果的一种农村社会主义制度安排"②体现了宅基地集体所有制承担政府战略目标的宏观功能,也意味着落实宅基地集体所有权导源于社会主义制度、国家战略取向等多种因素,且这种所有制安排是宅基地"三权分置"的前置条件。

作为一个正处在经济社会体制转型阶段的社会主义国家,经济社会发展追求解放和发展生产力,实现持续发展和共同富裕。同时,作为一个实行社会主义制度的发展中国家,宅基地"三权分置"要在保持整体社会秩序平稳的背景下进行改革,通过渐进方式展开。我国农村土地制度的"渐进式改革"与欧洲国家的"断裂式转轨"是近百年来产权变迁中两种截然不同的改革方式③。此外,作为一个地理和人口规模超大的国家,我国长期存在着中央统辖权和地方治理权的关联问题,不同层级的政府间存在着激励相容问题。上述多重外部环境约束意味着宅基地"三权分置"深刻嵌入在社会主义制度、发展中大国、持续发展和共同富裕之中,深刻嵌入在政府、市场、社会的互动关系之中,

① 刘守英,路乾.产权安排与保护:现代秩序的基础.[J].学术月刊,2017(5):40—47.
② 周其仁.产权与中国变革[M].北京:北京大学出版社,2017:21.
③ 王庆明.产权变革路径与起源之争:立足转型中国的思考[J].社会科学,2018(6):72—81.

在这样的宏观政治经济社会环境下,宅基地制度改革要统筹考虑效率和公平、放活与管制、财产与保障等多重关系。

（二）宅基地"三权分置"的历史背景

诞生于 20 世纪 60 年代的我国现行宅基地制度以城乡二元制度为基础、以限制城乡人口流动为初衷、以实现重工业优先发展战略为最终目的。宅基地使用权呈现出身份性居住保障权和物权性财产权"两权复合"特征。随着我国城乡社会结构变化、城乡空间结构演化和经济体制改革深化,以单一社会保障属性为价值取向的宅基地制度将农民束缚在土地上的约束功能凸显,社会激励功能却明显滞后,其背后也隐藏着一系列亟待应对的风险[1]。自 20 世纪 90 年代开始,我国部分地区就开始了宅基地制度改革探索。进入 21 世纪后,国家层面进一步尝试在"两权分离"的权利架构下探索宅基地制度改革路径,力图破解宅基地的总量控制与流量调节不同步、资源配置和利用效率不协调的结构性矛盾,但这一阶段的改革路径还不是非常清晰,属于一种先期探索[2],并未取得实质性的突破[3]。

宅基地问题的根源在于历史福利分配与现实土地资本市场的对冲、人口流动与土地固化的对冲、居住保障功能与财产价值功能的对冲。纵观我国宅基地制度的演变过程,居住保障追求与经济效率逻辑始终是两个根本性的影响因素,且前者在较长时间内占据主导并相应配置了诸多政策工具。因而,如何有效平衡集体福利保障属性的内部封闭性规定与市场财产价值属性的外部流动性要求间的矛盾始终是宅基地制度改革未能回答的核心命题,也是早年宅基地制度改革始终在进退之间反复拉锯摇摆甚至裹足不前的根本原因[4]。"两权分离"制度框架下,放活宅基地使用权面临两难选择。一方面,宅基地

---

① 姚树荣,李菲.百年视野下的土地制度与中国式现代化[J].河北师范大学学报(哲学社会科学版),2022,45(05):149—156..

② 董新辉.新中国 70 年宅基地使用权流转:制度变迁、现实困境、改革方向[J].中国农村经济,2019(06):2—27.

③ 刘守英.中共十八届三中全会后的土地制度改革及其实施[J].法商研究,2014,31(02):3—10.

④ 宋志红.中国农村土地制度改革研究:思路、难点与制度建设[M].北京:中国人民大学出版社,2017:283.

使用权是农村集体经济组织成员享有的专属权利,一旦农村集体经济组织之外的社会主体直接获得宅基地使用权,则意味着农村集体经济组织成员身份优势的丧失。直接拓展宅基地使用权交易范围虽然有利于释放宅基地的财产价值,但可能冲击我国农村土地集体所有制的性质。另一方面,将宅基地使用权锁定在"本集体经济组织内部"的狭小空间,既违背城乡融合发展的政策本意,也会受到市场空间的限制,无法实现盘活闲置宅基地的改革初衷。

实践证明,在不打破这个"两权复合"结构的情况下,单纯依靠乡村内部无力实现宅基地最优配置的图景。由于"两权分离"模式的宅基地集体所有权制度触及国家基本经济制度,改革只能在扩大使用权权能,发挥产权激励作用,调动土地使用者积极性,优化土地资源配置等第二个层面的权利内容上寻求突破。因为,一个符合我国现实社会需要的宅基地使用权法律制度,既不可能由其他制度取代其保障功能以实现最基本的社会公平,又不能完全不顾及宅基地制度的利用效率。两大价值目标必须在同一个制度之中得以实现构成了社会公平与效率发展的基本要求。随着宅基地使用权私益属性权利内容的不断扩张,公益属性与私益属性愈发均衡,对宅基地使用权继续进行分解的"三权分置"改革路径呼之欲出。基于此,2018年中央一号文件在"系统总结农村土地征收、集体经营性建设用地入市、宅基地制度改革试点经验"的基础上,提出"探索宅基地所有权、资格权、使用权'三权分置'"。这表明,宅基地"三权分置"是对此前"两权分离"框架下宅基地制度改革探索延续传承基础上的突破创新,旨在打破和消解"两权分离"架构下宅基地使用权的身份性居住保障功能和物权性财产价值功能无法兼顾的矛盾。

（三）宅基地"三权分置"的现实情景

土地制度作为国家有序推动经济发展与秩序稳定的重要制度设计,既是当今经济社会发展进程中的时空载体,也是经济发展体系中不可或缺的基本要素①。进入新时代,我国社会主要矛盾已经转化为人民日益增长的美好生活需要和不

---

① 胡新艳,许金海,陈卓.中国农村宅基地制度改革的演进逻辑与未来走向[J].华中农业大学学报(社会科学版),2021(01):26—32+174.

平衡不充分的发展之间的矛盾。实施乡村振兴战略作为解决人民日益增长的美好生活需要和不平衡不充分的发展之间矛盾的必然要求和必由之路,对宅基地制度改革提出了新的要求。我国工业化、城镇化开启了以"人"的流动为核心的城乡要素重组,人口城镇化又引起农民集体成员权的变化,撬动农村人地关系实质性松动。一方面,人地关系的变动引起要素相对价格的变动,重组生产要素会带来农业生产收益和成本的变动,引起净收益的变动。为获取最大化的收益,实现生产要素的优化组合,就会产生深化农村土地制度改革的要求。另一方面,制度环境的变动意味着制度价值取向的改变,进而影响农村土地制度选择的边界。

我国农村宅基地承载着农民生活居住、风险保障、归属承继、生产支持、情感寄托等多重功能。随着我国经济社会快速发展转型,宅基地的功能定位正在从"居住保障导向中谋求财产功能"转化为"财产功能导向中维护居住保障"。宅基地"三权分置"被置于 2018 年中央一号文件《关于实施乡村振兴战略的意见》中,显然,这一制度安排是落实新时代乡村振兴战略的基础性制度,是未来一段时期内更有效呼应农业农村优先发展、满足乡村居民美好生活追求的关键制度创新。这在客观上也给定了宅基地"三权分置"的制度情景,也意味着宅基地"三权分置"制度功能与乡村振兴战略要求之间存在着内在联系,必须嵌入乡村振兴战略的整体框架中,围绕全面推进乡村振兴的总目标和主战场,尊重中国乡村的实际和发展规律,构建有效落实的制度供给框架和实现路径,并实现与乡村振兴其他制度之间的耦合与协同。

全面推进乡村振兴以"产业兴旺、生态宜居、乡风文明、治理有效、生活富裕"为总要求,涉及的地区、领域、层次具有广泛性,它是一个具有系统性、立体性、长期性特征的重大变革。在乡村振兴的总目标的指引下,宅基地"三权分置"被赋予了更为多元的功能价值,既要为乡村产业兴旺提供落地空间,也要为乡村生态宜居奠定基础,既要坚守乡村地域特色文化,也要提升乡村有效治理水平,还要为生活富裕拓展财产增值空间①。这些功能价值的实现必然

---

① 付宗平.乡村振兴框架下宅基地"三权分置"的内在要求与实现路径[J].农村经济,2019(07):26—33.

要求宅基地"三权分置"与乡村生产、生活、生态空间的重构相互耦合、相互协同,并与农村基本经营制度、集体产权制度、乡村金融制度、社会保障制度、生态保护制度等形成制度联动效应。同时,在国家推动治理体系和治理能力现代化的背景下,宅基地"三权分置"已经不仅关乎土地资源和土地权利问题,也和国家及基层乡村治理深度缠绕①。一方面要探索扩大宅基地权能,增加农民财产性收入,另一方面要建立严格规范的宅基地管理制度,应对基层宅基地管理困境,其目的是在保障宅基地福利性分配的同时,遏制宅基地无序扩张。

由此可见,在"完善农民闲置宅基地和闲置农房政策"这一直接目标背后,宅基地"三权分置"的制度目标进一步指向农民住有所居、财产价值显化、治理秩序优化等,且这些复合多元的目标体系是有顺位层级而非随意或并行的,包含但又超越了宅基地财产功能实现的单一的目标,既要实现从一户一宅到住有所居,也要实现从粗放低效到集约高效,还要实现从功能超载到价值显化,是依循"权能拓展、交易赋权、适度管制"的线索,进而指向"集体所有、产权细分、交易赋权、多元盘活、用途管制、住有所居"的系统治理②。

二、宅基地"三权分置"的双层复合制度安排

产权过程是产权摆脱氏族、宗族、家庭、村社、国家等的控制而逐渐清晰、独立的过程,它包括横向清晰和纵向独立两个维度③。2018 年中央一号文件部署的宅基地"三权分置"是以经济学产权配置逻辑被表达和实践的,其直接表现是所有权、资格权和使用权的横向产权配置,深层蕴含着宅基地管制权、自治权和财产权的纵向权力调适,事实上是一个双层复合权利结构。产权作为由人们对物的使用所引起的相互认可的行为关系,体现的是人与物、人与人之间的双重关系,其安排从来不单纯是一个简单的私人契约问题,产权制度的

①　贺雪峰.农村宅基地改革试点的若干问题[J].新建筑,2016(4):15—16.

②　胡新艳,罗明忠,张彤.权能拓展、交易赋权与适度管制——中国农村宅基地制度的回顾与展望[J].农业经济问题,2019(02):73—81.

③　邓大才.通向权利的阶梯:产权过程与国家治理——中西方比较视角下的中国经验[J].中国社会科学,2018(04):42—66+205.

产生、实施和变迁都受到国家力量的影响①,深刻嵌入社会关系之中,受社会关系制约。宅基地作为一种兼具公共物品、准公共物品和私人物品等多重属性的独特土地资源,"三权分置"更是深刻嵌套于国家、集体和农民的互动关系之中,关涉国家管制、集体治理以及农民财产等。因此,宅基地"三权分置"的直接对象是宅基地财产权,分置的前提条件则是调适宅基地地权系统中的国家管制权、集体自治权和农户财产权。从这个意义上说,宅基地"三权分置"的制度安排是一个包含"产权分置"与"治权调试"的双层复合制度框架。治权调适内置于产权分置之中②,产权分置嵌入于治权调适之内,两个层次的权利及权力关系相互嵌套、相互作用,共同构成一个双层多元复合地权结构安排。也就是说,宅基地"三权分置"是在产权配置与治权调试框架下的产权分置,其权利结构包含集体所有权、农户资格权、新的使用权,但又超越了单一产权配置的范畴,而是一个涵盖国家管制权调试在内的多层次复合权利配置体系,事实是"管制权、所有权、资格权、使用权"四权耦合的权利配置格局。

（一）宅基地"三权分置"的制度内核

从横向产权结构看,宅基地"三权分置"是在落实集体所有权的基础上重塑"两权分离"中的使用权,分离出具有身份性和居住保障功能的资格权,使其继续担负着农民住房保障功能,转达宅基地使用权的身份属性,维系农民与宅基地之间的关系。以资格权为转轴,向前可以阐明与集体所有权之间居住利益关系的正当性,向后可以汲取宅基地使用权超载的身份要素,使之纯化为一项财产权,从而既有利于激活使用权的市场化私权功能,又能衡量使用权对外流转是否适度,厘定其市场化广度和深度的边界。从原有使用权中剥离出脱离身份属性的独立的使用权,由其单纯地承载资产功能,摆脱宅基地身份属性的束缚,实现在保障农民居住权的基础上兑现财产权,使原来的"二元产权"结构演变为宅基地集体所有权、农户作为集体经济组织成员的资格权和社会主体共享宅基地使用权的"三元产权"结构。这样既坚持和强化了宅基

---

① 周其仁.产权与制度变迁:中国改革的经验研究[M].北京:北京大学出版社,2004:2—3.
② 熊万胜.地权的社会构成:理解三权分置之后农村地权的新视角[J].社会科学,2021(05):70—81.

地集体所有的土地公有制底线,又兼顾了作为集体经济组织成员的农户保留使用宅基地的身份专属性,还让不具备集体经济组织成员身份的社会主体可共享宅基地使用权,从而解决农村宅基地和住宅闲置浪费问题,有效提高农村土地资源利用效率,并激活数百万亿的农村宅基地市场,增强宅基地使用权的流通性及实现农民宅基地财产价值。

需要指出的是,产权制度是一套嵌入既定社会规则和惯例的持久系统①。在新古典经济学的产权理论框架中,产权是一束权利,能够界定产权所有者对资产使用、收益、转移诸方面的控制权,为人们的经济行为提供了相应的激励机制,从而保证资源分配和使用效率。这一"权利产权"理论思路强调产权具有排他性、可分割性、可分离性、可转让性等属性以及相应的组织间明确分离的边界②。面对西方"权利产权"理论在解释我国农地制度变迁中遭遇的困境③,周雪光基于社会学视角提出了"关系产权"的概念,把产权看作一束社会关系,强调组织与环境之间建立在稳定基础上的相互关联、相互融合、相互依赖,认为产权的结构被用来维系和稳定一个组织与它们的环境之间的关系④。这表明了制度转型与外部社会系统之间的互动关系,对认识我国农村土地产权制度也产生了很大的影响。张小军从文化经济的视角,把土地理解为一种象征资本,提出了"象征地权"的概念,认为在集体土地产权变迁中,价值观念、社会符号、乡土仪式等象征性资本决定着农村土地的产权结构,"象征地权"会影响现代"契约地权"以及相关法律、合同的实施效果⑤。臧得顺借鉴"关系产权"的理论,进一步将"产权"具体为我国农村土地领域"地权",提出了"关系地权"的理论模式,并把"关系"延伸到更为宽泛的村落共同体中的社会关系⑥,揭示了

---

① Hodgson G M.The hidden persuades:institutions and individuals in economic theory[J].Cambridge Journal of Economics,2003(27):159-175.

② 卢现祥.新制度经济学[M].武汉:武汉大学出版社,2001:67—70.

③ 汪丁丁.产权博弈[J].经济研究,1996(10):70—80.

④ 周雪光."关系产权":产权制度的一个社会学解释[J].社会学研究,2005(02):1—31+243.

⑤ 张小军.象征地权与文化经济——福建阳村的历史地权个案研究[J].中国社会科学,2004(03):121—135+208.

⑥ 臧得顺.臧村"关系地权"的实践逻辑——一个地权研究分析框架的构建[J].社会学研究,2012,27(01):78—105+244.

我国农村土地产权实施的社会过程。围绕着地权归属及实施问题,马良灿则把地权作为一束权力关系,即人与土地、人与人之间的权益和权力关系,认为解决地权问题应当关注土地利用中的权力关系,考虑国家、基层组织和农民所处的位置及三者之间的权力与利益博弈关系①。上述"权利产权""关系产权""象征地权""关系地权""关系权力"等理论表明,宅基地"三权分置"是一个包含财产权利、国家管制、社区治理、社会关系和观念习俗等多维合一的"复合地权"制度安排②。

社会现象是由人类的行动构成的,而行动者之间的互动展开是在一定制度框架下进行的。行动于某个制度框架内意味着个人要受到个人价值以外的价值的约束,而且有着明确的规范性③。宅基地作为农民赖以生存与发展的多功能复合空间④,其产权安排表现为国家、集体、农民和其他社会主体在宅基地所有、占有、使用和收益方面的相互关系。宅基地"三权分置"正是这样一种由国家、集体和农民等行动主体产生互动的制度框架。因此,从更为深层的视角看,宅基地"三权分置"体现为政府治理行为和产权主体行为及制度、土地、利益等环境变量的函数,这一产权制度内嵌于体现政府治理行为的政治与产权主体行为的经济等社会制度结构之中,是政治变量和经济变量之间的演化博弈。可见,宅基地"三权分置"并非对"两权分离"基础上宅基地产权结构的简单重塑,也不是简单地将原有使用权分割为农户资格权和新的使用权两种权利并重新配置,其本质是在重塑宅基地产权结构的同时,实现宅基地权利结构、体系、权能及内容的演变,可以被理解为基于宅基地这一特殊土地资源的"地权调试"⑤过程,即宅基地"地权"的一种社会构造。

---

① 马良灿.地权是一束权力关系[J].中国农村观察,2009(02):25—33.

② 杨磊,刘建平."混合地权"的制度分析及其实践逻辑——基于Z村村民小组的个案分析[J].社会,2015,35(02):218—240.

③ B.盖伊·彼得斯.政治科学中的制度理论:新制度主义(第二版)[M].王向民,段红伟,译.上海:上海人民出版社,2011:16.

④ 齐琪,徐小峰,杨春梅等.乡村振兴背景下宅基地功能转型机理与模式研究——基于典型村庄的案例分析[J].中国土地科学,2020,34(6):84—93.

⑤ 熊万胜.地权的社会构成:理解三权分置之后农村地权的新视角[J].社会科学,2021(05):70—81.

（二）宅基地"三权分置"的权利结构

宅基地既是一项财产,亦是一项资源,其财产属性承载私益诉求,资源属性承载公益诉求。对于前者,"产权分置"乃是回应这一诉求的鲜明表达;对于后者,"地权调试"则是回应这一诉求的实质表达。宅基地的二维属性衍生了财产权和治理权两个层次的权利结构安排。

就横向维度的"产权分置"而言,宅基地"三权分置"中的所有权是基础权利,资格权和使用权是派生权利,所有权对资格权和使用权具有统辖作用,资格权和使用权对所有权具有制衡和对抗作用,且资格权和使用权内部也具有制衡和对抗的作用。所有权、资格权、使用权之间存在着双层"母权与子权"和"基础与派生"的关系,三权之间相互制约、相互关联。"三权分置"的创新之处在于将"两权分离"下具有用益物权性质的使用权分置为农户资格权和新的使用权,并产生分离的物权法效果。在农户所拥有的资格权中创设具有用益物权效力的使用权,其中,资格权是农户作为集体成员所享有的宅基地权能,使用权是非集体经济组织成员的社会主体在一定期限内对宅基地及房屋享有占有、使用、经营及收益等的权利。也就是说,由于从农户资格权中分离出使用权,作为集体成员的农户依然享有固有的宅基地使用权,但不局限于圆满的宅基地使用权。显然,按照物权状态将"两权分离"中的宅基地使用权剥离出来而形成的使用权是在宅基地农户资格权基础上派生的权利,而非外力作用下的权利裂变所产生,属于用益物权状态的内部再细化,不同于现行法之下的宅基地使用权①。现行法之下的宅基地使用权是本集体成员基于其成员权所取得的利用本集体土地建造并保有住宅的权利,具有显著的身份属性;"三权分置"中的使用权则是脱离了身份属性的宅基地利用权,是基于宅基地流转合同的签订,从宅基地农户资格权中派生出来的权能。虽然集体作为宅基地所有权人不是宅基地流转合同的当事人,但是集体作为土地所有权人,对于宅基地使用权人享有监督的权利,对获得宅基地使用权的相关主体利用宅基地及农民农房所从事的开发、经营等活动起监督调整作用。

---

① 高圣平.农村宅基地制度:从管制、赋权到盘活[J].农业经济问题,2019(01):60—72.

就纵向维度的"地权调适"而言,受约束的宅基地"三权关系"实质上是"四权关系"①,在宅基地所有权、资格权和使用权三种产权之上,还有一个重要的权力——国家管制权。"产权分置"是宅基地"三权分置"的内核,体现了从"所有主义"到"利用主义"的重要转变,但在外延上,宅基地"三权分置"又超越了"权利产权"及"关系产权"框架下"产权分置"的范畴,因而,整体上看,宅基地"三权分置"是一种地权治理系统,这一治理系统既包括宅基地"产权"体系中所有权、资格权、使用权的"产权分置",也涵盖宅基地"治权"体系内农户财产权、国家管制权和国家治理权的"权力调适"。由此可见,宅基地"三权分置"既强化了关于宅基地"权利",也强化了相关的"权力",在一定程度上,正是因为强化了"权力"才能进一步强化"权利"。具体而言,"三权分置"把宅基地产权细化为所有权、资格权和使用权,通过产权细化为国家管制提供改革空间,国家通过强化宅基地所有权管制以确保农村集体土地所有制制度底线,加强宅基地资格权管制以保障农村居民基本住房权利,放松使用权管制以激活宅基地经济价值,也可为农民增收和乡村振兴提供内生动力②。

作为公权力性质的国家管制权高居宅基地其他产权之上,总体上统摄所有权、资格权和使用权,构成了其他"三权"实现的基准底线。我国宅基地制度演进历程本身就是"有效产权"与"有限管制"并行调适的过程③,市场与管制的角力贯穿始终,具有鲜明的多回合曲线演变轨迹④。宅基地制度改革的核心主题在于调试管制与市场的关系⑤,政府管制权、集体所有权、农户资格权以及新的使用权之间的张力⑥构成了宅基地"三权分置"改革的逻辑起点。这一制度安排恰恰是在调试政府管制边界的前提下,通过一定的制度设计推

① 张少停.国家管制视角下农村集体土地产权制度改革研究[D].太原:山西大学,2019.

② 张少停,康依宁.城乡关系视角下我国农村土地制度演变的逻辑:1949—2019[J].郑州轻工业大学学报(社会科学版),2021,22(03):40—48.

③ 刘守英,熊雪锋.产权与管制——中国宅基地制度演进与改革[J].中国经济问题,2019(06):17—27.

④ 张义博.我国农村宅基地制度变迁研究[J].宏观经济研究,2017(4):35—42.

⑤ 李蕊.管制及其改进:中国土地管理制度改革的逻辑进路[J].广东社会科学,2020(04):234—242.

⑥ 桂华,贺雪峰.宅基地管理与物权法的适用限度[J].法学研究,2014,36(04):26—46.

动土地要素资源与劳动力、资本重新配置结合的结果,"三权分置"即是这一递嬗脉络的必然结果。综上,在宅基地"三权分置"的产权关系中,集体所有权、农户资格权和新的使用权是三种独立的宅基地权利形态,属于产权的范畴,三者具有相互对抗性,相互衔接、相对均衡,而国家管制权作为"三权"之上的权力,总体上统摄宅基地所有权、资格权和使用权,并内置于三种财产权行使的全过程。

(三)宅基地"三权分置"的权能范围

权能表达了权利人为实现其利益,能够对权利对象实施的各种行为。产权分割是分工导致权利功能多样化的结果,而权利性质则是明晰宅基地"三权分置"法权结构和权能规则的质点。宅基地"三权分置"中的所有权、资格权、使用权及管制权分属不同的主体,四项权利被赋予的功能和性质也存在差异。

集体所有权作为资格权和使用权的源权利,以实现集体利益为目的,兼具私权特性和公权特性。私权特性是相对于国家和为数众多的农村宅基地所有权主体而言,每一个集体都是一个相对独立的权利主体,各主体之间是相互平等的;公权特性是指相对于集体内部每一个成员或每一个农户而言,宅基地所有权的行使主要考虑的是成员集体的整体利益,而非某一单个成员或单个农户的利益。实际上,集体土地所有权是由国家控制但由集体承受结果的一种治理模式①,对集体资源的控制权与分配权往往成为基层财政维系的基础。在现实的改革语境下,权能配置的终极控制权实际上由国家掌控,宅基地集体所有权是一种受国家管制权制约的不完整所有权。我国《宪法》《土地管理法》《民法典·物权编》等对宅基地所有权的归属、权能、行使主体以及相关限制都有明确规定。依据《民法典·物权编》规定,集体土地所有权是集体对其所有的土地依法享有的占有、使用、收益和处分的权利,包含了占有、使用、收益和处分四种权能。集体所有制既不是一种共有的、合作的私人产权,也不

① 汪洋.集体土地所有权的三重功能属性——基于罗马氏族与我国农村集体土地的比较分析[J].比较法研究,2014(02):12—25.

是一种纯粹的国家所有权,它是由国家控制但由集体来承受其控制结果的一种中国农村特有的制度安排。集体在行使上述四项权能的过程中必须考虑集体的整体利益和长远利益,同时,由于宅基地资源的有限性和利用后果的社会性及生态性,集体在行使各项权能时还需要顾及国家的整体利益和长远利益,所以,依据国家相关的法律法规,对集体所有的宅基地利用的全过程进行监督和管理是作为所有权主体的集体应承担的社会责任。

农户资格权是一项兼具身份属性和财产属性的复合权利形态,其身份属性是农户向集体申请分配宅基地的前提,财产属性是农户取得宅基地后的实际利用形态。资格权的本质是宅基地上居住保障利益份额的权利化,其实现方式表现为宅基地使用权或其他居住利益形态。基于此,其权能主要应包含以下几个方面:一是分配请求权。资格权人可以按照相关规定向其所在集体申请分配宅基地。分配请求权是资格权人利用集体土地实现居住保障的基础和前提,仅代表具备向集体申请分配宅基地的权利,并不意味着已经获得具体地块的宅基地。二是居住保障权。资格权人可对依法取得的具体地块的宅基地在可以支配的范围内建造住宅及附属设施用于居住。这是宅基地制度的首要价值目标和宅基地资格权的核心内容。在宅基地"三权分置"权利结构下,由宅基地资格权承载居住保障功能,并通过多样化方式实现集体成员的基本居住权。三是可期待收益权。资格权人流转或退出宅基地使用权以及在政府征收等情况下可获得相应收益和补偿。这种收益具有可期待性,并不是已经实现的收益。四是有限处分权。资格权人可以调整其对集体分配的宅基地的利用方式,让渡一定期限内的宅基地和房屋使用权并对实际使用人的利用行为进行监督管理。

宅基地"三权分置"中的使用权与"两权分离"中的使用权既具有关联性,也具有差异性。分置后使用权的权能设置以提升其市场化私权的价值为基点,赋予其比较完整的使用、收益和处分权能,使之能够对抗集体所有权和资格权。原来的使用权是依附于集体成员身份的一项具有保障性和福利性的特殊的用益物权,其主要功能是保障而非经济,其特殊性主要体现在流转范围的限制性或处分权能的限制性。新的使用权是剥离了社会保障功能和身份属性且受制于资格权的财产权利,能够在一定条件下进行转让并且由符合一定条件的第三人充分利用的使用权,属于有限期的物权,其存续期限由原宅基地使用权人与新的使用权人通过转让合同约定,但不能超过国家统一规定的 20 年最高转让年限。根据宅基地使用权的性质,"三权分置"下的使用权应包括占有权能、使用权能、收益权能和处分权能。各项权能的含义与其他不动产的用益物权的权能并无二致。当然,当前宅基地对广大农民特别是对经济欠发达地区的农民而言,仍具有重要的"住有所居"的保障功能。

土地管制权与其他行政权相比较,是一种纯粹为了"公共利益"的权力,在管制权行使的过程中需要实现公共性,其目的主要是为了公共利益,尤其是与经济目标无关的分配正义以及社会秩序等①。宅基地管制包含所有制层面对土地作出的制度规定和政府对土地用途的行政管制两个层次②。第一层次是从我国基本经济制度出发,源于宪法在所有制层面对土地作出的制度规定,主要表现为国家征收宅基地和通过垄断城市建设用地一级供给而占有宅基地大部分增值收益的权力。根据我国《宪法》《民法典·物权编》规定,国家根据公共利益的需要,可以依法征收或者征用集体所有的土地以及单位、个人所有的房屋、不动产,并给予补偿。第二层次管制权是政府对土地用途的行政管制权,主要包括对宅基地占用耕地的限制、宅基地取得身份的限制、农户宅基地数量和使用面积限制、土地利用规划和计划管制。这一层次的国家管制权属于一般行政权力,并主要从资源管理角度进行,在土地管理学上一般被称为土地用途管制。

三、宅基地"三权分置"的多重嵌套实施机制

制度作为能够自行实行或由某种外在权威施行的行为规范,本身内含着实施机制③。有效的产权配置是实现良好经济绩效的前提④,但制度实施机

---

① 安东尼·奥格斯.规制:法律形式与经济学理论[M].骆梅英,译.北京:中国人民大学出版社,2008:47—55.

② 桂华,贺雪峰.宅基地管理与物权法的适用限度[J].法学研究,2014,36(04):26—46.

③ 樊纲.渐进式改革的政治经济学分析[M].上海:上海远东出版社,1996:16+27—28.

④ 罗必良.科斯定理:反思与拓展——兼论中国农地流转制度改革与选择[J].经济研究,2017,52(11):178—193.

制作为保障权利和权能的安全性与完整性的具体路径①,同样会对制度绩效产生重要影响。在产权配置形式确定的前提下,产权实施机制的可执行性是影响制度绩效的关键,二者之间的有效匹配有利于更好地发挥产权的功能②。"财产实际的占有从一开始就不是发生在对这些条件的想象的关系中,而是发生在对这些条件的能动的、现实的关系中。"③"法律权利不是经济权利存在的充分必要条件"④。这意味着法律层面的赋权并不能保证产权在经济上的实现,还必须进行相关制度建设,有效解决交易成本的问题。宅基地"三权分置"不仅是一个产权设计问题,更是一个产权实现过程。这一过程不仅需要制度安排层面的确权赋能,还需要根据四项权利的政策目标、功能定位和权利性质等,形成与之相适应的实现机制予以保障,即落实宅基地集体所有权、保障农户资格权、适度放活使用权和调适国家管制权。

(一) 落实基于土地公有的集体所有权

落实宅基地集体所有权是保障农户资格权、放活使用权的基本前提,也是坚持集体所有制的内在要求和调适国家管制权的重要手段。在现行法律约束下落实宅基地集体所有权是筑牢农村集体经济基本盘的客观需要,契合了农村产权制度改革必须坚守集体所有这一底线的基本逻辑。首先是巩固集体经济组织主体地位,促进集体所有权回归的需要。农村集体经济组织是以土地集体所有为纽带、以带动农村经济发展为宗旨的乡村经济组织,其扮演着集体土地和其他集体资产所有者载体的重要角色。尽管现行法律已经确立了集体经济组织所有权行使主体地位,但在具体实践中所有权行使主体虚化问题始终未能得到彻底解决。随着宅基地"三权分置"全面提速和落实集体所有权相关政策的陆续出台,重构和巩固集体经济组织主体地位势在必行。对此,需要进一步从法规和制度层面对集体经济组织主体地位进行规范和强化,这是

① 罗必良.从产权界定到产权实施——中国农地经营制度变革的过去与未来[J].农业经济问题,2019(01):17—31.
② 谭荣.自然资源产权制度研究:理论与进展[J].中国土地科学,2020,34(02):103—110.
③ 马克思恩格斯选集(第2卷)[M].北京:人民出版社,2009:746.
④ Y.巴泽尔.产权的经济分析[M].费方域,段毅才,译.上海:格致出版社,上海人民出版社,2017:4.

改变所有权行使主体虚化状态、促进集体所有权权利回归的必然要求。其次是保障集体所有者权益,赋予农民更多财产权利的需要。作为宅基地权利体系中的关键构成,集体所有权从根本上决定了"三权分置"的权能构造及实现路径。只有落实宅基地集体所有权,才能真正形成集体所有权、农户资格权、宅基地及农房使用权三权分置的产权配置格局,才能为保障和实现农民财产权利创造条件。因此,赋予农民更多财产权利是以集体所有权得到全面落实为前提,这就要求宅基地改革应更多地关注集体所有权的有效落实,而不仅仅聚焦于使用权权能的扩展,要在集体所有权框架下推进扩权赋能以形成有利于实现改革目标的产权架构。最后是发展壮大农村集体经济,夯实共同富裕基础的需要。土地集体所有制是农村集体经济赖以存续和发展的制度基础,落实宅基地集体所有权蕴含着实现农村共同富裕的政策逻辑。通过重塑所有权权能结构、促进集体所有权的权利回归,为发展壮大农村集体经济进而实现共同富裕奠定坚实的物质基础。宅基地集体所有权的赋能与回归,将对维护集体财产权和增加农民财产性收入发挥积极作用,为最终实现农村共同富裕夯实物质基础。

宅基地集体所有权具有极强的社会性与财产性特征,并未完全遵循传统私法中的财产权社会化理论的发展进路[①]。在此背景下,落实宅基地集体所有权具体包含着实现宅基地集体所有权的权能和确定并实现宅基地集体所有权承载的重要功能两层含义。换言之,落实宅基地集体所有权并非单纯要实现宅基地集体所有权的去财产性或去社会性,而是在两种属性兼容的前提下科学界定并实现宅基地集体所有权的权利内容,以及基于宅基地社会性而承载的社会性义务。基于"三权分置"下宅基地制度基本功能的导向性,落实集体所有权须把握好如下基本要求:一是明确宅基地集体所有权的"落实"目标,即将集体所有制及相关要求有效融入基于私法路径构建的宅基地所有权制度,以之为基础形成"三权分置"的宅基地权利体系。具体可分解为:以完

---

① 杨青贵.落实宅基地集体所有权的实践探索与制度因应[J].法治研究,2021(05):130—140.

善宅基地集体所有权权能为"点"目标;以有效实现宅基地集体所有权的价值取向与主要功能为"面"目标;以"三权分置"权源为定位,以构成逻辑自洽的宅基地权利体系为"线"目标。二是丰富宅基地集体所有权的"落实"方式。这就需要按照宅基地"三权分置"私法构建的目标取向,以明确宅基地集体所有权权能为基础,从所有权、资格权、使用权的理论逻辑和实践理性中予以确定。三是把握宅基地集体所有权的"落实"限度。在农户直接占有、利用乃至有限处分宅基地之实践制约下,落实宅基地集体所有权与宅基地农户资格权、宅基地使用权存在一定的权益量增减的反比关系。在坚持集体所有的前提下保护农户宅基地使用权,并协同实现宅基地集体所有权的所有制要求,落实宅基地集体所有权的时代功能,成为廓清落实宅基地集体所有权之"限度"的主要考量。

(二) 保障基于身份福利的农户资格权

住有其所是宅基地制度改革的基本底线。对于广大农户而言,获得宅基地后还会衍生出其他的福利[1],包括农民住房安置、居家养老、家庭产业等。农户资格权作为宅基地产权中一项新的权利,分置于所有权和使用权之外,涵盖着身份性与福利性权能。农户资格权虽然是一个新的权利概念,却并不是一种新的土地权利,它一直蕴藏在我国农村土地制度的变迁之中[2],属于一种法定生成逻辑,是国家为了满足集体成员家庭的基本居住需求,基于法定的宅基地申请资格和法定条件,经法定程序而产生的权利。保障资格权就是严格界定和厘清宅基地资格权的取得范围和继受规则,探索构建宅基地资格权的运行实现与退出保留机制,通过身份性限制继续保持并深入完善宅基地居住保障与社会稳定功能[3]。

在宅基地"三权分置"产权结构中,以资格权为转轴,向前可以阐明与集体所有权之间居住利益关系的正当性,向后可以汲取宅基地使用权超载的身

---

① 姚树荣,熊雪锋.宅基地权利分置的制度结构与农户福利[J].中国土地科学,2018,32(04):16—23.

② 吴宇哲,沈欣言.农村宅基地资格权设置的内在逻辑与实现形式探索[J].中国土地科学,2022,36(08):35—42.

③ 宋志红.宅基地资格权:内涵、实践探索与制度构建[J].法学评论,2021,39(01):78—93.

份要素,使之纯化为一项财产权,从而既有利于激活使用权的市场化私权功能,又能衡量使用权对外流转是否适度,厘定其市场化广度和深度的边界。首先,资格权在宅基地所有权与使用权之间发挥着"承上启下"的作用。一方面集体所有权派生资格权,实际反映资格权主体作为宅基地所有权主体一分子的特殊身份,集体需要履行责任义务、满足资格权主体对宅基地的需求,向其分配本集体宅基地的使用权,由此在实现身份利益的基础上派生财产利益。同时,相比于非本集体成员,资格权也强化了集体成员在本集体宅基地利益获得方面的优先权。另一方面,资格权也是集体成员取得使用权的前提,集体以此为依据决定使用权的配给,并传达所有权对使用权的规制,由此改变集体所有权被弱化的局面,强化集体经济组织对集体宅基地分配、利用的管理。其次,资格权通过承载原本杂糅于使用权的身份性居住保障功能,减轻了使用权的功能负载,由此促进原使用权的权能结构和权能强度改变,放松了对使用权的非必要管制,也增强了使用权的用益物权属性。对于已通过资格权取得宅基地使用权的农户而言,既可以直接在宅基地上建房居住,也可以在另有稳定居所时,以多种方式合理合规处置宅基地和地上房屋,受让主体由此也能享有完整的宅基地用益物权,进而平衡宅基地取得公平和利用效率之间的矛盾,打破宅基地资源配置失灵的现状;对于享有资格权而不需要取得宅基地使用权的农户而言,明晰的权利界定使其能够要求集体经济组织以经济补偿方式实现资格权权益,促进节约集体有限的宅基地资源。最后,资格权依托居住保障功能、身份识别功能和利益审核功能的发挥,推动宅基地权利结构和治理秩序的优化。资格权能够确保集体成员的居住需求得以满足,同时也能够明晰集体成员的边界以及宅基地利益范围。对于集体经济组织而言,资格权要求集体成员公平、规范享有宅基地利益,资格权权益实现的程序性过程和成员义务规定也强化了集体的所有权主体地位,有利于维护所有者权益;对于地方政府而言,资格权的有效实现有利于维护社会稳定,资格权的规范运行也能降低宅基地利用对农地与生态环境的负外部性溢出,提升宅基地利用过程的公平性和可持续性,并塑造取得公平、使用合理、管理有序的宅基地利用格局。

　　在保障农户资格权的过程中,需要基于动态性视角去理解宅基地资格权差异化实现形式,可以是社会产权主导下的村民自治方式去行使,也可以是经济产权主导下的市场手段去配置,抑或两者兼顾。对资格权的认定与行使可以是不同政策工具的组合,要兼顾区域发展实际,平衡市场机制与村民自治,最终要使资格权更好地服务于农民的生产、生活,增加村民的改革获得感。

（三）适度放活基于市场配置的使用权

宅基地财产功能的强化与财产价值的显化是客观的、必然的①,反映了时代变迁、经济变迁、社会变迁、理念变迁与制度变迁。宅基地财产价值功能激活是通过适度放活宅基地使用权来实现的,这也是宅基地"三权分置"应有的题中之义。适度放活使用权就是打破宅基地使用权流转范围与流转对象的身份、地域限制,充分赋予其处分收益权能以激活宅基地财产价值属性,使闲置宅基地成为撬动社会资金投入与支撑乡村产业发展的有效载体②,其核心和实质就是通过市场交易激活转让权,从而使其成为宅基地使用权的"增量权能"。在宅基地使用权流转交易中,使用权的适度放活体现了激活宅基地财产功能的内在要求,让渡的只是一定期限限制的使用权,从而通过转让能彰显农村宅基地的交换价值。

适度放活宅基地使用权应当辩证汲取而非完全遵循"两权分置"下宅基地使用权的实现路径,既要立足宅基地"三权"的逻辑性和宅基地制度的体系构造要求,又要符合宅基地制度变迁惯性和科学发展要求;既要保护宅基地权利主体的"存量"利益,也要科学拓展"增量"权益,探索形成适应我国实际的适度放活宅基地使用权实现路径③。在目标指引下,适度放活宅基地使用权事实上由"适度"和"放活"两方面构成,"放活"是主线,"适度"是底线④。"放活"是在突破本集体经济成员身份限制基础上进行有偿、有期限的市场化

---

① 张克俊,付宗平.基于功能变迁的宅基地制度改革探索[J].社会科学研究,2017(06):47—53.

② 罗必良.农村宅基地制度改革:分置、开放与盘活[J].华中农业大学学报(社会科学版),2021(01):1—3

③ 杨青贵.适度放活宅基地使用权的理论逻辑与实现进路[J].农业经济问题,2023(07):64—75.

④ 刘广明,张俊慈."适度放活"视阈下宅基地使用权流转的理路探索与制度重构[J].世界农业,2021(03):26—35+140.

利用,有序扩大宅基地权利主体的开放性,通过市场行为彰显闲置宅基地财产价值。"适度"是在时空视角、安全向度下对引入市场机制、通过市场化方式放活宅基地使用权的限定①,需要发挥好国家管制权并强化集体所有权在防范化解重大风险、维护社会公共利益及推动乡村振兴战略等方面的重要作用。为此,适度放活宅基地使用权应把握好以下几个方面的原则:一是限定性原则。土地制度的基本功能体现在明晰产权、激励约束及促进市场有序交易。放活使用权必须具有前提条件和限制条件才能确保风险可控,其中最重要的限定条件是放开使用权流转之前需要将宅基地的取得方式加以明确。另外,为确保使用权放活有序推进,应严格设定使用权流转限定性规定,对宅基地使用权的放活范围和用途进行严格限定并进行监管。二是渐进性原则。从制度演变的内在规律来看,宅基地使用权变迁及其权利关系构成具有明显的阶段性特征。使用权放活应考虑不同时期、不同阶段经济社会发展水平,结合我国城镇化发展、农民的社会保障、农民对土地保障的依赖程度以及城乡融合发展体制机制的建设等,分阶段分步骤,以点带面,审慎稳妥,梯度推进。三是差异性原则。资源禀赋是影响制度变迁的重要变量,宅基地使用权放活通常会受到城乡区域之间人地关系及土地资源等因素的影响。我国农村地域辽阔、地区发展差异巨大,放活宅基地使用权没有统一模板,应当针对不同区域、不同乡村、不同人群特征,尊重地区差异分类实施,科学把握不同乡村的发展差异和走势分化特征,在不同区域的不同乡村通过多种方式盘活闲置的宅基地,强化分类实施、因村因地因户施策,探索各具特色的放活形式。四是动态性原则。土地制度变迁具有动态性,不管是出于不断增加农民财产性收入、维护城乡公平正义的需要,还是出于遵循市场经济发展客观规律、优化土地资源配置的需要,放活宅基地使用权的内涵和外延应随着经济社会条件和市场需求的变化而变化,做出动态性的调整。五是平衡性原则。制度变迁具有非均衡性,考虑到我国传统宅基地使用权制度表现出的明显的有效供给不足和无效供给

---

① 陈胜祥.农村宅基地"三权"分置:问题导向、分置逻辑与实现路径.南京农业大学学报(社会科学版),2022(2):147-158.

过度的非均衡性,放活宅基地使用权应具有平衡性,妥善处理好宅基地的财产功能与福利功能的关系、公共利益与农户权益的关系、政府引导与市场配置的关系等。

（四）调适基于公共利益的国家管制权

在我国农村政治经济社会生活中,产权和治权至关重要①。对我国农村宅基地的治理,本质上是国家管制权的行使②。产权分置是宅基地"三权分置"的关键核心,但宅基地功能的不可逆性决定了完全依靠市场来配置宅基地并不能保障土地资源配置的最优化,其利用的外部性必须综合考虑产权安排与管制制度的关联。国家管制权作为国家土地调节权是指由土地资源所有权的社会性、使用权的外部性所决定的国家对土地拥有的终极所有权的反映,其实施主体是中央政府和地方政府,实现形式包括经济手段、行政手段和法律手段。毋庸置疑,宅基地"三权分置"既要对宅基地权利主体之利益给予有效保障,也应关注构建宅基地配置秩序和宅基地之上所承载的社会公共利益的实现。在宅基地"三权分置"中,广义的国家管制是包含"三权分置"产权安排本身在内的一切影响宅基地"三权分置"的措施,狭义的国家管制则指政府为保障宅基地"三权分置"正常进行所实施的限制性的措施,主要包括身份限定、面积约束、规模控制、审批管理、规划管控、用途管制等。本节所说的管制乃指狭义层面的管制。契合我国现实国情,狭义层面的宅基地管制的社会公共利益实然映射于三个层面:宏观层面在于耕地保护、粮食安全、生态文明之实现;中观层面在于宅基地资源保护及有效有序利用;微观层面在于土地权利主体利益之保障③。在宅基地"三权分置"中妥善处理好"赋权"与"管制"的关系,不是放弃管制、解除管制,而是优化管制、调适管制,核心问题是如何管制、管制什么,在管制中取得不同利益和价值的平衡。

新中国成立以来,我国宅基地制度演进的基本逻辑是以保障居住功能弱

---

① 郑淋议,钱文荣,洪名勇等.中国为什么要坚持土地集体所有制——基于产权与治权的分析[J].经济学家,2020(05):109—118.

② 桂华,贺雪峰.宅基地管理与物权法的适用限度[J].法学研究,2014(4):26—46.

③ 李蕊.管制及其改进:中国土地管理制度改革的逻辑进路[J].广东社会科学,2020(04):234—242.

化财产权利、为了耕地保护削弱乡村内部治权,从而国家公权支撑的“管制”不断强化,这些基于社会秩序稳定、土地节约集约利用等目标而设置的宅基地权利行使约束条件在宅基地分配利用中发挥了积极作用,且部分管制制度在乡村振兴战略实施中仍然具有正当性①。但在新的发展格局下,单纯以行政管理为主导、以行政强制为手段,以身份限制、权能限制和审批管控为主要内容的管制方式、理念和路径也存在诸多不适应的地方,抑制了宅基地权能的实现,则可能是用错了宅基地管制的方向,误解了宅基地管制的目的和管制的基本规则②。宅基地“三权分置”通过产权细化创造出了“审慎稳妥”和“加快探索”的制度空间,也为国家通过对宅基地产权某一子产权强化或放松达到宅基地保障功能和经济价值之间平衡提供了条件和可能。在这一制度框架下,国家管制必然要对公私权益进行有效配置调和,不仅在纵向维度要平衡协调集体经济组织成员与各级政府之间的权益,而且要着眼横向维度,兼顾平衡集体经济组织及其成员之间的权益;不仅要对集体经济组织及其成员与各级政府之间的外部利益施以平衡,对于集体经济组织与其成员之间的内部利益亦须考量斟酌③。首先是从身份限制转向行为约束。逐渐取消是否属本集体成员、是否属城镇居民的身份限制,不以主体的特定身份判定交易效力,而以交易行为的合理管制实现风险管控,如限定交易对象、交易数量、交易面积、交易价格等。其次是从权能限制转向用途管制。逐渐取消对使用、抵押、转让等权能的限制,严格设定宅基地使用权的流转条件和用途管制清单。再次是从审批管控转向过程监管。强化规划管控的事前引导,逐渐下放或取消宅基地审批权限,规范宅基地使用权的交易程序、交易平台等,设计完善的流程监管机制和风险预警机制,内容上涵盖宅基地使用权的取得、流转、退出等整个产权周期。

---

① 龙开胜.宅基地使用权制度改革的现实逻辑与路径选择[J].社会科学家,2016(02):10—15.

② 杨一介.宅基地使用权规制规则反思:冲突与回应[J].云南大学学报(社会科学版),2018,17(04):118—127.

③ 陈小君.农村集体土地征收的法理反思与制度重构[J].中国法学,2012(01):33—44.

第三节　宅基地"三权分置"的内生机理

"三权分置"被视为新时代我国农村宅基地制度变革的基本方向,其核心要义是在兼顾宅基地保障功能和财产功能的前提下,通过宅基地产权的细分和重新组合,坚守集体所有权、引入农户资格权、适度放活使用权,将宅基地产权束的各项权能以"总量不变、结构调整"的方式细化分置给不同权利主体,为改革创造"审慎稳妥"和"加快探索"的制度空间,进而破解宅基地闲置浪费与农民财产权益缺失等一系列现实问题,实现城乡要素流动背景下的宅基地配置效率提高和社会秩序平稳。这一制度是我国一系列农村土地制度创新成果逐步积累的结果,既有秩序自发演进的轨迹,也有制度建构的创造,蕴含着独特的内生机理。

一、多重条件约束下的战略目标回应

农村经济活动的展开总是内嵌于特定的宏观背景之中的,必然涉及此种经济面临的条件约束和战略目标,特定的条件约束和发展战略相互组合,必然会派生或引发相应的农村经济制度。宅基地"三权分置"以中国式现代化的实现为根本旨归,是中国式现代化在农村宅基地制度安排的具体体现。现代化是一个全球性的议题,不同的历史条件、国情条件、道路选择等造就了不同国家的不同现代化模式,但土地制度变迁贯穿于各个国家现代化发展之中并成为推进现代化的关键因素是一条共同的基本经验。在中国式现代化道路的探索过程中,包括宅基地在内的土地制度改革既是现代化建设的重要方面,也是现代化建设的基本动力。现代社会要求促进要素流动、提高配置效率,并使得要素收益更多地与人们的努力程度成正比,这意味着每个人应拥有相对平等的土地权利和相应的制度安排,特别是作为传统社会核心要素的土地制度安排。与劳动力和资本等生产要素不同,土地在人们的生产、生活乃至基本生存中发挥着多重功能,并且是一种随着人们的生产生活方式变迁而不断动态演变的多重功能。这一特性是经济学中许多最有兴趣和最为困难的问题之基础[①],

---

① 马歇尔.经济学原理:上卷[M].朱志泰,陈良璧,译.北京:商务印书馆,1997:163—164.

在某种程度上决定了从传统社会向现代社会转型的土地制度变迁的多样性，而这种多样性又在一定程度上决定了不同国家的现代化路径。宅基地的特殊性及其收益不完全与人们努力程度成正比的内在属性，使得宅基地财产权利的界定又不同于其他要素，而必须更多地服从于人们对宅基地的利用方式，而后者又必定会随着经济社会发展和时代变迁而不断变化。正是由于土地制度在现代化进程中的重要性和复杂性，穆勒才会指出，改进土地使用权和所有权的法律，要比任何其他方面的改进对劳动生产力的影响都更直接①。从约束条件看，宅基地"三权分置"是基于新时代中国基本国情农情约束下的制度创新。作为一个传统农业大国，人多地少是我国的基本国情农情，农业人口占比高、人均土地资源少、农村地区分布散、区域发展差异大是我国推进宅基地制度变革的一个基本事实。乡村发展不充分、城乡发展不均衡、区域发展不平衡的最大实际直接决定着任何一项农村土地制度改革都要以优化土地资源配置、提高土地资源效率为基本取向。正是这种多重含义决定了宅基地"三权分置"的前提是落实集体所有权并兼顾居住保障功能与财产价值功能。

在城乡要素流动性增强、要素配置方式转变的社会背景下，宅基地"三权分置"不再单纯是一个农村经济问题，发挥宅基地的财产价值、空间价值和保障价值对于乡村振兴、城乡融合和共同富裕来说意义重大。与此同时，随着社会主义国家治理体系和治理能力现代化任务的提出，特别是农村基层民主自治制度的不断完善，必然要求在宅基地治理中重视发挥基层民主自治作用，从而有效缓解宅基地治理过程中所遇到的社会矛盾，为宅基地治理提供有力的社会和政治保障。此外，如何利用土地赋能创新驱动发展、绿色低碳发展、区域协调发展等客观上对深化宅基地制度改革提出了更高要求。以贯彻新发展理念、构建新发展格局、助力高质量发展为目标，深化宅基地制度改革、拓展宅基地功能、释放宅基地权能、显化宅基地价值成为实施乡村振兴战略、推动城乡融合发展、实现共同富裕目标的关键。因此，通过宅基地"三权分置"为提高农民财产收入水平作出贡献，为消除农村贫富差距贡献智慧，是新时代宅基

---

① 约翰·穆勒.政治经济学原理(上)[M].赵荣潜等，译.北京：商务印书馆，1991：212.

地制度改革的应有之义。由此可见,宅基地"三权分置"具有历史性、过渡性与阶段性特征,符合我国现阶段经济社会发展的宏观大背景。

宅基地"三权分置"仅为宅基地制度改革进程中的路径之一,宅基地退出、宅基地入市、宅基地征收等均为宅基地改革的路径。作为手段之一,符合法理体系且解决实际问题的解释路径为其应有之义。因此,宅基地"三权分置"的法结构应在现有的民法体系、物权体系内进行搭建,以实现改革的终极目标为理论研究的基石。不动产役权理论在物权体系框架内为农民流转出去的房屋提供适宜的土地权源,在保障农民持有宅基地使用权的基础上实现农民房屋的财产性价值,社会主体可通过房屋所有权而获得对宅基地的利用。在实践中,宅基地役权可适用于宅基地流转的多种场景,如买卖、赠予、抵押等。同时,宅基地役权的规则设置、宅基地"三权"的规范体系、宅基地资格权的入法路径等内容亟待完善。诚然,"三权分置"必然是宅基地的阶段性改革措施,是宅基地使用权未放开流转的权宜之计。未来某天当宅基地使用权的身份属性得以完全剥离时,"三权分置"将沉没于宅基地改革的历史长河中。

二、外部利润诱致下的内生制度变迁

马克思主义认为,生产力发展和科学技术进步对制度变革的客观要求导致了制度创新,经济的社会形态的发展是"一种自然史的过程"[①]。来自社会形态、从属于社会形态的制度当然也是一种自然的历史过程。西方现代产权理论从微观视角把相对价格变动引起的外部利润以及为了获取制度创新带来的利益作为产权制度变迁的重要驱使力。但是,农村土地制度的自然历史形态并不意味着作为主体的人对制度的演化与实现毫无影响,不意味着全然不可以"选择"和"设计"制度。在认识把握并顺应经济社会发展规律的基础上,把价值诉求、理想目标、立场觉悟体现在制度安排与运行中,不仅是可能的而且是必然的。具有鲜明中国特色的宅基地"三权分置"根植于新中国成立后宅基地制度的持续探索和改革开放的伟大实践,是内生演化和人为设计共同

---

① 马克思恩格斯文集(第5卷)[M].北京:人民出版社,2009:10.

作用的结果①。这种系统性的建构内生于社会实践的历史演化过程中,是基于历史唯物主义的实践理性,从根本上看是一个内部变化的过程。改革开放以来,我国制度变迁形成了"地方试点先行、地方经验上升为国家政策、国家政策再上升为国家法律"的模式,将群众的首创智慧与国家的顶层设计有机结合起来。宅基地制度变迁沿袭了相似的制度变迁路径,形成了诱致性变迁与强制性变迁的良性互动②。新中国成立后,保护农户公平使用、巩固农村集体权益、提升土地经营效益三种不断博弈的力量构成了我国农地制度变迁的根本动力③。宅基地"三权分置"的微观动力来自现行制度安排下无法获取的外部利润出现,缘起于宅基地相对价格变化引致的农民群众自发进行的基层实践探索,体现出鲜明的诱致性制度变迁特点。早在中央正式提出探索宅基地"三权分置"前,作为宅基地制度改革试点地区的浙江义乌就在全国率先开展了宅基地"三权分置"改革工作,形成了具有代表性的"浙江义乌模式"。随后,部分地区相继出台了具体实施方案,自发性地探索改变宅基地使用主体和增加宅基地用途等做法,形成了事实上的宅基地"三权分置"雏形④。这些基层探索在本质上是"第二行动集团"⑤对宅基地"三权分置"预期收益的主动发现。中央政府观察到地方政府的制度创新,认为"三权分置"在集成"两权分离"的基础上推进宅基地使用权和农房使用权的适度放活,既保障纯农户和兼业户的居住生存权益,又保障非农户和兼业户的产业发展权益,是统筹社会主义与市场经济关系的有益方式,于是正式提出探索宅基地"三权分置",

---

① 田国强,陈旭东.制度的本质、变迁与选择——赫维茨制度经济思想诠释及其现实意义[J].学术月刊,2018,50(01):63—77.

② 徐忠国,卓跃飞,吴次芳等.农村宅基地三权分置的经济解释与法理演绎[J].中国土地科学,2018,32(08):16—22.

③ 王晓毅,阿妮尔.全球视野下的中国特色乡村振兴:制度优势与行动路径[J].社会学研究,2022,37(05):1—18+226.

④ 刘国栋.论宅基地三权分置政策中农户资格权的法律表达[J].法律科学(西北政法大学学报),2019,37(01):192—200.

⑤ 在诺斯和戴维斯提出的制度创新理论中,"第一行动集团"是指那些能预见到潜在市场经济利益,并认识到只要进行制度创新就能获得这种潜在利益的人;"第二行动集团"是指在制度创新过程中帮助"第一行动集团"获得经济利益的组织和个人,可以是政府机构,也可以是民间组织和个人。

及时将地方经验上升为国家政策,成为制度变迁的"第二行动集团"。此后,国家层面多次对这一制度变革作出顶层部署,宅基地"三权分置"逐步成为国家主导的自觉性变迁。严格意义来说,任何一种产权形态都不可能是完全清晰的,在一个信息不完备和存在不确定性的真实世界中,所有合约都是不完全的,因此,产权需要被不断界定。由是观之,宅基地"三权分置"是制度自发演进与理性建构的共同结果,是地方基层创新扩散和中央政府供给主导两种力量的良性互动过程。这一演进逻辑也意味着制度变迁路径的试验式、渐进式特征,彰显着我国"摸着石头过河"的试错式的改革逻辑。

从这一角度来说,宅基地"三权分置"不仅与中央的改革动机有关,也深受我国农民集体意向的影响①。这一制度设计确有主观设计的成分,但更是制度内生演化的结果,且二者并不冲突。宅基地"三权分置"的建构是立足历史演化的结果,又是基于时代特征和对未来发展趋势的科学判断,进而作出的积极主动的应对与谋划,这种建构不是机械僵化的理性设计,相反,它给制度未来的演进和完善留有足够的时间。这一点连"有意的制度模糊"概念的提出者何·彼特也认为,中国农地产权制度是一种"内生的自发秩序"②。总的来说,宅基地"三权分置"是在坚持化解人地矛盾、处理好农民和土地关系的基本路线下,在城乡融合、乡村振兴、农业强国、农业现代化高质量发展等现实推力下,中央政府不断革新制度体系以求最大限度满足农民现实需求的过程。

三、多方利益博弈下的一致同意达成

判断制度创新是否具有效率的标准是当事人之间能否达成一致同意③。只有制度变革所涉及的各利益主体之间达成一致同意时,博弈最终才会达到一种均衡状态,制度创新才能最终得以实现。宅基地"三权分置"归根结底是中央政府、地方政府、农村集体、农村居民与用地主体之间的利益均衡配置过

---

① 罗必良,洪炜杰.农地调整、政治关联与地权分配不公[J].社会科学战线,2019(01):60—70.

② Peter Ho.In defense of endogenous,spontaneously ordered development:the institutional structure of China's rural urban property rights[J].Journal of Peasant Studies,2013,40(6):1-32.

③ 布坎南.自由、市场和国家[M].吴良健,译.北京:北京经济学院出版社,1988:109—124.

程,满足了不同层次经济当事人"同意的一致性"。

从中央政府角度观察,宅基地"三权分置"体现了国家意志。"三权分置"的确立尽管始于地方基层的实践探索,但这一产权制度的全面扩散,必须得到中央政府的支持。事实上,宅基地产权制度的变迁一直是决策高层与经济当事人谈判、协商,双方不断磨合的过程。在这一过程中,双方的理性行为倾向都实现了预期效益的最大化,前者谋求到公众支持的最大化,后者通过制度变迁获得额外收益。从地方政府和农村集体观察,囿于不同区域的社会、经济条件,地方和农村集体有着相对独立的目标,地方政府有实现自身政绩最大化的需求,农村集体也有追求集体经济发展的预期。地方政府和农村集体会借鉴、比较和计算各种制度安排预期以及实现制度变迁的可能性,这往往成为推动农地制度变迁和制度性经济增长的关键。对农村居民和城镇居民等经济当事人来说,宅基地"三权分置"不仅形成了新的利益分配格局,也释放了应有的财产价值功能,前者是因为产权的界定或者产权结构的变动,决定或影响着收益的分配格局,合理的产权结构形成合理的利益分配格局,即收入分配格局;后者是因为宅基地产权功能的纯化,既能以农户资格权来保障农民的居住权益,也能以使用权来拓展农民的增收渠道。因此,几乎所有的农户都可以通过宅基地"三权分置"获得制度变迁的收益。与此同时,城镇居民等其他社会主体对宅基地"三权分置"也是持赞同态度的。在城乡融合加速推进的进程中,宅基地使用权的放活为城镇居民利用宅基地打开了制度通道,城镇居民等其他社会主体可以通过合法参与宅基地的开发利用从而获得相应的收益。总之,从各方面观察,宅基地"三权分置"是在没有明显的外部阻力之下实现的"帕累托改进",不同经济当事人在制度创新过程中都实现了自身的预期最大化,而没有任何层次的组织和个人在这个过程中受到明显损失,满足了农民、集体、国家的利益诉求,符合一致同意原则,社会总福利是增加的①。

面对宅基地无序扩张,以及经济社会发展的现实背景,中央政府意识到放活宅基地管控以保障农户获得宅基地利益,以及优化宅基地资源配置促进城

---

① 殷少美,李纪军,周寓康. 集体非农建设用地流转研究评述[J].农村经济,2005(9):36—39.

乡融合和经济发展带来的巨大预期收益;地方政府积极探索宅基地取得、使用、用途管制和"三权分置"等多样改革。该阶段宅基地制度变迁主要受国家主导,包含以农民意愿和村集体实际而进行的地方政府差异化实践,中央政府以保障农户宅基地的用益物权为改革导向,地方政府积极回应并探索多渠道的还权赋能,而村集体组织和农民也在逐步发挥作用,各主体都意识到达成有效的"三权分置"形式能够同时实现自身预期收益,但由于地区差异和认知水平差别,尚未能形成整体的制度变革,处于渐进式强制性与诱致性并存的制度变迁过程中。

四、传统路径依赖下的创新路径突破

路径依赖作为制度变迁中的一个普遍现象是制度矩阵内各种选择的稳固化表现,约束或锁定了未来的制度选择。在长时间的历史框架内,在回报递增机制的作用之下,制度选择会产生路径依赖现象,但我们无法忽视路径偏离、新制度出现的事实。路径创造理论弥补了路径依赖将内生性路径排除在外的缺陷[1],认为经济、社会或政治等外生环境变化可能诱发既存制度的生存危机,制度主体能动地采用联盟、倡议、试验等扩散新规则的策略性手段则是路径创造的内因[2]。实际上,路径依赖与路径创造是制度主体的"记忆痕迹"与策略性行动的互动过程,路径创造的困难程度与路径依赖强度正相关,二者是一种共生演化的关系[3]。

宅基地"三权分置"作为新时代我国农村土地产权关系刚性约束下的边际调整,是农村宅基地制度与其约束结构和行为主体的协同演化,既存在着独特的路径依赖痕迹,又彰显着鲜明的路径突破特征,反映了中国制度变迁路径依赖和增量改革的鲜明特色,实质上是在不损害或不剥夺已有利益的前提下,

---

[1] 傅沂.路径构造理论与演化经济学:分离还是融合?[J].学习与探索,2018(08):122—129.

[2] 王雁红.从双重管理到分类管理:我国社会组织管理的制度变迁与路径创造[J].江苏社会科学,2018(06):76—85.

[3] 曹碹玮,马骏.资源型区域的创新——从路径依赖到路径创造[J].中国软科学,2007(07):152—157.

最大限度地增加新的利益总量,使人们在"三权分置"中获得更多的外部利润。它强调制度创新的渐进性,但并不是没有突破性变革。就路径依赖而言,这一改革思路遵循了制度变迁的路径依赖,是对改革开放40多年来宅基地所有权与使用权分离改革经验的总结与反思①,始终沿着"将农户与土地捆绑在一起,所有权归集体,调整使用权"路径进行发展与自我强化。新中国成立70多年的发展实践表明,宅基地产权分化出来的全部或部分权利在不同主体之间自由转让、组合,形塑了集体经济的实现形式和存在方式。将宅基地无偿初始取得的范围限定在农村集体经济组织成员,是在当前农村社会保障体系不健全的情形下,控制社会风险的必要举措。基于此,宅基地"三权分置"在保留旧有制度体系、维持旧有利益格局的基础上,通过增量制度供给、释放增量社会利益来激活社会发展的动力,延续了宅基地制度公私法结合的权利设置模式。其中,所有权作为具有公共属性的公共权利,资格权作为实质意义或归属层面的私权,使用权作为流转层面上的私权,这种权利配置结构,既符合共同富裕的社会主义本质要求,又兼顾改革带来的社会风险控制,是在已有制度的基础上进行边际改革,有效节约了制度变迁的成本,形成了制度变迁路径依赖的特点。

就路径突破而言,宅基地"三权分置"将原有使用权分置为农户资格权和新的使用权,其中农户资格权承担社会福利的功能,新的使用权承担经济效率的功能,有利于盘活闲置宅基地和农房,有利于乡村新产业、新业态的蓬勃发展,更好地发挥市场配置生产要素的基础性作用。落实宅基地集体所有权和保障农户资格权有助于在此前制度和"三权分置"之间形成平稳转换,而激活宅基地使用权则试图加快土地的市场化进程,依靠土地再配置驱动各类要素的充分流动、乡村产业振兴和城乡融合发展。从这个角度看,宅基地"三权分置"试图在农地制度演变中兼顾稳定与改革、公平与效率、城市与农村,进而体现出持续化、渐进式推进经济体制改革的转型思路。

---

① 冀县卿,钱忠好.中国农地产权制度改革40年:变迁分析及其启示[J].农业技术经济,2019(1):17—24.

总体而言,宅基地"三权分置"是在坚持宅基地集体所有制的前提下,通过产权的细分和交易性增强来释放土地配置活力,而产权的细分和可交易性增强意味着形成了新型农地权利结构。考虑到当前我国农村宅基地还在一定程度上承载着农民的居住保障功能,并对社区内的农民通常具有成员权性质,因此,宅基地"三权分置"是在不触动农户资格权的前提下,通过分置出来的使用权流转来提高农村土地资源的配置效率,并保障城镇化进程中农民退回农村的"安全阀",这样就在土地经济效率提高和社会保障功能发挥之间找寻到新的平衡点。

五、多维价值目标下的乡村治理转型

制度是一个综合系统,其立废存改不仅关系制度本身,而且关乎国家和社会治理。农地产权制度是中国乡村治理的核心线索。乡村社会土地资源的占有、利用和分配是乡村政治的中心,土地产权是乡村治理的制度基础[1]。治理结构的完善有助于提升产权强度,不同产权强度形塑不同的交易秩序和治理逻辑[2]。从产权演进的规律来说,土地产权变革必然会引起乡村治理秩序的转型。中国共产党推进乡村治理现代化最基本的经验,就是将产权变迁嵌入乡村治理现代化进程中,赋予一定数量的产权以社会属性,重视通过产权变革推动乡村治理的良序转型。这既是我国农业文明持续的制度基础,也是传统中国领跑世界的制度密码[3]。

宅基地的目标设定和价值序列在制度变迁过程中呈现出能动的过渡、转化与主导特征。其中,市场隐性交易、国家政策管控与市场机制引入作为制度演变的内在机理,在本质上是宅基地制度对现代化进程的适应和变革。在国家推动治理体系和治理能力现代化的背景下,宅基地"三权分置"改革不仅关

---

① 吴晓燕.农村土地产权制度变革与基层社会治理转型[J].华中师范大学学报(人文社会科学版),2013,52(05):7—12.

② 罗必良,耿鹏鹏.乡村治理及其转型的产权逻辑[J].清华大学学报(哲学社会科学版),2022(3):188—204,219—220.

③ 邓大才.中国农村产权变迁与经验——来自国家治理视角下的启示[J].中国社会科学,2017(01):4—24+204.

乎土地资源和土地权利问题,也和国家及基层乡村治理深度缠绕①,是统筹国家治理、乡村治理和农民创富三者关系的有效举措,较好地适应了中国目前国情、发展阶段和发展趋势②。宅基地"三权分置"制度设计基于产权清晰、逻辑自洽的理论推演而成,农村集体、农民个人及社会主体间基于内外部环境情境形成赋权链条,形成三权兼顾的清晰配置格局,不同主体发挥主体能动性并塑造出特定的赋权形态,相互依赖,成为彼此的原因或结果,实现宅基地盘活利用过程中"三权分置"的整体效能。这一过程深深嵌入乡村社会结构,被认为能够改变乡村发展的宏观和微观环境,是乡村系统现代化转型的内在驱动力③,将对乡村的居住方式、生产方式、社会治理和生态治理产生深远影响。作为再次调整宅基地产权制度安排的"三权分置"集中地反映了国家治理现代化背景下国家与农民之间关系的内涵与实质,而这一关系内涵的演变,也意味着国家治理方式的转型和主体多元化背景下新的乡村治理秩序的形成。

"三权分置"作为新时代宅基地产权制度的重大理论创新,其助推乡村治理现代化的理论逻辑在于:一是纵向上坚持土地集体所有制根本地位统摄,通过宅基地产权横向清晰化,实现所有权、资格权和使用权"三权"分置运行,分别发挥管理功能、保障功能和财产功能。二是所有权管理功能的发挥,关键在于集体土地所有权行使,通过地权整合将农民组织起来,从而通过组织化力量将中国特色社会主义制度优势转化为提升乡村治理效能的关键,以实现乡村治理的组织效应。资格权保障功能的发挥,意在发挥对农户的居住保障功能,使其住有所居,成为凝合乡村振兴行动的主体,实现乡村治理的主体效应。使用权财产功能的发挥,有利于资源要素投向乡村,通过引入社会资本,提高宅基地配置效率,激活宅基地使用权财产价值,实现乡村治理的资源效应。三是宅基地"三权分置"权利格局下,发挥所有权管理功能统摄下保障资格权社会

---

　　① 贺雪峰.乡村治理现代化:村庄与体制[J].求索,2017(10):4—10.

　　② 徐忠国,卓跃飞,吴次芳,等.农村宅基地三权分置的经济解释与法理演绎[J].中国土地科学,2018,32(08):16—22.

　　③ 乔陆印,刘彦随.新时期乡村振兴战略与农村宅基地制度改革[J].地理研究,2019,38(03):655—666.

功能以及放活使用权财产功能,进而通过探索"三权权能"的有效实现,有利于宅基地"三重复合功能"的发挥,发展壮大新型农村集体经济。进一步地,新型农村集体经济的发展壮大,有助于增强乡村内部集体成员之间"共同利益联结",进而通过地权整合的组织效应、主体支撑效应与资源要素效应,实现乡村治理的"组织—主体—资源"相统一的"三重治理效应",实现"多元共治",最终成为推进乡村治理现代化的基础。

由此可见,宅基地"三权分置"作为一种产权制度安排,具有多维价值目标,实质上是以产权配置优化为基本路径,通过经济的、社会的过程而与乡村治理联系在一起,最终形成一种新的乡村治理秩序形态。

第四章　宅基地"三权分置"的试点探索

作为中国独特的治理改革模式,试点探索在众多经济社会制度创新过程中起到了实质作用,成为中国几十年来制度创新、结构变迁和经济腾飞的重要手段[①]。宅基地"三权分置"改革同样体现着加强顶层设计与摸着石头过河的辩证统一。自 2015 年开始,我国沿着农村承包地"三权分置"的制度创新逻辑,先后部署开展了两轮宅基地制度改革试点。试点地区聚焦宅基地"三权分置"有效实现形式进行了多角度、多层次、多领域的探索,形成了一大批有亮点、有创新、有成效的新政良策,为《土地管理法》的修改提供了直接依据并预留了调整空间。但由于宅基地历史问题错综复杂、牵涉利益多元交织、影响范围广泛深远、试点探索相对狭窄以及各方认知不尽统一等诸多原因,目前尚未形成可复制、可推广、普适性的经验[②],仍面临着所有权权能虚化、主体弱化,资格权内涵不清、保障不力,使用权刚性约束、流转不畅等现实障碍。进一步深化宅基地"三权分置"改革需要将其置于中国式现代化的时序维度和空间格局之中,结合我国经济社会的历史传统、发展阶段、社会环境、农民观念、改革目标等因素,在系统化治理框架下,妥善处理好公平与效率、公权与私权、保障与财产、管制与放活、市场与政府等关系,进而形成法治化管制、民主化自治、市场化配置的"三元共治"格局。

---

① Kilkon Ko, Kayoung Shin. How Asian countries understand policy experiment as policy pilots?[J]. Asian Journal of Political Science, 2017, 25(3):253-265.

② 黄延信.破解农村宅基地制度改革难题之道[J].农业经济问题,2021(08):83—89.

第一节　宅基地"三权分置"试点的进展

2015 年 1 月,中共中央办公厅、国务院办公厅印发《关于农村土地征收、集体经营性建设用地入市、宅基地制度改革试点工作的意见》,由此拉开了中国特色社会主义新时代宅基地制度改革的序幕。2018 年中央一号文件提出,要系统总结宅基地制度改革试点经验,逐步扩大试点,强化乡村振兴制度性供给,这拉开了以宅基地"三权分置"改革助推乡村振兴战略的序幕。2020 年 10 月,中央农村工作领导小组办公室、农业农村部批复全国 104 个县(市、区)和 3 个设区市为新一轮农村宅基地改革试点地区,力图通过从 2020 年到 2022 年的试点,进一步厘清宅基地集体所有权、农户资格权、农户使用权之间的权属关系,明确不同权利范围及其功能,形成层次分明、结构合理、平等保护的格局,探索完善与宅基地制度设计相关的宅基地审批、分配、流转、抵押、退出、使用、收益、监管等不同环节的通行方法和一般路径,推动农村宅基地制度更加健全、农民权益更有保障、宅基地利用更加有效、集体土地管理更加规范等一揽子目标的实现。

一、宅基地"三权分置"的顶层设计

迈入新时代,我国农村宅基地改革先后经历了从推进农民住房财产权抵押、担保、转让,到完善农民的住房保障机制,再到盘活农村闲置房屋、支持引导进城落户农民依法自愿有偿转让,最后到探索宅基地"三权分置"改革的政策深化拓展过程。这一过程体现了中央对宅基地扩权赋能的改革思路,并在逻辑层次上通过确权颁证、完善治理和扩权赋能不断优化宅基地"三权分置"的运行基础、制度环境和政策体系。

（一）一体确权,夯实运行基础

扩大宅基地产权结构的开放性,对其权能进行分割,允许部分权能转移给非本集体成员,必须以摸清家底、建立台账为起点。早在 2008 年,原国土资源部就印发了《关于进一步加快宅基地使用权登记发证工作的通知》,要求各地在当时宅基地使用权登记发证工作的基础上,进一步加大工作力度。2011年,原国土资源部联合财政部、原农业部等成立工作领导小组,联合下发了《关于加快推进农村集体土地确权登记发证工作的通知》,对加快推进农村集体土地确权登记发证工作进行了部署。之后,又下发了《关于农村集体土地确权登记发证的若干意见》,明确了农村集体土地所有权登记发证的政策要求。2014年,原国土资源部、财政部、住房和城乡建设部、原农业部、原国家林业局联合印发的《关于进一步加快推进宅基地和集体建设用地使用权确权登记发证工作的通知》,提出要因地制宜地全面加快推进宅基地确权登记发证工作,要求依法确认农民宅基地和集体建设用地使用权,赋予农民更多财产权利,为城乡统筹发展提供产权基础和法律依据。2016年中央一号文件针对此项改革提出实行"房地一体"的农村宅基地确权登记制度。同年12月,原国土资源部发出的《关于进一步加快宅基地和集体建设用地确权登记发证有关问题的通知》进一步明确指出,农民进城落户后其原合法取得的宅基地使用权应予以确权登记。2019年中央一号文件提出宅基地使用权确权登记颁证工作力争2020年基本完成。但由于全国的宅基地数量多,一些地区仍然存在农村地籍调查基础薄弱、信息化登记不完善等问题,且由于新冠疫情的影响,未能按时完成登记工作。2020年5月,自然资源部发布了《关于加快宅基地和集体建设用地使用权确权登记工作的通知》,提出要积极化解疑难问题,依法依规办理登记,充分利用信息系统登记,切实做好确权登记成果入库与整合汇交工作,为解决宅基地历史遗留问题、减少土地纠纷、维护农民合法土地权益提供有效保障。2023年6月,自然资源部印发《关于持续推进农村房地一体宅基地确权登记颁证工作的通知》,要求加快推进房地一体宅基地地籍调查,抓紧完成已有成果清理整合和入库汇交,规范有序推进房地一体宅基地确权登记颁证,做好登记成果日常更新和工作衔接,从而为实施宅基地"三权分置"进一步夯实了坚实的基础。

(二) 完善治理,优化制度环境

围绕宅基地取得、审批、退出、盘活、规划等治理体系建设,国家层面通过修法立法,不断优化宅基地"三权分置"的制度环境。2019年修正的《土地管理法》进一步规范了宅基地取得方式,明确了"一户一宅、户有所居"的宅基地分配制度,强调"农村村民一户只能拥有一处宅基地,人均土地少、不能保障一户拥有一处宅基地的地区,县级人民政府在充分尊重农村村民意愿的基础上,可以采取措施,按照省、自治区、直辖市规定的标准保障农村村民实现户有所居",并且"农村村民出卖、出租、赠与住宅后,再申请宅基地的,不予批准"。在宅基地审批上,将宅基地审批权限下放到乡(镇)人民政府,并将宅基地改革和管理工作交由农业农村主管部门负责,这一宅基地管理新体制的确立,标志着农村宅基地从管理机构、制度设计到政策指导、监督检查,进入规范管理的新时期。2019 年 12 月,农业农村部、自然资源部发布的《关于规范农村宅基地审批管理的通知》提出,要依法规范农村宅基地审批和建房规划许可管理,明确申请审查程序、完善审核批准机制,严格用地建房全过程管理。在宅基地退出上,新修正的《土地管理法》规定"国家允许进城落户的农村村民依法自愿有偿退出宅基地"。在宅基地盘活上,2017 年和 2018 年中央一号文件以及《关于进一步加强农村宅基地管理的通知》(中农发〔2019〕11 号)、《关于积极稳妥开展农村闲置宅基地和闲置住宅盘活利用工作的通知》(农经发〔2019〕4 号)都明确鼓励节约集约利用宅基地,突出服务乡村振兴,因地制宜选择盘活利用模式,依法规范盘活利用闲置宅基地和闲置住宅。2021 年颁布实施的《土地管理法实施条例》则明确提出了"四个禁止"的底线:禁止违背农村村民意愿强制流转宅基地,禁止违法收回农村村民依法取得的宅基地,禁止以退出宅基地作为农村村民进城落户的条件,禁止强迫农村村民搬迁退出宅基地。在宅基地规划上,《土地管理法》《土地管理法实施条例》均明确规定,农村居民点布局和建设用地规模应当遵循节约集约、因地制宜的原则合理规划。编制乡(镇)土地利用总体规划、村庄规划应当统筹并合理安排宅基地用地,改善农村村民居住环境和条件,国土空间规划和村庄规划应当统筹考虑农村村民生产、生活需求,突出节约集约用地导向,科学划定宅基地范围。上述这些政策法规的出台和修改为宅基地"三权分置"运行提供了制度环境。

(三)扩权赋能,建立政策框架

宅基地"三权分置"的主线是处理好农民与土地的关系,前提是保障农民基本居住权,重点是完善农村宅基地制度体系,这就需要赋予农民更多土地财产权益、充分保障宅基地农户资格权与农民房屋财产权,促使农民在实现共同富裕的进程中有更多的获得感、幸福感。为此,中央围绕宅基地扩权赋能,先后出台一系列政策举措。2017 年中央一号文件首先提出让农村集体组织探索"出租、合作等方式"的部署要求。2018 年中央一号文件首次正式提出"探索宅基地所有权、资格权、使用权'三权分置',落实宅基地集体所有权,保障宅基地农户资格权和农民房屋财产权,适度放活宅基地和农民房屋使用权",并明确"不得违规违法买卖宅基地,严格实行土地用途管制,严格禁止下乡利用农村宅基地建设别墅大院和私人会馆"。2019 年中央一号文件要求"稳慎推进农村宅基地制度改革,拓展改革试点,丰富试点内容,完善制度设计。抓紧制定加强农村宅基地管理指导意见。研究起草农村宅基地使用条例。开展闲置宅基地复垦试点"。2020 年中央一号文件确定"以探索宅基地所有权、资格权、使用权'三权分置'为重点,进一步深化农村宅基地制度改革试点"。此外,2019 年修正的《土地管理法》专门增加了鼓励闲置宅基地及农房盘活利用的条款,提出国家允许进城落户的农村村民依法自愿有偿退出宅基地,鼓励农村集体经济组织及其成员盘活利用闲置宅基地和闲置住宅。2020 年 3 月中共中央、国务院出台的《关于构建更加完善的要素市场化配置体制机制的意见》和 5 月发布的《关于新时代加快完善社会主义市场经济体制的意见》均要求深化农村宅基地制度改革试点。2020 年 6 月中央全面深化改革委员会第十四次会议通过的《深化农村宅基地制度改革试点方案》决定在原有 33 个试点县(市、区)的基础上,再选择一批重点地区开展新一轮试点,进一步深化农村宅基地制度改革试点,旨在赋予农民更多的土地使用权能、增加农民的财产性收入。"十四五"规划纲要指出,"全面推进乡村振兴,探索宅基地所有权、资格权、使用权分置实现形式。保障进城落户农民土地承包权、宅基地使用权、集体收益分配权,鼓励依法自愿有偿转让"。

二、落实宅基地集体所有权的探索

宅基地集体所有权是农民集体土地所有权的权利形式之一,也是宅基

"三权分置"的权利依托。改革的首要环节就是要明确集体所有权,并赋予集体经济组织参与宅基地治理的重要权责,从而强化治理单位和产权单位的关联性①。落实宅基地集体所有权,就是要在赋予更丰富的宅基地所有权之处分权的基础上,增加农民集体的宅基地收益权,核心是在法律层面清晰界定集体所有权的权利主体,充分赋予包含收益、处置和管理等在内的完整权能,并健全行之有效的行使机制。试点地区围绕明确宅基地集体所有权行使主体、细化权能范围和规范行使程序等三个方面开展了富有针对性的创新实践探索。

(一) 明确集体所有权行使主体

当前我国宅基地集体所有权行使主体主要包括农村集体经济组织、村民委员会以及村民事务理事会等等。黑龙江安达、吉林九台、北京大兴、上海松江、天津蓟州、河北定州、江苏武进、山东禹城、海南文昌等地都将村集体经济组织作为宅基地所有权主体,其中一些试点地区还通过成立村民事务理事会或村民议事会等,完善议事规则,强化制度建设,依托村民自治作用,行使宅基地集体所有权;福建晋江、江西余江、湖北宜城探索建立了村民事务理事会制度,明确村民事务理事会代表集体经济组织,行使所有权职责,解决了宅基地所有权行使主体不清、长期缺位的问题;四川泸县建立了"议事会管理、村公司经营、民主监督"的集体土地管理经营模式,并明确规定有关宅基地的分配、管理等重大事务;浙江德清县由村股份经济合作社代表村农民集体行使宅基地集体所有权,细化了村股份经济合作社对宅基地管理重要事项决策的范围及程序;广东南海区成立村经济合作社或股份经济合作社,设立社委会或者理事会,明确农民集体经济组织作为集体所有权主体地位。总体而言,试点在创新宅基地集体所有权行使主体中大致形成了统一行使和分散行使两种模式,前者在现行法定授权方式所确定的主体框架内,确定由某个主体统一承担落实宅基地集体所有权的相关任务要求;后者是将现行法定授权方式所确定的主体作

---

① 邓大才.产权单位与治理单位的关联性研究——基于中国农村治理的逻辑[J].中国社会科学,2015(07):43—64+206.

为落实宅基地集体所有权的责任主体。

（二）厘清集体所有权权能边界

通过赋权方式落实宅基地集体所有权,强化集体经济组织对宅基地的分配、管理、使用、处置、流转、收益等权能,推动宅基地集体所有权的有效落实是试点地区的主要做法。从浙江义乌、浙江德清、四川泸县、江西余江等地宅基地产权权利权能体系设置情况来看,宅基地所有权普遍包含管理、处分、分配、收益与成员资格认定等权能。一方面是细化宅基地处分权具体内涵并探索实现形式。青海湟源规定农村宅基地分配由本集体经济组织负责,强化集体对宅基地的分配权能;福建晋江由集体成员会议或代表会议表决决定涉及村庄土地利用规划、宅基地分配流转等内容;安徽旌德、上海松江等地通过回购、统一改造闲置废弃宅基地,实现了村集体对宅基地的收回、经营管理权;江西余江明确了村民理事会对宅基地分配、收回、监督、有偿使用费收取、退出以及抵押担保等方面的审核和管理职责。另一方面是细化所有权人收益权的具体内涵并探索实现形式。陕西高陵对一户多宅、不符合规划、非本集体经济组织成员继承占有的,收取相应的有偿使用费;安徽旌德明确了村集体经济组织享有宅基地征收补偿收益权,并制定了收益分配比例;浙江义乌发挥集体经济组织在集体成员资格确认、村庄规划、宅基地处置和收益分配等方面的主导作用;云南大理规范宅基地及地上房屋租赁用于乡村旅游,年期一般为 20 年以内,到期房地归还宅基地使用权人,村集体对流转的宅基地收取土地增值收益调节金。

（三）规范集体所有权行使程序

简化宅基地审批流程、优化审批程序、下放宅基地审批权是多数试点的做法。浙江义乌将宅基地审批环节全部纳入便民服务体系,实现"最多跑一次"服务,强化批后监管,并从农村集体对宅基地等村庄建设用地的自主统筹、自主分配、自主处置、自主收益、自主管理等方面,探索集体所有权的有效实现方式;四川泸县增强镇级权能,向镇级政府下放宅基地执法权;河南长垣将农民建房审批职能下放,明确村集体经济组织为村级规划落实主体和违法占地、违规建筑的追责主体。为完善宅基地权益保障和取得方式,试点地区也因地制宜探索保障农民户有所居的多种实现方式。陕西高陵在城市规划区外的传统农区,实行"一户一宅",在城市规划区内鼓励进城落户农民、务工人员有偿退出宅基地,自主选择进入政府建成的社区居住;福建晋江因地制宜按城中村、城郊村、郊外村分类采取"一户一宅"和"一户一居"并存的住房保障方式,实现农民住有所居、住有宜居。浙江德清强化宅基地审批后的建房监管,全县无房户、危房户宅基地保障率100%①;浙江义乌以市场化方式实现宅基地农户资格权的跨村跨镇街调剂,2019 年 1 月首批跨村跨镇街配置总成交价款 3637万元,村集体收益 1540 余万元。

三、保障宅基地农户资格权的探索

"资格权"是一个抽象的法律概念。试点聚焦宅基地农户资格权的内涵与外延、认定标准、实现路径等,通过确权登记颁证、细化认定流程、创新保障路径等,多元化落实集体成员的居住保障,确保农民户有所居。

(一) 厘清资格权的内涵概念

资格权作为一项新设立的产权,在目前的探索实践中普遍包含宅基地申请、退出、收益等权能。多数试点认为,宅基地资格权兼具身份权和财产权双重属性。浙江义乌、浙江象山、安徽旌德均是以新设的资格权完成宅基地使用权中身份属性的剥离,将宅基地使用权转化为一项纯粹的财产权利。其中,义乌通过发放资格权证鼓励资格权益上市交易,规定资格权可在村集体经济组织内部进行流转,政府确定最低保护回购价,并规定资格权益可以质押。在一些试点,宅基地资格权的对象范围有被放大的趋势。余江、晋江等地对非本集体成员,但是对本村作出过重大贡献或重大投资的人士,也考虑给予宅基地申请资格权;湖南浏阳、河南长垣等地允许农户在符合条件的前提下跨集体申请资格权。在资格权保留方面,湖北宜城规定户籍在本集体经济组织,因升学、暂时外地工作和生活、失地后招工进厂、服兵役、服刑人员等保留宅基地成员

资格;一些地方还探索建立了"权证"制度,通过发放宅基地使用资格证书,在一定时期内保留资格权。在空间置换方面,一些地方探索宅基地资格权的空间置换和异地申请。四川泸县等地采取以"宅基地换养老"方式。在收益分配方面,一些地方规定宅基地被征收或使用权流转后,资格权人应享受相关收益。安徽旌德规定房产及宅基地被国家依法征收,房产补偿归使用权人所有,宅基地补偿归所有权人和资格权人共有,其收益分配方案由村民委员会自行制定;浙江德清提出"宅基地农户资格权"独立成权,使之成为有别于宅基地使用权的一项独立的民事权利,让农民的身份性居住保障权找到新的权利载体,并明确了宅基地农户资格权的多样化实现方式,资格权人可以申请分配宅基地,也可以申请享受城镇住房保障政策,还可以申领居住补贴;江西余江通过构建农户宅基地资格权的自愿灭失机制,使闲置宅基地得到盘活和有效利用。

(二) 明确资格权的认定标准

在资格权的认定上,试点地区强化对"身份"和"农户"的界定标准。关于"身份"的界定,多数地方以拥有一定年限的当地"户籍"作为基本前提,对于没有取得当地户籍,但又具有相应条件的,由集体经济组织认定。关于"农户"的界定,一种是以公安部门核发的户籍登记为依据。河南长垣通过"按人确认,按户行使"的方式行使资格权;北京大兴严格按照户籍确认宅基地资格权;河北定州、天津蓟州、上海松江等地在户籍基础上,还综合考虑婚姻状况、居住时间、住房条件等因素。另一种是通过村集体经济组织认定的"农户"。四川泸县采用户籍与村民协商认定的折中标准,遵循基本政策的同时融入当地的习惯认同,形成独特的具体认定标准;湖北宜城、浙江德清以"户"为单位进行宅基地资格权登记。在资格管理上,一些试点探索建立了资格权管理平台、名录库以及资格权证制度。江苏武进开发了宅基地农户资格数据管理软件;安徽旌德颁发了全国第一本包含资格权的农村宅基地"三权分置"证书,浙江象山、德清等地也颁发了类似的权证。德清还通过"村股份经济合作社宅基地资格权登记簿""宅基地资格权登记卡""宅基地农户资格权登记簿"等方法,对宅基地农户资格权进行公示和确认;河南长垣探索建立农村宅基地资格权证登记制度,出台宅基地资格权证登记发放办法,实施村民会议制度,通过村民自治方式对农户资格权进行认定;云南大理则通过明确成员资格的取得标准,延伸创设出宅基地租赁使用权等新权源。此外,浙江义乌、福建晋江、安徽金寨、重庆大足、山东禹城等地还对出嫁女、上门婿、参军、入学等特殊群体的资格权做了详细规定。

（三）创新资格权的保障路径

吉林九台按照"面积法定、一户一宅"的原则,明确单户宅基地法定面积内无偿使用,超占部分或多余宅基地原则上应退归村集体,未按规定退归的按标准向村集体一次性缴纳有偿使用费用;广东南海按照"可建区、限建区、禁建区"三种不同类型实行不同的宅基地资格权审批制度,各村社按照"一户一宅、村民自治、实事求是、公平合理"的原则,由集体经济组织实施宅基地资格权认定,并经居委会复审、城镇相关部门联审,公示后形成各村社宅基地资格权名录库;海南省文昌市明确宅基地资格权由集体经济组织内成员享有的原则,实行集中统建或多户联建方式落实"一户一宅、约定面积";北京大兴对集体经济实力强、村民积极性高的村采取单村或联村方式,集中建设公寓、住宅小区等,引导村民集中居住,实现户有所居;江苏武进结合"户有宜居"保障机制改革,探索建立"一户一宅"、农户抱团村庄原址重建、规划易地新建自建区等单户申请审批和集中申请审批管理模式;陕西高陵区在充分尊重农民意愿的基础上,结合农村新型社区建设、新型城镇化建设,完善多种安置方式,探索平移集中居住;山西泽州按照"一户一宅+确定面积"分配宅基地,明确宅基地资格权获取标准,保证特殊群体资格权认定;四川郫都由村集体经济组织讨论形成宅基地资格权认定办法,明确资格权取得条件和认定程序,建立宅基地资格权管理台账,强化资格权的保障与实现;云南大理出台宅基地农户资格权认定办法,通过"统规自建""确权颁证""抵押担保"等方式保障农户资格权。在有限流转方面,浙江衢州、诸暨等地积极探索"地票""房票集地券"等模式,采取货币、房票、地票、集地券以及保障性住房等方式进行补偿,激励农户退还宅基地。

四、适度放活宅基地使用权的探索

流通是商品占有者的全部商品关系的总和,在流通以外,商品占有者只同他自己的商品发生关系①。也就是说离开了流通领域,资本增值便无从谈起。宅基地使用权私法权能受阻是其当初诞生时以公权力为主导的结果。试点地区在"三权分置"框架下围绕适度放活方式、有偿使用机制及其资源退出机制进行了多元化探索,特别是在出租、转让、抵押、入股等方面积累了丰富的经验,形成了不少亮点。

(一) 宅基地使用权适度放活方式

试点地区通过出租、合作、转让、抵押、入股、入市等方式进行适度放活。一是出租。从租赁主体看,有集体经济组织收购后统一租赁的,有市场化企业收购或收租后统一租赁的,也有农户自己出租经营的,还有通过与企业合作入股进行经营的。吉林九台放开闲置宅基地和农户出租经营限制,允许农民将闲置房屋和宅基地用于租赁或从事生产经营性活动;浙江义乌以优化宅基地空间用途管制为前提,经批准后宅基地可用于发展农村新产业新业态;上海鼓励村集体和农民通过自主经营、合作经营、委托经营等方式盘活利用闲置宅基地和闲置住宅,依法依规发展农家乐、民宿、乡村旅游、养老休闲等产业;四川泸县建立"共建共享"的宅基地利用模式,允许农户与社会主体联合,充分发挥宅基地使用权效能;江苏武进由农户自主出租或自愿交给集体经济组织,租赁给乡村旅游经营者作为民宿,或满足入乡就业创业人员住房需要;湖南浏阳创新实施"城乡合作建房"试点,支持利用闲置农房开展特色餐饮、民宿休闲、乡村旅游、文化体验等。二是合作。河南长垣允许宅基地使用权通过转让、出租、抵押等方式跨集体流转、跨集体申请取得宅基地,将一户多宅的多宅部分和非集体经济组织成员的宅院统一返租、量化入股,在统一规划设计后对外招商发展民宿、农家乐、文创小院等项目;重庆市大足区积极支持组建农房合作社,以自营或联营方式发展乡村旅游、特色餐饮、民宿休闲等;甘肃陇西盘活宅

---

① 马克思恩格斯选集(第2卷)[M].北京:人民出版社,2012:28.

基地和农房资源,组建成立乡村文化旅游产业联合体,鼓励农民流转宅基地使用权。三是抵押。在宅基地抵押融资中既有以房屋抵押的,也有"连房带地"一起抵押的。福建晋江将宅基地价值增加到抵押评估价值中,采用批量授予抵押贷款信用,推动从村内流转到全市范围跨村流转;四川泸县允许农户利用宅基地及地上房屋申请抵押贷款,政府协助银行设立财政风险补偿基金,预防和化解抵押贷的风险,活化农民财产;西藏曲水坚持村务公开,实行村民自治,引导迁出群众退出宅基地,通过实施农民住房财产权抵押融资办法盘活闲置农村宅基地。四是转让。转让的主要亮点在于在转让范围上扩大买受人范围。不少试点探索了扩大买受人范围,突破了"只能在本集体经济组织成员之间转让"的有关规定,将流转范围扩大到整个乡镇,甚至整个县域范围。湖南浏阳允许宅基地面向全市符合申请条件的农户流转;浙江义乌先行先试宅基地跨村跨镇街安置;贵州湄潭允许在本村从事农业生产3年以上的外来农业人口,通过缴纳有偿使用费的方式获得有偿使用宅基地的资格权。同时,北京大兴、上海松江、天津蓟州等地吸引社会投资,参与闲置宅基地开发利用。五是入股。有农户将腾退的宅基地使用权以入股、联营方式自主招引业主经营,也有推行村民"以地入社按宅占股、以股分红"的机制。安徽芜湖探索了项目入股盘活路径,实行"保底+分红";浙江德清将宅基地使用权转型纯化成为典型用益物权,可以转让、出让、出租和抵押;浙江象山分别给村民和经营方颁发资格权人证和使用权人证,由宅基地所有权人、资格权人、使用权人三方共同签订合同;四川郫都通过放活宅基地使用权,吸引下乡人才投资文化创意、蔬果种植、乡村民宿和休闲农业等产业,有效地破解了乡村振兴过程中人才短缺问题①。截至2019年10月底,全国宅基地制度改革试点地区办理农房抵押贷款8.1万宗,贷款总额达201亿元②。六是入市。山东禹城将零星、分散的宅基地按计划异地调整到产业集中区再入市,保障重大项目用地;山西

---

① 史晓露.成都市郫都区率先探索:国有资本下乡盘活闲置宅基地[N].四川日报,2021-11-05:(06).

② 农业农村部.对十三届全国人大三次会议第5495号建议的答复[EB/OL].(2022-11-17).https://baijiahao.baidu.com/s? id=1683586751969031776&wfr=spider&for=pc.

泽州实施闲置宅基地"点状入市"模式,让零星分散的闲置宅基地入市流转;广东南海、江西余江、云南大理、青海湟源等将退出的宅基地转为集体经营性建设用地,实施规模化经营;海南文昌将土地整治、宅基地制度改革、集体经营性建设用地入市联动推进;贵州湄潭允许村民将闲置宅基地和农房转为经营用途,分割登记入市;宁夏平罗按照国有、集体土地同权同价原则,探索"优先、就地、调整、整治"四种模式,推动符合规划的闲置宅基地入市流转。

（二）宅基地有偿使用机制的探索

试点地区结合本地实际和农民意愿,针对因历史原因形成的超标准占用、一户多宅以及非本集体成员通过继承房屋或其他方式占用宅基地探索收取有偿使用费。超占宅基地有偿使用费的收取方式主要有按年度收取、按时间段收取和一次性收取等三种。收取的费用主要用于宅基地退出补偿、旧村改造、村庄基础设施和公共设施建设、村内公益事业发展等。江西余江、湖北宜城、江苏武进、四川泸县、安徽天长、湖北沙洋等地根据宅基地超占部分的使用人身份和用途,按照不同历史时点、面积、区域、缴费方式等收取有偿使用费。江西余江探索实行有偿使用费与择位竞价制度,对多占宅基地超出部分按阶梯收费方式收取使用金;安徽金寨采取有偿使用费阶梯累进收费办法,对"一户一宅"超规定面积部分进行不同标准的有偿使用收费;湖南浏阳通过建立宅基地有偿使用制度,对一户多宅的多宅部分实行有偿使用,对非本集体成员使用的宅基地,按总用地面积的 50% 向村集体缴纳有偿使用费;江苏武进自2020 年以来共实施宅基地有偿使用 450 宗,促进农村集体经济组织增收 1884万元①。

（三）宅基地自愿有偿退出的探索

各地在宅基地退出与再利用实践探索上,也形成了一批典型模式。早期如天津"宅基地换房"、重庆"地票"、安徽金寨"易地搬迁"等。为鼓励和引导农民自愿有偿退出宅基地,大部分试点地区主要通过宅基地复垦,以节余指

---

① 高强,周丽.功能变迁视角下农村宅基地管理制度研究——基于对常州市武进区的实地调查[J].经济纵横,2023(08):80—89.

标、地票、集地券等方式有偿交易,允许农民自愿退出宅基地。湖南浏阳鼓励农业转移人口进入城镇购房或农村集中居民点定居,在集体经济组织认可的前提下,进城农民或跨村、镇迁居的农民仍保留原农村集体成员身份,并享有相关经济分配权益;浙江诸暨实施宅基地"三权三票"盘活农村闲置资源,退出土地的农民所持有的"地票"可直接抵押商品房购房款;上海奉贤尝试宅基地"股权化",对于退出宅基地、选择相对集中居住的居民,既可选择直接领取补偿资金,也可选择以此资金参股投资项目;四川省泸县结合精准扶贫暨农村危房改造,尝试"宅基地换房"养老方式,既解决了鳏寡孤独残老人和无儿女、无经济来源、无安全住房的"三无老人"等困难群体的安全住房问题,又创造性地开辟了宅基地退出的新路径;湖北宜城采取"用时间换空间、梯次腾退",运用政策引导、集体回购、增减挂钩等多种方式整合资金,通过有偿使用、转变功能用途、跨区域流转、政策项目引导等方式,引导农民退出闲置和多余的宅基地。农业农村部数据显示,"十三五"时期安徽金寨、四川泸县、河南长垣、湖北宜城、福建晋江分别退出宅基地 4.85 万亩、2.21 万亩、0.94 万亩、0.72万亩、0.70 万亩①。自然资源部公布的数据显示,截至 2019 年 10 月底,试点地区共腾退出零星、闲置宅基地约 26 万户 14.5 万亩②。

五、调适宅基地政府管制权的探索

土地问题历来都不单纯是经济问题,土地资源的占有、利用和分配是乡村政治的中心,土地产权是乡村治理的制度基础③。以宅基地为核心的乡村农家院落既与传统乡村的生产生活方式相匹配,也是尊老爱幼、邻里互助等传统文化的载体④。宅基地"三权分置"被认为能够改变乡村发展的宏观和微观环

---

① 郑兴明,雷国铨.农村宅基地退出改革的实践进展、成效审视与推进路径——基于三个典型试点地区的比较分析[J].经济体制改革,2022(04):73—79.
② 自然资源部.对十三届全国人大四次会议第 6921 号建议的答复:自然资人议复字[2021]113 号[EB/OL].(2021-07-06).http://gi.mnr.gov.cn/202111/t20211112_2703310.html.
③ 杨磊.农地产权变革与乡村治理秩序:一个农政变迁的分析框架——基于湖北省 Z 村的个案扩展研究[J].公共管理学报,2020,17(01):84—95+172.
④ 朱启臻.乡村农家院落的价值何在[J].中国乡村发现,2018(05):88—90.

境,是乡村系统现代化转型的内在驱动力①。为保障宅基地"三权分置"的顺
利推进,国家层面通过修订完善法律法规,在宅基地取得、审批、退出、盘活等
方面不断调适政府管制方式。试点地区在法律法规和中央政策框架下,充分
发挥地方政府、基层组织、自治组织的协同作用,有序调整产权管制、逐步完善
规划管制、切实加强用途管制,调适宅基地公权与私权之间、放活与管制之间、
公平与效率之间的平衡。

(一) 厘清行政权力关系

试点地区结合中央政策和地方实际进一步完善了宅基地治理的权责关
系,推动宅基地治理体系和治理能力进一步现代化。在宅基地审批和农民建
房方面,一些地方政府建立了程序化的常态化管理模式。进一步明确了县、
乡、村三级主体在宅基地管理中的权力边界以及政府职能部门的分工职责。
一些试点将宅基地所有权的管理、分配、处分权能集中赋予同一行政主体,通
过重塑监督机制和收益分配机制,提升行政主体的治理收益与治理能动性。
江西余江将宅基地审批权限下放,区国土资源局、县政府、乡(镇)政府和分管
领导、驻村干部对建设用地审核和审批均负有责任,并构建宅基地有偿使用费
的收益分配机制,增强治理主体的主观能动性;江苏武进明确区、镇、村三级管
理职责;浙江义乌将宅基地审批环节全部纳入服务体系,实现"最多跑一次"
服务,强化批后监管;四川泸县增强镇级权能,向镇级政府下放宅基地执法权;
河南长垣将农民建房审批职能下放,明确村集体经济组织为村级规划落实主
体和违法占地、违规建筑的追责主体。

(二) 健全集体自治机制

不少试点通过健全集体自治机制,发挥民主管理作用,促进宅基地所有权
管理权能、成员资格认定权能和使用权抵押权能有效实现。浙江义乌通过成
立村土地民主管理组织强化"农村集体"概念,使"农村集体"可以在村庄规
划、耕地保护、宅基地取得、置换与分配以及集体成员资格审查和参与收益分

---

① 乔陆印,刘彦随.新时期乡村振兴战略与农村宅基地制度改革[J].地理研究,2019,38
(03):655—666.

配等方面行使宅基地所有权的分配、管理、资格认定与收益权能;江西余江在改革试点中通过吸纳村内的乡贤和党员成立村民事务理事会,为落实所有权主体行使管理与收益权能的具体路径发挥巨大作用;四川泸县成立村级土地管理委员会、议事会、股份合作社、纠纷调处委员会和集体资产经营管理有限责任公司等集体自治组织,促进宅基地所有权管理权能有效实现。总体而言,各试点通过健全集体自治机制,提升自治组织等举措,在利益分配上,探索了集体经济收入提升路径;在管理实践中,注重通过严格执法支持村民自治行使管理权力;在思想理念上,大力宣传宅基地管理政策,提高村民自治组织参与宅基地管理的积极性主动性。

（三）强化规划管控力度

浙江义乌坚持规划引领,促进有序减量使用;江西余江根据村庄人口规模、产业发展、耕地数量确定村庄建设用地规模和总量管控,编制村庄建设规划;福建晋江通过构建"三位一体"管控引导体系,形成"2+1"成果体系,实现村庄规划编制全覆盖;湖南浏阳启动了村庄土地利用规划编制试点,因地制宜引导农民科学选址建房、节约集约用地;广东惠东前瞻性地将农房风貌统一纳入新居建设的管控范围,严格采取"控色、控样、控高、控向"等农房风貌管控措施,形成新农村整体格局;四川泸县规定农村宅基地选址必须符合村级土地利用总体规划、新农村建设规划和生态建设规划,封顶固化宅基地使用权总量,并由县、镇、村、组层层下达年度管控责任,确保宅基地总量只减少不增加;河南长垣将农民建房审批职能下放,明确村集体经济组织为村级规划落实主体和违法占地、违规建筑的追责主体。

（四）创新有效治理方式

试点地区通过探索宅基地"三权分置"实现路径,全方位推进了乡村治理的现代化转型。浙江德清、义乌将宅基地审批环节全部纳入便民服务体系,强化批后监管,实现"最多跑一次"服务;四川泸县建成了宅基地"批、供、用、管"一体化县级管理信息平台;福建晋江开发了宅基地审批管理系统,可自动核对规划、用地红线,判断是否"一户多宅",实现申请更便利,审批更智能;江西大余研发建立了"农村宅基地智慧管理"和"乡村治理智慧管理"两大平台,初步实现了宅基地数字化管理;宁夏贺兰围绕宅基地审批、服务、监管等问题进行开发,构建了 PC 使用端、移动使用端、市场主体使用端和后台管理端的"3+1"平台框架体系,实现了宅基地信息数据化、可视化;广东德庆建立起县、镇、村三级宅基地数据库,全面实行宅基地线上审批管理,资格权人数字化管理;广东南雄坚持数字赋能宅改,建立宅基地数据库和管理信息系统,实现宅基地申请、审批、监管等业务全流程数字化管理;湖北武汉利用农交所平台发布闲置农房和宅基地信息;浙江衢州依托现代化数字手段进行立体化、智慧化、实时化和常态化监管,实现监管有"数"、监管有"据"、监管有"力"、监管有"智"。

第二节 宅基地"三权分置"试点的局限

宅基地"三权分置"是在保持集体所有权的前提下通过产权细分和交易发生来释放宅基地配置活力,宅基地制度的功能导向、权利结构、权利主体、利益关系、法律逻辑、价值取向多维度的深刻变革意味着在实践层面必将面临一系列新问题、新挑战、新矛盾。试点地区在探索宅基地"三权分置"实现路径中进行了多元化创新,在一定程度上盘活了闲置用地、提升了集体收益、增加了农民收入、优化了乡村治理。但囿于宅基地历史遗留问题复杂、区域发展状况差异、相关法律制度滞后等原因,宅基地"三权分置"的地方实践,大多致力于满足农民个体利益诉求或地方政府获取土地增值收益的需要,而农村宅基地大量闲置、一户多宅和私搭乱建等与乡村振兴战略目标不相适应的治理难题尚待解决[①],仍面临所有权落实不到位、资格权保证不充分、使用权适度放活不顺畅、国家管制权调试不精准等诸多现实障碍,尚未完全打破现行宅基地制度对我国经济、社会与环境可持续发展所施加的体制性约束,形成可复制、可推广的制度经验[②]。

---

① 李怀,陈明红.乡村振兴背景下宅基地"三权分置"改革的政策意蕴与实践模式[J].中国流通经济,2023,37(04):72—80.

② 袁威.宅基地制度改革要处理好四个关系[N].学习时报,2020-08-12(A6).

一、落实宅基地集体所有权的局限

长期以来,我国宅基地由农村集体经济组织无偿分配给符合条件的农村集体成员使用,属于福利性质,加之农民集体对宅基地管理松散,造成宅基地集体所有权主体地位虚化、能力不足、权能残缺和集体行动动力不足等问题,一定程度上抑制了宅基地"三权分置"改革效能的发挥。

(一) 所有权主体地位虚化

我国法律规定宅基地所有权主体为"农民集体",但"农民集体"作为一个抽象的概念,是一定地域内松散的个体结合,没有独立的意思表达机关和正式的法律主体地位,不可能存在独立的意思。在宅基地"三权分置"改革中村民委员会、村集体经济组织、合作社以及新型农村自治组织等各司其职,成为农村集体土地所有权的代理人。实践中宅基地的实际控制权往往由村干部或乡镇行政组织掌握。这种所有权的代理制容易产生所有权和控制权的冲突。我国相关法律规定"乡镇农民集体""村农民集体"和"村民小组农民集体"都是农村土地所有权的权利主体形式。多种所有权主体并存带来了所有权主体的权利冲突,即不同的所有权主体拥有的权利范围不一样,往往会产生"掐架"和"侵蚀"问题。同时,我国农村集体经济组织功能不全进一步加剧了所有权主体虚化的问题。据住房和城乡建设部统计,截至 2020 年底,我国共有村庄236.3 万个,已经建立集体经济组织的仅有 96 万个,且集体经济组织代理人年龄大、学历低问题较突出①。

(二) 所有权主体能力不足

产权实施能力直接关系着宅基地的处置、管理和收益等权能的实现。法律规定宅基地所有权属于农村集体经济组织。面对日益显著的宅基地资源优化内在需求,特别是人居环境改善等公共事务用地的保障,农村集体经济组织显得力不从心,既缺乏行使分配权的能力,也缺乏相应监督权和收益权的执行

---

① 崔宝玉,王孝璈.村党支部书记村委主任"一肩挑"能改善中国村治吗?〔J〕.中国农村观察,2022(01):71—90.

能力。一是农村集体财力不足。宅基地集体所有权的各项权能为法律所赋予,但实践中集体经济组织获取收益的方式却有限,而且集体所有权人在征收过程中无法参与利益分配,集体缺乏稳定充足的收益来源。当前,我国农村集体经济依旧较为薄弱,发展不平衡、不充分、不稳定和不包容问题比较突出①。当集体需要收回宅基地或者农民主动交回宅基地时,面临缺乏足够财力无法回购的困难,就只能靠政府财政资金支持,如果没有强有力的财政支持就会导致集体经济组织对宅基地所有权的管制弱化。二是农村集体权力不足。当前我国大部分农村集体经济组织并未独立设置,而是与村"两委"重合,并未增加集体资产管理或集体经济发展的相关部门,除行政事务和社会组织职能外,集体经济组织的经济职能基本被忽视。因此,在集体经济组织法律身份认定中,其处于模糊状态,以至于无法发挥集体所有权者的功能和作用。三是农村集体动力不足。作为微观经济组织,农村集体经济组织的成长和发展需要有一定的经济激励,并非完全来自行政塑造,农村集体资产闲置成为集体经济的常态,"集体"缺乏成长的内生动力,因此长期处于固化状态,导致资产处置能力、资源整合能力、市场参与意识相对不足。部分试点地区探索的村民理事会制度多是依赖宗族权威、劝说游说、模范带头等软性手段来实施影响,难以在松散的北方村庄施行。同时,理事会组织结构松散,人员流动性较大,缺少工资、补助、升迁等实质性奖励,使得后续工作难以继续开展。

（三）所有权权能无法充分体现

所有权具有绝对性、排他性、永续性,主要包括占有、使用、收益、处置等四项权利。宅基地所有权在法律性质上是集体成员直接享有的所有权,是多数人共同所有,这种集体共有的性质也决定了不存在集体成员应有分割请求,而是依赖于农民集体对宅基地的占有、使用、收益和处置等方式。因此,宅基地所有权权能主要体现于农村集体对于宅基地的管理,即监督、收回、收益和处分。但农村集体土地所有权横跨公法、私法维度,在宪法和民法中的具体权利

---

① 徐亚东,张应良.城乡要素流动的关键桎梏与实现路径——基于"有效市场—有能集体—有为政府"理论框架[J].农林经济管理学报,2023,22(05):546—554.

内容存在差异,具体体现在宅基地占有、使用、收益、处分等几项权能边界上的差异。长期以来,囿于这些特殊性,宅基地集体所有权在诸多情况下其收益、处分等权能无法得到充分体现。村集体在村庄规划编制、乡镇国土空间规划编制、宅基地管理和流转中常态性缺位①,致使出现农户随意分离立户、违法建房、破坏环境、纠纷冲突等问题。宅基地集体所有权在流转收益分配、征收补偿费用的分配等方面也存在诸多落实障碍。一是有偿使用难。实施有偿选位,针对超面积占用宅基地收取使用费是宅基地节约集约治理的创新举措,也是让市场在宅基地资源配置中发挥决定性作用的重要体现。但按照"一户一宅"为农民免费配置宅基地的制度理念已深入人心,在缺乏相应法律法规支持的情况下,长效化的有偿收费机制能否建立还有待观察。二是自主处置难。集体所有权人没有自主处分土地并改变土地用途的权利,使得城市住宅建设用地使用权与宅基地使用权规则不同。所有权人在对宅基地所有权进行处分时,难以形成系统且长期遵循的固定规则。三是回收管理难。集体所有权的性质决定了管理是该权利的必要权能,包括集体成员的民主管理、民主监督和集体组织的执行管理、监督管理。我国《土地管理法》列举了三项集体经济组织可以收回土地所有权的情况,此处集体经济组织的要求是"可以"收回,而非"应当",说明集体经济组织对宅基地的收回并不是一项严格义务,且未明确不履行义务时所应承担的责任,自然集体经济组织可能不会积极完成这项工作,这导致农村宅基地使用权难以合理分配。而不论是在初始申请宅基地,还是在后期宅基地的村内流转分配过程中,集体经济组织都缺乏合理的管理实施机制,难以履行其应有的监督义务。

(四) 所有权实现机制不完善

我国目前尚未建立起科学、完善的集体所有权实现机制,缺少对于宅基地所有权实现方式的具体规范或者程序规则②。在宅基地"三权分置"试点探索

---

① 宋迎新,钟和曦.浙江省农村宅基地"三权分置"的实践与思考[J].浙江国土资源,2018(04):32—33.

② 胡鹏鹏.三权分置政策下宅基地流转的困境与出路[J].中国国土资源经济,2021,34(06):22—29.

中,各地对"三权分置"政策的认知度不一,导致所有权行使机制不完善。一是集体决策机制缺位。我国现行立法就农民集体的意思形成机制尚未作出具体规制,集体土地所有权缺乏集体共同意志的形成机制,且实施集体共同意志的决策机制缺位。实践中一般是以《村民委员会组织法》确立的村民自治规则替代农民集体的决策机制,但农民集体与村民委员会在成员构成、判断标准以及代表的广泛性上均不相同。二是决策执行与产权代表机制缺位。虽然我国立法中将农村集体经济组织、村民委员会以及村民小组三类主体确定为集体土地所有权产权代表,代表集体行使所有权或经营管理集体所有的土地,但实践中普遍面临着三者之间关系的界定困难,即使集体产权代表及决策执行主体具体而明确,其在执行集体意志过程中也无明确的规则或执行依据。三是收益分配机制缺位。科学、合理的利益分配规则是保障集体成员利益实现的基本条件,但现行立法中并未确立农民集体的收益分配规则。这造成实践中存在着初始分配不公与再次分配规则不明的情况。四是集体决策监督机制缺位。现行立法对集体成员享有的民主监督权利及监督机制也没有明确规定,实践中仅能参考《村民委员会组织法》确立的村民自治规则执行,但即使是村民自治规则对于集体成员的撤销权行使规则等也没有作出具体的规定,进而导致其约束力不强,惩罚机制不明。

二、保障宅基地农户资格权的局限

宅基地农户资格权作为"三权分置"的一个创新权能,目前仅是一个政策语言,法律层面尚未明晰,所涉及的法律性质、权能内涵、实现路径、调适机制等也尚不完善,这使得宅基地资格权权能缺乏第三方权威认可,影响其效力发挥。造成这一问题的原因表面上看是立法的滞后性,深层次的原因是资格权的属性、内涵、功能的复杂而造成学理上的分歧①。

（一）资格权认定标准不一致

宅基地"三权分置"中的"资格权"并非一种新兴权利,而是集体经济组织

---

① 李怀.农村宅基地"三权分置":历史演进与理论创新[J].上海经济研究,2020(04):75—82+127.

"成员权"的外在形式,与集体经济组织的"成员权"是形式和内容的关系,也就是说,"资格权"是"成员权"的另一种外在形式①,属于民事权利中的一种复合性权利。在集体经济组织中一旦将成员的利益与集体组织的利益密切联系在一起,尤其是确定了集体组织的成员权以后,必然会提出一个现实的问题,即如何确定集体经济组织的成员或成员资格②。目前,针对宅基地资格权的认定标准并不统一。我国现阶段的法律中不存在"集体经济组织成员资格"这一术语,只有"农村户口""城市户口"的表述,全国人大、国务院也没有出台统一的法律法规或规章,制定统一的农村集体经济成员资格认定标准。由于缺乏统一、明确的法律依据,各地实践中做法亦不尽相同,造成在宅基地"三权分置"过程中存在诸多障碍。试点地区对集体成员资格的认定主要是以户籍为主、长期生活为辅,并兼顾生存保障、家庭存续等因素综合确定。但是这些做法的合理性、可行性却存诸多值得商榷之处。首先,户籍固然是判断成员资格最直接的依据,但其主要功能在于对城乡常住或暂住人口进行行政性管理,如果将户籍与集体经济组织成员资格认定完全挂钩,就会出现行政权力与民事权利错配的问题。随着我国城镇化进程的加速推进,大部分城市已经放开落户限制,城乡二元户籍管理模式正在打破,若依旧严格按照户籍为主要标准认定集体成员资格,显然不合时宜,同时,伴随着农村产业融合发展,各种新型集体经济组织形态不断涌现,也给集体经济组织成员的认定和规范带来挑战。其次,长期生活标准的认定也存在一定的困难。"长期"的年限应当以多久为宜、从何时开始计算、计算的方式和依据是什么?中途外出读书、务工并选择在城市定居的集体成员是否就丧失了成员资格?而那些因各种原因长期居住在农村的"外来户"是否能依此取得成员资格?在城乡融合不断深化的进程中,因婚嫁、参军、求学、返乡就业创业等迁入和迁出将会频繁发生,这些变动必然会带来宅基地资格权的变动,但由于农村集体经济组织的法律地位不明确,成员资格认定模糊,这些都制约着宅基地资格权的认定和规范保

---

① 陈小君.我国农民集体成员权的立法抉择[J].清华法学, 2017(2):46—55.
② 王利明.物权法研究[M].北京,中国人民大学出版社,2002:68.

护。最后,生存保障、家庭存续等因素更是过于主观,难以形成统一的认定标准,不易实际操作。

（二）资格权权能设置不清晰

当前,宅基地农户资格权的权利内容在立法中未明确统一规定,大都由解读中央相关政策得出,使得资格权权能存在争议。一方面是权能设置模糊。理论界针对资格权内涵性质存在争议。有认为它是农村集体经济组织成员以其成员身份为基础向集体申请分配宅基地以获取宅基地使用权的一种资格,有认为是建立在宅基地使用权基础上的次级用益物权,也有认为是宅基地使用权人为了某种目的而向他人让渡若干年限的宅基地使用权后,对原宅基地所享有的剩余权利。各试点相关规定也存在较大差别。由于没有统一明确的规定,试点地区一般都会依据已有的法律和中央出台的有关政策性文件,再因地制宜,结合自己地区的具体情况,由政府制定地方性规章作为解决本地区宅基地农户资格权问题的依据。这样的做法具有一定的合理性,也可以很好地解决本地区遇到的问题,但是从全国范围来看,各个地区做法不统一,不利于宅基地"三权分置"改革更好地推进。另一方面是资格权实现形式不健全。资格权中包含将集体权益转化为个人利益的权能,而此种权利转化的过程需要每个集体成员都获得平等的居住保障机会。目前在资格权保障体系不健全的情况下,各地对"一户一宅"保障机制实行的表现是一户只能申请一次宅基地使用权,但公平不能只停留在权利的一次性实现过程中。同时,宅基地是我国农村目前存在的唯一住房保障方式,对于一些家庭条件较差导致无力翻新或者无法一次性修建住房的农民,单纯提供宅基地无法保障其住房权利,居住问题无法得到妥善解决。从试点地区的情况来看,宅基地资格权的其他实现形式主要包括集中居住、权利置换和有偿退出等,资格权实现形式在各地差别较大。

（三）资格权调适机制不匹配

宅基地资格权作为沟通所有权和使用权的纽带,是一种动态的权利形态。随着城乡人口的迁移、经济社会的发展,需要完善其取得、登记、退出、重获及救济等动态调适机制,但从当前改革试点看,资格权的动态调适机制尚不完善。

第一,取得机制不完善。随着市场化进程的推进,宅基地潜在价值上升,诱发了农户扩张宅基地面积的内在冲动,出现一户多宅、面积超标等现象。2019 年新修正的《土地管理法》不仅允许村民出卖住宅,而且允许赠与住宅,宅基地及住宅变动的方式会越来越多样化,因赠与、析产、继承等方式获取住宅的主体不仅包括农村集体经济组织成员,还会涉及非农村集体经济组织成员,那么非农村集体经济组织成员可否通过住宅赠与、析产、继承等方式实现成员身份的补正,有待实践的不断探索并给出法理上的科学解答。

第二,退出制度须细化。相关法律未明确规定农村宅基地的退出收回措施,《民法典》只规定宅基地因自然原因灭失后重新分配,导致农村宅基地退出"无法可依"。而且房屋可以继承以及最新政策"不得将农民退出集体土地与进城落户挂钩"的规定也制约了宅基地退出途径。各地只能依照《土地管理法》"农民依据土地权属证书依法获得相应补偿"的规定进行自主操作。由于没有法律明文规定的保障,在缺少相应退出激励约束机制的情况下,多数资格权人缺少主动退出的动力,退出意愿较低。对于集体经济组织来说,虽然《土地管理法》确立了宅基地收回制度,但相关规定过于原则,缺乏对具体政策界限、收回程序、补偿标准等重要事项的细化规定,影响了宅基地资源充分有效的流动与合理的再配置。

第三,重获制度不明确。农民退出宅基地资格权后,其权利能否在一定期限内得到保护没有明文规定。按照宅基地"三权分置"的规范设计,宅基地及农房使用权流转之后,宅基地资格权依然保留,如何处理资格权人与使用权受让人之间的权责关系亦有待界定和明确。

第四,救济制度不足。现有立法缺乏对资格权的保护,宅基地资格权目前在试点地区只能通过地方性规定的内容进行救济。此种救济方式因各地立法技术的不同而参差不齐,农村集体经济组织内部救济以及行政救济等均依靠地方性规定,救济的偶然性较大。同时,基层工作人员工作能力不同,对新兴权利的了解不完全,对同种情况两地或者两位工作人员可能给出完全相反的结果。

第五,登记制度待统一。由于目前我国法律对农户资格权的性质、主体和内容没有具体的规定,导致农户资格权登记制度的发展也处于相对空白的阶段。各试点地区农户资格权的登记还在不断探索之中,没有形成统一的、可复制可推广的登记模式,有的将宅基地资格权纳入不动产登记范围,有的直接由集体经济组织单独发证确权,有的则直接在登记簿中简单记载①。对于宅基地资格权登记证书的名称,也存在不同地方出现不同权属证书名称的情况。这不仅不利于不动产登记机构进行统一管理,也不利于今后更加深入推进宅基地"三权分置"的改革工作。

三、适度放活宅基地使用权的局限

由于我国幅员辽阔,各地区的经济发展水平、风俗习惯、气候环境等因素存在较大的差异,以及民众接受的意愿强度不一,导致适度放活宅基地使用权很难在全国范围达成统一的规定和标准,从而形成了全国范围内有多套规定并存的局面,依然面临一些亟待解决的现实问题。

(一)适度放活标准体系不明确

《中共中央、国务院关于实施乡村振兴战略的意见》中提出,放活宅基地使用权,严禁违法私自买卖宅基地。该政策虽对宅基地使用权、处分及收益的权利有所规定,但并未具体规定如何流转、由谁流转、向谁流转、流转期限、流转方式等,这一方面为试点探索预留了实践空间,另一方面也对"适度"标准把握造成了困难。一是适度放活范围不清。各地对宅基地使用权受让人规定较为散乱,呈现出受让主体参差不齐的现象,主要表现为严格限制受让人与过度扩张受让人两种情况。一方面,大部分地区仅允许向本集体成员中无面积或面积不达标的成员转让宅基地使用权。这种对受让人严格的限制影响着农村生活基础设施和公共服务的合理配置与利用效率。另一方面,部分地方又在没有建立好监管机制的前提下盲目将宅基地转让给集体之外的人,致使城

———————

① 肖攀.农村宅基地"三权分置"登记现状与思考[J].中国土地,2019(06):41—43.

市资本涌入乡村社会,对社会稳定带来不良影响。二是适度放活期限不明。"三权分置"中的宅基地使用权的价值取向体现为由居住保障到财产创造的过渡,且行使主体和行使方式的多元化使得使用权不再是给予特殊主体的福利保障,特别是商业用途的拓展和营利性因素的注入,都需要对使用权的无期性作出改变。但当前我国法律尚未对农民享有宅基地的期限作出限制,宅基地使用权是无期限的,囿于"房地一体"的原则,在农房被继承时必然会发生非集体经济组织成员占用宅基地的情况。与此同时,在宅基地使用权流转至第三方的过程中,也同样面临着期限设置的问题。《关于进一步加强农村宅基地管理的通知》(中农发〔2019〕11号)规定租赁合同的期限不得超过20年。但各试点对流转期限的规定却呈现出多样化。浙江义乌采取"70年转让期+有偿优先续期"方案;德清制定了"转让期不得低于5年、不得超过30年+约定续期"的原则;新疆奇台允许跨集体转让最高年限不得超过50年①。三是适度放活方式单一。当前宅基地流转方式都属于在有限范围内孤立摸索,仍未形成能够推广至全国的模式。关于闲置宅基地盘活的模式,虽有农户自主出租、发展乡村旅游、以房养老、公共租赁住房等,但主要还是以农户自主出租模式为主,其余模式并不普遍。闲置宅基地盘活用途多数从事民宿、农家乐等乡村旅游,真正具备文旅、生态资源和优越区位条件的村庄并不多,而且通过农户自主出租的方式盘活农民闲置宅基地获得的租金收入并不高,还不能真正意义上增加农民的财产性收入,增强壮大集体经济。

(二) 适度放活市场发育不平衡

现行的宅基地使用权立法体系是立足于《民法典》《土地管理法》等而形成的结构框架,由行政法规及国务院下发的有关法律文件进行细节的补充,此法律体系虽横跨公法及私法领域,但却有失精细,未对"适度放活宅基地使用权"作出具体规定。

---

① 曲颂,仲鹭勍,郭君平.宅基地制度改革的关键问题:实践解析与理论探释[J].中国农村经济,2022(12):73—89.

第一,需求市场不平衡。宅基地"三权分置"本身并不是激活市场的条件,而是对市场需求的有效回应,实现宅基地的财产价值的根本在于市场需求[①]。我国国土辽阔,各地自然资源、经济发展水平及历史文化等因素不尽相同,不同地区的宅基地呈现出价值差异明显、价值实现方式迥异的特点。沿海发达地区人多地少且能够参与区域发展需求溢出的消费市场,宅基地经济价值普遍较高;而在地多人少的西部后发区域,宅基地经济价值较低,宅基地使用权的需求市场相对较弱。

第二,供给市场不充分。《民法典》《土地管理法》赋予农户的宅基地使用权仅享有占有和使用的权能,宅基地收益和处分权能的受限落后于客观实际的发展。从试点情况来看,宅基地使用权抵押、流转和继承等方面的探索取得了一定的成效,但这些做法尚未得到立法确定。由于流转对象的合法权益缺乏法制层面的保障,导致宅基地使用权流转效率不高,影响了宅基地和住宅财产价值的实现。

第三,交易市场不完善。现在一些地方推行的农村宅基地使用权交易,主要是将农村宅基地腾退,形成建设用地指标交易,严格来说这种交易并非真正意义上的农村宅基地使用权交易。

(三) 适度放活市场机制不健全

宅基地财产价值的激活需要健全的市场体系,但目前这方面的试点还没有形成较为成熟、可复制推广的经验。在交易机制方面,宅基地使用权流转市场交易仍处于粗放阶段,价格形成机制主要以政府指导价和集体议价机制为主,市场议价机制所占比重较小,如何有效发现供需方,如何议价,政府和集体经济组织在交易中的作用如何发挥,使用权人与买受人直接交易还是间接交易均尚未形成成熟的机制。在交易平台方面,宅基地使用权流转平台及第三方中介机构尚未建立健全,配套法律法规、政策措施也尚未完善,对宅基地使用权进行评估、定价、回收尚未形成统一合理的计量标准。宅基地使用权市场

---

① 桂华.论土地开发模式与"人的城镇化"——兼评征地制度改革问题[J].华中农业大学学报(社会科学版),2019(1):155—161.

机制不健全,也导致宅基地抵押融资依然面临困难。囿于现行的法律限制以及宅基地使用权价值评估体系不完善、抵押标的处置困难等原因,多个试点都面临着抵押融资受阻的障碍。

(四) 增值收益分配机制不完善

适度放活宅基地使用权,允许改变用途进行宅基地经营性利用和流转,势必带来相应的增值收益。这些增值收益是作为宅基地"三权分置"的内在动因,源于用途改变、权能分离以及区位因素所带来的市场价格的提升,实质是如何确定交换价值以及采用何种形式确定的问题①。中央多次强调建立兼顾国家、集体、个人的土地增值收益分配机制,合理提高个人收益,并要求"探索让集体成员长期分享宅基地增值收益的有效途径"。但因宅基地"三权分置"试点探索和理论研究都处在摸着石头过河阶段,还没有形成较成熟的经验。理论界对增值收益归属仍存在一定争议,目前较具代表性的观点有"涨价归公""涨价归私"以及"公私兼顾"②。在法律层面,《民法典》《土地管理法》《乡村振兴促进法》等法律也均未确定宅基地增值收益分配的相关规则。《农村集体经济组织法(草案)》《农村集体经济组织示范章程(试行)》等规范也仅涉及集体组织内部之间的收益分配。实践中对于宅基地增值收益分配的合理标准、配置因素以及具体方式尚不确定,并且地方之间变动较多③。有的试点默认全部增值收益归宅基地使用权人农户所有,有的试点规定了宅基地增值利益归集体和农户,但没有明确的分配比例和具体执行方案,较少的试点对宅基地增值利益在农户、集体和政府之间进行了详细的分配。整体上,既有理论和实践既缺乏宅基地财产价值与增值收益分配的关联性研究,也未能准确把握有关平衡多方主体利益的宅基地增值收益分配的规范和制度。

---

① 夏沁.宅基地增值收益分配体系的规范构建[J].华南农业大学学报(社会科学版),2023,22(04):1—12.

② 龚暄杰.农村集体土地增值利益分享法治化研究[M].北京:法律出版社,2019:56.

③ 孙建伟.城乡统筹背景下宅基地置换法律问题研究——以上海市为例[M].北京:知识产权出版社,2018:55.

第三节　宅基地"三权分置"的实践路向

宅基地"三权分置"不仅是一个资源配置问题,更是一个乡村治理课题,所要面对的不是一个简单、线性和静态的系统,而是一个非线性的、动态的复杂治理系统。党的二十大报告强调,要深化农村土地制度改革,赋予农民更加充分的财产权益,并提出要健全共建共治共享的社会治理制度,将国家治理体系和治理能力现代化定为新时代奋斗的重要目标[①]。在推动高质量发展和国家治理现代化的背景下,深化宅基地"三权分置"改革必须立足于我国经济社会发展从"乡土中国"到"城乡中国"的转型特征,紧扣"赋予农民更加充分的财产权益"这一主线,在政府管制、集体自治与市场配置之间寻找适宜的系统化治理方案,确保所有权落实、资格权保障、使用权放活和管制权调适。

一、优化宅基地集体所有权落实机制

集体所有权是农民集体土地所有权的权利形式之一,也是宅基地"三权分置"的权利依托。宅基地"三权分置"改革的首要环节就是要明确集体所有权,并赋予集体经济组织参与宅基地治理的重要权责,从而强化治理单位和产权单位的关联性[②],其核心是在法律层面清晰界定集体所有权的权利主体,充分赋予包含收益、处置和管理等在内的完整权能,并健全行之有效的行使机制。

（一）明晰所有权主体法律地位

宅基地集体所有权是一项拥有二元层次的权利体系,集体所有权的归属主体突出表现为双重性特征,成员集体是规范意义上的集体土地所有权主体,集体成员则是事实意义上的集体土地所有权主体[③]。宅基地集体所有权不仅

---

① 习近平.高举中国特色社会主义伟大旗帜　为全面建设社会主义现代化国家而团结奋斗——在中国共产党第二十次全国代表大会上的报告[M].北京:人民出版社,2022:24—54.

② 邓大才.产权单位与治理单位的关联性研究——基于中国农村治理的逻辑[J].中国社会科学,2015(07):43—64+206.

③ 杨青贵.集体土地所有权实现法律机制研究[M].北京:法律出版社,2016:29.

属于法学逻辑范畴,还存在于历史范畴之中,在不同的历史时期,集体所有权以各种不同的方式,在完全不同的社会关系下面发展着①。为此,首先要在承认集体所有权二元性的基础上,赋予集体所有权归属主体为一类特殊民事主体以法律地位,使其具备民事主体法律资格。唯有如此,宅基地集体所有制才能获得运行基础,集体所有权虚置风险才能有效规避。作为一种集体成员以类似于共同共有形态组织的特殊所有权形式,宅基地集体所有权的团体性特征决定了集体所有权主体参与民事活动的机制区分为对外的意思形成以及对内的权利分配机制②。集体所有权对内是成员集体以类似共同共有的方式共享与共益,对外则表现为排除他人分享与干预。在社会主义市场经济条件下,发挥宅基地集体所有权的经济功能,需要改造的只是其对外排除性,而非完全否定集体所有权的对内效力。因此,落实宅基地集体所有权,应当坚持相关法律的立法原则,将农民集体作为农村集体土地所有权的主体,而将农村集体经济组织法人作为农村集体土地所有权的行使主体③,进而从法律范式上明确其结构、地位、功能等,厘清与其他组织的权利和义务关系。《民法典》明确规定,未设立村集体经济组织的,村民委员会可以依法代行村集体经济组织的职能。随着农村集体产权制度改革的推进,农村集体经济组织普遍设立并取得法人资格,农村集体经济组织将成为宅基地所有权代表行使的主要主体。完善农村集体经济组织的制度建设、积极推进农村集体经济组织立法工作,将成为完善宅基地所有权行使方式的重点内容。

(二) 赋予集体所有权完整权能

作为宅基地相关产权的"母权"和"公权",集体所有权对资格权和使用权产生制度目的性规制。"母权"属性意味着宅基地资格权和使用权来源于所有权,资格权和使用权所具备的占有、使用、收益等权能是所有权权能的分割,三者构成了完整的产权权能;"公权"属性代表了宅基地所有权的公共性,乡村农民集体作为权利主体应当充分发挥公有制的突出优势,负责乡村规划编

① 童列春.中国农地集体所有权的虚与实[J].农村经济,2011(10):23—27.
② 程秀建. 我国宅基地"三权分置"改革法律问题研究[D].重庆:西南政法大学,2019.
③ 谭启平."三权分置"的中国民法典确认与表达[J].北方法学,2018,12(05):5—15.

制、生态环境保护、村庄文化建设、资格申请审核、行为督查监管等。集体所有权要实现完整的权能,实质上是通过宅基地使用权的市场化运作过程反作用于作为规制工具的宅基地资格权,并进一步将这种反作用向更上位的所有权传导①。一是厘清集体所有权收益权能。宅基地"三权分置"改革是在市场经济条件下,对既有的宅基地权利架构进行细致分解,其目的是通过市场交换进一步激活宅基地的财产价值,增加农民的财产性收入。为此,应区分存量宅基地和增量宅基地的实际情况,构建差别有偿使用、有偿流转利用制度。农户将宅基地使用权转权入市、分权出租或扩展用途时产生的增值收益,农民集体有权收取一定比例的公益金。要明确农民集体对于土地增值收益依法享有分配请求权,并合理构建国家、集体及成员三者的分配比例。一方面克服地方政府对土地财政的过分依赖,另一方面则是将集体土地发展权在集体与其成员之间合理分配。同时,要明确集体成员享有增值收益的分配请求权,集体除提取必要的管理费用以及公益提留金外,主要的收益应归农民所有。二是规范集体所有权处置权能。宅基地处置权是指农村集体作为集体土地所有权人通过划拨、调整、收回宅基地等方式处置农村住宅建设用地的行为。要完善宅基地使用权分配制度。2019 年修正的《土地管理法》已将宅基地审批权限下放到乡(镇)人民政府,强调农民集体的作用,要强化集体所有权人在宅基地使用权分配中的地位,在延续宅基地分配公平优先原则的同时,遏制宅基地无序扩张和乱占滥用耕地行为。要创新宅基地使用权收回制度。针对超标或违规使用宅基地使用权,又拒不按照集体要求支付使用费的农户,对于超出法定使用面积部分的房屋应准予集体强制收回。为避免变强制收回为强行收回,宅基地使用权强制收回应设定明确收回条件、遵循相应法定程序。此外,对于宅基地面积富余或能够满足增量需求的集体,可以通过有偿使用的方式缓解强制收回的刚性。要探索宅基地使用权转用制度。《乡村振兴促进法》强调新增建设用地指标应当优先供应乡村建设,这一规定为集体将闲置宅基地转换为

---

① 张力,王年."三权分置"路径下农村宅基地资格权的制度表达[J].农业经济问题,2019(04):18—27.

经营性建设用地提供了法律和政策的支撑。应在符合国家土地管制政策的框架下,以盘活农村闲置资源、增加农民和集体财产性收入为目标,以保障农民新增建房用地、支持乡村产业发展和乡村建设为重点,因地制宜探索多种盘活利用方式,探索对农民合法的宅基地转用制度安排。三是匡正集体所有权管理权能。落实农民集体对宅基地的管理权,包括初始分配同意权、合理使用监督权、入市放活备案权、用途扩展审核权、规划与开发控制权等。在赋予主体权利的同时,也需配套建立宅基地民主管理制度,创新议事决策机制、民主监督机制、财产管理机制、矛盾纠纷调处机制、责任追究机制等,探索具有地方适宜性的实现形式。需要指出的是,农民集体作为宅基地所有权的行使主体,获得更充分权利的同时也应承担相应的责任和义务,如乡村基础设施建设与维护、村庄人居环境保护、科教文化建设等公共事务,体现和回归宅基地的公益属性。

（三）完善集体所有权实现机制

一是明确宅基地集体所有权行使主体。实践中,应立足我国的具体情况,明确集体经济组织或村民委员会代表行使宅基地所有权的顺位。随着集体经济组织的发展逐渐走向成熟,集体经济组织愈加需要发挥经济职能,获得实质的独立地位。因此,在两个组织实质独立履行各自职能的情形下,明确其代表行使宅基地所有权的顺位是宅基地集体所有权权利行使制度的重要内容。二是完善集体经济组织的运行机制。进一步明晰集体组织成员权,增加社区成员与集体经济组织的紧密度、关联度,使其成为社区集体经济发展的积极参与者和主体力量。同时引入股份制、合作制、公司制等现代企业形式,探索混合经营等多种实现形式,大力发展多种类型的合作社,完善集体经济组织法人治理结构和农民对集体资产的股份占有、收益、有偿退出及担保、继承权,确保集体资产保值增值和农民增收。三是优化宅基地集体所有权行使制度。无论是集体经济组织还是村民委员会均属于组织范畴,其意思表达不以个人意志为转移,是集体决策的结果,其在代表农民集体行使所有权的过程中,组织的意思形成机制对权利行使结果能否有效保护农民集体和农民利益具有决定性作用。我国《民法典》明确规定了集体经济组织或村民委员会可以代表集体行使宅基地所有权,但是并未就具体行使制度作具体规范,因而建立宅基地集体所有权行使制度对于具体落实宅基地集体所有权具有重要作用。为此,要坚持集体成员自治原则,重视程序规制,重塑宅基地集体所有权行使机制。可将集体成员会议设置为宅基地集体所有权行使的主要形式,集体成员会议下设执行机构为常设机构,专门负责执行成员会议决议。有条件的地方可实行执行机构与农民自治组织的分离,无条件的地方两者可实行"两套班子一套人马"或者交叉任职,彰显集体成员自治的价值取向。

二、创新宅基地农户资格权保障机制

农户资格权作为一个抽象的法律概念是集体成员权益在宅基地方面的集中体现,并非宅基地权利体系中的新型权利发明,只是重新凝练了已客观存在于宅基地制度安排中的身份性居住权益。从这个意义上讲,宅基地农户资格权不是一种全新的权利,而是对集体所有制下成员身份性权利的一种技术性处理,实质上是农村集体经济组织成员所具有的,与其集体成员身份相适合的,依法对其所在的集体所享有的宅基地分配请求权、成员获益权、管理参与权、退出补偿权等权利的总称①,具有身份属性、财产属性和管理属性,承载着宅基地的居住福利保障功能,集中体现了宅基地的公平价值基础,需要具备请求取得宅基地使用权或者请求取得宅基地福利保障利益之替代利益的权能。为保障宅基地资格权的完整实现,应进一步对资格权的认定标准与其权利内容予以确认,尽可能减少实践中可能产生的纠纷。实践中,应结合农村集体产权制度改革开展资格权认定,重点探索资格权的认定办法、行使条件和实现方式,以及资格权放弃、丧失与重新获取等特殊情形的实现路径。

（一）明确农户资格权权利主体

宅基地"三权分置"的基本底线是通过治理手段不断完善,坚守"户有所居"和"安全舒适"的基本福利保障,切实推进实现乡风文明和治理有效。宅

---

① 史卫民,彭逸飞."三权分置"下宅基地资格权实现的法治保障[J].中国农业资源与区划,2023,44(05):238—249.

基地农户资格权是集体经济组织成员的一项专属权利,为此应从立法层面规定农村集体成员资格取得的一般性规则。立足我国农村集体经济组织所具有的共同特征,可以依据成员权理论,制定框架性、复合型、针对性的认定标准,即"户籍为主、兼顾其他、分类界定"。对于存量成员的界定,可综合考虑历史因素、目前居住地、对集体成员权的依存度等,将试点地区的成熟经验进行总结提炼,总结一般性规则,选择改革试点,一次性确定本集体经济组织成员;对于增量成员的界定,应立足当前农村人口分化的现实,分类区别。家庭成员全部外出、对集体经济组织不能履行义务的,其家庭新增成员不再自动获得集体经济组织成员权;家庭成员中有人在本集体经济组织所在地居住生活的,其新增家庭成员如果在本集体经济组织所在地居住生活、能够对本集体经济组织履行义务的,可自动获得该集体经济组织成员权。宅基地资格权主体认定在以"户籍"为主要参考要素的情况下,还应充分考虑到生产、生活中对集体的依赖程度和对集体贡献的情况,进行综合考量。基于我国各地传统习惯、历史因素、实际状况等存在差异,应允许集体经济组织对诸如婚嫁收养、外出务工、参军入伍、升学就业、回乡退养、政策性落户、特殊贡献等特殊人群的身份认定标准做细化的补充性规定,以对多元化利益诉求作出回应。当然,上述这些补充性规定应当经民主讨论、决议并公示,使集体成员资格标准在集体意志内公开化、规范化。通过对集体经济组织成员资格取得、丧失的一般性规定,辅以各地制定的特殊性规定,彼此相互衔接,以"法定一般模式+集体决议特殊规定"形式共同构成认定集体成员资格得失的完整规范,进而为宅基地农户资格权主体界定提供合理化的方案。

(二) 归正农户资格权权能属性

权能是具体权利在理论上展开的面向与实践中实现的可能,对权利的研究离不开对权能的研究。从宅基地资格权的行使、利益的享有以及主体的保护等角度,宅基地资格权的权能应当包含宅基地分配请求权、宅基地无偿使用权、宅基地监督管理权、宅基地取回权、宅基地优先受让权、政府征收补偿权和救济权。一是归正宅基地分配请求权。享有宅基地资格权的农户在满足一定条件的情况下有权向集体经济组织申请分配法定面积的宅基地,而在符合法律法规规定以及村庄土地规划的前提下,集体经济组织应当予以分配。宅基地分配请求权会因农户的实际行使而归于消灭,一次用尽。此时,若其将宅基地使用权抵押或转让,农户将不能再次行使宅基地分配请求权,而只能通过行使受让权的方式重新获取宅基地使用权。二是归正宅基地成员获益权。宅基地成员获益权是资格权人通过向集体提出申请或者行使受让权的方式获得宅基地使用权后,可以基于该宅基地使用权来获取利益的权利,包括财产性利益与非财产性利益。财产性利益由适度处分权和集体收益获取权组成,非财产性利益则主要指农民对宅基地进行占有和使用的权利。三是归正宅基地管理参与权。宅基地管理参与权主要指资格权人所享有的知情权、参与表决权、监督权、撤销权四方面,是农民所享有的参与集体决议、表达意见的权利。资格权人在宅基地使用权流转合同中应当明确宅基地使用权受让人、宅基地利用方式、宅基地开发项目合法性以及违约责任等事项,通过日常监督宅基地利用情况,实现宅基地资源保护与商业利用的平衡。四是归正宅基地退出补偿权。宅基地退出补偿权包括宅基地被动征收补偿权和宅基地主动退出补偿权。尽管从表面上看,两者似乎在退出宅基地时均可以获得一定补偿,但实质上两者获取补偿的原因不同,前者是因为国家基于公共利益的需要,征收农民的宅基地,其在主观上是非自愿的,而后者则表现出资格权人退出的自愿性,由农村集体组织根据宅基地蕴含的保障及福利功能、财产及生产功能、治理及维系功能给予合理适当补偿。

（三）健全农户资格权实现机制

宅基地农户资格权是宅基地居住福利保障利益的承载者,是集体对农户居住的保障性权利,涉及集体利益的公平分配。一是明确实现流程。资格权的实现过程就是农民居住权的保障过程,主要体现在申请分配环节。2019年农业农村部联合自然资源部印发的《关于规范农村宅基地审批管理的通知》明确了宅基地审批的具体程序,主要体现在农户申请、集体审查、乡镇审核、划宅登记等方面。这一整套流程清晰地规定了宅基地资格权人在行使权利过程中涉及的权利转换、公开透明的程序和规范翔实的档案材料,是宅基地资格权行使全流程。二是创新行使方式。考虑到当前农村生产生活和土地资源的现状,宅基地资格权的实现方式要在坚持"一户一宅"的基础上,结合各地宅基地资源禀赋,探索农民公寓、货币化补偿、指标市场化、房屋翻建等实现形式,尤其是在宅基地资源不足以支撑"一户一宅"的地区,可通过集中建宅、有价置换等方式来保障农户宅基地资格权的实现,确保农民户有所居。尤其要关注低收入、易失地等特殊群体,充分强化老年农民、城郊农民等易失地群体的退出保护,鼓励帮助保障低收入人群建设安全住房,以充分实现户有所居、老有所养、弱有所依的居住基本福利保障。三是确权颁证登记。产权登记既是一种官方认定的具有权威性的权利证明,也是一种发挥宣示作用的权利公示,有助于澄清权利关系。宅基地确权登记是集体经济组织管理宅基地的内容和方式,也是规范宅基地流转的前提条件。随着宅基地"三权分置"改革的推进,有必要通过法律形式确立宅基地资格权登记制度,明确资格权登记内容、颁发登记证书、保障宅基地资格权效力,为宅基地取得、使用提供权利凭证,维护交易秩序与交易安全。对于符合宅基地资格权登记条件的,登记机关应当颁发名称、样式统一的宅基地资格权证书,并实行全国不动产联网登记,以增强公示公信效力,确保登记到证,发证到人,做到权利主体明晰、管理规范,保障集体、农户、使用人的合法权利。

(四) 构建农户资格权调适机制

作为新时代农村宅基地制度优化的产物,农户资格权既是集体自治中公平实现集体成员居住保障和维护集体利益的重要依据,也是行政管理中重塑宅基地利用规则、强化宅基地利用管理的关键工具[①]。农户资格权始终伴随着人地关系在不断发生变化。为此,应着眼农户资格权的动态演进特征,构建相应的调适机制。一是构建自愿有偿退出机制。进一步明确资格权自愿有偿退出的程序机制、标准体系和方式方法。在确权颁证和自愿申请的基础上,以符合规定面积的稳定居所为硬性条件约束,综合考虑地理区位条件、城乡生活水平、宅基地功能价值等因素,由集体经济组织审核农户宅基地退出申请,在

---

① 孙建伟.宅基地"三权分置"中资格权、使用权定性辨析——兼与席志国副教授商榷[J].政治与法律,2019(01):125—139.

农民基本生存权益满足的基础上才能更好地激发农民的腾退意愿,防止部分农户因短期利益驱动而退地进城却又无法在城市维持正常生活的风险。在宅基地退出补偿中构建多层次的退出补偿标准,应考虑诸如住房、就业等农民基本生存权保障诉求。依据农户意愿、需求以及集体经济组织条件,实现货币补偿、住房安置、就业培训安置与养老补助等多层次补偿方式,在鼓励农民退出宅基地的同时,促进农民生活水平的提高。此外,还应构建政策问询机制、听证机制,确保对农民意愿、权益及时反馈,增强农民参与感、获得感,全面提高农民宅基地流转的满意度。二是构建资格权保留制度。对于符合宅基地分配条件暂不申请宅基地或将占用的宅基地无偿退还给集体的农户,将保留其资格权,将来需要宅基地时可重新提出申请;对部分有退出意向但又不想彻底失去宅基地资格权的农户,要保留其资格权,可探索"留权不留地"、颁发地票期权等方式实现基于宅基地的特殊功能,可针对进城务工农户设置资格权延期实现制度与保留制度,通过时间换空间的方式兼顾农户宅基地资格权的保障和土地利用效率的提升。延期实现制度主要针对那些享有宅基地资格权但暂时不需要宅基地的主体,不愿意彻底退出宅基地资格权的,可以选择暂时不申请宅基地,农村集体经济组织为其保留宅基地资格权,同时向其适当发放居住补贴。保留制度是指农户在自愿退出宅基地使用权时,允许其保留再行申请分配宅基地的资格,实践中可探索通过设立优先购买权制度以彰显农民集体成员权,赋予农村集体经济组织以及内部成员在同等条件下优先购买拟转让的宅基地使用权的权利。三是构建资格权救济制度。资格权作为新兴权利,在实践中将会遭遇诸多权利侵害的问题。因此应当构建以司法救济途径为主,以调解、仲裁、行政救济等非诉讼途径为辅的多元化纠纷解决方式。将宅基地资格权纠纷纳入法院受案范围并加以审理,防止农民在资格权纠纷中诉讼无门。要立足我国基本国情和文化传统,探索适合我国农村人文环境的纠纷解决途径,既发挥法律的刚性作用,又体现民间组织的柔性作用。

三、完善宅基地使用权适度放活机制

在未来的农村土地制度改革和新型城镇化背景下,适度放活宅基地使用

权将成为一种必然的发展趋势,这意味着在宅基地"三权分置"下的宅基地使用权的权利主体将更加多元化。在渐进式改革路径之下,一蹴而就的完全市场化方案并不足取,而应该着眼构建农村宅基地使用权制度,实现使用权从宅基地权利体系中有序、高效、稳妥地分离出来,在制度革新的同时平稳过渡,使宅基地使用权在满足基本的保障功能后适度开发财产价值,以实现资源的利益平衡效果。因此,通过保障程序性权利来强化宅基地使用权流转过程中相关权利人的物权权利,实现国家、集体、农户、市场等权利主体之间的法律法规程序、市场流转程序和集体内部程序的统筹协调是防范宅基地"三权分置"风险的重要一环,这就需要有效建立起适度放活使用权中的利益诉求、流转需要和可能风险之间的相互关系。

(一) 创新使用权适度放活方式

产权行使涉及对产权的实际处置和对产权的转让与交易①,且行使方式会影响产权效用的发挥。盘活利用闲置宅基地的核心是扩大和完善宅基地使用权的权能,实现宅基地和住宅的经济价值,增加农户的收入。一是完善使用权交易方式。要在赋予宅基地使用权占有、使用、收益和处分的完整权能的基础上,创新使用权流转交易方式,允许通过宅基地出租、转让、抵押、入股、继承和置换等多种形式放活使用权,扩大农户宅基地使用权交易的行为选择权。鉴于各地经济发展水平差距较大,应允许各地结合实际,因地制宜采取差别性办法,适度放活宅基地使用权。在经济较为发达的城市郊区,重点通过宅基地使用权租赁、作价入股、抵押等方式发展第二、三产业,增加农户和集体的收入;在经济欠发达的传统农区或农村腹地,通过宅基地整理复垦、置换、退出等方式,与村庄布局重构、增减挂钩等相结合,增加农民收入;在旅游资源较为丰富的地区,可以通过宅基地使用权租赁、入股、退出等方式,将发展重点放在乡村旅游、民宿、文化创意等产业上。二是拓展使用权交易范围。适度增加使用权受让主体和用途的开放性,允许宅基地在县域集体经济组织成员中有条件

---

① 钟文晶,罗必良.禀赋效应、产权强度与农地流转抑制——基于广东省的实证分析[J].农业经济问题,2013,34(03):6—16+110.

流转,按县域内农村集体经济组织成员、县域外农村集体经济组织成员、下乡创业、下乡居住的优先序, 逐步纳入受让人范围,且要严格限制受让宗数和面积, 防止圈地和炒作。允许宅基地在符合规划的条件下以满足外来人口自住、发展休闲观光养老等产业为主,灵活用于各类经营性用途,减少对宅基地的非必要管制,提升宅基地产权价值。鉴于宅基地使用权具有不可直接转移性,宅基地流转中对受让人的保障不足,因此有必要创设宅基地法定租赁权制度,当农户的住宅所有权因买卖、赠与、继承、遗赠、抵押等处置情形而发生转移时,受让人对其宅基地和住宅享有法定租赁权,由受让人支付租金,以此克服宅基地使用权无法对外转让的障碍。三是探索多元化抵押融资模式。按照法定程序,可先由全国人大常委会授权国务院在局部试点地区进行突破法律的试验,而后再将试点地区的普适性经验全面推开,并在总结试点经验基础上制定更加详细和具有可操作性的《农村宅基地抵押融资试点办法》,具体规定农村宅基地抵押的概念、设定方式、权利与义务、抵押权行使、抵押权消灭、抵押权的实现以及法律责任等内容。在实践中,可灵活采用直接抵押融资模式、"担保公司+反担保"模式、农户共同担保模式、批量授信模式等。

（二）健全使用权交易市场机制

只有建立健全健康的宅基地流转市场,才能构建出宅基地使用权流转的新秩序,减少利益相关者之间的不公平竞争、形成稳健的价格机制、在市场自由竞争中形成健康的供求关系,从而最大程度减少宅基地流转风险的不确定性。首先,要加快建设制度更规范、审批更透明的宅基地全国统一市场,参照城市住房交易机制制定合理完善的土地交易规则和定价机制,将宅基地使用权交易统一纳入农村产权交易流转平台,完善宅基地和农房的一体确权登记,在交易规则、交易服务等方面,予以法律和政策上的支持,使宅基地的转让市场能够与城市建设用地市场逐渐并轨,实现平等对接,引导农民自愿进行宅基地有偿交易,为宅基地使用权转让的供需双方提供良好的交易平台。其次,要结合各地实际的经济发展水平和资源禀赋差异,引进第三方中介机构和专业人员,对不同经济发展潜力的农村地区宅基地及村民自建房的财产价值进行合理评估指导,确保交易的公平性,并保证本集体经济组织及其成员在同等条件下享有优先购买权。再次,构建相应的社会化服务体系,包括市场监管、金融支持、法律咨询等服务,严格审核宅基地供需双方的资格条件,加强宅基地交易流转的事前审批、事中监管和事后评估,防止城镇工商资本对农民权利的侵占,同时化解信息不对称、熟人"杀价"等客观存在的问题,为交易双方提供一个方便快捷的交易平台。最后,明确农村产权流转交易市场的公益性,明确政府在建设农村产权流转交易市场中的主体责任,充分发挥其在农村产权制度改革中的支撑作用,强化监督管理与指导服务,为农村产权流转交易市场提供安全保障,推动农村产权流转交易公开、公正、规范运行。政府应逐步完善集体土地基准地价,并以此建立宅基地使用权流转服务平台,为流转双方提供交易信息发布、交易价格参考等服务。

(三)完善宅基地收益分配机制

在宅基地"三权分置"中,增值收益分配是利益冲突的核心与风险发生的根源,这就意味着宅基地"三权分置"不仅要做大蛋糕、创造价值,也要切好蛋糕、分配利益。能否妥善处理利益关系,是决定宅基地"三权分置"改革成败的关键。土地增值收益本质是对于土地发展利益的平衡,宅基地的增值收益不仅来自土地开发带来的土地增值,也包含基于土地管理而产生的土地价值转移,单纯采取"涨价归公"或者"涨价归农"的利益分配模式在实践中易导致农村集体土地的发展权益被侵害等现象。因此宅基地增值收益分配主体既包括基于所有权人而参与分配的农民集体经济组织、基于集体成员权而参与分配的农民、基于土地使用权而参与分配的土地开发者,也包括基于土地管理权、土地开发权而参与分配的国家。完善宅基地增值收益分配格局的重点在于,在理顺国家、集体和个人间的权利关系基础上,建立各级主体间合理的增值收益分配制度,减少他者的寻租空间。

宅基地增值收益应以利益分享为基础,妥善处理主体之间的利益冲突,构建各依其权、各获其利的公私共享分配格局。在农村集体经济组织分配层面,应结合宅基地使用权流转方式的特殊性,以尊重农民的意愿为前提,建立起完善的利益分配机制,以保障农民、农村集体经济组织的分配利益,鼓励建立起现金分配、股权分配等多种利益分配制度,通过提留公益金、管理费等方式来保障农村集体经济组织利益。在国家分配层面,增值收益分配应更注重初次分配与再分配的利益体现。针对初次分配,应侧重于国家在宅基地增值收益分配格局中的参与。基于土地开发权以及公共基础设施的提供,国家应通过依法收取土地出让金等方式参与土地增值收益的初次分配,以实现宅基地增值收益社会共享的政策目标。需要提高法律制度的立法层次和可操作性,应由全国人大制定或增设土地出让金等相关制度,同时注意与土地税收制度以及与土地管理法等法律的衔接,尽量避免矛盾和重复现象。在再分配层面,面对宅基地使用权流转的逐步开放,相应的税收政策也应逐步完善。国家应通过完善宅基地使用权流转的增值税、所得税等税收制度来弥补初次分配格局中的利益失衡,确保二次分配正义,以此保证宅基地使用权流转所产生的社会效益实现。增值收益分配机制的构建,让城市资源有正规的流入渠道,将城市的经济资源、科技资源、文化资源引入农村,补充农村的发展资源,培育新型发展主体,打破固有的农村资源单向输出的城乡壁垒,促进城乡资源双向流动,实现融合发展。

(四)优化使用权流转监管机制

有效实现市场化流转的关键是合理确定流转范围,目前多数试点在实践中将流转范围扩展至县域范围内的集体经济组织成员,但并未达到预期的改革目标和成效。基于充分显化农民财产权益和有效保障农民居住的双重目标,要在强化使用权流转监管的基础上,有序拓展使用权的流转范围。一是合理选择监管主体。将宅基地流转监控职能下放到基层政府、村委会和村民,建立三维监督体系,防止假借"三权分置"之名,行建设用地指标流转、增减挂钩之实。探索在集体经济组织内部成立理事会、监事会等机构进行农村事务的管理和监督,发挥村民理财小组、监事会等自治组织在宅基地的收益分配及使用管理中的作用。同时,有效防止村民对宅基地使用权的错误认识以及私权过度扩张而侵害公权的行为,进而维护宅基地集体所有权和公有制的主体地位。二是科学设定流转范围。参照城市建设用地相关规定,吸收试点地区的改革成果,按照债权性流转期限和物权性流转期限相结合的方式,合理设定使用权流转法定期限、流转规模、流转范围及功能用途,兼顾资格权主体和使用权主体的预期①。有效规避城市闲置资本下乡炒地、囤地等行为,可针对宅基地使用权市场化流转出台严格的限制规定,不允许流转买卖多处宅基地及对增值收益部分进行征税,防止投机炒作。要因地制宜做好宅基地再利用的产业规划与承接,避免扎堆开发乡村旅游、民宿等项目,降低市场经营风险,防止农村宅基地二次闲置。此外,还应引入环境评估、安全审查、消防监管机制,将宅基地使用权行使的生态效用、安全效应等纳入测评范围。三是加强交易流程监管。应通过保障程序性权利来强化相关权利人的物权权利,同时实现国家、市场与集体三个主体之间的法律程序、市场流转程序和集体内部程序的统筹协调。法律程序要加强对宅基地流转的行政审查,重点对农户的宅基地是否存在超标超占等问题、使用是否合理、欲进行宅基地流转的范围、流转用途是否合法进行审查。交易监管要强化交易合规性监督,农户宅基地流转须经集体经济组织同意,并在乡镇公共资源交易中心统一登记备案管理。由村集体完善村庄规划和宅基地利用内部规范,发挥集体内部自治和监督功能,维护宅基地及农房利用的规范性,提升集体宅基地治理水平。

四、调适宅基地国家管制权调控机制

宅基地"三权分置"既要在适应农户宅基地需求变化过程中实现动态平衡的过渡,有效解决宅基地高效利用问题,又不能因松弛宅基地管制而使农民权益受损。从土地管制理论的视角看,通过加强所有权和资格权管制,宅基地能够继续为农民基本住房权利提供保障;而通过放松宅基地使用权管制,能够促进大量闲置宅基地的有效利用,激活城中村、城郊村和经济发达村宅基地的财产属性,使其成为农民增收和乡村振兴的突破口②。在全面推进乡村振兴的战略背景下,除了完善宅基地产权制度等私法安排外,还应通过更多的用途管制和再分配调节等公法约束,从取得条件、土地规划和计划、审批、批后监管

---

① 江帆,李苑玉.宅基地"三权分置"的利益衡量与权利配置——以使用权为中心[J].农村经济,2019(12):57—65.

② 乔陆印,刘彦随.新时期乡村振兴战略与农村宅基地制度改革[J].地理研究,2019,38(03):655—666.

与闲置土地治理等方面加以优化,调适宅基地的管制机制。

（一）厘清宅基地管制权责

宅基地管制权作为政府对宅基地用途或宅基地开发强度变更的宅基地开发权进行管理约束的规范表达,所维护的社会公共利益不仅反映为社会公共主体的需要,而且也与作为集体成员的农民的基本需求直接相关,他们的利益往往影响着整个社会的公正形象与良好秩序①。调适宅基地管制权首先应当明确政府行使公权与市场主体私权的边界问题,厘清宅基地所涉公法规范与私法规范,确保两种不同性质的法律规范在各自的空间运行,从而使这些规范发挥出不同性质的制度功能。

第一,厘清政府行政管制边界。宅基地分配、使用、流转制度的运行主要属于私法领域,应当由《民法典》加以规定。政府应行使公共管理职能,重点对规划管控、用途管制、耕地保护等涉及公共利益部分进行监管。政府应该在涉及公共利益的范围内进行行政执法。当前我国土地行政主管部门主要通过土地规划和用途管制的方式维护公共利益,行政机关可以通过乡村规划的方式划定农村宅基地的自主范围,乡村规划由代表农民集体的集体经济组织和政府共同制定,由宅基地行政主管部门用行政处罚的方式对占用耕地等侵犯公共利益的行为进行规制。

第二,划清政府部门管制权责。新修正的《土地管理法》规定,农民利用宅基地进行建设的,由乡镇政府审核批准。为此,要进一步划清县、乡、村三级及国土规划、农业农村局、城管执法等政府部门在宅基地管理上的职责边界,明确宅基地规划供给主体,做好省级宏观规划、县级中观规划与农民居住发展意愿的衔接工作,不断强化宅基地资源管理责任和执法能力,探索宅基地管理的社会自治机制和政社协同机制。作为农村土地管理的主导者,地方政府应该依据法律法规赋予的职责,负责本行政区域内土地的管理和监督。其中,乡镇政府应建立宅基地统一管理机制,统筹宅基地用地审查、乡村建设规划许可、农房建设监管等职责,加强对宅基地申请、审批、使用的全程监管。同时,

---

① 江帆.经济法的价值理念和基本原则[J].现代法学,2005(5):118—122.

要进一步增强基层一线土地监管队伍力量，明确县、乡、村各级部门的国土资源监管责任，构建起涵盖国土、规划、城管、住建等职能的快速反应执法机制。有效发挥村委会和农村相关协会组织的土地利用监督作用，既要赋予其驻村执法监督的权力，也要切实提高其履行职责的能力。

第三，强化农村集体治理权能。在农村土地集体所有的制度框架下，"公有私用"是宅基地产权制度的基本特征，而我国农村最微小而完整的产权与治理单元是村民小组。农村宅基地资源的整合利用，关键在于强化村组集体的宅基地治理能力。一是充分行使规划使用权。农村集体经济组织应统筹考虑农村稳定发展及农民生产、生活、生态需求，科学布局宅基地，有序安排宅基地开发空间和时序，以保障农民建房用地需求。二是有效发挥监督管理权。农村集体经济组织应加强对集体成员宅基地申请前的资格审核和申请后利用行为监督。同时，在政府部门指导下，农村集体经济组织应积极参与宅基地分配利用中的资格认定、标准制定、建房管理、开发利用等多方面的管理活动。三是持续完善利用处置权。针对宅基地利用中存在的"一户多宅"和"多户一宅"现象，应强化村民集体的宅基地所有权能，重申宅基地的公共资源属性。在保障房屋财产权的前提下，强化村社内部对宅基地资源的回收、调整、调剂、整合利用，完善以村委会或村民集体经济组织为中介的村内和跨村宅基地流转平台，引导村民集中居住。

（二）调适宅基地管制重心

总体而言，调适宅基地国家管制权，应重点做好数量管控、用途管制和规划制定三方面工作。

第一，规范数量管控。数量管控重点强调宅基地规模问题，主要包含总量控制和存量激活两个层面。就总量控制而言，制订科学合理的供地计划要求尝试赋予地方政府一定的自由裁量权以应对市场经济变化带来的挑战，更多地采用预测性指标，使城乡土地利用规划的编制方法更具灵活性。就存量激活而言，目前我国农村仍存在大量的闲置宅基地。因此，制订科学合理的供地计划也有必要实施土地的节约集约利用，鼓励土地使用权的市场化流转，尝试多种方式盘活和利用存量和闲置宅基地。尤其要重视农村中批而未用、用而未尽的宅基地,使得地尽其利、物尽其用,增加农业农村现代化过程中农村建设用地的有效供给,降低城市化进程中非农建设对农业用地的刚性需求。

第二,严格用途管制。横向维度要在乡村发展规划中明确入市流转的宅基地可以用于发展的新产业新业态种类和规模,并严格限制在此类经营性用途,不得擅自变更。除此之外,对宅基地使用权人纵向维度利用宅基地也应进行严格监管。由于经营性的宅基地从自用变为面向不特定主体,应建立宅基地的开发利用强度的管制标准,在利用规划中对宅基地的开发强度作出明确的规定。此外,还应该建立严格的责任机制。如果出现宅基地继受人改变用途的情况,资格权人和所有权人均有义务进行干涉,对违反宅基地利用约定和管理制度的行为进行惩处。

第三,合理制定乡村规划。乡村规划是一个涉及农村全域土地利用、经济发展、公共服务保障、乡土文化复兴等多内容、落实城乡整体发展策略的综合性发展规划,本质是一项指导和规范乡村地区综合发展、建设及治理的公共政策,应重点解决乡村经济生产、公共设施供给以及政府、市场和村民等不同主体之间的互动关系。在理念上,充分考虑、统筹乡村空间中各种产权主体的发展诉求,在充分认识各类主体对于乡村的意义和价值的基础上,按照正确的价值观安排优先次序和空间秩序,将村庄规划的制定作为宅基地"三权分置"改革的前提和基础。在实践上,从更为客观、长远的视角理性把握乡村发展,从时空多维视角综合统筹、处理要素之间的复杂关系,从社区规划中汲取营养,加强空间布局与设计的能力,推进"多规合一",优化农村居民点布局和生产、生活、生态空间,划定村庄集中居住区,探索建立"规划住宅区"的规模宅基地区片报批方式,完善并严格执行宅基地面积标准。要全面建立"以村委会为主体、以户籍为基础、以规划为红线"的宅基地统筹管控利用机制,将宅基地"三权分置"与区域经济发展密切联系,逐步实现村土地利用规划、村庄规划、产业发展规划以及生态环境规划等村级规划"多规合一"全域覆盖。

(三) 创新宅基地管制方式

宅基地"三权分置"对于宅基地使用权的界定和开放必然推动乡村产权

主体的多元化,乡村的主体性也会因不同产权主体的组合而形成多样的特征。作为乡村振兴制度体系的重要组成部分,宅基地管制的目标应以乡村振兴的总体要求为指引,助力宜居乡村建设、确保土地合理利用、营造地权实现环境。

第一,创新市场监管方式,营造有序市场环境。相较于城市土地的市场化,我国农村土地的市场化仍有很大的改革空间。为推动农村宅基地"三权分置",可借鉴城市土地市场化经验,出台宅基地市场监管法律,设置土地监管机构、制定市场运行规范、搭建市场交易平台、建立市场准入退出机制,以规范的依法治理替代简单的行政管理,综合运用经济手段、行政手段和法制手段,打击违法行为,规范执法行为,纠正市场运行偏离状态,逐步引导宅基地市场化运作进入规范化轨道,形成进退有序、流动通畅、优胜劣汰的竞争市场。

第二,创新行政审批制度,强化批后监管治理。宅基地申请的特点是小规模、零散,审批层级复杂,容易暗箱操作。解决这一问题的关键是从审批程序上着手完善,探索为符合福利分配宅基地条件的农民先安排建房用地,然后统一审批和核销用地指标的制度,并且通过公示审批过程确保这一制度仅用于宅基地的福利分配方式。同时,要强化批后监管和闲置土地治理。发挥农业农村、自然资源等部门的协同作用,利用网络、遥感等现代科技手段,加强动态监测和监督检查,及时纠正查处违法违规行为,确保不损害农民权益、不改变土地用途、不破坏农村生态环境。与此同时,要在强化监管的同时提升服务质量。地方政府要以产权交易的服务需求为导向,发挥信息资源优势,在政策引导、资金投入、监督管理等方面扮演主导者角色,构建一个与之相配套的社会化服务体系,提供协调仲裁、法律咨询、信息供给、合同签订等服务,为宅基地产权交易双方提供一个方便快捷的"交易平台",以化解信息不对称、产权碎片化以及"熟人社会"议价方式带来的交易难题。

第三,加强工商资本监管。有序引导工商资本下乡,支持和鼓励工商资本参与宅基地"三权分置"要建立健全相应的监管机制。一方面要完善资本下乡准入和监管机制。建立工商资本流转宅基地面积和期限控制制度,完善工商资本流转宅基地资格审查和项目审核制度,以县乡两级人民政府为主,对工商企业开发利用宅基地的主体资质、经营项目、流转用途、产业属性、环评结果等进行审查审核,既鼓励其依托闲置宅基地和农房发展新产业新业态,建立紧密的农企利益联结机制,也要防止其利用信息资源优势阻碍农民公平分享土地增值收益。另一方面要建立健全工商资本流转宅基地风险防范机制。通过公开市场规范工商资本流转宅基地行为,推行宅基地流转合同电子和纸质双备案制度,引导土地流转双方签订书面合同。按照流入方缴纳为主、政府适当补助的原则,建立健全宅基地流转风险保障金制度。

第五章　宅基地"三权分置"风险的形成机理

宅基地"三权分置"作为一个贯穿着合目的性与合规律性对立统一关系的主体实践活动[1]，本质上是在约束条件改变情况下对宅基地制度的均衡化"重新求解"，其核心价值在于通过一系列新规则、新规范以及新程序的制定为相关主体的行为活动提供结构性框架，减少结果的不确定性，进而实现宅基地外部利润的内部化。然而，作为一个复杂适应系统，宅基地"三权分置"本身具有不对称信息背景下的复杂特质和试错性质，存在分形、混沌、协同、突变等非线性特征，必然具有风险的本体论、存在论根源，既是应对风险的理性选择，也是生成风险的重要源头[2]。正是因为这种运行逻辑和作用机制的存在，使得这一制度系统整体的稳定性、方向性和必然性中蕴含着局部的波动性、随机性和偶然性，从而导致宅基地"三权分置"也会存在因制度环境、产权安排、产权实施而引致改革预期目标偏差的风险。在事实逻辑的拷问下，推动宅基地"三权分置"改革不能过度依赖确定性的"工程思维"，而应更多导入不确定性的"社会思维"，既要从动力机制出发解析其运行规律与驱动因素，也要立足风险机理对其复杂特征和具体实践进行全面检视。由此，宅基地"三权分置"风险机理构成了识别和规制这一制度创新风险的前提，在很大程度上能够解释宅基地"三权分置"风险"为何存在""如何存在""何以存在"等基本理论问题，进而使我们能够在更加系统、更为辩证的框架下形成对宅基地"三权分置"风险的整体性认知和体系化理解。

---

[1]　李艳艳.马克思恩格斯历史发展动力观的理论超越及其当代启示[J].马克思主义研究，2019(01)：97—105.

[2]　杨雪冬.风险社会、治理有效性与整体治理观[J].行政论坛，2016,23(03)：1—7+115.

第一节　宅基地"三权分置"风险的理论特征

当代社会,随着各种全球性风险的出现,人们对风险的反思成为现代性发展中的一个重要事件,正是在这种反思中,有关风险的问题成为一种普遍话语。风险概念的现代性背景和不断容纳相关概念的复杂性和开放性,使跨学科的讨论和词源学或概念史的回溯都不足以引出一个普适性的规范表述,不同风险概念的语义和语用背后的本体论、认识论和价值论才是其哲学底蕴所在。从本质上审视宅基地"三权分置"风险,需要超越事理层面感性认知和学理层面简单抽象,从哲理层面进行建构、阐释和运用。

宅基地"三权分置"风险可以被定为制度创新进程中系统内由主体自身决定引发的潜在的、未来的可能危害,更加强调风险生成与制度创新的关联以及制度创新主体在风险产生过程中的作用,具有客观性与主观性、潜在性与现实性、破坏性与发展性、变异性与可控性等多维二重性特征。

一、客观性与主观性的统一

一方面,宅基地"三权分置"风险是作为一种客观现象而存在的,既不是人们主观臆断的结果,也不是人们带有某种情感因素的随意确定,而是作为整体的制度系统与作为部分的制度子系统之间以及作为制度系统的诸构成因素之间,在相互联系、相互影响、相互作用过程中由于某些目标的偏离和作用力的偏向而形成的客观结果。宅基地"三权分置"风险的客观性源于制度运行的客观性,只要制度以某种方式运行着,制度系统的整体与部分之间以及制度系统的诸构成因素之间就会相互联系、相互影响和相互作用,这种相互联系、相互影响、相互作用一旦发生目标的偏离和作用力的偏向,就会产生风险。另一方面,宅基地"三权分置"风险又是高度主观的,是认识上的构想,是一种复杂的后现代性风险。宅基地"三权分置"风险与人们的行为有直接或间接的关系,既是一种客观事实,又是一种认知体验。作为一种认知体验,拥有不同资源禀赋、生活经历、知识背景的主体对宅基地"三权分置"风险的理解不同,做出的反应也是不一样的,因而风险具有主观建构性的特征。

二、依附性与多源性的统一

宅基地"三权分置"风险并不是一种独立的存在,它是与宅基地产权配置活动相联系并依附于宅基地产权制度安排的"异化"现象,实际上就是宅基地"三权分置"制度功能另一面中存在的制度现象。这是宅基地"三权分置"风险沿着制度创新规律的轨迹形成的不确定性状态的秩序,这种秩序源于发展中的各种影响因素的相互作用力,是影响变量的平衡力、作用力和溶解力的状态或趋势,且这些风险不是相互独立的,它们之间是彼此影响和互动的,共同依附于宅基地"三权分置"这一制度系统。由于宅基地"三权分置"具有嵌入性,所以,多源性是宅基地"三权分置"风险的另一特征,其风险的生成、演化是由多重因素或多个变量交织耦合而成。宅基地"三权分置"风险始终贯穿于制度设计、制度执行等各环节。然而,其现实表现还包括宅基地集体所有权身份的落实、宅基地使用权租赁关系契约机制尚不健全、农村居民住房权益保障用地与基本农田保护和生态环境保护之间的矛盾等。

三、潜在性与现实性的统一

一方面,宅基地"三权分置"风险作为一种不确定的因素,具有潜在损益的可能,其本质并不在于它正在发生,而在于它可能会发生,是一种还未成为现实性的危机,从可能变为现实尚有一段距离,还有赖于其他相关条件,这就是宅基地"三权分置"风险的潜在性。具体表现为宅基地"三权分置"风险何时转变为危害具有不确定性,在哪个领域出现也难以确定,风险最终产生积极后果还是消极后果也具有不确定性。正是这一特征使得我们可以利用相关方法和技术,预测和识别风险;或改变风险发生的环境条件,减少和控制风险。因此,宅基地"三权分置"风险被认为是控制将来和规范将来的一种方式。另一方面,宅基地"三权分置"一些风险正在发生和变为现实,这与风险的潜在性并不矛盾。一言以蔽之,宅基地"三权分置"风险是一种虚拟的现实和现实的虚拟的复合体。因此,充分认识到宅基地"三权分置"风险产生的潜在性,有助于我们认识到防范风险的紧迫性,以积极态度应对风险。

四、破坏性与发展性的统一

狭义的风险强调风险不确定性带来的损失,广义的风险强调高风险也可能带来高收益。宅基地"三权分置"风险作为不确定性对制度目标的影响,一方面意味着矛盾和冲突的不确定性,带有负面效应,另一方面也在附带危险的同时,预示着机会和发展。尽管所有的宅基地"三权分置"风险并非都能直接转化为具体危机,但任何一种宅基地"三权分置"风险相对于制度的良性运行与和谐发展来说,都是一种隐患所在。从这个意义上来说,宅基地"三权分置"风险具有明显的破坏性。但风险不仅意味着潜在的损害,也意味着潜在的收益,具有或然性,是以这种或那种方式出现的损害或利益的产物[1],它可以看作是积极结果和消极后果的结合体。风险不只是某些需要进行避免或者最大限度地减少的负面现象,它同时也是从传统和自然中脱离出来的、一个社会中充满活力的规则[2]。人的创新活动的动机与人的创新活动的目的并不总是完全吻合,创新的来源与创新机会的发生可能是不可预测的。创新的目标中可能含有以前很少或者根本没有的经验基础去做关于结果的预测。不可预测与不可捉摸、不确定性等都是人们创新活动中一个尤为重要的关键词,而正是这些关键词体现了宅基地"三权分置"风险的发展性特质。

五、变异性与可控性的统一

宅基地"三权分置"风险的变异性作为风险不确定性的具体表现是指风险会在时空维度上发生变化。在时序维度上,宅基地"三权分置"风险有其内在演变规律,是各种特征自我展现的过程。在这个过程中,利益主体的参与、外部环境的变化、内部结构的转变都可能会改变风险的演变,结果可能会往坏

---

① 奥特弗利德·赫费.作为现代化之代价的道德[M].邓安庆,朱更生,译.上海:上海世纪出版集团,2005:65.

② 安东尼·吉登斯,克里斯多弗·皮尔森.现代性:吉登斯访谈录[M].尹宏毅,译.北京:新华出版社,2000:47.

的方面发展,也可能往好的方面发展,从而为这一制度改革提供机遇。在空间维度上,宅基地"三权分置"风险的可变性表现为不同资源禀赋、文化背景下,这一改革风险由于可能会与不同的自然条件和社会条件相结合,在与不同的外界条件相互作用下,风险可能产生危害的大小也会发生变化,从而在不同区域呈现出不同的表现类型和发生可能。宅基地"三权分置"风险的变动性还可以这样理解,宅基地"三权分置"主体面临的风险种类随着社会的发展而发生变化。随着参与主体认识能力的不断提高,识别风险的能力得到提高,风险意识也大大增强,人们预防和控制宅基地"三权分置"风险的能力也大为增强,这就减少了这一改革风险。宅基地"三权分置"风险的可变性为我们研究风险增加了一定的难度,但同时也为人们利用风险提供了一个机会。我们可以在风险产生的源头上减少人类可能造成风险的不正确的行为,也可以在风险向危害转变的过程中预先加以防范,更重要的是,我们可以充分发挥主观能动性,在准确把握风险的基础上,利用好社会提供的有利条件,化风险为机遇,为社会的发展创造新的动力,这又体现了宅基地"三权分置"风险的可控性。

第二节 宅基地"三权分置"的复杂适应系统

复杂适应系统理论作为系统科学与复杂理论的综合成果,由于在揭示多主体博弈构成及其演化历程模拟方面的优势而渐受关注①,并为研究土地制度变革所处的耦合"人类—自然"系统及其复杂性问题提供理论支撑②。宅基地"三权分置"作为一个由制度环境、产权安排、实施机制等诸多相互依存、相互影响、相互作用要素构成的复杂制度系统,与我国现行宅基地制度存在着逻辑依赖和边际变革的关联,具有显著的复杂性和特殊性③,只有将这一制度视

---

① 刘敬杰,夏敏,刘友兆等.基于多智能体与 CA 结合模型分析的农村土地利用变化驱动机制[J].农业工程学报,2018,34(06):242—252.

② 余强毅,吴文斌,唐华俊等.复杂系统理论与 Agent 模型在土地变化科学中的研究进展[J].地理学报,2011,66(11):1518—1530.

③ 胡新艳,许金海,陈卓.中国农村宅基地制度改革的演进逻辑与未来走向[J].华中农业大学学报(社会科学版),2021(01):26—32+174.

为在相互关联的环境中结构生成的动态过程,才能理解其运行逻辑及其风险机理。为此,本书尝试引入复杂适应系统理论,论证宅基地"三权分置"的复杂适应系统属性和特征,从而为解析宅基地"三权分置"风险机理提供理论依据。

一、宅基地"三权分置"制度系统的适应性

复杂适应系统理论强调智能主体的适应性导致了系统的复杂性,其中集聚性、非线性、流动性和多样性属于主体的基本特性;标识机制、内部机制和积木机制则是主体之间及主体与外部交流的基本机制。这七个基本点可以看作是复杂适应系统理论的充要条件,也是研究复杂适应系统的基础[1]。由于制度的互补性导致制度的复杂性,制度和其他关联制度之间的互动和调适使整个制度体系成为一个典型的复杂适应系统[2]。宅基地"三权分置"作为农村土地制度改革中头绪最多、涉及面最广,但也最能释放改革红利的一项制度,具有较强的系统性、联动性和复杂性[3],是复杂适应系统理论在人类活动与环境交互的研究方向上的典型应用[4]。随着宅基地"三权分置"研究的持续深入,越来越多的学者开始运用复杂适应系统理论来解析这一制度的复杂性、系统性和不确定性特征[5]。从复杂适应系统理论的视角看,宅基地"三权分置"可以被理解为从微观层级的多样性中所产生的宏观层级上稳定的社会规则。

（一）集聚性主体

复杂适应系统的集聚包含两个层面的含义:一是作为简化复杂系统的基本方法,通过集聚使复杂系统内部性质相似的物质集聚成类;二是作为适应性

---

[1]　Niazi Ma.Introduction to the modeling and analysis of complex systems:a review[J].Complex Adaptive Systems Modeling,2016,4(1):1—3.

[2]　约翰·H.霍兰.隐秩序:适应性造就复杂性[M].周晓牧,韩晖,译.上海:上海世纪出版集团,2011:5.

[3]　乔陆印.农村宅基地制度改革的理论逻辑与深化路径——基于农民权益的分析视角[J].农业经济问题,2022(03):97—108.

[4]　王琦妍.社会—生态系统概念性框架研究综述[J].中国人口·资源与环境,2011,21(S1):440—443.

[5]　苑韶峰,李威,李胜男,唐奕钰,张晓蕾.应用多主体复杂适应系统理论的宅基地退出补偿定价[J].农业工程学报,2020,36(03):263—270.

主体集聚并相互作用,产生更高一级的适应性主体。宅基地"三权分置"主体的集聚所具有的两种含义均有明显体现。宅基地"三权分置"过程中的各级政府、农村集体、集体农户、返乡人员、工商企业等主体的存在都是对集聚第一种含义的体现。集聚的第二层含义体现在宅基地产权主体集聚联合、共享资源、协同演进,构成宅基地"三权分置"的利益集体。这些利益集体可以进一步与外部乡村产业发展、城乡要素流动、公共服务共享等对接,涌现出新的功能。在复杂适应系统中,既没有脱离整体、脱离环境的主体,也没有抽象的、凌驾于主体之上的整体。宅基地"三权分置"主体集聚不是零星个体的任意拼凑,更不是竞争者之间的恶意吞并,而是为了形成"整体大于部分之和"的整体效应,实现个体之间相互作用的"增值"。正是不同产权主体的集聚构成了纵横交错、上下贯通的宅基地"三权分置"制度系统。

(二)非线性关系

宅基地"三权分置"的利益主体在复杂变化的外部环境中,会根据外界的土地政策、市场信息、资金融资等的输入而采取不同的行动,产生适应性的反应。这种与外界的互动、主体间的相互作用以及在动态系统中的适应性行为都是非线性的。一是利益主体差异化的利益诉求。作为异质性的利益主体基于不同的利益诉求和价值取向,都有各自的目标和动机。二是利益主体差异化的历史经验。由于不同的知识背景、认知能力、资源禀赋和组织形态,宅基地"三权分置"不同类型的利益主体分别都有不同的发展经历,以往的历史留下的痕迹和经验会影响当下的行为。三是利益主体之间复杂的适应行为。在宅基地"三权分置"中,各利益主体之间实际上是一种既协作又竞争的关系,再加上利益主体与外部环境之间的相互作用,系统的结构愈加复杂。四是人为因素的影响。从单个个体角度看,人是有意识有主动性的实体,个体的观念、情感、认识水平、行为方式等存在着十分明显的差异,而且这种差异会随着时间、地点、条件的变化而变化;从集聚角度看,其构成看似分散的个体的人,而实际上是群体的人、组织的人、社会的人,而群体行为、组织行为、社会行为的发动、协调和控制又要比个体行为复杂得多。五是集聚中不确定因素的作用。由于上述种种原因,宅基地"三权分置"主体集聚存在大量不确定因素,致使其发展、变化过程呈现出时间上的不对称性与不可逆性,这种不确定性将导致主体集聚的非线性。

（三）流动性资源

宅基地"三权分置"中权利主体与外界的信息、资源、资金等动态流都有着密切关联,不仅各主体之间存在着持续的以土地、农房、产权、利益为核心的资源流动,而且主体与外界之间也有信息、价格、知识、技术等资源的交换,这种资源流动对制度运行绩效有着重要影响。首先,资源的流动可以打破静态的平衡,形成一种非平衡状态,推动宅基地产权配置的涨落与演进。其次,具有特定结构和功能的资源在产权主体之间及产权主体与外部环境之间顺畅流动,能给相应主体注入更多的创新资源,从而产生乘数效应和再循环效应。再次,资源的流动能促使宅基地产权主体通过"学习"进行资源共享、能力互补,实现利润的溢出效应、创新的累积效应及要素的优化效应。在宅基地"三权分置"中,管制权主体、所有权主体、资格权主体以及使用权主体之所以要寻求合作,形成集聚体,就是因为各自利用宅基地资源的能力不足,因而只有通过合作共享的方式,发挥各自在宅基地利用中的优势,使宅基地这一资源要素在集聚中流动。宅基地产权配置的形式可能多种多样、千差万别,但利益主体都有一个共同的动机——获取其他主体的资源,包括资金资源、人力资源、土地资源、市场资源等,因此,宅基地"三权分置"产权集聚体的形成过程可以部分地看作寻求互补资源的过程,而产权集聚体发展、进化的过程则是各种互补资源流动、重组、产生乘数效应和再循环效应的过程。

（四）多样性构成

在非线性的动态环境中,宅基地"三权分置"各适应性主体会根据自身不同的经验和目标,相互作用产生多样性的产权配置和交易情况、多样性的系统运行规则,使得宅基地"三权分置"具有多样化的特征。一是主体构成的多样性。宅基地"三权分置"不是一个或几个孤立的方面的组合,而是由产权配置链条上各个环节交织而成的复杂系统工程,产权分置是由共同需要且资源优势互补的不同产权主体合作共享、相互交换而实现的,具有不同性质、不同禀赋、不同特征的所有权主体、资格权主体、使用权主体和管制权主体虽处于同一个系统,但各主体相关联的特定时间位置、空间位置和功能地位是不同的,即各自处于不同的生态位,这就形成了集聚体主体构成的多样性。二是作用方式的多样性。由于利益诉求、社会分工、社会责任、能力素质、禀赋资源和行为标准的异质性,宅基地产权主体不仅在产权配置目标、能力、行为模式等方面存在差别,而且各自运行与合作的"历史""经验"不一样,因而相互作用的方式和对环境的适应方式具有多样性,适度放活的方式既有政府主导模式,也有市场驱动模式,还有集体自治模式等。三是集聚形式的多样性。宅基地具有居住保障、财产价值、社会保障、生态承载、文化传承等多重功能,其产权配置和交易方式的路径也基于功能属性的差异具有多样化的特征和需求。

(五)适应性机制

宅基地"三权分置"权利主体基于实现宅基地外部利润内部化的共同目标,相互集聚在一起,利用标识、内部模型和积木机制与外部环境相互作用,主体之间相互适应,并不断进行学习、积累经验,改变自身行为机制,从而在更高层次上产生涌现的特性。宅基地"三权分置"系统中不同利益主体之间的集聚过程并不是随意发生的,而是由于政策标识、产权标识、利益标识、价值标识等的存在使得不同的主体按照相同点进行集聚。在宅基地"三权分置"中将各主体集聚起来的特征,除了各主体与土地的供需关系、交易土地的类别等特征,各主体追求的目标比如公平、效率和利益,也是重要标识,通过这些标识,各个产权主体得以集聚起来。宅基地"三权分置"的内部模型就是宅基地的产权配置内部规则。产权主体的行为和发展路径不是事先构建好的,在感知到环境变化时,这些产权主体会根据现有的知识结构和以往经验,重新分配资源和规划创新活动,通过相互关联合作发生黏着以应对环境变化,形成某种内部模型。宅基地"三权分置"的积木是宅基地产权配置交易内部模型的基础元素,包括用于厘清各产权主体间关系的博弈理论以及促进宅基地产权配置及交易规则形成的政策工具的配置与组合等,但这种组合不是任意的,必须遵循一定的规律。宅基地"三权分置"是由所有权、资格权、使用权以及管制权等主体积木块构成,这些积木块同样也是由下层次的积木块组合而成。宅基地"三权分置"主体的微观机制体现的是产权主体、要素以及与环境之间的联系。这种联系依赖于各产权主体之间的反馈、学习机制。产权主体具有学习新知识的欲望和提升自身能力或价值的愿景,这种诉求使这些微观产权主体主动地与其他主体、环境、要素进行互动、交流学习。

二、宅基地"三权分置"制度环境的复杂性

宅基地"三权分置"离不开一定的制度环境。这些制度环境通过形塑政府、集体、农户等多方主体的行为方式和互动逻辑,界定风险转化的空间,不仅制约着宅基地"三权分置"的选择集合,而且决定着宅基地"三权分置"的交易费用。由于我国具有独特的社会制度、文化底蕴、产权安排等宏观情景特征以及人均低资源禀赋、城镇化背景下人口流动与聚集、交易成本较高等微观情景特征,宅基地"三权分置"在宏观层面呈现出丰富异质性和高度复杂性,这种独特性不仅仅是因为个体性或偶然性的因素,而是有其稳定的制度根源①,并且是多层次的制度根源。

(一)法治环境的不完善

在宅基地"三权分置"中,法律的重要性日益凸显,规定着宅基地所有权、资格权、使用权、管制权等权利主体的行动空间,影响着宅基地产权纠纷化解和产权配置风险处置的效率。然而我国与宅基地"三权分置"相关的法律法规尚有明显的滞后性和不完备性。我国现行的宅基地法律法规是基于"两权分离"背景下的立法构造,这种以保障农户居住功能为逻辑起点的法律体系还不能满足"三权分置"改革的实践需求。2018年中央正式提出宅基地"三权分置"改革之后,各地纷纷开始践行改革,但宅基地"三权分置"入法还处于学术讨论和立法酝酿阶段。

宅基地"三权分置"实践与相关法律不完备的内在矛盾,使得产权实现过程中产生的各类经济风险难以通过法律渠道进行化解。伴随宅基地市场交易范围的拓展,特别是人格化交易向非人格化交易的转变②,经济风险的化解问

---

① 周雪光.中国国家治理的制度逻辑:一个组织学研究 [M].北京:生活·读书·新知三联书店,2017:8.

② 钱颖一.市场与法治[J].经济社会体制比较,2000(03):1—11.

题日渐凸显。原因在于,对于非人格化交易而言,传统的以熟人社会的人际关系网络为基础的信任体系和社会规则体系几近失效,而正式法律规则的建立和实际运行又存在诸多问题。换言之,旧的治理机制已经失效,新的治理机制尚不完善,经济风险缺乏制度性的化解机制。概言之,宅基地"三权分置"改革的推进对既有治理机制提出了挑战。

（二）社会环境的变革性

宅基地"三权分置"承载的不是一个单纯的流动性增强、资源配置效率提高的功能,它是在发展战略与约束条件的组合背景下,利益相关者围绕宅基地配置而交互作用的产物。在我国经济社会发展过程中,以城镇化、工业化和市场化为主要内容的经济社会转型,在推动农村土地产权制度变迁过程中扮演了重要角色。当前,中华民族伟大复兴战略全局和世界百年未有之大变局同步交织、相互激荡,我国正经历着一场包括城乡结构、就业结构、产业结构、阶层结构等在内的全方位的社会结构转型。经济发展方式转变、结构优化、动力转换,结构性、体制性、周期性问题相互交织,创新驱动、协调发展、环境保护等需求前所未有,地区差距、城乡差距、收入差距依然较大,人民对美好生活的向往更加强烈。我国的乡村社会是一个交织着经济、政治、社会、法权、文化、民族、历史乃至地理诸多方面因素或条件的具有浓郁乡土风格的村社共同体,展示出丰富多样的区域社会的独特性。新世纪以来,国家推动下的城乡融合发展促使城乡之间制度壁垒持续松动,乡村从一个相对封闭的超稳态结构快速过渡到以人口高流动性为特征的异质性、结构分层社会。同时,乡村振兴战略下新一轮的治理资源下乡促进了村治中利益主体的分化,使村庄治理场域不仅包含着情境性和综合性的治理事务,还内生出对于解决多元主体间冲突的治理需要。发展理念转换改变了农地与地方政府激励之间的对应关系,农民流动和分化改变了农地与农民个体之间的对应关系,人口结构和消费结构变动改变了农地与粮食安全目标之间的对应关系,基本公共服务均等化则改变了农地与社会保障机制之间的对应关系。这些深刻的、系统的社会变革需要宅基地"三权分置"在现有约束条件下实现更为高远、宏大的战略目标。在这样的变革时代,发展战略更加突出协调性、持续性、高质量,更加突出共同富裕和美好生活需要目标的达成,这意味着与宅基地产权制度关联的约束条件正在发生变动,宅基地"三权分置"处于不断变化的外部社会环境中。

(三) 市场环境的渐进性

市场是制度环境的另一个基础性构成部件,它既深深嵌入社会中,又可能往脱嵌于社会的方向摆动①。市场制度包含产权保护、决策自主、价格机制、公平竞争、契约原则等一系列构成要素,影响着社会行动者的物质性实践与符号性活动。对于经历市场转型过程的我国社会而言,市场制度在各个领域的建立、兴起和扩张是特别明显的。市场在资源配置中发挥越来越重要的作用,产权保护力度和决策自主空间越发彰显,价格机制日益广泛地引导供求匹配,竞争规则愈发明晰,契约原则逐渐深入人心,是当代中国社会的基础性制度环境。作为一个正处在体制转型阶段的国家,我国农村经济改革是以政府与市场关联方式变化为主线的,改革的核心在于对政府与市场关系进行适应性调整。这种渐进性改革是在坚持中国特色社会主义前提下,国家通过设置新的激励变量来解决旧体制的效率问题。宅基地"三权分置"的关键是在对宅基地所有权上游市场规范的同时,更为充分地激活下游市场,即使用权在不同主体之间的流动和交易,促使宅基地流转价格成为反映下游市场相对稀缺性的核心变量,下游市场放松还意味着城乡之间资本、劳动力等要素的双向流动增强,资本下乡、技术下乡能够得到土地制度的支持,各类微观主体在城乡间配置要素的自主性增强。

三、宅基地"三权分置"制度安排的层级性

制度安排嵌入制度结构中,制度安排效率不仅取决于自身,还取决于制度结构中其他制度安排实现它们功能的完善程度②。任何制度都是一个结构性的框架,具有层次关系,经济制度不会以理性设计的形式必然地从外部环境中

---

① 卡尔·波兰尼.大转型:我们时代的政治与经济起源[M].冯钢,刘阳,译.杭州:浙江人民出版社,2007:15—20.

② 林毅夫.关于制度变迁的经济学理论:诱致性变迁和强制性变迁[M].//罗纳德·H.科斯等.财产权利与制度变迁:产权学派与新制度学派译文集.刘守英等,译.上海:格致出版社,2014:260—283.

自动生成,而是被社会地构成的①。宅基地"三权分置"不仅是解决土地资源分配与降低交易费用的工具,更隐含着支持乡村振兴战略、保护广大农户利益的前置目的,是一个具有内在结构且由独立存在的各要素构成的复杂制度系统,包含着若干不同层级的制度维度,一些制度维度对改革有推动作用,但有一些制度维度也可能产生阻碍作用。当不同制度维度的发展速度和变化方向发生差异时,一个制度环境内部就会产生不同制度维度上的摩擦和碰撞②。

(一) 宏观制度结构

在宏观层面,宅基地"三权分置"既是一种政治制度安排,也是一种社会组织制度安排,还是一种财产法律制度安排。作为新时代我国宅基地制度改革的核心取向,宅基地"三权分置"是乡村振兴战略下城乡融合发展机制体制框架下的派生制度,对国家发展战略有着很强的依附性,服从并服务城乡融合发展宏观制度体系,并与农业经营制度、乡村产业制度、乡村金融制度、社会保障制度、城乡户籍制度、农民就业制度、乡村规划制度、生态治理制度、基层组织制度等相互嵌套、相互关联,共同支撑乡村振兴战略的实施。除此之外,宅基地"三权分置"还存在不少有关农村土地制度的风俗习惯和价值理念等非正式制度。这些非正式制度虽然不是由国家制定并以国家强制力保障实施的,但在一定区域范围内由于得到广大社会成员的普遍认可,具有规范和制约人们的价值观念、思维方式以及社会行为和社会发展的作用,对个体行为、社会关系、社会互动、组织行为等都存在深刻影响。正是在这个意义上,观念等非正式制度成为社会学重要的分析概念和视角③。这些非正式制度本身也是有层次的:第一层次是基础的价值观念,属于隐性层面的约束,主要包括家族意识、念土情结等。由于它仅是思想层面的约束,其对个体行为的规范性和约束力较弱,其约束下个体行为的不确定性最强。第二层次是农地生产和交易

---

① 马克·格兰诺维特.社会与经济:信任、权力与制度[M].王永雄,罗家德,译.北京:中信出版集团,2019:23.

② Shi W,Sun S L,Yan D & Zhu Z.Institutional fragility and outward foreign direct investment from China.Journal of International Business Studies,2017,48(4):452-476.

③ 周雪光.组织社会学十讲[M].北京:社会科学文献出版社,2003:72—85.

中形成的习俗惯例,是第一层次中某些观念的显化,包括亲邻先买、找价回赎等与农地相关的习俗惯例。其对个体行为的规范性和约束力居中,其约束下个体行为的不确定性降低。第三层次是村规民约,是对第二层次"取其精华,去其糟粕"后的进一步显化,包括具体的村规民约、村民自治章程等。其对个体行为的规范性和约束力较强,违反村规民约的行为会受到惩罚,这极大地降低了个体行为的不确定性。

（二）中观制度结构

在中观层面,宅基地"三权分置"与多种农村土地制度相互嵌套。宅基地是农村土地的一个类别,宅基地制度是土地制度的一个组成部分,宅基地"三权分置"则是"三块地"改革的一个方面。宅基地"三权分置"是在2018年中央一号文件第九部分第二项"深化农村土地制度改革"中提出的。这表明宅基地"三权分置"是农村土地制度改革的重要一环,其顶层设计必须兼容承包地"三权分置"、农村土地征收、集体经营性建设用地入市等相关土地制度改革。从用途和功能上看,宅基地也是建设用地,宅基地"三权分置"必然与集体经营性建设用地入市、城乡统一建设用地市场建立相关联;宅基地使用权作为用益物权、他物权,必然与集体土地所有权具有不可分割的关系,与农村集体经济产权改革相关;宅基地资格权是农民集体成员享有的、保障农民住有所居的权利,与农村集体经济组织相关;集体土地所有权被征收时,宅基地使用权必然与集体土地征收改革发生联系;宅基地从农用地转换用途而来时,又涉及与耕地保护政策的衔接协调。

在妥善处理宅基地"三权分置"与集体建设用地入市、农村集体产权改革、集体土地征收改革等的多重嵌套关系中,地方政府为深化宅基地"三权分置"改革也会制定数量日益增多、质量参差不齐的地方性法规和地方政府规章。这些地方法律法规在保障宅基地"三权分置"因地制宜、有序推进的过程中发挥着极为重要的作用。但不可否认,由于各级各类地方立法主体复杂、类型多样,由地方性法规和政府规章构成的法律规范内部也难免发生冲突。

（三）微观制度结构

在微观层面,"三权分置"是宅基地制度改革的重要组成,但绝不是全部。

分置方案的设计必须协同宅基地取得、使用、退出、审批、管理制度等。宅基地"三权分置"是对宅基地产权的重新界定,而产权也是多层次的,在现实中客观存在着个人产权、家庭产权、企业产权、区域产权、国家产权、全球产权等不同层次的产权,产权之间的关系包括相同层次产权之间的关系和不同层次产权之间的关系①。宅基地既是农户重要的生产资料,也是重要的生活资料,兼具居住保障、财产收益、生态宜居、文化承载等多重功能②。宅基地的经济属性具有非公共产品的排他性,生态性、社会性和文化性的属性具有公共产品的非排他性。因此,宅基地"三权分置"是涵盖经济、政治、文化、社会、生态等多种属性的产权安排,面临极其复杂的产权关系,需要与交易制度、价格制度、财税制度、监管制度、规划制度等一系列制度协同。同时,宅基地"三权分置"本身也是具有丰富内涵的制度约束,宅基地所有权、使用权、占有权、支配权、处置权等共同组成了产权制度束,对产权制度各层次制度的不同规范会形成不同的产权设置,各层次之间也存在兼容互补的关系。宅基地所有权是集体所有,而宅基地上的房屋财产权归农民所有,属于私有财产,这种集"公权"与"私权"于一身的宅基地制度,为改革的推进带来了难度,既要体现宅基地的集体所有权,又要保障农民的基本居住权和房屋财产权等合法权益。因此,宅基地"三权分置"与其他制度的兼容以及产权制度体系内制度单元的兼容成为制约产权制度绩效的重要因素。

四、宅基地"三权分置"实施机制的嵌入性

宅基地"三权分置"复杂系统特征不仅体现在静态结构上,也体现在动态实施中,以明晰产权、赋能放活为核心的宅基地"三权分置"制度安排是产权功能得以实现的重要基础,但只是引导外部性内部化、激励与约束和减少不确定性功能的必要条件,而不是充分条件。宅基地"三权分置"功能的实现还有赖于制度实施机制。然而,宅基地"三权分置"实施机制则是一项复杂的社会

---

① 昝廷全.系统产权理论[J].中国传媒大学学报(自然科学版),2013,20(02):1—6+28.

② 张清勇,刘守英.宅基地的生产资料属性及其政策意义——兼论宅基地制度变迁的过程和逻辑[J].中国农村经济,2021(08):2—23.

互动工程,因为宅基地"三权分置"一经设置就成为外在于人的具有公共物品属性的客观存在,它必须依托社会权威和社会公众的认同,即社会主体对其所蕴含的价值认同与服从,而社会权威的有效性与社会公众的认同度不仅取决于制度安排本身的合理性,也取决于制度安排对于治理场域的恰适性。我国目前正处于经济社会转型阶段,这样的背景下身处其中的宅基地"三权分置"面临着异常复杂的实施场域。这种复杂性体现在不同的制度在同一个场域内形成了多种多样的互动关系,包括替代、冲突和互补等,使得嵌入其中的宅基地"三权分置"面临更多的挑战。

(一) 实施主体的多元性

宅基地"三权分置"需要广泛的实施资源予以保障,这一过程是集聚各级政府官员、农村基层组织、亿万农户等实施主体合作网络多个子系统和具体实施资源的系统工程。将多元实施主体聚合在一起的是具体的实施目标和实施任务或实施问题,这些目标犹如"标识"一样集聚制度实施主体的资源、统合多元主体的实施行为。在具有不同利益目标、认知能力、价值理念和行为模式的产权主体组合在一起的合作中,不同的权利主体具有相对独立性,他们各自拥有独特的制度诉求、行为规则和环境适应能力,不同规则之间的交互影响产生了多样化的产权实现方式和产权配置内容。同时,这些产权实施主体的综合素质各不相同,有些具有丰富的经验和认知,有些还只停留在熟悉和把握政策的层面,这就导致制度在施行时具有天然差异性和不确定性。从地方政府的角度看,在复杂动态演进的制度运行环境中,地方政府推进宅基地"三权分置"的行为是根据与外界交互作用和其他适应性主体的行为动向而采取的行为,而且其行为还具有遗传性基因,受限于已有的知识结构和改革路径,不同适应性主体对于同产权实施问题的创新理念和行为存在显著差异,制度运行成本与收益间的生产函数是一个非线性方程。从农民的角度看,伴随着新型城镇化、工业化、信息化和农业现代化的协同推进,引致城乡要素不断交互重组,使得传统乡村特征和社会经济形态发生转变和重构。由此,农民也发生了分化,其制度身份与职业、收入和空间特征发生了不同程度的分离,在农民分化背景下,宅基地对于分化农民的功能多样性和重要性发生了变化,分化农民的土地产权诉求发生了变化。所以,宅基地"三权分置"实施效果无法进行简单的线性预测和估量。

(二) 实施客体的复杂性

我国传统农业社会长期具有"耕者有其田""居者有其屋"的社会价值取向。宅基地作为农村集体组织分配给集体成员用于建设住宅以满足其居住需求的土地[1],是一个带有浓厚中国文化韵味的独特土地类型,构成了我国农村人口赖以生存与发展的多功能复合空间,是农村地域系统人地关系交互耦合的核心[2]。这种土地承载着社会保障、财产价值、生态涵养、文化延续、社会稳定、心理预期等多重功能,且呈现出显著的区域差异。在推进中国式现代化进程中,伴随着乡村发展和居民生活的结构逐渐复杂化,宅基地功能间出现"此消彼长"的权衡关系或"同增同减"的协同态势,尤其是在实施乡村振兴战略背景下,不同类型村庄由于在自然、社会、经济、文化等方面的禀赋差异,促使宅基地多功能间权衡与协同关系强弱存在差异。

宅基地作为集体土地资产的重要组成部分和农民房屋财产权益的必要空间载体,还是国家在农村地区实行社会福利制度的有力资源保障,是耦合土地与房屋,联结公权与私权,平衡效率与公平,关涉国家、集体和个人的具有多重价值目标与复杂利益纠缠的关键要素种类。宅基地"三权分置"是由管制权统摄下的所有权、资格权与使用权的分置,囊括着人地关系、房地关系、村户关系、占用关系等,呈现出一幅独特和复杂的图景,是我国土地制度改革中"最为独特、最为敏感、也是最难决断"[3]的领域,既要在适应农户宅基地需求变化的过程中实现动态平衡的过渡,又不能因松弛宅基地管理而使农民权益受损。从重要性看,这一制度是维持农村社会稳定的重要基石,事关2亿多户、近6亿农民的利益。在城乡二元结构尚未完全打破、农民市民化进程还不够顺畅的现阶段,农民在农村有房有地对于社会大局稳定至关重要,切实保障农民基本居住权是最根本的一项民生需求。从复杂性看,这一制度产权关系多元交

---

① 桂华,贺雪峰.宅基地管理与物权法的适用限度[J].法学研究,2014,36(04):26—46.

② 刘彦随.中国新时代城乡融合与乡村振兴[J].地理学报,2018,73(04):637—650.

③ 刘守英.农村宅基地制度的特殊性与出路[J].国家行政学院学报,2015(03):18—24+43.

织。房地一体化的不可分割,使其所涉产权异常复杂,没有宅基地农民就建不成房屋,宅基地所有权是集体所有,而宅基地上的房屋财产权归农民所有,属于私有财产,必须受到法律的保护。集“公权”与“私权”于一身的宅基地,既要体现宅基地的集体所有权,又要保障农民的基本居住权和房屋财产权等合法权益。从独特性看,宅基地历史遗留问题与现实矛盾交织叠加。现实中,“一户多宅”“面积超标”“违规占用”现象并不都是农户有意违规形成的,不少是在特定历史背景下“合法”形成的遗留问题。而宅基地利用面临的现实矛盾各不相同,不同地方的宅基地供需矛盾不同,管理方式也存在差别,两者交织叠加,宅基地制度改革既要解决历史遗留问题,又要进行制度创新以适应新时代农村社会经济发展的需要。

（三）　实施场域的异质性

基于发展中大国的基本国情特点,我国农村地域辽阔、类型多样,不同区域、不同类型农村人地黏度、资源禀赋、要素市场发育程度差异较大,这些差异不仅存在于东中西部之间,也存在于同一地区的近郊和远郊之间。宅基地“三权分置”改革涉及的农户高达 2.6 亿,分布在全国 1800 多个县市、近 4 万个乡镇、60 多万个乡村,足见其数量大、情况复杂[1]。在不同经济社会发展阶段下的乡村地域,宅基地财产性功能和基础性住房保障功能之间的关系具有时间性、空间性和动态性的特点[2],造成不同区域和不同阶段下其主导权能的配置不同,进而在不同层面影响宅基地“三权分置”的逻辑和路径。

一方面,乡村的异质性规定了乡村潜在发展方向,进而规定了宅基地“三权分置”的实现方式;另一方面,宅基地“三权分置”的实现方式形塑乡村异质性,进而对乡村发展方向产生重要影响。在经济欠发达地区,市场活力较低、产业基础落后、城乡要素双向流动性较弱,农户的收入水平和生活条件较低,且这类地区常年处于人口净流出状态,人地关系较为宽松,因此土地价值较

---

① 张成玉.不同资源禀赋条件下宅基地改革模式比较研究[J].上海国土资源,2022,43(01):6—11.

② 李国正,王浩宇,查紫振等.可资本化下宅基地禀赋对农户异地创业影响研究[J].中国人口·资源与环境,2020,30(09):146—155.

低,宅基地仍然以居住属性为主,农户对适度放活宅基地使用权的态度较为保守。在经济较发达地区,农户收入和生活条件相对较好,其住房需求层次不再局限于基本的保障型居住需求,而是对住房质量、居住环境等提出了更高的要求,产生了改善型需求。这类地区也积极探索实现宅基地与农房的经济属性,通过引进社会资本,盘活农村闲置宅基地与农房,助力乡村产业发展。在经济发达地区,市场活跃度较高、产业基础较好、城乡要素双向流动性较强,农户住房需求层次不再局限于基本的保障型居住需求,而是呈现多元化的特征,改善型需求和投资型需求更加突出。

（四）实施过程的交互性

宅基地"三权分置"经由科层体系逐层向下输送的过程并不是单向度的简单的被执行过程,而是一个内部充满张力与平衡的实践过程。从横向维度看,制度、主体、生活三者之间交互作用,主导着一定层级宅基地"三权分置"的实施。按照日常生活方法学的基本观点,社会成员往往从其所在的生活环境中形成行动的常识、程序和思考的范围,并以此为依据认识与解释现实世界,从而将日常生活与制度结合起来,形成制度制定与执行体系嵌入日常生活情境的认知。中国农村土地产权制度,既是规划性变迁过程中国家自上而下构建的结果,又受到了自下而上的传统社会关系和价值规范等因素的影响,正式规则和非正式规则联结在一起决定着地权的实施过程,这个过程具有契约性、象征性和关系性等混合特征,制度的均衡应该是多种多样的。毫无疑问,宅基地"三权分置"一经发布和实践就能重塑生活,但是,在高度韧性的生活领域面前,这一政治制度与日常生活之间的关系是复杂的。

乡村作为宅基地"三权分置"的实施场域,是一个复杂的网络结构系统,在这个复杂的网络结构之中分散着技术化和制度化的各类治理要素,链接着多元化主体之间纷繁复杂的互动关系,各个主体对于宅基地产权的处置不是自由的,宅基地产权是嵌入乡村治理场域之中的,不仅受到乡村横向网络中政府、市场和社会等多元利益主体的交互建构,而且受到纵向网络中以国家为主体的制度规范和个体日常生活价值的交互建构。在宅基地"三权分置"横向网络中,现阶段我国乡村社会已经由先前单一化的权力主体转变为多元化的治理主体,既有村党支部、村民委员会、村民小组、村民议事会、村民理事会、村民监事会、乡村精英以及普通村民等内部型主体,也有基层党政机关、外来企业、公益性社会组织以及外来务工经商人员等外部型主体,还有通过资本、自然资源等媒介联结乡村内、外主体而形成的其他治理主体。乡村治理主体在我国乡村治理实践中具有内生性、多样性、地域性等特征,涉及公权主体、私权主体、自治主体等众多主体,主体来源非常广泛,涵盖多个层级,各个主体具有不同的地位和功能,治理方式的侧重点也不同。有些主体是自治型主体,强调民主基础上的村民自治,如村民委员会、乡村其他社会组织、村民等;有些主体是德治型主体,强调治理过程中的道德权威,如传统老人、新乡贤、乡贤理事会等;有些主体是法治型主体,强调运用法律政策手段进行治理,如乡镇党政机关等。这些主体初步构成了乡村治理现代化的多元主体体系,多主体的共同在场使宅基地"三权分置"治理空间中交织着行政权力、村庄治权、经济权力和道德权威等权力类型,这些不同力量在微观乡村社区场域之中通过以产权为中心的利益关系而联结在一起,形成了多元主体互构、相互嵌套的社区场域,从而对宅基地"三权分置"功能的实现产生重要影响。

第三节　宅基地"三权分置"的风险发生机理

制度作为一种根据角色和场景的关系界定适宜行为的相互联系的规则和惯例的集合①,可以在不同层次上以不同的抽象程度存在,而且不同层次的制度对特定对象的影响性质和作用力度也都不一样②。每一种制度都存在着一种核心逻辑,即在制度的约束下,个体的理性行为遵照制度安排和行动机制,引导这一领域中的行为方式和行动取向。但是由于同一领域中存在着多重制度逻辑的共同运行,并且这些制度逻辑存在着持续的竞争关系,导致若干制度

---

① 迈克尔·D.贝勒斯.程序正义——面向个人的分配[M].邓海平,译.北京:高等教育出版社,2005.158—164.

② Scoot W R. Institutions and organizations (2nd Ed) [M]. London: Sage Publications, Inc., 2001:83.

逻辑间的相互冲突和妥协①。宅基地"三权分置"作为一个主体多元、结构复杂、情景异质、影响广泛的复杂适应系统,深刻嵌入中国特色的政治、经济、社会和文化等制度场域之中,不仅是外在的制约结构,更是制度实践中各方参与者行动结构化的产物,是一个多元行动主体之间充满策略性互动的实践过程,包含多重过程和各种制度要素间的安排组合。多元主体之间既有合作关系,又有利益竞争,不同的主体由于制度逻辑不同、目标不同,行为活动也会有差异,多重制度逻辑相互影响、效应叠加或抵消,表现出博弈内生的激励偏性或不相容等问题。

一、宅基地"三权分置"的多重制度逻辑

制度逻辑作为由一系列规则、文化和信念秩序等构成的对人的认知和行为产生影响的制度安排和行动机制②,体现在政府、市场、合作、专业、家族、宗教、社区等多个层面。任何制度秩序都会根据各自的中心逻辑,建构其组织原则与制度安排,从而塑造主体的行动机制与行为方式③。由于复杂制度环境中制度逻辑往往是重叠的,使得参与主体在组织场域中面对并利用多重制度逻辑。多重制度逻辑的分析框架强调宏观制度逻辑与微观群体行为的关系基础以及在此基础上制度变迁的内在性过程④。宅基地"三权分置"嵌入中国特色的政治、经济、社会和文化等相互关联的复杂制度场域中,在这一复杂制度场域中,中央政府、地方政府、农村集体、集体成员以及使用主体等主体的行动和角色反映了塑造宅基地"三权分置"的五个制度逻辑——政治逻辑、科层逻辑、治理逻辑、发展逻辑、市场逻辑。

---

① Pache A C,Santos F.Inside the hybrid organization:selective coupling as a response to conflicting institutional logics [J].Academy of Management Journal,2013,56(04):972-1001.

② Roger Friedland, Robert R. Alford. Bringing society back in: symbols, practices and institutional contradictions[M].Chicago:University of Chicago Press,1991:232-263.

③ 沃尔特·W.鲍威尔,保罗·J.迪马吉奥.组织分析的新制度主义[M].姚伟,译.上海:上海人民出版社,2008:15.

④ 周雪光,艾云.多重逻辑下的制度变迁:一个分析框架[J].中国社会科学,2010(04):132—150+223.

（一）中央政府的政治逻辑及策略行为

产权作为社会成员共同遵守的一项正式制度,是由国家主导的一项基础事务。正如马克思和恩格斯所强调的,"一切共同的规章都是以国家为中介"①。中央政府的政治逻辑具体表现为针对经济和社会问题而制定和实施国家层级政策的过程,更多是从经济社会的宏观目标及乡村振兴的总体目标来考虑宅基地"三权分置"的方向和路径。从国家治理的角度看,宅基地"三权分置"基于国家利益的实现和践行社会公平的基本逻辑。在社会利益上,中央政府给农民赋予了更多的土地权利,能够强化农民的市场能力;在经济利益上,不仅希望激活农地资源、振兴乡村经济,也期望坚守耕地红线、保障粮食安全;在政治利益上,主要目的是保障农民住有所居、农民安居乐业、城乡社会稳定。

中央政府在宅基地"三权分置"中的策略行为则有强制性特点,主要表现为有权制定政策、贯彻落实、进行监督等。任何一项政策或法规,一旦确立,就必须层层落实,认真执行,否则将受到法律的制裁或其他相应的处罚。同时,这一规则得到法律、意识形态、国家组织机构等多方面的支持。宅基地"三权分置"是在中央政府领导下进行的,中央政府在宅基地"三权分置"中起主导作用。

（二）地方政府的科层逻辑及策略行为

地方政府在宅基地"三权分置"中承担着监督和管理职责,既要维护中央政策的权威性,也要根据其经济发展阶段水平、生态环境保护、农地禀赋现状等因素相机决策,积极寻求经济效率的最优化。在政治利益和社会利益中,地方政府与中央政府保持一致,但在经济上却表现出一定的土地财政冲动。地方官员不仅要维护社会稳定,还要努力发展经济。当宅基地"三权分置"并不属于刚性的考核指标时,地方政府更愿意在保障农民建房需求的基础上,对闲置宅基地进行盘活利用,并对城乡建设用地进行统筹规划利用,提高城乡建设用地利用效率,促进地方产业和经济发展。总之,地方政府与中央政府的行为

---

① 马克思,恩格斯.德意志意识形态（节选本）[M].北京:人民出版社,2003:76—77.

存在一致性,但地方实践也有区域性差异。

(三) 农村集体的自治逻辑及策略行为

农村集体经济组织是由合作社、人民公社发展而来的,作为宅基地所有权的主体,是联结政府与农民的重要纽带,发挥着承上启下的作用,在宅基地土地财产处置中处于主要地位。我国《土地管理法》明确规定,农民集体所有的土地依法属于村农民集体所有的,由村集体经济组织或者村民委员会经营、管理。换言之,行使宅基地集体所有权,发挥农村集体经济在宅基地经营管理中的自治功能,应是农村集体职责立场之所在。

宅基地所有权隶属于农村集体经济组织,宅基地使用权与房屋所有权则归集体成员所有,其权利交织与公私混合决定了农村集体经济组织行为较为复杂,集合了个体理性和集体非理性的特征[①]。相比中央政府和地方政府,农村集体容易受组织成员个体理性影响,在个体理性整合过程中又易诱发集体非理性。农村集体经济组织基于社会保障功能以福利形式无偿供给宅基地,但无偿获得又促使集体组织成员因个体理性而尽可能扩张宅基地,以实现公共利益向自身利益的转化[②]。另外,农村集体经济组织行使宅基地所有权的各项权能存在集体非理性,即产权虚置可能导致民主议事及监管不力。一方面农村集体要负责贯彻落实政府的指令和要求,履行自身应有的职责;另一方面,农村集体经济组织在宅基地"三权分置"中具有自身的利益诉求。作为农民利益表达的发言人,农村集体经济组织在宅基地"三权分置"改革中具有获利期望;作为农村土地资源的所有权主体,农村集体经济组织可以凭借其在宅基地使用和分配中的主导地位探索村庄产业发展,实现壮大村集体经济、提升村民整体福利水平的目的。

(四) 农户个体的发展逻辑及策略行为

农户在宅基地"三权分置"中起着重要作用,直接影响宅基地产权配置的

---

① 杜焱强,王亚星,等.中国宅基地制度变迁:历史演变、多重逻辑与变迁特征[J].经济社会体制比较,2020(05):90—99.

② 刘圣欢,杨砚池.农村宅基地"三权分置"的权利结构与实施路径——基于大理市银桥镇农村宅基地制度改革试点[J].华中师范大学学报(人文社会科学版),2018,57(05):45—54.

效率和交易成本,进而影响相关主体的利益。中央政府之所以始终强调坚持农民主体地位、充分尊重农户意愿,也正是基于农户在宅基地"三权分置"中的重要性。农户作为"理性人",也同样具有自我利益立场,即固守个人私利的需要,会积极寻求自身福利水平和收入水平的最大化。随着收入水平的不断提高,农民渴望获得与城市居民同等的住房权益,能够对宅基地和农房进行抵押、流转,从而实现宅基地和农房的资产价值,满足投资需求,最大化其经济收益,并提高自身福利水平,并希望通过对宅基地权益的明晰和界定,使农村居民内部、城乡居民之间以及本村农户与外来农户、留守农户和外出务工农户之间获得相对公平的住房权益保障。与此同时,随着我国经济社会的快速发展,农户自身也开始逐步分化,逐步发展成为务农型农户、兼业型农户、非农型农户和离乡型农户①。农户分化的异质性带来的经济社会地位的变化对农户的财产权利价值认知和产权偏好产生影响,造成其对农村财产权利的依赖程度的差异。不同区域、不同类型的农户对宅基地制度改革的利益诉求既有一定的差异性,也有相应的共同性。传统农区农民在宅基地权利上的显性诉求是可治理化,即政府社会协同推动农村闲散、细碎、闲置、不规则宅基地的高效利用,有效满足和提升改善居住生活条件;而工商业发达的农村区域,农民在宅基地权利上的显性诉求是财产化,更多期望通过宅基地财产价值的释放,增加自身的财产收益。总体而言,作为"理性人"的农户,在宅基地"三权分置"中,其利益诉求主要包括获得经济收入、改善居住条件、获得更多就业机会、获得更为完善的社会福利保障等。

（五）使用主体的市场逻辑及策略行为

市场逻辑是指市场主体在遵循市场规律的前提下,为了获得利益最大化而采取的一系列市场行为。放活宅基地使用权后会形成农户、市民、企业等多元受让主体参与的新发展格局②。宅基地使用主体是"三权分置"中新的使用权的需求方,出于追求自身效用最大化的目的,必然寻求土地取得成本最小化

---

① 郑凯文.基于"结构—行动"分析框架的宅基地退出机制研究[D].杭州:浙江大学,2019.

② 王成,徐爽.农村宅基地"三权分置"的制度逻辑及使用权资本化路径[J].资源科学,2021,43(07):1375—1386.

和产权交易的安全性,迫切希望通过明确土地流转的合法性降低隐性流转带来的产权风险和交易成本①。对于城市市民和工商企业而言,都有利用农村宅基地房屋资源的愿望。随着城乡融合发展进程的加速推进,城乡之间的联系更为紧密,城市市民中的中高收入阶层希望到故乡或风景秀丽的地区购地建房,享受农村的优质环境资源,并希望通过土地实现储值保值增值;工商资本则将宅基地和农房作为谋取利益和储值保值的手段,希望通过投资开发,实现自身经济利益最大化。在宅基地"三权分置"中,农户之外的宅基地使用主体主要是通过俘获国家投资带来的宅基地增值收益来实现资本获利②,利用参与农村闲置宅基地和闲置农房的再开发再利用,通过租赁、合作经营等方式获得农户宅基地和住宅的使用权或经营权,从事生产经营活动,其根本诉求更多是为了获得经济收益。对于城市市民和工商企业而言,虽然其用地需求是拉动宅基地"三权分置"的一个重要动力,但这种需求还必须通过地方政府或者农民集体的供给行为才能得到满足,其作为宅基地"三权分置"中的"制度适用者"和"非完全自主行动主体"③,并无法直接对制度演进起到决定性作用,但他们的用地需求会以强化农民土地权利、减弱政府干预市场、推动乡村建设等理由表现出来。

二、宅基地"三权分置"的制度逻辑博弈

宅基地"三权分置"制度系统演化的动力源于参与主体的适应性、主动性,系统中每个智能体都有一定的认知能力和学习能力,整个系统的运行都有其知识论基础和智能性特性,但每个智能体都不是完全理性的,也不是严格按照效用最大化进行决策。在宅基地"三权分置"这一复杂场域下,行为主体在受正式产权制度安排影响形成自身职责立场的同时,又由于习俗、利益等非正

---

① 林津,刘向南,吴群.宅基地制度的优化路径研究——基于财产权益纠偏的分析框架[J].农业经济问题,2021(06):89—99.

② 刘升.宅基地的资本化运作及政治社会后果[J].华南农业大学学报(社会科学版),2015,14(04):29—36.

③ 孙阿凡,杨遂全.集体经营性建设用地入市与地方政府和村集体的博弈[J].华南农业大学学报(社会科学版),2016,15(01):20—27.

式制度的客观存在,使他们处于追求自身利益最大化的利益立场,这样,职责立场与利益立场之间博弈与妥协的结果就形成了他们在这一场域中的制度安排和具体行动指南,即制度逻辑。而宅基地"三权分置"中多元行为主体基于自身制度逻辑的互动博弈则成为包括风险在内各种现象产生的根源。

(一) 动态博弈的层次

宏观层次博弈中,中央政府和地方政府都在尽力追求自身收益的最大化。中央政府的博弈策略是一种共同知识,地方政府据此再选择自己的最优博弈策略,二者实施宅基地"三权分置"的前提条件是改革效用水平的提升。微观层次的博弈中,地方政府在中央政府领导下制定适合本地的具体措施,在此基础上农户选择是否赞成这些措施。因此,地方政府的博弈策略是一个共同知识,农民在已知地方政府博弈策略的情况下选择自身的博弈策略,希望通过改革提高自身的效用水平。对于地方政府而言,它也要充分考虑宅基地"三权分置"对农民利益的影响,在可能的限度内争取对农民有益的制度安排,赢得农民对改革的支持。因此,地方政府的博弈策略除了受到中央政府博弈策略的约束,还要受到农民博弈策略的影响。

宅基地"三权分置"宏观与微观层次博弈是相互联系的互动博弈整体,宏观博弈结果会通过地方政府传递到微观层次,微观博弈结果也会通过地方政府反馈到宏观层次中去[①]。事实上,外界环境的不断变化会对宅基地"三权分置"构成压力,促进其进一步调整,且中央政府、地方政府和农户个体三个博弈主体可以通过模仿、试错和学习过程不断地调整自己的策略。因此,各主体的博弈是一种动态进化博弈。中央政府会根据地方政府反映的情况以及自己直接获取的信息对制度框架进行调整,创造出一个能够适应新形势的制度环境;地方政府也会在执行中央方案时根据实际情况尤其是农民的反映对实施方案进行适当调整;农户个体在落实"三权分置"中也会将自身的要求向地方政府甚至是中央政府反馈。宅基地"三权分置"正是在宏观层次的"选择"和

---

① 陈国波.我国农地制度改革的双层次互动进化博弈模型分析[J].生态经济,2009(10):48—51.

微观层次的"突变"两者的互动中逐步形成并加以实施的。在宏观层次的"选择"中,中央政府通过试点探索、总结经验,选择全国范围内的改革方案,这种经过实践检验的改革方案必然具有一定的优势,能够得到地方政府和农民的支持,此时就会达到一种进化稳定状态,这种方案也会成为一种进化稳定策略;在微观层次的"突变"中,地方政府和农户个体本身具有一定的信息优势,中央政府制定的方案可能不能完全满足他们的制度需求,他们便会在潜在利润的激励下进行自发的制度创新,提出一些适合自身情况的完善意见,中央政府会对这些意见进行甄别选择,并经过试点后加以吸收,最终在全国范围内推广,从而达到一个新的进化稳定均衡。

(二) 动态博弈的过程

宅基地"三权分置"利益博弈所带来的优势主要取决于两个方面:一是协同和竞争这两种机制在同一系统中的相互作用,相关主体的利益实现活动是相互关联的,它们的相互协调和步调一致,它们在另外一些领域的竞争则有助于促进这些领域的不断改进和效率的提高;二是协同竞争的不易模仿性,利益主体的博弈机制所创造的竞争优势具有一定程度的模糊性,这种模糊性造成了竞争优势的持久性和不易模仿性,从而给竞争对手增加了竞争难度,使竞争对手在已阐明的经验面前束手无策。

一方面,宅基地外部利润实现过程的分解与整合。在宅基地"三权分置"中,外部利润的内部化过程不是由单一主体来完成的。产权分置过程中,一些新的产权主体得以加入,并在某个环节建立起新的竞争优势。这些新主体的进入使一些原有主体在竞争中处于劣势,并迫使他们不得不放弃某些利润实现环节,从自身的比较优势出发,选择若干环节培育核心竞争能力,重新确立自己的优势地位。同时宅基地外部利润实现过程的不断分解会出现更多相对独立并具有一定比较优势的利润生成环节。这些原本属于某个利益链的环节一旦独立出来,就未必只对应于某个特定的利益链,它也有可能加入其他利益链中去,于是出现了新的利益网络。在利益网络中,通过利润实现过程的分解与整合,几个甚至多个主体在一个完整的利润实现过程中,各自选取能够发挥自己最大比较优势的环节,携手合作,共同实现宅基地外部利润的内部化全过程,从而能够最大幅度地降低宅基地产权交易成本,实现更大的收益。宅基地外部利润实现过程的分解与整合是利益主体之间进行博弈的首要程序,也是博弈产生的基础。

另一方面,宅基地利益主体为了使自身的利益最大化,在选定博弈的过程中,必定会选择最优化策略,这时候竞争与协同就是其选择的分化点。由于外界环境和利益主体自身条件的不断改变,在整个宅基地产权配置增值链条中利益主体的盈利点也会不断发生变化。盈利点的变化将改变利益主体在具体外部利润实现环节上战略选择的成本和收益,从而将使利益主体就具体协同竞争环节的调整成为必要。利益主体为了使自身的利益最大化,在选定博弈的过程中,必定会选择最优化策略,这时候竞争与协同就是其选择的分化点。在选择策略之后,随着整个价值链的变化与发展,相应的策略也随时跟着进行调整,竞争与协同又成了调整过程中的必要环节。

(三) 动态博弈的结果

宅基地"三权分置"系统中不同利益主体为获得利益期望而展开有限资源的动态博弈结果呈现三种可能:利益实际值高于期望值、利益期望值高于实际值和利益实际值与期望值吻合。前两种情况属于利益群体非均衡博弈,最后一种情况属于利益群体均衡博弈。

第一,宅基地"三权分置"利益群体均衡博弈。理论上,当利益群体间博弈结果实际值与期望值吻合时,利益群体完成既定目标,制度系统一定时期处于稳定和谐的状态,利益群体愿意保持该状态稳步发展自我,制度系统也保持稳定的演化态势。依据博弈论思想,每个利益群体不会在下一个发展阶段改变原有策略,一旦改变,博弈结果要么是其他利益群体受益,自己受损,要么是各方均收益减少或者受损①。然而,宅基地"三权分置"系统面临的外界环境是个复杂系统,复杂环境的变化使得系统内利益群体间的博弈难以长久处于和谐稳定发展的状态,势必导致下一阶段利益群体非均衡博弈。因此,制度系统在运行过程中呈现的是非均衡博弈。

---

① 艾里克·拉斯缪森.博弈与信息——博弈论概论[M].北京:北京大学出版社,2003:26.

第二,宅基地"三权分置"利益群体期望值高于实际值的非均衡博弈。实践上,当利益群体间博弈结果期望值高于实际值时,一部分利益群体的利益受到损失,期望值未实现的利益群体就会采取其他策略或手段同其他利益群体展开博弈以改变利益受损的状态。通过自身的力量改变策略后若改观了受损状态,利益群体得以自身发展,在利益群体相互作用下组织系统也得到进步;通过自身的力量长时间没有实现利益期望值,寻求外部力量无果的情况下,且利益群体自身利益诉求也未能实现时,利益群体便会滋生不良因素,导致其他利益群体利益受损,破坏组织系统的良好发展。例如被迫上楼、强制退出、补偿不足等都可能抑制农户利益诉求的实现。

第三,宅基地"三权分置"利益群体实际值高于期望值非均衡博弈。实践上,当利益群体博弈结果实际值高于期望值时,各个利益群体的利益诉求表达顺畅,利益群体的利益要求得到保障,提升了利益群体自身能力,也使制度系统在和谐稳定状态中不断发展和演化,该情况下的制度系统处于最有利的发展状态。但由于宅基地"三权分置"制度系统的复杂性、外界环境的多样变化性,利益群体受到干扰,为了实现自身利益目标值便会采取相应策略应对外界变化,利益群体博弈结果被打破,部分利益群体的利益得不到实现;利益群体博弈一段时间后,随着利益群体不断改变博弈策略,利益达到目标值,制度系统又趋于稳定和谐状态。实际值高于期望值的利益群体博弈是宅基地"三权分置"制度系统最有力的促进作用力。

综上,宅基地"三权分置"制度系统内存在利益群体均衡与非均衡博弈,均衡博弈在理论上是存在的,但更多只是昙花一现,起主要作用的是利益群体非均衡博弈。制度系统运行是短暂利益群体均衡博弈与长期利益群体非均衡博弈交替演化的过程:利益群体均衡博弈短暂维持制度系统和谐演化状态,利益期望值小于实际值的利益群体非均衡博弈可以维持制度系统较长期的和谐演化状态;而利益期望值大于实际值的利益群体非均衡博弈一定时期和程度上对制度系统的演化有阻力作用,但这种阻力也恰恰给予利益群体自我调节的动力,使得利益群体寻求更好博弈策略应对内外部复杂环境的变化;这种适应环境的应对调节是利益群体自我演化、自我进步以及向更高层次的演化。

宅基地"三权分置"系统随着利益群体自身的调节和发展而螺旋上升式地演化和运行,其中,中央政府及地方政府行为最为关键,尤其是国家决策影响制度演进的总体方向。但宅基地"三权分置"非单项改革,它无法仅仅依靠国家力量就可完成,村集体组织及其成员等也影响着宅基地"三权分置"的节奏与速度,多方的互动结果决定了宅基地"三权分置"的多样性和统一性。这进一步表明,宅基地"三权分置"是一个动态博弈过程,是多重逻辑长期交织作用的结果,但其制度安排与演进路径主要由国家决定[1]。

三、宅基地"三权分置"的制度逻辑矛盾

宅基地"三权分置"是多重制度逻辑相互作用的活动,不同的行动主体处于不同的"制度场域",被"意义构建"的成分渗透着,往往会采用不同的态度、行为与方式对特定的制度加以"阐释"和"践行"。宅基地"三权分置"多重制度逻辑相互影响、效应叠加或彼此抵消,表现出博弈内生的激励偏性或不相容等问题。

(一) 诱致需求与强制供给的错位

制度创新既可以理解为一种效率更高的制度对另一种制度的替代过程,也可以理解为规则的改变或者重新界定权利的初始边界。宅基地"三权分置"作为"两权分离"基础上的创新与发展,从需求诱致看,在新制度建立过程中,旧制度会对新制度产生障碍。人们过去的选择决定了现在可能的选择,制度变迁也可能沿着错误的路径下滑,甚至进入锁定状态,被锁定在某种无效率状态。宅基地"三权分置"本质上是诱致性因素引起的强制性制度变迁,是对"两权分离"规则的改变。但以"两权分离"为主要特征的现行宅基地制度早在 1962 年就已形成,至今已有六十多年的历史。这种宅基地制度安排与城乡二元结构体制相互作用、相互强化,形成了强大的制度惯性,制约着宅基地"三权分置"改革的扩展和深化。城乡二元体制下,农民已经形成了对农村宅

---

① 刘守英,熊雪锋.经济结构变革、村庄转型与宅基地制度变迁——四川省泸县宅基地制度改革案例研究[J].中国农村经济,2018(06):2—20.

基地居住保障功能的依赖,制度惯性转变为心理依赖,改变现状的动力相对不足。同时,处在试点探索阶段的宅基地"三权分置"兼具实施性与创制性两种属性①,离不开相应法律环境的支撑。因为制度创新是建立在既有法律以及规则基础上的,如果现存法律或规则与创新的内容不相适,将直接影响制度创新的效率。宅基地二元产权结构框架下建立的配套制度与"三权分置"制度存在诸多的抵牾,需要花费大量成本进行改革。

我国现行的宅基地法律法规是基于"两权分离"背景下的立法构造,这种以保障农户居住功能为逻辑起点的法律体系还不能完全满足"三权分置"改革的实践需求。2018年中央正式提出宅基地"三权分置"改革之后,各地纷纷开始践行改革。但在上层建筑层面,目前宅基地"三权分置"还未入法,也就是说,宅基地"三权分置"改革的法律规制是相对缺失的,宅基地"三权分置"入法还处于学术讨论和立法酝酿阶段,即便宅基地"三权分置"改革入法,按照我国的立法模式,仍需要大量的司法解释才能为法律的可执行性提供支撑。所以,宅基地"三权分置"改革在上层建筑层面的完善仍然任重而道远。目前,涉及宅基地的法律散见于《宪法》《土地管理法》《民法典》等,尚未形成一部相对完整独立的宅基地法律。《宪法》从国家根本法的层面规定宅基地的所有权归属集体,但对使用权、资格权的内涵外延未有明确指示。《民法典》以专门小节对宅基地使用权作出说明,对使用权取得、转让等处分行为作出规定,但没有宅基地资格权的相关规定。法律上的空白使得资格权创设存在法理困境。同时衍生出来的抵押权等权益也未立法,我国《民法典》对于宅基地的抵押、担保有明确禁止条款,这使得宅基地"三权分置"改革在实践中部分权益得不到有力的立法支持。2019年新修正的《土地管理法》允许"宅基地自愿有偿退出",但没有宅基地"有偿使用"相关表述,这导致"有偿使用"被部分村民认定为乱收费行为,导致改革推行难问题。适度放活使用权是宅基地"三权分置"改革的关键,但在现行的法律框架内,宅基地使用权的流转仍会

---

① 杨登峰.中国共产党百年土地政策试点的法治省思[J].法治现代化研究,2021,5(06):47—63.

受到严格的限制。新修正的《土地管理法》对此已作出相应的法律回应,但对于使用权流转范围、方式、期限等还缺少相应的细则。

(二) 共享发展与利益博弈的矛盾

制度创新的过程是在自上而下、自下而上的各个程序中由创新诉求和改革成本的反复权衡博弈所产生、替代或改变的。宅基地"三权分置"是多元利益主体博弈的结果,其核心意蕴是通过制度创新拓展宅基地产权功能、活化利用方式,达到多元利益主体在宅基地权益上的帕累托最优。这一个过程既要保证农户宅基地使用权取得的身份专属性,又要解开其他社会主体得以利用宅基地的限制和农民实现其财产性收益的制度束缚。将权利构建在这种多主体共享的形式下,各级政府对宅基地的空间规划、用途管制、宏观调控得以落实,农村集体经济组织的土地所有权得以坚守,宅基地使用权的农户身份专属性得以保障,宅基地使用权衍生的次级使用权利通过与其他社会主体共享而得以激活,实现深度挖掘宅基地资源的财产性禀赋。

实现宅基地"三权分置"增值收益共享既需要通过制度变革释放红利,又需要通过市场来配置相应资源。因此,增值收益分配要超越现代社会发展中的市场本位思路,既要个体克服对财产、资源的过度依附和个人占有,又要打破制度对财产、资源的严重束缚,打通农民财产性收入增加的通道,挖掘禀赋潜力,实现资源共享,实现各权利主体利益最大化。各主体权益实现的新路径是对传统宅基地权益实现方式的现实超越,更是对农民财产性收入增加方式的现实超越。这种权益的实现基于人与人之间关系来调整,并且这种调整是对市场逻辑、资本逻辑之下的人与人关系的调整和超越。一般来说,各主体都预期在宅基地增值收益中获取尽可能多的利益,这种取向导致主体之间的关系呈现交换关系和工具性关系,而市场为主导的"利己逻辑"容易导致增值收益分配失衡问题。共享理念倡导共同享有平等的生存发展权利,其发展过程必然围绕着人与人之间权利的平等对待,劳动付出公平的回报,现实需求得到公平的满足,自然禀赋同等开发,依此逻辑必然会促进公私权益的平等保障。共享理念下宅基地增值收益分配意味着在政府、集体、农民和其他社会主体的合力作用下,实现全部主体共同享有经济社会发展成果。但在土地用途管制下的利益分配格局,使相应权利人利益分配存在不公平的问题。首先,用途管制导致同区不同地因政策规定而出现明显级差地租高低不等,直接导致不同权利人之间收益不均。其次,农民土地产权受限,造成扭曲的土地价格。地方政府利用自身认知和信息的优势从中获取土地增值收益,作为最主要权利主体的农民、农村集体经济组织等却未能享受对应的主要增值收益。最后,区位不同的土地权利人利益分配失衡。区位理论、级差地租理论从理论上阐述了不同区位土地的级差地租,宅基地的地理分布特征在实践上进一步印证相应差别。城市内部、城乡接合部地区农村宅基地区位相对较好,拥有级差地租优势,而远郊地区农村宅基地区位优势较弱,开发潜力相对较小,由此产生了地区土地价值悬殊,导致宅基地入市增值收益区域分配失衡。

(三) 交易成本与交易收益的矛盾

从交易费用的视角看,宅基地"三权分置"可以被看作一个降低交易契约预见成本、缔约成本和证实成本,并为宅基地产权配置提供持久良性的制度创新。当前,宅基地"三权分置"过程中出现的诸多障碍,归根结底是交易成本与潜在收益之间的矛盾。

首先,宅基地的非迁移性与适度放活交易性之间的矛盾。宅基地只能在其所处的地理位置和地形部位上加以利用,这一特征既是其区别于资本、技术、劳动力等资源要素的重要特性,也是宅基地"三权分置"的重要客观因素。适度放活宅基地使用权使其具有可交易性是宅基地"三权分置"的关键,交易的启动与实现需要以要素的自由流动为基础,物理形态上的位置可移动是要素流动的基本要求之一。区位理论和级差地租理论表明,区域分布和功能定位不同导致土地的经济价值也相互差异,即便是同一区域的宅基地,也会因其功能用途的差异而产生相应的级差地租差异。置换腾退宅基地用于建设用地的经济价值一般要远高于复垦为基本农田的价值,而用于建设用地的宅基地也会因租住、商业、工业等经营用途的差异产生不同市场价值,这都会引发适度放活宅基地使用权过程中交易成本的增加。正是这种客观限制,对宅基地的流转意愿、流转方式和流转效率等都产生了负面效应。

其次,宅基地开发利用资金沉淀性与投资规模有限性之间的矛盾。宅基地"三权分置"涉及有偿退出补偿、村庄规划编制、基础数据调查、信息系统建设、复垦工程实施等费用,需要大量资金支持。如何筹措庞大的资金是制约当前宅基地"三权分置"的主要因素。尤其是在经济欠发达、地理位置不够优越、地形比较复杂的地区,闲置宅基地退出更是面临巨大资金压力。随着宅基地"三权分置"改革推进,宅基地使用权权能扩展,宅基地自身价值增值,加之资源的"禀赋效应",使得农户对农村宅基地的增值预期不断增高,在一定程度上提高了交易成本。此外,宅基地的非迁移性决定了宅基地总是与特定的自然环境条件和社会经济条件相联系,腾退整理改造宅基地所进行的基本投资、生产布局必须与特定的环境条件相结合,不能轻易分离,否则需要支付较高的成本。简而言之,宅基地开发利用的资金沉淀性不仅导致农户参与流转的积极性不高,即使顺利流转,多数农村集体组织也没有对土地进行改造的能力。

最后,流转市场的非完备性与农民自发流转局限性之间的矛盾。我国农地流转不是一个纯粹的要素市场,而是一个"关系型人情市场"①。宅基地分布较为零散、异质性较强,即使允许农村宅基地使用权入市交易,对于买方来说,因需要流转较大规模的农村宅基地,从事规模化、产业化经营才能实现经济效益,若要流转较大规模的农村宅基地使用权,则需要与众多卖方进行协商,卖方有很强的异质性,对农村宅基地流转的意愿不一样,议价能力也不一样,因此宅基地流转的交易成本较高。在交易机制上,宅基地使用权流转市场交易仍处于粗放发展阶段,尚未形成成熟的机制。部分城郊和经济发达地区存在宅基地私下交易和隐性流转现象,这种隐性交易的存在增加了宅基地的流转成本。同时,我国农地流转市场中介组织发育滞后,缺乏统一的交易平台,交易信息传播不畅,造成宅基地流转交易信息的获取难度大、谈判成本高,使得流转交易费用较高,致使宅基地流转范围受限于集体经济组织成员,增加

---

① 罗必良.农地流转的市场逻辑——"产权强度—禀赋效应—交易装置"的分析线索及案例研究[J].南方经济,2014(05):1—24.

了扩大流转的难度。

(四) 公共权力与个人权利的失衡

宅基地"三权分置"既要保证宅基地的居住保障功能,又要发挥宅基地资产收益功能,改革的总体框架须以公平和效率兼顾为总的原则来决定权利、利益等法律资源的社会配置,运用各种机制来尽可能缓和它们之间的张力,扩大二者之间的互补性。以农民的生存保障为中心、以农村社会的安定稳定为基点的传统的宅基地制度功能定位固然契合了城乡二元结构的需要,却无法满足城乡市场经济发展的内在要求。因此,宅基地"三权分置"一方面要承认并坚持它的生存保障性属性,另一方面要重视并实现它的财产属性,通过市场途径的流通,将静态的生存保障拓展为动态的生存保障与发展基础,即将农村宅基地使用权的生存保障性的适用范围限定在取得环节,此后则赋予其完整的财产性权利性质,从而发挥其最大功用。

对于农民群体,国家创立了"一户一宅"的宅基地制度,实现了农民户有所居,这充分体现了国家的"扶持之手"。但同时,国家也需要维护社会的和谐稳定,降低宅基地流转带来的对土地市场的冲击等各种风险,因此选择限制宅基地的流转。公共权力在宅基地产权配置中可能导致"缺位"和"错位"的倾向。"缺位"主要反映在制度供给不到位、监管不到位、服务不到位上。宅基地"三权分置"是不同主体以宅基地资源配置为目的的交易过程,尽管宅基地使用权流转是以双方协议的合同为基础,但由于其自身性质的特殊性,在流转的过程中,必须在法律、法规、政策允许的框架下,受到政府相关部门的严格监管。由于立法不完备,政府相关职能部门存在职责不明、机构叠加等问题,在其他非法利益的干扰下,适度放活宅基地使用权的实际监管常有"缺位"的情况。"错位"主要反映在有的地方政府对宅基地"三权分置"强行干预,一些地方为了"政绩",不惜以廉价土地为代价招商引资,发展地方经济的形象工程。尽管国家出台了严格保护耕地、严格土地执法的法规和政策,但是由于缺乏系统性、针对性,宅基地管理中依然存在无法可依、监管不严等问题,给土地和粮食安全带来了风险。

（五）恋土情结与经济理性的矛盾

赋予土地一种情感的和神秘的价值是农民所特有的态度①。恋土情结作为我国农民的一种特有的意识形态表现形式,是宅基地"三权分置"中决定农民观念转化为行为的道德和伦理的信仰体系,是农民与其经济社会环境达成协议的一种节约交易费用的工具,是广大农民头脑中深层次长期形成的"经验内化",在本质上是一种特有的人地关系②,具有确认宅基地"三权分置"制度结构符合义理或凝聚共识的功能,或者说它具有"解释""规范"与"指导"农户参与宅基地"三权分置"行为和实践的制度功能。当前,我国农村宅基地"三权分置"改革一个重要的非正式制度障碍就是农民的"恋土情结"与"经济理性"的制度安排之间的矛盾。

中华民族的农耕文明历史悠久,土地在人们生存、繁衍和发展的过程中一直扮演着重要的角色。我国乡村社会历来安土重迁,土地对于维持农村社会的秩序有特殊意义。费孝通先生曾鲜明指出,中国社会是具有乡土性的③。受乡土孕育的农民,在"生于斯、长于斯"的乡土文化熏陶和影响下,具有强烈的祖业观。在农民的潜意识里,宅基地是祖宗基业,是家族兴盛的象征。这种自古沿袭的宗族观和家神观、祖业观,深刻地嵌入农户的意识形态当中,并影响着他们对宅基地"三权分置"的解释和评价。尤其是现行宅基地制度安排"强成员权弱财产权"倾向,进一步固化了农民对宅基地的占有观念,使农民不会轻易放弃他们手中的宅基地,即便农户已经在城市安家落户,还是会回到农村翻新住宅,或者保留原宅基地,异地建造新的宅基地等。留在农村的农户,拥有足够的资金后,受传统置业观的影响,也会倾向于保留宅基地。闲置宅基地退出意愿不强意味着走向市场化的农民并未彻底抛弃传统农业生产和生活方式中生成和强化的"土地情结",他们仍执着地视土地为最基本的生存条件。这种理智与情感的矛盾虽然会随着现代意识的增强而一定程度地得到

① 约瑟夫·熊彼特.经济发展理论:对于利润、资本、信贷、利息和经济周期的考察[M].何畏等,译.北京:商务印书馆,2009:28.
② 刘玉珍,程军.土地调整的普遍性习惯与法律性规定的冲突及其化解路径[J].农村经济,2019(03):39—45.
③ 费孝通.乡土中国[M].北京:北京大学出版社,2012:93.

化解,但现实中的土地流转多偏向于以亲情血缘为纽带的乡土规则,农民往往将宅基地转让给更亲近的群体而不是更合适的主体。与此同时,由于现阶段农民参与公共事务管理的意识淡薄,对集体经济组织事务不关注,集体经济的保障功能不强,农村社会保障体系不健全,家庭成为风险防范的基本单元,农民形成了以农房、农地为保障底线的思想,对其他形式的保障接受程度不高。因此,在浓厚的"恋土情结"驱动下,无论宅基地退出补偿标准是否公正合理,部分农户都缺乏参与宅基地退出的意愿。

第六章　宅基地"三权分置"风险的有效识别

宅基地"三权分置"本身就是一个风险分摊收益与谈判成本和效率损失之间的权衡①,其制度目标在于通过分置现有宅基地权利束,破解日益活跃的农村房地交易带来的现实问题,力求达到公平和效率的有机统一。但作为一个复杂适应系统,宅基地"三权分置"包含着多重制度逻辑,面临着各类不可预见的不确定性问题带来的风险挑战,我们显然无法非常确切地设计出一个非常精准的"施工图"或"路线图",如何实现风险最小化、机会最大化是该项制度改革成功的关键。习近平总书记指出:"农村土地制度改革是个大事,涉及的主体、包含的利益关系十分复杂,必须审慎稳妥推进。"②因此,推进宅基地"三权分置"必须超越过去构建起来的经验确定性和理论确定性思想束缚,在"问题导向"基础上引入"风险导向"原则,采用整体性辩证思维,本着批判现实主义理念对改革中的现实问题进行剖析和预判,降低整体不确定性,构建未来可持续性,以确保改革风险可控、底线可守。这就需要我们运用前瞻的思维和科学的方法,透过复杂现象把握本质,抓住要害,对宅基地"三权分置"潜在的风险进行精准识别、分类和描述,从而做到未雨绸缪、防患未然。

第一节　宅基地"三权分置"风险的识别框架

制度创新的决策过程永远是基于不确定性和偶然性的复杂过程③。风险

---

①　姚洋.集体决策下的诱导性制度变迁——中国农村地权稳定性演化的实证分析[J].中国农村观察,2000(02):11—19+80.

②　习近平. 论"三农"工作[M]. 北京:中央文献出版社,2022:86.

③　Richard R.Nelson,Sidney G.Wi Nter.In search of useful theory of innovation[J].Research Policy,1977(6):36—76.

本质上同预测有关,同虽未发生但已发出威胁的破坏有关,在这个意义上,风险在今天就已经是真实的①。宅基地"三权分置"风险的形成积累和发展演进是一个从量变到质变、从可能到现实、从偶然到必然的过程,这一过程中的规律性及预示其变化趋向的各种征兆的客观存在构成了我们识别风险的逻辑前提。风险识别作为宅基地"三权分置"风险规制的前提条件和首要步骤,具有多维交互的特征,需要遵循相应的原则,构建符合实际的识别框架。

一、宅基地"三权分置"风险识别的特征

宅基地"三权分置"风险识别是以宅基地产权配置和实施为对象,运用相关的知识、技术和方法,对落实集体所有权、保障农户资格权、适度放活使用权以及调适国家管制权过程中各类风险受体在经济、政治、文化、社会、生态等领域所面临的风险点进行辨识、定位及描述。作为一个涵盖选择识别工具、挖掘历史数据、发现风险因子、细分风险主体、划分风险领域、绘制风险图谱的循环往复过程,宅基地"三权分置"风险识别重要任务是感知风险和分析风险。感知风险是宅基地"三权分置"风险识别的基础条件,即了解客观存在的各种风险。只有通过感知风险,才能进一步在此基础上进行分析,寻找导致风险事故发生的条件因素,为拟定风险处理方案、进行风险规制决策服务。分析风险是宅基地"三权分置"风险识别的关键环节,即分析引起风险事故的各种因素。可见,宅基地"三权分置"风险识别本质上是人们运用感知、判断、归类等方式对宅基地"三权分置"过程中现实或潜在风险进行鉴别的过程。作为一种土地制度创新风险,宅基地"三权分置"风险的形成与演化与制度创新的主体、客体、环境、结构、路径等密切相关,识别宅基地"三权分置"风险是对制度创新过程中不确定因素所引致的非预期效应的主动发现与分析,这一过程不仅受到风险识别环境、风险识别客体、风险识别工具、风险暴露程度等客观因素的影响,同时也会受人们对风险的感知、对风险的偏好程度、对风险的最终判

---

① 乌尔里希·贝克.风险社会:新的现代性之路[M].张文杰、何博闻,译.南京:译林出版社,2018:92—93.

断等价值因素的影响,具有多维复合特征。

(一) 宅基地"三权分置"风险识别的前置性

风险识别是规制宅基地"三权分置"风险的必要而非充分前置条件。下好先手棋,打好主动仗,采取主动性治理思维,未雨绸缪,防患未然,及时有效识别未来风险并加以应对是宅基地"三权分置"风险识别的主要目的。从宅基地"三权分置"风险识别的根本任务看,了解风险的客观存在,尤其是分析风险产生的原因,对于科学评估风险的危害程度、选择有效的风险规制策略都具有决定性的意义。宅基地"三权分置"风险的形成、演化、传导等是各类风险因素不断积聚扩散的结果,始终存在一个从量变到质变的演化过程,只有全面、准确地辨识风险的类型、找出形成的根源,才能准确度量风险的发生概率和危害程度,进而选择富有针对性的规制策略。由于宅基地"三权分置"目前正处在试点探索阶段,尚未在全国范围展开,因此,风险识别既是规制宅基地"三权分置"风险的必要前置条件,也是总结宅基地"三权分置"试点经验的重要内容,更是全面推进宅基地"三权分置"的必要步骤。

(二) 宅基地"三权分置"风险识别的整体性

宅基地"三权分置"的不同主体、不同环节、不同领域往往面临着不同的风险类型和风险根源,不同维度的风险又纵横交织,而不是一个个独立的、孤立的风险事件。完善国家管制权、落实集体所有权、保障农户资格权与适度放活使用权之间相互关联、相互制约。集体所有权落实的风险可能会传导到农户资格权的保障,而保障农户资格权的风险也可能影响到适度放活宅基地使用权的风险。农户个体的风险也可能通过集聚放大进而演化为集体风险,而政府层面的决策风险、政策风险也必然会对集体、农户的权益保障、利益分配产生重要影响。同时,宅基地"三权分置"又是一个开放的制度创新过程,制度环境、制度结构、制度逻辑等的变化时刻影响着宅基地"三权分置"风险的驱动因素、作用路径、表现形态以及危害程度。政策导向的转变、利益格局的调整、认知能力的提升等既可以改变原有风险的损害程度,也可能催生新的风险,还可能改变风险的存在状态,这就决定着宅基地"三权分置"风险识别具有纵向的演进性、横向的关联性、逻辑的复杂性。

（三）宅基地"三权分置"风险识别的交互性

人类实践活动过程中主体能动性和客观制约性之间的矛盾具有本体论的意义。从这个意义上看，宅基地"三权分置"风险识别是一个主体与客体交互作用的过程，即通过人们的主观努力来反映风险的客观存在。宅基地"三权分置"风险虽然是一种客观存在，但基于风险主体的价值理念、认知水平、心理状态等主观差异，这种客观存在对于不同的风险主体而言，在感知程度和关注重心中存在一定的差异性。一个具有较强风险意识和较多风险知识的主体更愿意，也更容易察觉到风险的存在。相反，风险意识淡薄、风险知识相对欠缺的主体，即使风险存在，也可能忽略过去，使本来十分严重的、客观存在的风险因个人的消极的主观因素而变得不重要、不被重视，从而可能引发重大损失。不仅如此，不同的价值取向也影响着风险识别的结果，对政府而言，可能更多关注宅基地"三权分置"中维护治理秩序、保障社会和谐、维护生态安全等公共治理风险；对农民而言，可能更多关注宅基地"三权分置"中自身经济收益、居住保障条件、社会保障水平等个人利益风险。

（四）宅基地"三权分置"风险识别的内生性

宅基地"三权分置"作为具有鲜明中国特色的一种制度创新，是适应我国的基本国情和发展阶段做出的制度安排。这一制度创新实践既不同于西方国家土地制度的变革，也不同于我国其他领域的制度创新。宅基地兼具多重功能，再加上其特殊的历史演进过程，这就使得宅基地"三权分置"风险的形成、发展和演化具有更多的内生性特点。同时，宅基地"三权分置"本身尚处在探索实践阶段，其可能的风险更多是一种潜在的状态，人们对其风险的识别并没有直接的先验经验。宅基地"三权分置"风险的内生性特点，决定了我们很难通过纯粹的数据分析和计量检验对制度进行实证研究，所以识别宅基地"三权分置"风险，必须进行探索性质化研究，深入实地展开调研，获取第一手原始资料，再通过这些资料的归纳梳理，分析现象中的内在成分和外在成分，把其中的要素提炼出来，并探讨各要素之间及各要素与周围情景之间的关系，用归纳、描述的方法来理解人对某种经历的反应，捕捉某种"真实体验"。

（五）宅基地"三权分置"风险识别的导向性

作为对未来威胁的诊断,风险识别的核心不在于现在,而在于未来。面向未来注重当下的时间意识和理性化的主体性原则是现代性的时代意识的核心,当人们意识到现代化的实践活动及其文明成果有可能给自己未来的生存和发展造成损失、伤害或者负面影响,并试图对当下的决策、制度和措施等做出某些调整或改变的时候,实际上就已经在用风险概念来思考了。宅基地"三权分置"风险识别的导向性就是放眼未来,对未来可能发生的风险进行准确的预见。从这种意义上说,宅基地"三权分置"风险识别具有鲜明的未来主义导向,直接面对的是未来状态。这需要我们在其未来的战略规划层面重新定义风险,而不只是依据现有的短期利益来识别风险。新兴风险的高度不确定性和发展趋势的不可控与非线性效应,让"只顾当下"的风险偏好极易产生更大的误差,忽略或规避未来长期任务,极易产生风险责任与后果的"代际不公平",并错失及时纠正错误的最佳机会。因此,宅基地"三权分置"风险识别应建基于未来的发展需求。

二、宅基地"三权分置"风险识别的原则

作为规制宅基地"三权分置"风险的前提基础,风险识别的目的是将宅基地"三权分置"运行过程中的不确定因素转变为清晰明了的风险描述,为宅基地"三权分置"风险规制以及防范提供认知基础和科学依据。宅基地"三权分置"风险识别的目标与宅基地"三权分置"风险规制的目标具有一致性,即为了保障宅基地"三权分置"制度目标的顺利实现,尽可能将导致宅基地"三权分置"运行偏离预期目标的因素发现出来。作为一种具有鲜明中国特色的土地产权制度创新和实践探索,宅基地"三权分置"具有未知性、探索性和原创性的特征,其中的可能风险是一个潜在的、动态的、开放的,有效识别其中的风险必须遵循科学性、动态性、系统性、客观性和可行性的原则。

（一）科学性原则

科学的本质是规律性,是不以人的意志为转移的客观实在性。科学性原则反映的是事物的客观规律,对科学性原则的遵循即将主观与客观统一起来,

遵循实践活动自身的特性和规律,这既是科学性原则的特征,也是它对实践活动的规约。宅基地"三权分置"风险识别的科学性原则是指要遵循制度创新风险演化的客观规律,正确处理主观与客观、理论与实际、传统管理经验与现代治理科学之间的关系,既不夸大风险,也不回避风险,始终坚持实事求是的态度,在风险识别中确保信息全面、准确,做到预测科学、正确。同时,宅基地"三权分置"风险识别还要以先进的科学理论作为指导,运用合理的技术手段来观察、认识和分析风险,这些都是由实践活动自身的客观性和规律性所决定的。

（二）动态性原则

动态性原则是指以动态和发展的眼光去识别宅基地"三权分置"的各种风险源和风险事件。宅基地"三权分置"是一个循序渐进的动态持续演进过程,外部环境的改变和内部条件的转换都可能导致风险驱动因素的改变,随着内外环境的变化,宅基地"三权分置"各类主体面临的风险类别、发生领域、危害程度都可能发生相应的转变或转化,这就要求我们从动态的视角去研究和分析宅基地"三权分置"运行中可能出现的各种风险源和风险事件,并对风险事件可能造成的损失作出前瞻性的评估。同时要对原有风险源进行重新审视,把那些以前曾经视为风险源,但在新环境下不再成为风险源的因素除去;把以前忽略掉,但在新环境下可能形成风险事件的风险源加以重视,始终保持风险管理和风险识别的动态性。

（三）系统性原则

系统性原则是将宅基地"三权分置"所涉及的各个主体和外部环境视为一个系统,并以整体观、系统观为方法论来识别风险。为了能在宏观上把握宅基地"三权分置"风险规制的脉络,应该将各子系统的特性放在整个大系统中去权衡,并以整个系统的风险最小化来衡量子系统的风险,这样才能真正识别出风险事件和风险源,形成有利于宅基地"三权分置"顺利实施的环境。同时,系统性原则还要求我们把风险识别贯穿于宅基地"三权分置"的全过程,对政策制定、举措落地、利益分配、监测评估等环节都进行跟踪,并不断对过程中的风险源进行动态识别,把握住每个过程的主要风险源,使风险得到全程的有效监控和管理。

（四）客观性原则

客观性原则是要立足宅基地"三权分置"的政策导向、实践要义、客观条件，坚持实事求是的态度对其中的风险进行针对性的呈现。风险识别的根本目的就在于为风险规制提供前提和决策依据，以保证宅基地"三权分置"参与主体能以最小的成本来获得最大的收益，减少不必要的风险损失，实现利益共享、激励相同。因此，在风险识别中要始终本着实事求是的原则，分清主次、有的放矢、抓住关键。一方面，要结合当前我国农村土地制度改革的基本底线，重点突出土地性质改变、耕地面积减少、农民利益受损、生态环境破坏等领域的风险识别；另一方面，要立足我国区域发展差异显著的特征事实，结合各地的发展水平、资源禀赋、人文习俗、地理区位等特征，在尊重普遍性规律的基础上，凸显差异性特征，从而确保风险识别更具针对性、精准性、可靠性。

（五）可行性原则

可行性原则是指宅基地"三权分置"风险识别要从主、客观条件考虑有没有实现的可能性，它体现了科学研究的条件性，是用来衡量风险识别是否可行，即从人力、物力、财力、科学技术能力诸方面来说，风险识别都是可以执行的。假如风险识别的方法措施无论从外部环境还是从内部条件及其他方面来说都是不可能实现的，那么这样的举措显然是不可行的。风险识别决策的目的是行动，如果风险识别不能实施且见之于行动，就是没有价值的非科学的风险识别。识别宅基地"三权分置"风险的目的就在于为风险规制提供前提和决策依据，以保证政府、集体、农户以及其他主体以最小的成本获得最大的收益，减少风险损失。因此，在主客观条件既定的情况下，识别宅基地"三权分置"风险必须根据实际情况和客观条件，来选择合适的路径和方法。

从理论上说，与宅基地"三权分置"有关的任何因素都有可能影响制度运行，进而导致改革风险的发生。但是，并非所有因素都会对宅基地"三权分置"绩效产生显著影响，况且识别出所有宅基地"三权分置"风险是不太可能的，同时，这样的工作会浪费大量的精力，而且大量的风险因素会模糊其中的关键因素。鉴于此，本书忽略了如自然灾害因素等不可抗力因素，重点对宅基地"三权分置"最为关键且具有可控性的人为性风险因素进行识别分析。

三、宅基地"三权分置"风险识别的维度

宅基地"三权分置"是一个动态的、开放的复杂制度系统,其潜在风险作为相对抽象的概念,具有显著的建构性,并呈现出一幅独特而复杂的图景,涉及多主体、多环节、多流程、多领域的核心要素。这些要素彼此关联、相互制约,对宅基地"三权分置"风险识别、分类与描述产生了重要影响。在寻找和发现可能对宅基地"三权分置"产生负面影响的风险时,遇到的第一个问题是根据什么去判断是否存在风险。也就是说,宅基地"三权分置"风险识别首先需要确定一个合理的测度作为制度运行的衡量标准和依据,即"临界值"。不同于自然现象的定等分级,充满复杂性的宅基地"三权分置"改革不可能直接借助于仪器、仪表等硬件手段对其运行中将出现的风险及其发生概率、严重程度进行测定。这意味着宅基地"三权分置"风险是不可证伪的,与基于实体理性的科学理念、科学方法、科学逻辑是不一样的,只能运用虚拟理性,通过思想实验进行证伪。因为宅基地"三权分置"制度偏离或不偏离制度目标本身就是一个非常模糊的概念,确定其风险要涉及许多复杂因素,不仅要考虑制度本身的运行,而且要涉及各主体的反映及人的主观评价。

制度目标作为判别制度效果的基准,也是制度风险分析的起点。任何一项制度的背后必定蕴含一种价值目标,本质上是制度供给主体根据社会需求进行价值衡量和选择的结果。我国不同时期的宅基地制度与对应时期经济、政治和社会因素具有关联性,是各级政府、农村集体、农村居民等不同主体的行为选择[1]。宅基地"三权分置"是通过"资格权"的单设确保农户不因流转而失去宅基地的居住保障,并通过适度放活使用权实现宅基地稳定利用和要素价值释放,这构成宅基地"三权分置"的二元制度目标,同时也构成了判断制度设计妥适的标准和识别制度运行风险的依据[2]。

宅基地"三权分置"的制度目标为我们识别其中可能的风险提供了目标

---

① 王俊龙,郭贯成.1949年以来中国宅基地制度变迁的历史演变、基本逻辑与展望[J].农业经济问题,2022(03):88—96.

② 刘恒科.宅基地三权分置的政策意涵与制度实现[J].法学家,2021,5.

靶向,但在具体识别实践中,还需要选择一个合理的路径,即明确宅基地"三权分置"风险识别的维度。宅基地"三权分置"风险作为一种土地制度创新风险,在很大程度上兼具建构性和演进性的双重特征,更具抽象性、系统性、动态性、开放性和复杂性。一方面,宅基地"三权分置"风险更多源自制度主体的利益冲突,属于人为风险、纯粹风险和可控风险,而且风险结果的作用对象也直接指向宅基地"三权分置"的参与主体,不同参与主体的风险偏好、风险态度、风险认知以及风险承载能力直接决定着风险事件的发生可能和危害程度。另一方面,宅基地"三权分置"作为一个多重产权关系集合,涉及落实集体所有权、保障农户资格权、适度放活使用权以及调适国家管制权等不同权利实施环节,不同类型、不同领域的权利实现既相互区别,也相互联系,具有较强的系统性、联动性和复杂性,从而形成了嵌套型产权结构安排。由于宅基地"三权分置"的系统性与复杂性及其与社会系统之间的相互关联性,各类权利配置风险在特定环境下并非相互孤立,而是相互影响、相互叠加的,这也致使宅基地"三权分置"风险的来源更为多元、关系更为复杂、表征更为多样。单一维度的风险识别极易导致割裂各类风险之间的影响关系,从而陷入"自说自话"和"各说各话"的尴尬境地,不仅如此,对风险的简单罗列也难免存在不够系统、不太全面甚至挂一漏万的问题。充满高度复杂性的宅基地"三权分置"风险并非一个明确的客观存在,不是一个可以被简单数值化的对象,也不能在技术路径上作出有效应对。为确保宅基地"三权分置"风险识别的全面性、系统性、准确性、科学性和有效性,必须根据宅基地"三权分置"风险发生的现实特征,构建符合客观实际、可操作性强、多维合一的风险识别框架。这就需要基于宅基地"三权分置"风险的逻辑机理,建立一个综合考虑各类要素的识别维度。

习近平总书记深刻指出:"我们面临的重大风险,既包括国内的经济、政治、意识形态、社会风险以及来自自然界的风险,也包括国际经济、政治、军事风险等"。[①] 宅基地"三权分置"在目标层面可以解构为"保障宅基地农户资

---

① 中共中央文献研究室.十八大以来重要文献选编(中)[M].北京:中央文献出版社,2016:833.

格权和农民房屋财产权"的居住保障属性以及"适度放活宅基地和农民房屋使用权"的财产价值属性。中央多次强调,深化农村宅基地制度改革要坚决守住土地公有制性质不改变、耕地红线不突破、农民利益不受损这三条底线,实现好、维护好、发展好农民权益。2018年中央一号文件提出,宅基地"三权分置"不得违规违法买卖宅基地,严格实行土地用途管制,严格禁止下乡利用农村宅基地建设别墅大院和私人会馆。2019年修正的《土地管理法》规定:不满足一户一宅条件申请宅基地不予批准;将宅基地出卖、出租、赠与、有偿退出等申请宅基地不予批准;非农村集体成员申请宅基地不予批准。2021年9月颁布实施的《土地管理法实施条例》规定:禁止违背农村村民意愿强制流转宅基地,禁止违法收回农村村民依法取得的宅基地,禁止以退出宅基地作为农村村民进城落户的条件,禁止强迫农村村民搬迁退出宅基地。2023年9月,农业农村部、国家发展改革委、教育部等部门联合印发的《"我的家乡我建设"活动实施方案》把"严禁城镇居民到农村购买宅基地,严禁下乡利用农村宅基地建设别墅大院和私人会馆,严禁借流转之名违法违规圈占、买卖宅基地,不得违规搞合作建房"作为重要的政策底线。此外,2019年以来的中央一号文件多次提出,严禁乱占耕地,保护粮食安全;严禁乱改风貌,保护农村文化;严禁乱采滥伐,保护森林资源;严禁乱排污,改善农村环境等,并要求落实工商资本流转农村土地审查审核和风险防范制度,健全社会资本通过流转取得土地经营权的资格审查、项目审核和风险防范制度,切实保障农民利益。上述政策法规表明:宅基地"三权分置"风险涉及集体所有、农民利益、耕地保护、粮食安全、生态保护、环境治理、乡村文化以及节约集约用地、城乡融合发展、乡村基层治理、农村金融创新等多个领域。为此,本书以习近平总书记关于防范化解重大风险重要论述为根本遵循,以中央确立的农村土地制度改革"三条底线"和"四个严禁"为价值标准,尝试以宅基地"三权分置"过程中产权实施的逻辑关系为主线,把风险主体与风险来源耦合起来,形成一个涵盖经济、政治、文化、社会、生态五个维度的宅基地"三权分置"风险识别框架。

第二节　宅基地"三权分置"风险的识别方法

风险识别方法种类众多,各种方法各具优势和不足,有一定差别也有重合。宅基地"三权分置"作为具有中国特色农村土地制度的重大理论创新和实践创新,具有内生性、探索性、原创性和发展性的特征,其风险的演化特征和传导机制既不同于现行制度运行的风险,更不同于金融治理、技术创新、企业经营、项目实施等领域可具体量化的风险,风险本身具有隐蔽性、潜伏性和难量化等特点。这就需要自下而上建立实质理论方法,在经验资料与理论建构之间架起沟通桥梁,从经验事实中抽象出新的概念和思想,从原始资料中归纳出经验概括,然后上升到理论层面。为此,本书以扎根理论为基本工具,借鉴地票交易风险的 DSP 分析法①,建立改进的扎根理论质性分析法,对宅基地"三权分置"这一探索性制度创新实践风险进行识别。

一、DSP 分析法

DSP 分析法是一个系统的、全过程的制度风险研究技术体系,通过文献研究(Document Study)在时间维度上串联各阶段发展背景下的研究成果,分析、归纳、总结不同时期研究主体的研究范围、重点、手段和结果;其次利用社会调查(Social Survey)增加当前研究的现实性基础,根据不同的群体、不同的区域进行分类、分级调查;最后通过政策比较(Policy Comparison)提炼影响研究主体发展方向与发展路径的关键政策制度,发现研究主体与原有制度建设目标是否相适,实现全周期、全方位的风险动态研究②。文献研究(D)指的是通过搜集、鉴别和整理手段,形成对现实的科学认识。可以通过文献总量、文献的时间序列、研究区域与机构、载文刊物、发文作者、文献的学术水平及研究内容等方面进行统计分析,梳理研究的发展脉络,揭示其发展特点及存在的问

---

① 陈晓军,张孝成,郑财贵,等.重庆地票制度风险评估研究[J].中国人口·资源与环境,2012,22(07):156—161.

② 钟杨.重庆地票交易制度风险防控研究[D].重庆:西南大学,2012.

题,思考未来的研究趋势,提出下一步应该深入研究的方向和思路。社会调查(S)综合运用了历史研究法、观察研究法等,对搜集到的资料进行综合分析,从中发现存在的问题,探索出相关规律。政策比较(P)把主体与同一制度体系内的其他政策相比较,判断其是否与这些政策相冲突,研究重点放在这些政策之间的交互作用上,力图通过比较对制度的变迁风险作出分析,探求政策之间的相互关系。目前这一方法在农村土地制度改革风险识别中得到了广泛应用。蒋萍在研究重庆地票交易风险时就运用了这一方法[①];刘敬杰等运用DSP分析法,对江苏省域内补充耕地指标交易风险进行了识别[②]。

二、基于扎根理论的风险识别方法

扎根理论质性分析法是由美国学者格拉泽与斯特劳斯在20世纪60年代提出的一种质性分析法,旨在通过自下而上系统性资料收集分析寻找反映事物现象本质的核心概念,然后通过这些概念之间的联系建构相关的社会理论,以探求社会基本过程的定性数据编码方法论。扎根理论研究法在理论性研究与经验性研究之间架起了一座沟通的桥梁,打破了时空限制,弥补了实证研究在手段、方法等方面存在的缺点和不足,被誉为20世纪末"应用最为广泛的质性研究解释框架"。

扎根理论研究法从表现形式上来看是一套系统的数据搜集及分析方法和准则,强调从经验数据中建构理论,采用一种生成性的归纳法,从原始数据中不断提炼核心概念与范畴,但最终建构的理论不应仅局限于其经验性。

运用扎根理论研究法分析问题时,一般要经过六个步骤。一是收集原始资料。通过实地调研、走访座谈、文本收集、文献检索等方式整理、汇总形成原始的访谈记录、调查结果、文献资料、政策汇总等。二是形成初始概念。在原始资料收集整理的基础上,采用合理的工具逐步登录原始资料,对原始资料进行概念化处理,形成研究需要的初始概念。三是建立概念联系。不断比较资

---

① 蒋萍. 重庆农村土地交易所地票交易风险及防范研究[D]. 重庆:西南大学,2012.

② 刘敬杰,夏敏,刘友兆. 基于多主体的省域内补充耕地指标交易风险评价与防控——以江苏省为例[J]. 南京农业大学学报(社会科学版),2018,18(03):113—121+155.

料和概念之间的关系,系统地回顾、分析与概念有关的理论问题,建立概念之间的逻辑关联。四是形成理论概念。在梳理各种概念之间的区别和联系的基础上,依据相关理论,建立理论化的概念体系。五是建构理论体系。基于理论性概念的不断抽样,对输入资料进行不断编码,力求获得理论概念的密度、变异度和高度的整合性,形成理论体系。六是检验理论框架。运用新数据,对构建的理论框架进行理论饱和度检验,增强理论的普适性和合理性。在运用扎根理论分析法识别风险的过程中,对原始资料进行逐级编码是一个重要环节。所谓编码是指不断比较资料和概念之间的区别和差异,促成范畴、特征的形成以及数据的概念化,即将原始资料"分解化—概念化—组合化"的过程。原始资料的收集整理作为逐级编码的基础性的工作,直接决定着扎根理论分析结果。目前,基于不同的研究主题和研究重点,有的以政策文本为原始资料来源[1],有的以文献资料为数据基础[2],有的以典型案例为建模基础[3],有的以调研数据为元素素材[4]。

三、改进的扎根理论分析法

从哲学的角度看,对于风险的理解和识别存在两种不同的取向:技术的取向和文化的取向[5]。两种取向反映的是关于风险概念的不同本体论、认识论和价值论观点,并对风险识别产生了不同的影响。按照技术取向的观点来理解,宅基地"三权分置"风险属于物理现象,是一种与主观价值相分离的客观事实,具有物质的实体性,可以通过科学的方法进行分析并得到有效的描述、解释、预测和控制。按照文化取向的观点来理解,宅基地"三权分置"风险属

① 司林波,裴索亚.国家生物安全风险防控和治理的影响因素与政策启示——基于扎根理论的政策文本研究[J].中共天津市委党校学报,2021,23(03):61—71.

② 阳富强,赵家乐.基于扎根理论的高校实验室风险因子分析[J].实验技术与管理,2022,39(05):217—222.

③ 吴秀宇,葛亚红,路曦越.多元制度逻辑下农村自建房安全风险形成机理研究[J].安全与环境学报,2022,22(04):2040—2049.

④ 温阳阳,张正峰.基于扎根理论的农民集中居住社会风险识别——以北京市Y镇H社区为例[J].中国土地科学,2018,32(10):21—27.

⑤ 伍麟.风险概念的哲学理路[J].哲学动态,2011(07):71—78.

于文化现象,是一种与主观价值紧密相连的社会建构,在风险形成、识别、评估等过程中需要注重价值判断、道德信念、行为模式等所起的重要作用。从事实与价值关系的角度看,宅基地"三权分置"风险既负荷了事实也承载着价值,既有客观现实性又有社会建构性,其生成机制的隐匿性、产生后果的高危性、发生领域的系统性与责任主体的模糊性使得单一技术取向或文化取向的风险识别都显得力不从心。贾桑诺夫从方法论立场出发倡导从技术与文化相融合的角度理解风险的概念并对风险进行识别,将技术的风险分析归为"量化研究",而文化的风险分析则为"质化研究"①。这种做法的目的非常明确,就是认为作为"质化研究"的文化取向的风险分析可以弥补和完善作为"量化研究"的技术取向的风险分析所存在的局限,"质化研究"能够成为指导量化分析的一种可检验假设的资源,进而提高风险评估、风险沟通与风险管理的有效性。"质化"的风险分析相对于"量化"的风险分析优势反映在它能够随着情境的变化吸纳更多的相关因素进行综合考虑,表现出灵活的"情境适应性"以及"知识的联系性",带来完全不同的分析进路和管理实践。另外,"质化"与"量化"的风险识别相融合可以丰富研究范式,更深刻地审视先前的一些固有结论,理性看待社会制度,追求更高水平的社会公正。

宅基地"三权分置"涵盖领域广泛、涉及主体多元,目前仍处在试点探索阶段,有关风险因素、损失概率、损失程度等方面的数据积累仍然有限,政策层面、理论层面和实践层面对其潜在风险的认知和理解更多是基于自身感性的认知和判断,单一来源数据显然不足以说明问题。为此,本书基于证据三角形理论的思想②,以扎根理论为基础,借鉴 DSP 制度风险识别方法,把宅基地"三权分置"利益相关者统筹起来,耦合政策文本、文献资料和深度访谈三个维度的数据资料,从而形成相互印证补充的论据链条,建立一种改进的扎根理论分析法(见图6-1),来识别宅基地"三权分置"风险,一方面增强理论研究的说服力和代表性,另一方面在不同领域形成对比,避免片面性和局限性。

① S.Jasanoff. Bridging the two cultures of risk analysis, Risk Analysis, 1993, 13(2):128.
② Miles M B, Huberman A M, Saldana J. Qualitative data analysis: a methods sourcebook[M]. London: Sage Publications, 2018.

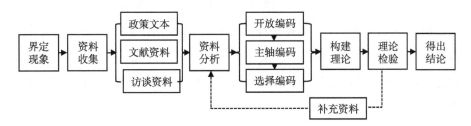

图6-1 改进的扎根理论宅基地"三权分置"风险识别流程

第三节 宅基地"三权分置"风险的识别过程

宅基地"三权分置"风险作为新时代我国农村土地制度创新风险,传统的量化研究极易在数据搜集过程中因主观选择而忽略了真正的问题,扎根理论则能够较为有效地避免传统量化研究仅能验证理论而不能产生新理论和有可能遗漏关键信息的弊端。同时,宅基地"三权分置"风险问题研究具有探索性质较强、易于从案例分析中提炼和归纳概念的特点,故本研究选取扎根理论进行分析。扎根理论分析法的根本目的是填平理论研究与经验研究之间的尴尬壕沟①,允许在没有先验性假设和结论的情况下开放性地收集资料,寻找反映社会现象的核心概念,将演绎与归纳、定性与定量有机结合,是一种典型的质性研究方法,强调从资料的深度分析中自下而上生成理论,并要求所产生的理论能够追溯到原始资料,以保证理论的鲜活力,扎根理论分析的主要过程包括资料收集、逐级编码、模型构建等。

一、原始数据收集与整理

扎根理论属于定性研究方法,它强调尊重事实、步骤严格、程序系统,通过自下而上地对基础数据进行归纳、概括和提炼,进而形成理论,其基本逻辑是深入情境收集资料和研究数据,在不断比较数据的基础上,对数据资料进行抽

---

① Glaser B G,Strauss A L.The discovery of grounded theory:Strategies for qualitative[M].New York:Aldine Publishing Company,1967:10-28.

象化、概念化的思考与分析,从原始数据资料中提炼出概念和范畴,并在此基础上构建相应的理论。运用扎根理论分析法识别宅基地"三权分置"风险的过程事实上是对有关宅基地"三权分置"风险原始资料数据的编码过程。本研究一共收集到 140 份原始资料,其中政策文本 29 份、文献资料 51 份、访谈资料 60 份。

（一）政策文本数据

政策文本作为扎根理论的重要资料来源,主要包括国家机关颁布的法律、法规、部门规章等官方文献,也包括政策制定者或政治领导人在政策制定过程中形成的研究、咨询、听证或决议等公文档案,甚至包括政策活动过程中因辩论、演说、报道、评论等形成的政策舆情文本①。综合考虑宅基地"三权分置"风险研究主题及政策实施范围,为确保政策文本选取权威性、系统性、准确性,在政策文本选取过程中坚持以下三个原则:一是连续性原则。宅基地"三权分置"虽然是在 2018 年中央一号文件中首次正式提出的,但在此之前已有多项政策文件致力于推动宅基地"三权分置",因此,本书选取了从 2015 年中央一号文件发布以来到 2023 年中央一号文件发布期间涉及宅基地"三权分置"的政策文本,尽力重现宅基地"三权分置"政策演变发展过程。二是相关性原则。在政策文本选取时坚持以实质内容为标准,体现为围绕宅基地"三权分置"政策实现及宅基地使用权、农民住房财产权实现的法律文本和政策文件。三是权威性原则。注重发文单位权威性,所遴选的政策文本为中共中央以及全国人民代表大会、全国人大常委会、国务院及其组成部门所发文件。据此,确定了 29 份为基础研究的政策文本样本(见表 6-1),其中 22 份作为扎根理论研究的基础数据,其余 7 份政策文本用于理论饱和度的检验。

---

① 裴雷,孙建军,周兆韬.政策文本计算:一种新的政策文本解读方式[J].图书与情报,2016(06):47—55.

表6-1　宅基地"三权分置"相关政策文本一览表

编号	政策名称	发布时间	发布部门
01	关于加大改革创新力度加快农业现代化建设的若干意见	2015.2	中共中央、国务院
02	关于开展农村承包土地的经营权和农民住房财产权抵押贷款试点的指导意见	2015.8	国务院
03	关于制定国民经济和社会发展第十三个五年规划的建议	2015.10	中共中央
04	深化农村改革综合性实施方案	2015.11	中共中央办公厅、国务院办公厅
05	关于授权国务院在北京市大兴区等232个试点县(市、区)、天津市蓟县等59个试点县(市、区)行政区域分别暂时调整实施有关法律规定的决定	2015.12	全国人大常委会
06	关于落实发展新理念加快农业现代化实现全面小康目标的若干意见	2015.12	中共中央、国务院
07	关于稳步推进农村集体产权制度改革的意见	2016.12	中共中央、国务院
08	关于深入推进农业供给侧结构性改革加快培育农业农村发展新动能的若干意见	2016.12	中共中央、国务院
09	关于推进农业供给侧结构性改革的实施意见	2017.1	原农业部
10	关于实施乡村振兴战略的意见	2018.1	中共中央、国务院
11	乡村振兴战略规划(2018—2022年)	2018.9	中共中央、国务院
12	关于坚持农业农村优先发展做好"三农"工作的若干意见	2019.1	中共中央、国务院
13	关于建立健全城乡融合发展体制机制和政策体系的意见	2019.4	中共中央、国务院
14	中华人民共和国土地管理法(2019修正)	2019.8	全国人大常委会
15	关于进一步加强农村宅基地管理的通知	2019.9	中央农村工作领导小组办公室、农业农村部
16	关于积极稳妥开展农村闲置宅基地和闲置住宅盘活利用工作的通知	2019.9	农业农村部
17	关于规范农村宅基地审批管理的通知	2019.12	农业农村部、自然资源部
18	关于抓好"三农"领域重点工作确保如期实现全面小康的意见	2020.1	中共中央、国务院
19	关于构建更加完善的要素市场化配置体制机制的意见	2020.3	中共中央、国务院

编号	政策名称	发布时间	发布部门
20	中华人民共和国民法典	2020.5	全国人民代表大会
21	关于加快宅基地和集体建设用地使用权确权登记工作的通知	2020.5	自然资源部
22	关于保障农村村民住宅建设合理用地的通知	2020.7	自然资源部、农业农村部
23	中华人民共和国土地管理法实施条例	2021.9	国务院
24	农村人居环境整治提升五年行动方案(2021—2025年)	2021.12	中共中央办公厅、国务院办公厅
25	关于做好2022年全面推进乡村振兴重点工作的意见	2022.2	中共中央、国务院
26	关于印发"十四五"推进农业农村现代化规划的通知	2022.2	国务院
27	关于推进以县城为重要载体的城镇化建设的意见	2022.5	中共中央办公厅、国务院办公厅
28	乡村建设行动实施方案	2022.5	中共中央办公厅、国务院办公厅
29	关于做好2023年全面推进乡村振兴重点工作的意见	2023.1	中共中央、国务院

(二) 研究文献数据

研究文献具有稳定、确切、时间与空间的覆盖面广、涵盖多个事件和多个场景等优点①。依据目的性抽样方法,本研究在文献资料样本选取上只选择具有最大化信息表征的期刊论文作为样本。由于期刊论文相对于学位论文的前瞻性、实践性、实效性更为突出,因此本研究的文献来源主要以发表在CSSCI来源期刊或北大核心期刊上的论文为主。在中国知网检索平台上以"篇关摘"为检索条件,以"宅基地风险"为检索主题,检索日期截止到2023年12月30日,共检索到51篇相关文献,作为构建宅基地"三权分置"风险识别的文献样本,其中35篇文献作为扎根理论研究的基础数据,其余16篇文献作为理论饱和度的检验。文献发表年度趋势如图6-2所示。相关文献资料主

① 罗伯特·K.殷.案例研究设计与方法[M].周海涛,主译.重庆:重庆大学出版社,2004:95—107.

要分布在 2011—2023 年,样本时间跨度较大、时代性较强,在一定程度上能够保证研究的效度。样本文献的学科分布主要集中在农业经济管理领域,所涉文献数量为 42 篇,占所有样本的 60.00%;法学领域有 15 篇,占比为 21.43%(见图 6-3)。

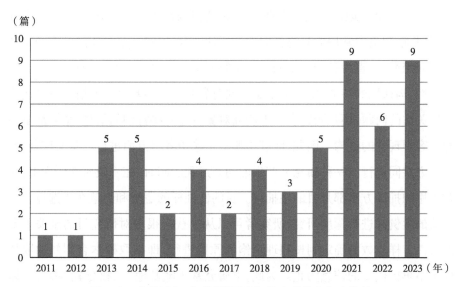

图 6-2 宅基地"三权分置"风险相关文献发表年度趋势

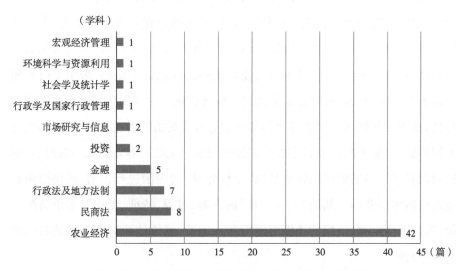

图 6-3 宅基地"三权分置"风险相关文献发表学科分布

（三）深度访谈数据

鉴于问卷调查可能受到参与主体"自我保护心理"和"社会期望效应"影响而难以确保数据信息的真实性、客观性和全面性，而且在数据处理、定量分析方面存在一定的困难，本研究采用深入的半结构化访谈方式，重点在宅基地"三权分置"试点地区进行资料搜集。深度访谈作为一种有用的数据搜集方法，是扎根理论中常用的具有指向性的谈话，它可以对一个具体问题或经验进行深入探究，一直为各种类型的质性研究所采用。由于深度访谈具有场景性、协商性、沟通性的特征，所以无论是研究对象要求在不被打断的情况下讲述他们所关注的问题，还是研究者要求研究对象讲述一些特别的信息，结果都是一种对客观现实的建构。因此，深度访谈不是采访者单方面进行的意义挖掘，而是双方共同进行的一种新意义产生的动态过程。同时，在一般质性研究中，通常采用的抽样方法都是目的性抽样。目的性抽样的逻辑和力量在于选择信息丰富的案例来进行深度研究，研究者可以从中获得很多对研究目的至关重要的事件。样本数的确定则按照理论饱和原则进行，即抽取样本直到新抽取的样本不再提供新的信息为止。为此，本研究基于宅基地"三权分置"参与主体的多元化特点，分别在河南、浙江、山东、四川等 4 个省份的宅基地"三权分置"试点地区选择政府相关部门负责人、农村土地研究领域专家学者、农村基层干部、农村居民、进城务工农民、涉农企业负责人、金融机构人员、城镇居民等共计 74 位访谈对象（见表6-2），使用统一的标准访谈提纲，采用上门当面访谈和在线视频访谈相结合的方式进行深度访谈。为确保访谈的有效性和充分性，在正式开展前一周通过上门和电话等方式对访谈者进行预约，征得受访者同意后，以电子邮件或者书面形式告知访谈的主要内容。正式访谈时，特别针对农村居民和城镇居民就宅基地"三权分置"的内涵进行说明，确保访谈者能对访谈中涉及的宅基地"三权分置"的内容、过程、特征、流程等术语清楚了解，然后围绕主题、依据访谈提纲进行深入访谈，每位访谈对象的访谈时间约为 45 分钟。

访谈提纲如下：

①您是如何看待宅基地"三权分置"的？

②宅基地"三权分置"对您的日常生活是否有显著影响？

③您认为宅基地"三权分置"面临哪些现实困难？

④您认为宅基地"三权分置"过程中存在哪些风险？

⑥宅基地"三权分置"风险形成的原因是什么？

⑦从哪些方面努力可以避免"三权分置"风险的出现或形成？

⑧您对宅基地"三权分置"有哪些好的建议？

访谈过程中，首先引导受访者自己先列举一些宅基地"三权分置"风险，然后由笔者进行展开。但是由于宅基地"三权分置"概念较为抽象，所以在访谈时还围绕提纲和捕捉出来的概念范畴进一步追踪提问。通过结构化访谈，整理形成 15 万字左右的基础资料，经过比较筛选，剔除其中 14 份简单敷衍、语焉不详的访谈资料，随机在 60 份内容翔实、资料可信的访谈资料中挑选 50 份作为扎根理论研究的基础数据，其余 10 份访谈资料作为理论饱和度的检验。

表6-2 访谈对象基本信息统计

基本信息	选项类型	人数	占比
性别	男	46	62.16%
	女	28	37.84%
年龄	22—30 周岁	8	10.81%
	31—40 周岁	12	16.22%
	40—50 周岁	24	32.43%
	50—60 周岁	30	40.54%
学历	大专及以下	16	21.62%
	本科	36	48.65%
	硕士研究生及以上	22	29.73%
职业	政府官员	10	13.51%
	专家教授	8	10.81%
	农村干部	10	13.51%
	农村居民	14	18.92%
	进城务工农民	10	13.51%
	涉农企业主	7	9.46%
	城镇居民	9	12.16%
	金融机构人员	6	8.11%

基本信息	选项类型	人数	占比
区域	河南	32	43.24%
	浙江	16	21.62%
	山东	12	16.22%
	四川	14	18.92%

为进一步提高编码分析的科学性,本研究对软件分析得出的结果也适当结合专家咨询法进行了必要校对,与此同时,针对抽样的资料进行研究之后,仍然存在的一些未知或尚待解决的问题,研究过程中还选取 2015 年 1 月至 2023 年 12 月中央领导人相关讲话作为辅助资料。

二、编码过程和范畴提炼

概念、范畴和命题是扎根理论分析中三个依次递进的基本要素。开放性编码、主轴性编码和选择性编码三个层次的编码是扎根理论最为核心的过程。概念通过开放性编码得以概括,范畴通过主轴性编码得以提炼,命题通过选择性编码得以形成。为充分保证宅基地"三权分置"风险范畴提炼结果的有效性和可靠性,具体的编码过程必须严格遵循程序化扎根理论的研究方法,对原始资料进行深入分析、整理和归纳,提炼出核心范畴及主范畴的典型关系结构,进而构建宅基地"三权分置"风险的理论模型。

(一) 开放性编码

开放性编码是定性数据分析的首要环节,即对原始资料记录的任何可以编码的片段或句子设置概念化的标签,实现资料数据的概念化的过程,要求将原始资料进行整合、分类、赋予概念,抽象范畴,进而明确属性,并将其维度化[①]。为深入挖掘宅基地"三权分置"的风险因子,遵循"既什么都相信又什么都不信"的原则,尽量保留资料中能够作为码号的原话,不断比较,将 22 份政策文本资料、35 篇文献检索资料、50 份深度访谈资料等共计 107 份原始有

---

① 吴肃然,李名荟.扎根理论的历史与逻辑[J].社会学研究,2020,35(02):75—98+243.

效信息资料导入Nvivo12.0软件中,进行逐字逐句的阅读,剔除重复性和相似性的语句,从中归纳提炼出"居住保障""农民权益""集体利益""强制流转""法律障碍""进城入户""文化习俗""乡村伦理""集体权益""就业困难""农户资格""乡村环境""国家安全""强制征收""工商资本""抢购囤积""政策执行""监管措施""耕地保护"等92个初始概念。限于篇幅,仅将部分初始概念的分析结果进行节选(见表6-3)。在此基础上,进一步将92个初始概念进行提炼和归类,通过范畴化分析形成21个范畴化概念(见表6-4)。

表6-3 宅基地"三权分置"风险开放编码的初始概念分析结果(部分节选)

编号	原始资料表述	开放编码(初始概念)
01	农村宅基地面积……出现了"不减反增"反常现象,大家都愿意增加宅基地面积,不占白不占	耕地保护、宅基地扩张
02	稳慎推进农村宅基地制度改革试点,切实摸清底数,加快房地一体宅基地确权登记颁证,加强规范管理	底数不清楚、确权登记
03	污染企业造成对农村生态景观,甚至是土壤资源和地下水资源的破坏,严重影响人们的身体健康	人居环境、生态安全
04	宅基地问题非常复杂,宅基地使用权的物权化将是一个长期和循序渐进的过程	使用权不明确
05	宅基地隐性交易导致房地产市场的混乱无序,也使国家的税收和集体经济组织的应得收益被当事人规避	私下交易、市场秩序
06	优化调整村庄生产、生活、生态空间布局,锁定村庄保护和发展边界	乡村规划
07	赋予集体经济组织权益,明确集体经济组织对宅基地历史遗留问题、闲置宅基地农房流转方面的监管责任	历史遗留问题多
08	针对住房困难等特殊群体,多措并举,保障其宅基地资格权	特殊群体住房保障
09	将村民宅基地流转的交易行为规范化、合法化,并积极拓展了以宅基地资格权为基础的转让与受益权	市场交易规范化
10	出台政策积极开展农村宅基地抵押登记,政府出资设立抵押风险基金,鼓励农户宅基地财产权抵押贷款	抵押融资难题
11	历史遗留问题复杂,落实宅基地所有权难点多,宅基地本来就是我们自己的,村集体就不管宅基地	集体组织管理不到位
12	宅基地"三权分置"涉及的面广,不同群体之间利益分歧等问题日渐显露	乡村空心化
13	鉴于区域差异,试点地区放活宅基地使用权的实践形式不尽相同,具体风险各异,防控措施难以统一	公权力过度干预

编号	原始资料表述	开放编码（初始概念）
14	超占多占与住房困难并存，历史形成的超标准占用宅基地和一户多宅的有偿转让，容易引发利益分配冲突	集约节约用地
15	完善对占有宅基地的农户和使用主体合理利用其宅基地权益行为的有效监督	少数人操控决策
16	尽快推进"房地一体"不动产确权颁证，解决和消化落实宅基地所有权和资格权的历史遗留问题	产权登记、历史遗留
17	担心农民把宅基地卖掉，会失去安身立命之本，或者大量城市资本到农村抢购囤积宅基地甚至乱占耕地	宅基地抢购囤积
18	防止乱占耕地为宅基地。国家应该通过划定基本农田并且建档立卡的方式来防止耕地流失	农村用地规划完善
19	防止宅基地囤积，应该允许城镇居民进村流转宅基地，但应规定一省限流转一处农民宅基地	囤地炒房、资本垄断
20	宅基地有偿使用及收益分配问题，涉及所有权、资格权与使用权人之间的利益分配	增值收益、利益分配
21	横跨公法、私法维度的集体土地所有权，在宪法和民法中的具体权利内容存在差异	利益不公平、农民内部分化
22	农村宅基地的分配以男户为标准，不考虑"外嫁女"的做法，造成男女不平等的宅基地资格权机会风险	外嫁女问题、男女不平衡
23	宅基地无偿无期限与位置优劣之间的矛盾，造成同面积不同质量的福利差异风险	民主管理组织
24	成立农村土地民主管理组织……在制度上制定集体土地所有权决策、运行的程序与机制	监管不足、违法占用
25	界定所有权权能与使用权权能的界线……建立宅基地有偿有期限使用，将占有和使用的权能让渡给使用权	有偿有期限使用
26	宅基地参与住宅用房的土地供应，不仅会打破土地一级市场的垄断，也会刺激分散的农民陷入集体行动逻辑的陷阱	土地一级市场垄断
27	农二代和农三代则更倾向于工作地或家乡所在城镇实现城市化，使宅基地的退出与流转存在代际差异	就近城镇化
28	原有农民的流出与外来人群的流入不可避免地给乡村治理带来新的冲击和挑战	乡村治理挑战
29	宅基地抵押贷款参与主体普遍积极性不高……要完善风险补偿机制	抵押融资积极性不高
	……	……
92	没有进行民意调查或风险评估就匆匆上马	农民被上楼、土地被复垦

表 6-4　宅基地"三权分置"风险开放编码范畴化分析结果

编号	基本范畴	初始概念	范畴性质
01	公有经济基础削弱风险	私人资本俘获,囤而不用、待价而沽,土地投机	管控不力导致私人资本侵蚀集体所有
02	法律法规底线突破风险	宅基地所有权主体、资格权性质、使用权功能等法律法规供给不足	法律与政策的抵牾导致突破法律底线
03	公共政策执行偏差风险	地方政府寻租,强制流转,打破土地一级市场垄断	规划管控、占补平衡、增减挂钩失灵
04	集体耕地保护不力风险	将耕地转换为宅基地,超标准扩张宅基地,违法搭建、侵占耕地	造成耕地大量流失,威胁国家粮食安全
05	地方政府信任危机风险	强迫农民上楼,侵占、剥夺农民的利益,疏导部门渠道不畅	引致政府信任危机
06	农村执政根基弱化风险	农村基层干部设租寻租、自治组织功能弱化,村民个体分散化倾向	削弱了执政党在农村地区的执政基础
07	地方债务过度扩张风险	垄断将趋减弱、征地范围缩小、补偿标准提高、收益分配调整	地方财政收入减少与财产支出增加
08	集体组织利益侵蚀风险	公权衰弱、私权扩张,隐形交易、私自转让,挤压获取收益的空间	集体虚位、错位,权能俘获、利益侵蚀
09	农民经济利益受损风险	外来资本侵蚀,地方政府侵害,金融机构侵占,集体组织侵蚀	部分农户将面临经济利益损失的风险
10	金融担保机构信用风险	缺少完备交易市场、信用体系不健全,不愿偿债	金融机构将面临贷款损失风险
11	使用主体经营利用风险	受让主体保护制度缺漏,农户违约,宗族文化,乡村社会排斥	经营主体恶性竞争,造成经营风险
12	城乡融合发展受阻风险	身份限制,本末倒置转换指标,拉高农村住房价格	扰乱地产市场秩序,城乡发展不平衡矛盾
13	乡村公共资源侵占风险	村庄的管理成本增加,村庄公共性衰退,投资减少	挤占乡村公共资源
14	乡村治理秩序失范风险	乡村主体再造、人的流动更新,同质性和封闭性走向分化和开放	给乡村治理带来新问题和新挑战
15	农户资格福利不公风险	历史遗留合法化、区位差异、男女不平等,补偿标准的不统一	不利于实现城乡居民共同的福祉
16	农民社会保障失灵风险	进城无岗,回乡无居,收益挥霍,清偿债务	农民失去赖以生存的住房
17	乡村文化风貌稀释风险	经营功能的拓展、村庄整治的展开,传统文化人为破坏	不利于乡村文化风貌的延续
18	乡村伦理秩序破坏风险	熟人关系被打破,城乡生活习俗差异,传统观念受到冲击和挑战	乡村伦理秩序基础会逐渐流失

续表

编号	基本范畴	初始概念	范畴性质
19	乡村道德规范迷失风险	发展方式、运作模式以及利益分配重组	传统经济伦理道德被无视
20	乡村生态环境破坏风险	分布零散、违规建设影响经济、社会和环境协调发展	乡村环境过量承载,影响乡村生态环境
21	农村耕地污染加剧风险	污染企业下乡,宅基地开发强度与土地承载量之间的矛盾加大	导致耕地的污染和生态破坏问题

(二) 主轴性编码

主轴性编码是在开放性编码发掘基本范畴后,根据每个独立基本范畴间潜在的逻辑关系,在持续比较分析中对基本范畴进行整理归类,形成一个更高层面的副范畴。其实质是在完成开放性编码之后,借助所分析现象的条件、脉络以及在事件中行动者采取的行动的策略和结果这一典范模型,把各基本范畴联系起来,并将与研究问题最相关的基本范畴挑选出来形成副范畴,以分析各级范畴之间的关系的过程。宅基地"三权分置"风险主轴性编码的根本目的是将开放性编码中被割裂的资料以类聚分析的方式在不同的基本范畴之间构建关联,深度挖掘开放性编码所形成的基本范畴间的内在关系,使核心和重要的概念浮现出来,建立概念与类属之间的各种联系,为扎根理论方法建构理论提供框架①。本书遵循"物理—事理—人理"分析框架,兼顾宅基地"三权分置"风险的物理层面的产权结构、事理层面的分置过程和人理层面的参与主体,运用 Nvivo12.0 软件类属功能,经过对开放性编码阶段得到的 92 个初始概念及 21 个基本范畴进行反复比较和深入讨论,根据 21 个基本范畴之间的内在联系和属性,对这些范畴进行联结,最终得到经济风险、政治风险、文化风险、社会风险和生态风险五个主范畴。其中,将地方债务过度扩张风险、集体组织利益侵蚀风险、农民经济利益受损风险、金融担保机构信用风险和使用主体经营利用风险等五个初级范畴提取为主范畴"经济风险";将公有经济基

---

① 贾哲敏.扎根理论在公共管理研究中的应用:方法与实践[J].中国行政管理,2015(03):90—95.

础削弱风险、法律法规底线突破风险、公共政策执行偏差风险、集体耕地保护不力风险、地方政府信任危机风险和农村执政根基弱化风险这六个初级范畴提取为主范畴"政治风险";将乡村文化风貌稀释风险、乡村伦理秩序破坏风险和乡村道德规范迷失风险三个初级范畴提取为主范畴"文化风险";将城乡融合发展受阻风险、乡村公共资源侵占风险、乡村治理秩序失范风险、农户福利资格不公风险和农民社会保障失灵风险等五个初级范畴提取为主范畴"社会风险";将乡村生态环境破坏风险和农村耕地污染加剧风险两个初级范畴提取为主范畴"生态风险"。结果详见表6-5。

表6-5　宅基地"三权分置"风险的主轴性编码结果

编号	主范畴	基本范畴	关系内涵
I	经济风险	地方债务过度扩张风险	土地财政收入降低与宅基地改革投入增加导致地方债务过度扩张
		集体组织利益侵蚀风险	多元主体的利益博弈加剧、利益协调的任务更为艰巨,进而导致集体利益受侵蚀的风险
		农民经济利益受损风险	部分农户缺少知情权、参与权、选择权,面临经济利益损失的风险
		金融担保机构信用风险	抵押融资法律法规不健全、评估机制缺失、抵押物处置难,导致信用违约风险
		使用主体经营利用风险	使用主体权益保障不足、地方保护主义等进一步增加使用主体经营利用风险
II	政治风险	公有经济基础削弱风险	因管制制度不完善,在宅基地使用权放活中导致私人资本垄断,侵蚀公有经济基础
		法律法规底线突破风险	"三权分置"改革政策导向与法治建设相抵牾引发改革探索突破法律法规底线
		公共政策执行偏差风险	地方政府盲目追求政绩而采用脱离实际的政策措施
		集体耕地保护不力风险	宅基地财产价值彰显引起宅基地规模扩张,侵占耕地资源,不利于国家粮食安全
		地方政府信任危机风险	违背农民意愿,强制实施"三权分置"改革举措,降低政府信任
		农村执政根基弱化风险	宅基地使用权流转加剧村民个体分散化倾向,削弱执政党在农村地区的执政基础

续表

编号	主范畴	基本范畴	关系内涵
Ⅲ	文化风险	乡村文化风貌稀释风险	经营功能拓展、村庄整治展开、乡村建设推进中可能导致本土文化特质遭到稀释
		乡村伦理秩序破坏风险	产业发展和人口流动冲击乡村传统家庭观、生活观、道德观、伦理观
		乡村道德规范迷失风险	利益重组、模式重塑,趋利避害的本能导致参与主体违反社会道德准则
Ⅳ	社会风险	城乡融合发展受阻风险	农民因宅基地资格权问题而对市民化产生顾虑,影响城乡融合发展的推进
		乡村公共资源侵占风险	宅基地用途拓展增加村庄治理成本,工商资本不会主动承担,挤占乡村公共资源
		乡村治理秩序失范风险	宅基地"三权分置"引致乡村主体再造、人的流动更新,让乡村治理走向分化和开放
		农户资格福利不公风险	历史遗留、区位条件、性别差异以及代际差异导致资格福利分配不平等
		农民社会保障失灵风险	抵押处置、冲动退出、进城无岗、回乡无居等诱发农村居民失宅失所风险
Ⅴ	生态风险	乡村生态环境破坏风险	集体组织财力有限,社会资本追求经济利益最大化,破坏乡村生态环境
		农村耕地污染加剧风险	污染企业"资本下乡",导致宅基地开发强度与土地承载量之间的矛盾加大

（三）选择性编码

选择性编码是在系统分析主轴性编码中已经得到的各种类属的基础上,从中提炼出一个"核心类属",并通过"故事开发"等形式,不断建立"核心类属"和其他类属之间的联结关系的统整与精练类别的过程,即在已发现的概念类属中找到"核心类属",构建出概念框架,将不同类属之间予以联系,验证他们之间的内在逻辑关系,并将概念化尚未发展完备的范畴补充完整的过程①。这一过程主要包括四个步骤。

一是对研究主题进行回顾,做出总体上的概述,并形成清晰的线索,线索

---

① Corbin J M, Strauss A L. Basics of qualitative research: techniques and procedures for developing grounded theory (3rd ed) [M]. SAGE, 2008: 195-200, 263-274.

的作用是将理论进行串联；二是仿照主轴式编码的方法，将该编码的逻辑关系应用于提炼出的主范畴，可将几个主范畴中的一个提升成为核心范畴，其余的主范畴成为核心范畴的辅助范畴，也可从主范畴中整合出新的核心范畴，此时原主范畴全部变成新核心范畴的辅助范畴；三是确定核心范畴后，回顾辅助范畴，从维度层面上对辅助范畴进行分类与定位；四是回顾以往的研究成果，找出以上核心范畴的漏洞，通过经验事实对研究成果进行验证，并将遗漏的部分进行补全，提升范畴密度。按照上述步骤，经过对宅基地"三权分置"风险基本范畴和主范畴的确定，并辅以原始文献进行反复比对，本研究将宅基地"三权分置"风险体系确定为核心范畴，其基本"故事线"为：作为一项利益主体多元、实施实践众多、涉及领域广泛的宅基地"三权分置"风险主要是指在落实集体所有权、保障农户资格权、适度放活使用权以及调试国家管制权过程中，由于宅基地制度改革的固有复杂性、创新性、探索性以及外部制度环境的不确定性等导致的中央政府、地方政府、农村集体、农村居民、金融机构以及使用主体经济社会生态等方面利益损失的可能性。该风险体系由经济风险、政治风险、文化风险、社会风险和生态风险五类风险构成。

（四）饱和度检验

为保证建构的理论模型的科学性、严谨性和全面性，必须进行饱和度检验。理论饱和度验证是扎根理论分析的最后一步，在这一步需要引入新的原始资料，并对新资料进行扎根理论分析，直至不再出现新基本范畴、新主范畴、新核心范畴。理论饱和度检验是指所有的类属在所属属性、维度和变化形式上都得到充分发展，虽然可以发现新的变量，但进一步的资料收集和分析几乎对概念化没有新的贡献。本研究按照扎根理论研究法的研究程序，对预留的7份政策文本、16份文献资料以及10份访谈资料等共计33份原始数据资料继续进行开放编码、主轴编码和选择编码。结果表明：模型中的概念、范畴出现重合和相似，并未出现新的重要范畴和关系，模型中的范畴已相当丰富。故此，我们可以认为上述宅基地"三权分置"风险识别理论模型在理论上呈现饱和状态。

三、模型构建与风险分析

宅基地"三权分置"是一项涉及农民根本利益的制度创新,具有影响的持久性、风险的不确定性和治理的复杂性等特征。结合宅基地"三权分置"自身的特点,基于政策文本、期刊文献和访谈资料,运用扎根理论研究法三级编码,研究识别了在落实宅基地集体所有权、保障农户资格权、适度放活使用权和调适国家管制权过程中,经济、政治、文化、社会、生态等五个领域的 21 类风险因子。

(一) 经济风险

宅基地"三权分置"经济风险是指由于经济因素的不确定性导致的潜在损失风险。这些风险包括地方债务过度扩张、集体组织利益侵蚀、农民经济收益受损、金融担保机构信用风险等五类。

1. 地方债务过度扩张风险。在中国特殊的土地资源国情下,"以地谋发展"成为典型的发展模式[①]。土地财政作为地方政府对土地出让收入和其衍生税收的依赖,是我国地方财政的一个重要收入来源。伴随着"三权分置"的实施,地方政府对土地供应的垄断将趋减弱,征地范围缩小、补偿标准提高、收益分配调整等,从理论上来讲都会压缩政府的土地出让收益规模,进而影响地方财政收入状况。宅基地"三权分置"作为国家重大战略部署,有偿退出、综合整治、整体开发、乡村规划等都需要大量地方财政投入的支持,这无疑会增加地方财政支出的规模。在宅基地"三权分置"的影响下,地方财政收入减少与财政支出增加的阶段性、结构性矛盾可能诱发地方政府债务过度扩张的风险。

2. 集体组织利益侵蚀风险。宅基地"三权分置"是从"重所有、轻利用"向"重效率、重利用"的转向,更加强调使用权制度设计,关键是放活宅基地使用权,充分释放其财产价值,这势必会在现有的集体与成员之间加入更为多元

---

① 刘守英,熊雪锋,章永辉,等.土地制度与中国发展模式[J].中国工业经济,2022(01):34—53.

的社会主体,多元主体利益协调的任务更为艰巨,进而可能导致集体利益遭受侵蚀的风险。一是个体农户侵占农民集体利益风险。农户为保障个体利益的最大化,不愿意或不可能主动将其收益在集体与个人之间进行分配,甚至可能参与隐性交易,私自转让并享有全部增值收益。集体经济组织则无法从宅基地分配、流转中获得应有的收益。二是乡村精英侵占农民集体利益风险。乡村干部、种植大户、养殖大户等乡村精英不仅掌握更多乡村变革信息,也在很大程度上主导着村庄话语权。在缺乏必要约束机制的前提下,这些乡村精英可能利用自己手中的权力或依托雄厚的经济实力,获取"三权分置"的增值利益,侵占集体利益。

3. 农民经济收益受损风险。宅基地"三权分置"在一定程度上打破了城乡分割的二元化的土地制度,在实现财富效应同时,增值收益分配问题却不容忽视,尤其是农户在增值收益分配中,受自身行为能力和资源禀赋等因素的制约,缺少知情权、参与权、选择权,其在宅基地集中整治、退出补偿、价值评估、适度流转、收益分配、抵押融资等环节都可能面临经济利益损失的风险。一是外来资本侵蚀风险。工商企业借助资本、信息、市场等优势资源可能直接或间接使农户以较低的价格签订流转协议,剥夺农户应得的土地收益。无论是宅基地使用权出租还是入股,由于受企业经营风险、道德风险和清算风险的影响,农民作为弱势方所承担的风险更大。二是地方政府侵害风险。地方政府在宅基地整理、复垦、规划、集中居住、增减挂钩、撤村并居等改革中始终处于主导地位,如果这些改革举措没有进行民意调查或风险评估就匆匆上马,最终结果却可能侵害农民利益。一些地方政府可能为追求政绩而强迫农民进行土地流转,或者部分企业或个人与地方政府勾结,强迫农民或故意压低价格迫使农民进行土地流转,侵害农民土地权利。三是金融机构侵占风险。农房和宅基地由于缺乏市场化的评估标准和基准价格,往往被迫接受银行依据自身判断给出的条件,导致贷款额度低,抵押权实现时也难以获得公平的、市场化的处置。而且处于弱势一方的农户在产生法律纠纷时,其合法权益可能得不到保障,当金融机构抵押权实现后处分该抵押物时,由于缺少公正的中介机构的价值评估,农民的权益面临着再次受损风险。四是集体组织受侵蚀风险。

宅基地使用权与农房入股合作社等组织时,同样面临着作价评估问题。现实中,由于宅基地不能自由流转,使得农房的财产价值严重缩水。如宅基地使用权基于入股成为公司资产,因破产清算或债务执行等情形,极易出现外来人员与集体经济组织内部成员共享宅基地相关权能的局面,如果集体成员权制度设置不合理,则易造成其他成员因资格权得不到体现而致使农民土地权利被侵犯的风险。

4. 金融担保机构信用风险。信用风险是指贷款人未能履行还款义务,导致商业银行未能取得预期收益。推进宅基地使用权和农房抵押融资是活化宅基地财产价值,实施宅基地"三权分置"改革的重要途径。金融机构通过资本市场运作参与抵押融资,客观上有助于提升农地金融化改革的效率,但是金融机构以及担保机构也面临着信用违约的风险。宅基地使用权和农房进行抵押贷款时需要给其办理抵押物登记,但目前我国《民法典》都明确将宅基地排除在抵押财产之外,宅基地产权抵押等仍处于"风险地带"。宅基地使用权及农房抵押融资具有纯信用放贷、额度偏小和客户分散等特征,贷后监督的难度和成本都相对较高,在缺少完备交易市场、信用体系不健全、个人信用档案和记录系统不完善条件下,当贷款农户不守诚信、主观逃废债务或因为不可抗拒原因无法按时还贷时,金融机构将面临贷款损失风险,给金融机构带来较大损失。为此,金融机构往往会提高贷款利率来规避风险,导致农户融资成本过高。在抵押物处置上,按照抵押贷款法规,金融机构可以依法对抵押物进行拍卖处理,但受制于我国法律对宅基地的特殊保护,宅基地秉持无偿分配、"一户一宅"的原则,禁止宅基地使用权在非本村集体外流转,抵押物处置难以通过法律手段强制执行,成为一种不可置信的威胁,一旦农户出现贷款违约,金融机构处置抵押的宅基地使用权难度较大,很难通过及时转让使用权来减少贷款损失,易形成信贷风险。同时,由于目前我国农村担保体系不健全,为了规避风险,金融机构或中介组织一般要求政府出资组建相应担保机构进行担保或建立担保基金,这需要投入大量人力和资金,当贷款人出现违约行为时,政府需要偿付担保损失,部分贷款人考虑到政府提供担保,甚至会出现不愿偿债的情况。

5. 使用主体经营利用风险。使用主体经营利用风险主要是指宅基地使用权流入方在经营和利用宅基地使用权过程中出现的损失可能。目前,我国针对宅基地"三权分置"使用权适度放活的受让主体权益保护尚存在明显的制度缺漏①。宅基地使用权流入方在盘活利用农村闲置宅基地和农房时往往投资额大、成本回收期限长,而部分农户在看到投资主体获得短期丰厚收益后可能会要求提高租金或缩短租期,导致社会资本面临农户违约风险。同时,在外来主体投资民宿、乡村酒店等产业获益后,周围未流转农房的部分农户也可能跟风进入但未按相应的标准提供服务,容易干扰当地正常的市场,增加外来使用主体的经营风险,且在宗族文化盛行的传统乡村,外来经营主体面临的这些乡村社会排斥尤为严重,甚至会形成经营主体间的恶性竞争,从而造成经营风险。

(二) 政治风险

宅基地"三权分置"政治风险是指宅基地"三权分置"过程在政治领域或由政治因素引起的风险,它可能对国家、政府、企业或个人产生影响。具体包括公有经济基础削弱风险、法律法规底线突破风险、公共政策执行偏差风险等六类。

1. 公有经济基础削弱风险。农村土地集体所有制是我国公有制经济的重要组成部分,宅基地集体所有是社会主义公有制在乡村社会的具体制度安排,构成了我国社会主义制度的经济基础。在现有城乡二元结构和乡村分化格局下,全面推进宅基地"三权分置",适度放活宅基地使用权,如果缺少有效的管制和必要的限制,容易诱发私人资本对宅基地的获取。一旦宅基地资源被私人资本掌控,囤而不用、待价而沽,有可能发生土地投机风险,扰乱我国土地交易市场,导致削弱公有经济基础的风险。

2. 法律法规底线突破风险。凡属重大改革要于法有据,宅基地"三权分置"需将法治贯穿于制度体系的每个环节,但现实是创新性改革往往倾向于突破现有法律,具有法外探索的实践特征。相对于宅基地"三权分置"实践探

---

① 高飞.承包地"三权分置"制度实施风险及其防范[J].地方立法研究,2022,7(01):12—26.

索,我国法律法规对宅基地"三权分置"的规定具有概括性质,宅基地所有权主体、资格权性质、使用权功能等法律法规供给不足,宅基地资格权保障、调适、退出以及使用权抵押、流转、继承等方面探索尚未得到立法的认可和确定。由于法律与政策的抵牾,流转对象的合法权益缺乏法制层面的保障,就可能会有损改革措施的确定性和安定性,进而导致违反法律法规的风险。

3. 公共政策执行偏差风险。宅基地"三权分置"尚处在试点探索阶段,中央政策为地方政府预留了相应的弹性空间,提供了更多的选择可能。虽然中央始终强调对宅基地使用权用途进行严格管制,防止资本下乡兴建别墅大院和私人会馆,但一些地方政府在宅基地"三权"分置改革中可能采用脱离实际的政策措施,为了规避征地指标限制和报批程序,满足经济发展的用地需求,利用放活宅基地使用权的契机变相征地,甚至通过产权调整过程中土地平整、占补平衡、增减挂钩等契机违规开发,过度扩张建设用地规模,导致国家占补平衡政策、增减挂钩等政策执行偏差风险。同时,宅基地"三权分置"引起的农村集体建设用地结构的变化,可能会传导到城市供地的时序、数量和空间分布,影响土地宏观调控的效果①。宅基地以权利转换的方式转变为可以直接入市流转的农村集体建设用地,参与住宅用房的土地供应,可能会打破土地一级市场的垄断,也会刺激分散的农民陷入集体行动逻辑的陷阱,进而对土地政策的宏观调控效应带来影响,导致土地利用总体规划的管控失灵,削弱国家对地方政府土地管理的约束力。

4. 集体耕地保护不力风险。坚守 18 亿亩耕地红线不仅是经济问题,而且是关系重大的政治问题。宅基地与耕地是一个互相转换的关系,其本身来源于耕地。伴随着宅基地财产价值的释放,一些地方受短期经济利益的驱动,可能采用先占后补、占优补差,甚至占而不补、少批多占、骗取批准的方式将耕地转换为宅基地,进而转让或出租给社会主体用于商业开发、厂房建设,侵蚀基本农田,导致耕地质量下降。当越来越多农户认识到多余、闲置宅基地的潜

---

① 陈晓军,张孝成,郑财贵,等,重庆地票制度风险评估研究[J].中国人口·资源与环境,2012,22(07):156—161.

在经济价值后,一些经济意识较强的农户会进一步想方设法地扩张自己的宅基地面积,以备未来显化时获取更大经济利益,从而可能诱发农户恶性分户以超标准扩张宅基地,甚至产生违法搭建、侵占耕地等连锁反应。

5. 地方政府信任危机风险。地方政府在经济发展的激励下,如果片面追求经济增长,难免会出现与民争利、损害群众利益的现象,可能搭宅基地"三权分置"改革的"便车",利用自身掌握的优势资源,违背农民意愿,强制农民退出宅基地,侵占或剥夺农民的利益,从而搅乱宅基地"三权分置"的制度供给秩序。同时,在宅基地自愿退出补偿、增值收益分配过程中,有的地方政府甚至有意侵占农民利益。这都易引致农民对地方政府的信任危机。

6. 农村执政根基弱化风险。随着宅基地"三权分置"改革的深入推进,宅基地资源价值迅速提升,农民财产性收入、补偿性收入或者转移支付收入也将增加,这可能诱使部分农村基层干部设租寻租、贪污腐败,一旦这种不正常现象为少数别有用心人员所利用,将会影响农村社会稳定,为新一轮农村宅基地制度创新设置障碍、施加压力,提高改革成本。

（三）文化风险

文化风险是指由于文化差异、文化冲突或文化适应性问题导致的宅基地"三权分置"风险,主要包括乡村文化风貌稀释、乡村伦理秩序破坏和乡村道德规范迷失风险三类。

1. 乡村文化风貌稀释风险。乡村文化是乡村思想观念、道德观念、价值观念的集中反映,是中国传统文化的重要组成部分和现代文化的重要内容。各地村庄格局风貌是历史上顺应地理、气候、人文条件延续而成的结果,在乡村振兴中发挥着更基本、更深沉和更持久的作用。宅基地"三权分置"过程中,一些地方在经营功能的拓展、村庄整治的展开、乡村建设的推进中可能忽略地域特色、不顾乡土风情、追求千村一面,丢掉乡风乡韵乡愁,导致传统村落、民族村寨、传统建筑等遭到人为破坏,从而致使本土乡村历史、风俗习惯、精神风貌以及富有民族特色、地域特色、时代特色的文化特质遭到稀释。同时,宅基地"三权分置"中的使用权的流转将更加便捷,但应当指出的是,基于宅基地流转而产生的宅基地使用权与农民基于自身的身份而产生的使用权在行为逻辑上存在差异:农民是无偿获取且长久拥有的宅基地使用权,因此会注重土地的长期利用,不会产生过度开发等短期性行为。相反,基于宅基地流转而获取使用权的经营主体,由于是有偿获取、固定期限,必然会考虑投资与收益之间的关系,并尽可能在经营期内获取最大化的利益,因此他们一般不会注重宅基地的长期效应,容易出现"涸泽而渔"般的过度开发等短期性行为,进而不利于乡村文化风貌的延续。

2. 乡村伦理秩序破坏风险。我国传统的乡村社会是一个建立在"血缘""地缘"基础上的"熟人"社会,"人情"纽带、"血缘"关系、"互信"基础等构成了乡村社会交往的伦理基础。宅基地"三权分置"将为乡村产业结构优化、产业形态拓展、产业链条延展等带来新机遇。伴随产业的发展和人口的流动,城市文化逐渐向乡村渗透,传统意义上的"村民"将逐渐多元化,乡村社会的熟人关系也将被逐步打破,因城乡生活习俗、文化背景的差异,乡村长期以来形成的传统家庭观、生活观、道德观、伦理观等将会受到相应的冲击和挑战,原有维系乡村文化传承的血缘纽带、宗族观念、田园聚落等因素将面临着弱化风险。

3. 乡村道德规范迷失风险。我国乡村资源禀赋差异显著,人地关系构成多样,宅基地"三权分置"一个重要路径是因地制宜、分类实施。区域差异、模式多样的共生正在解构宅基地"三权分置"的价值认知。同时,新一轮产业革命和技术变革的加速演进,也在重塑着传统经济发展方式、商业运作模式以及利益分配方式,面对利益的重组、模式的重塑,宅基地"三权分置"利益主体趋利避害的本能吸引着其在规范的真空地带游走。在利益的驱使下,可能因为新的规范尚未形成,传统经济伦理道德被忽视,导致参与主体违反公认的道德准则和行为的风险。

(四) 社会风险

社会风险是指由于宅基地"三权分置"中社会因素的不确定性、变化或冲突导致的潜在风险。这类风险可能影响社会稳定、公共安全、社会秩序以及社会成员的福祉,主要包括城乡融合发展受阻、乡村治理秩序失范、农户资格福利不公等五种类型。

1. 城乡融合发展受阻风险。中央多次强调,农民转变为市民不能以放弃农村宅基地使用权为条件,要让农民自愿选择、有偿放弃,逐渐融入城镇中。如果因这种身份限制而剥夺农户市民化后的农村宅基地资格权,基于理性"经济人"的思维,农民就会重新考虑进城的得失,农民因宅基地资格权问题而对市民化产生顾虑和观望,则有违国家推进城乡融合发展的本意。同时,一些地方政府基于推进城乡融合发展的目标,也偏好退地指标增减挂钩等一次性获利的宅基地价值显化方式。但宅基地作为农村土地的重要组成部分,是重塑集体经济和农村发展的核心支撑资源,如果转换指标用以满足城市建设用地需求,不仅会挤压乡村建设用地空间、导致乡村利益流失,还可能因集体经济长期发展空间受限而进一步加剧城乡发展之间的不平衡。在推进宅基地"三权分置"改革中,城郊农村、旅游景区等经营性价值较高宅基地使用权流转如果节奏与力度把控不力,在市场利益的驱动下将会成为市场化商品住宅和租赁型住宅的重要土地来源。随着城乡交通体系的完善特别是地铁、高架等交通网络的发展,一旦"小产权房"流转合法化,会导致农村住宅房屋流入市场,这对城市土地政策将会产生较大影响。城市和农村土地市场融合对接过快、交易过度,有可能使有限的农村宅基地被乱占乱建和大量耕地被用于房地产开发,并在短期内拉高农村住房价格,形成房地产泡沫,扰乱房地产市场秩序。

2. 乡村公共资源挤占风险。中国传统乡村社会以自给自足的生产方式和相对封闭的生活方式为基本特征,承载着一些基本的乡村公共服务供给功能。村庄道路、供水供电、环境卫生等这些公共服务产品通常是发挥村民在基层公共资源配置中的主体性地位,以群众的共同诉求为基础,通过共同协商和依靠共同投入,实现公共设施的共建共享①。目前,我国针对依托农村宅基地开展商业经营项目尚未建立相应配套税收缴纳政策。宅基地商业用途的引入将会增加整个村庄的管理成本,集体经济组织可能因此减少投资村庄公共服

---

① 曹海林,任贵州.农村基层公共服务设施共建共享何以可能[J].南京农业大学学报(社会科学版),2017,17(01):51—59+145—146.

务的动力,导致村庄的公共性衰退,而工商资本在缺少必要的约束机制下,也不会主动承担乡村基础设施建设的成本,这将会挤占本来就不平衡不均等的乡村公共资源,进而不利于城乡基础设施和公共服务的均等化发展,造成乡村公共资源供给不足的问题。

3. 乡村治理秩序失范风险。宅基地作为一种独特的乡村治理资源被广泛地应用于乡村社区管理和整合之中,提供了建立具有群体边界、利益边界、责任边界及归属边界的社区的认同基础。宅基地"三权分置"在带来诸多改革红利的同时,也给乡村治理带来诸如农民主体性缺失、多方逐利刺激下"合谋"、社区解体的社会不稳定以及流转双方违约等潜在风险①。宅基地"三权分置"将引致乡村主体再造、人的流动更新,让具有同质性和封闭性的乡村社区走向分化和开放。多元乡村主体基于不同的经济利益构建起新的行动网络,将会改变原有的村庄治理秩序,尤其是伴随着我国新型城镇化加速推进,自愿有偿退出宅基地的进城落户农民多是有能力和一定资源的农村精英,留守务农的农民多是能力和资源欠缺的村民,村庄内部发生的人地分离,也将使村庄社区治理失去最重要的存在基础。这将给乡村治理的主体、对象、领域、内容等带来新的问题和挑战。

4. 农户资格福利不公风险。农户资格权作为宅基地"三权分置"的突出亮点和重大变革,既是集体经济组织成员的一项专属权利,也是保障农民基本福利的特殊权利。这一权利依托集体成员身份,连接着所有权与使用权。然而现行法律法规对此尚未有具体条文规定,容易出现资格福利不公风险。一是代际不公风险。从我国农村宅基地制度演进历程中可以发现,宅基地一直都是基于集体成员身份,以户为基本单位进行福利分配,实行无偿获得无期限使用的制度,历史遗留下来的"一户多宅""超占多占"现象较为严重。宅基地"三权分置"改革后,遗留的上述问题可能会随着宅基地的继承而合法化,从而造成宅基地资格权分配的不公平。二是区位不公风险。区位理论表明,土

---

① 张衔,吴先强.农地"三权分置"改革中的潜在风险及对策[J].社会科学战线,2019(01):71—78+281.

地的经济价值与其区域分布相关联,不同地区的宅基地具有不同的市场需求与流转潜力,不同经营用途的宅基地也会产生不同的市场价值。宅基地无偿无期限与位置优劣之间的矛盾,造成同面积不同质量的福利差异风险,宅基地流转后的收益差距明显,此种利益分配失衡也隐藏着社会财富积累的差异,这种区域间利益分配的差距不利于平衡城乡居民之间的财富差异和实现城乡居民共同的福祉。三是身份不公风险。我国多数地区宅基地分配以男户为标准,基本不考虑"外嫁女",这造成男女不平等的宅基地资格权机会风险。宅基地是否可以为非集体经济组织成员继承,外嫁女是否可以继承宅基地以及继承是否受"一户一宅"限制,这些都会引起宅基地资格权取得的机会风险。在分配时若处理不当,不同农民拥有宅基地数量与价值不一,进而使得宅基地改革红利在旧有格局下不平衡分配,在潜在推动农村收入与消费上涨的同时,也会助长农民收入的不平衡。四是补偿不公风险。宅基地退出补偿资金大多由村集体经济组织监督和发放,由于各村之间经济水平不一,造成了补偿标准的不统一。经济发展好的村子储备资金充足,补偿标准高,相反一些发展较差的村子补偿标准低,这使得农户自身利益受损,既不利于保护农户的利益,也对宅基地退出产生了一定程度的负面影响,不利于平衡城乡居民之间的财富差异和实现城乡居民共同的福祉。

5. 农民社会保障失灵风险。宅基地作为农民安身立命的基础,具有生产与生活双重功能,承担着农民基本生活保障、实现居者有其屋的重要功能。农户资格权退出、使用权适度放活、抵押融资贷款等与农民居住安全之间具有紧密联动性。当农户有偿自愿退出宅基地后,农民并不实际占有宅基地,一些农民因学历普遍较低,且缺少一技之长,当劳动力市场不稳定或者经济波动时,加之宅基地流转后的相关配套机制与失地农民的住房保障政策不完善,可能引发农民"进城无岗""回乡无居"的双重风险。同时,在城乡社会保障二元结构尚未完全打破的现实背景下,退出宅基地的农民在市民化进程中,可能面临城镇就业、教育、医疗、养老、定居等方面得不到有效保障的风险以及社会地位、社会身份、社会权利、生活方式以及心理状态等方面的落差。而且,在宅基地"三权分置"过程中,有部分农户为了获取短期看得见的经济收益,会以货币安置方式退出宅基地申请,或者将宅基地使用权以不合理的低价转让给社会主体,一旦获得的收益用完,将可能面临无房可住的风险。

(五) 生态风险

生态风险是指宅基地"三权分置"中,使用主体不合理的宅基地利用使用行为导致乡村生态系统结构和功能受到影响的可能性,主要体现在生态景观损毁和耕地质量退化两方面。

1. 乡村生态环境破坏风险。农村土地不仅具有农业生产功能,还具有生态景观功能。由于采取农户自愿的原则并且设置了相应的退出条件,当前可能选择有偿退出宅基地的农户数量有限、分布零散,由于农村集体经济组织发展能力有限,分散退回的宅基地很难就地用于建设,复垦之后也很难集中连片开发,这将对退出的宅基地集中规模化利用造成较大的制约,进而给乡村规划实施带来风险。同时,部分投资人为追求经济利益最大化,建筑体量和建筑形式等方面存在超面积建设和违背建筑风格的情况,将影响镇村经济、社会和环境的协调发展。上述这些状况在很大程度上会破坏乡村的生态环境和生态景观,甚至是土壤资源和地下水资源,不利于美丽乡村建设和绿色农业发展。

2. 农村耕地污染加剧风险。伴随着宅基地使用权的放活,部分闲置宅基地将化为农产品加工用地、旅游附属用地以及工业化附属用地等。在缺乏相关规划与管理制度的情况下,一些在城市被限制、淘汰发展的污染企业有可能"资本下乡",导致宅基地开发强度与土地承载量之间的矛盾,带来生产生活用水激增、道路大范围扩建以及垃圾处理困难等危害土地可持续利用的影响,以及大气、噪声和水污染等环境污染和生态破坏问题。

第七章　宅基地"三权分置"风险的系统评价

风险作为人类社会发展进程中的一种客观存在,指向还没有发生的未来,本质是基于人类认知对未来可能发生的危险进行的主动评估①。最大的风险并不来自风险本身,而来自人们对风险认知的偏差②。风险评价旨在为有效应对风险提供基于证据的信息和分析,从字面上可以理解为评价主体通过一定的方法,根据相关风险准则对风险进行定性定量分析,最终确定风险价值和状态的测量过程。传统的风险评价通常基于风险之间相互独立的假设条件,针对单一风险选择一定指标进行评估。具体而言,是在风险识别基础上,综合考虑风险影响程度、发生概率及其他因素,得出风险等级,并与公认的风险标准进行对比,从而确定风险级别的过程。然而,宅基地"三权分置"风险的社会网络性较强,各类风险相互之间存在复杂的关系。为此,本书立足宅基地"三权分置"风险的复杂网络结构特征,在借鉴常用风险评估方法的基础上,选择改进的社会网络分析法,结合贝叶斯网络,构建宅基地"三权分置"风险网络,进而从整体和个体两方面对其风险网络的关键因素和核心关系展开评价,最终得到宅基地"三权分置"风险网络的关键风险。

第一节　宅基地"三权分置"风险评价的性质

风险评价作为一个普遍意义上的概念,是人们针对各种社会经济活动所

---

① Giddens A. Runaway world: how globalization is reshaping our lives [M]. London: Profile Books Ltd, 2002: 13.

② 张宪丽,高奇琦.社会风险化还是心理风险化——对贝克风险社会理论的反思[J].探索与争鸣,2021(08):71—79+178.

引发或所面临的危害,可能造成人体健康、社会经济、生态系统等的损失进行评估,并据此进行管理和决策的过程。从宅基地"三权分置"改革到宅基地"三权分置"风险是从一个事实存在到价值判断的过程。宅基地"三权分置"风险评价是一个蕴含辨识、量化、评价和权衡等元素的整体治理体系,具体包含风险评价的前提条件、目标导向、外部环境、实践活动以及评价结果的应对提示等。

风险评价是在风险识别的基础上,综合考虑风险影响程度、发生概率及其他因素等,建立合理的评估指标体系、确立客观的评估标准,结合评估指标权重,采用科学的评价模型和方法,对风险的类别、等级进行区别划分的综合测度过程①。风险评价主要涉及风险事故发生概率以及风险损失大小两个方面,其实质是通过量化测度某一风险事件带来的影响或损失的可能程度。具体到宅基地"三权分置"风险评价,是指以宅基地"三权分置"风险为对象,设定风险评价指标,通过定性定量的测度方法,对其风险进行事实判断和价值判断,为宅基地"三权分置"的路径选择、风险防范和决策提供依据。

当前,社会科学领域风险评价基本上以综合评价方法为主,因为社会领域的风险同时具有不可计算性,并非所有风险的大与小都是确定的,且社会领域的风险具有很大的相对性。首先,什么是风险实践发生造成的损失依赖于人们的价值与偏好,如果仅把可能损失限制在物质层面,风险的判定是容易的,但当风险后果包括价值侵犯、不公正或社会利益时,对结果的评估在不同群体中会大相径庭。因此,风险往往被视为一种文化或社会建构,而非事件或活动的客观属性。其次,人类活动和活动后果之间的相互影响比自然科学领域风险分析中使用的平均概率所能把握的要复杂和独特得多,而且,社会活动领域的风险常常是隐而不显的,故很难测量。再次,规制和治理风险的制度结构容易产生可能增加实际风险的组织失败和弊端。最后,大小和概率的数字结合假定了两个成分的同等重要性。这模糊了风险发生可能与风险损失程度之间的关联②。

---

① 王洧.政府主导型农地流转风险识别及评价研究[D].上海:华东理工大学,2018.

② 谢尔顿·克里姆斯基,多米尼克·戈尔丁.风险的社会理论学说[M].徐元玲,孟毓焕,徐玲等,译.北京:北京出版社,2005:66—68.

因此,如何来评价宅基地"三权分置"风险,更多需要采用综合评价方法。

宅基地"三权分置"风险评价的核心是将风险的范畴系统置于评价的范畴体系进行整体衡量,其中需要考察两个核心范畴。第一个范畴是风险。宅基地"三权分置"的核心价值取向是平衡好稳定与放活、公平与效率、赋权与管制、保障与财产、公权与私权之间的关系,制度设计和制度实施存在偏差的可能,这使得对宅基地"三权分置"风险本身进行检讨在理论上成为可能。第二个范畴是评价。风险评价综合运用社会分析、监测和公共卷入方法记录和管理社会效应,关注的焦点是受变迁影响的个人、群体、社区和社会部门……对改善决策、推动形成更加可持续的社会和环境秩序发挥了积极的作用①。

宅基地"三权分置"风险评价的性质可从三个层面进行把握。第一,宅基地"三权分置"风险评价是目的性实践活动。风险评价的目的性首先体现在评价实践的过程中,是通过设计评价方案、明确评价目标、梳理风险环境等,厘定风险发生概率和风险损失程度的目的性活动。同时,宅基地"三权分置"风险评价的目的性活动体现在评价实践中以评价风险为导向。在宅基地"三权分置"风险评价的计划和方案中,皆要体现评价中的风险问题意识。

第二,宅基地"三权分置"风险评价手段是评价测量方法的运用。风险评价的特定方法的更新正是社会科学研究范式的变迁在制度风险研究领域的体现。宅基地"三权分置"风险评价的难点在于确定测量对象和指派数字等两个方面,测量对象的风险评估客体属于模糊型的事物类型,该事物类型不同于可直接以数字化、数值化予以定量的确定性事物类型,因此,对宅基地"三权分置"的风险水平、危害层级的定量过程需要对其中的判断标准和技术指标进行有效的认定,并通过统计学手段进行有效分析和分段检验。可见,宅基地"三权分置"风险评价至少蕴含两种含义:对风险的评价——试验性的、定量的、科学性的行为;对稳定的衡量——合规性的、标尺化的、指示性的行为。

第三,宅基地"三权分置"风险评价的核心在于作出事实判断和价值判

① C.尼古拉斯·泰勒,C.霍布斯·布莱恩,G.古德里奇.社会评估:理论、过程和技术[M].葛顺道,译.重庆:重庆大学出版社,2009:1.

断。事实判断的目的在于把握宅基地"三权分置"风险的真实情况,洞悉风险的本质规律,以达到对风险的真理性认识;价值判断是主体对客体、对象对主体自身的意义和效应的认识、把握和断定。简而言之,价值判断就是主体关于客体价值的断定。区分事实判断和价值判断的隐性前提是"事实"与"价值"的二分法。具体而言,宅基地"三权分置"风险评价需要在扩充一般意义上的经济性、效率性及效果性标准体系的基础上,最大限度地融入公平性、共享性、回应性、发展性等价值元素。

第二节 宅基地"三权分置"风险的评价模型

作为一种分析、预测和估算过程,风险评价本身具有一套适用范围较广的定性、定量和半定量评价的模型。随着风险评估领域的发展和风险评价体系的成熟,风险评价的模型及应用领域不断得以拓展,分别与社会稳定、工程建设、财务金融、企业管理、公共安全、生态环境等学科相结合,产生了多种风险评价方法和评价模型,呈现出多样化和差异化的发展态势,但不同应用领域的风险评估评价仍具有一定差异性。本书基于宅基地"三权分置"的复杂网络属性,将采用改进的社会网络分析法与贝叶斯网络相结合的评价方法,旨在通过定性与定量分析方法相互结合,更加全面科学地进行风险评价,为宅基地"三权分置"风险规制提供参考。

一、宅基地"三权分置"风险评价的方法

由于宅基地"三权分置"尚处在试点探索阶段,鲜有学者对其风险进行系统性评价,只有少量文献尝试将模糊综合评价法、风险矩阵法等定性与定量相结合的方法运用于宅基地"三权分置"风险评价。事实上,宅基地"三权分置"可视为一组利益相关者在一种社会网络环境下,围绕宅基地产权配置和利益分配而缔结的契约关系,不仅是一项复杂的产权配置行为,更是一种具有深刻社会属性的社会关系网络,呈现出复杂的社会性、网络性、结构性等特征。因此,基于这一制度创新风险之间相互独立的假设条件,忽略不同风险之间的联

系和扩散,针对单一风险选择一定指标进行评估容易造成对风险的误判。社会网络分析法正是在构建风险网络基础上,通过对各种关系进行量化分析的方式评价各类风险之间的影响关系,最终找到系统内关键风险的评价方法,而非针对个体风险的评价,其在经济社会领域已得到广泛运用,尤其适合社会网络性较强的风险评价,能够基于系统风险因素网络关系来评价关键风险因素,为制定风险控制措施提供依据。为此,本书基于宅基地"三权分置"风险的复杂网络结构特征,在对其风险因素识别的基础上,采用社会网络分析方法构建宅基地"三权分置"风险因素关系的网络模型,并嵌入贝叶斯网络,以厘清风险因素间的影响关系,锁定关键风险因子。

（一） 社会网络分析法的理论内涵

社会学理论认为社会不是由个人而是由网络构成的,网络中包含结点及结点之间的关系。社会网络分析法也称为结构分析法,是通过分析一组行动者之间的相互关系来对社会结构情况进行识别的方法,其由社会理论和应用与形式数学、统计学和计算方法论有机结合而来,是一种组织研究的定量分析方法①,其演化发展经历了一个从方法和隐喻到理论与实质的变化过程。20世纪 90 年代,社会资本理论和结构洞理论的提出进一步推动了社会网络分析法的发展进步②。社会网络分析不仅是一种工具,更是一种关系论的思维方式,已被广泛应用于社会学、经济学、管理学等领域。这种分析方法把抽象的、复杂的、多样的个体间影响关系表达为一定的网络结构,然后基于网络结构及个体之间的联系,阐述其对个体行动和社会结构的意义。社会网络分析法的核心要素包括节点、关系、节点度、中间人以及中介中心度等。节点即社会行动者,主要指分散的社会单位或社会实体等;关系是指任意两个节点间发生的实质性接触或联结等;节点度可以简称为度,是指节点具有的邻接节点的数量,其中"出度"指节点发出的关系线的数量,"入度"即指向

---

① 斯坦利·沃瑟曼,凯瑟琳·福斯特.社会网络分析:方法与应用[M].陈禹,孙彩虹,译.北京:中国人民大学出版社,2012:26—28.

② Harrison C. White, Scott A. Boorman, Ronald L. Breiger. Social structure from multiple networks. I. blockmodels of roles and positions[J]. American Journal of Sociology,1976,81(4).730–780.

该节点的关系线的数量;中间人是指网络中连接两点甚至两个子系统的"桥"。中介中心度分为点的中介中心度和线的中介中心度,点的中介中心度指节点落在其他给定节点间的概率目标时节点在网络中发挥的"桥"的作用的大小;中介中心度越高,表示节点发挥的"桥"的作用越大,该节点往往处于核心位置。

社会网络分析法针对风险评价的优势在于不强调风险网络中风险的个体特征,而是建立在相互作用的风险间影响关系的假设条件下,注重整个风险网络的变化及个体风险之间的互动,从而沟通起了微观风险表征与宏观风险结构之间的关系。通常情况下,在社会网络分析中社会实体及其之间的关系是分析的重点,其中社会实体之间的关系是最为关键的,而社会实体自身的特征居次要地位①。

(二) 社会网络分析法的基本流程

一般来说,进行社会网络分析要遵循一定的程序,这些程序主要包括确定分析层次、界定网络关系、收集网络数据、表征网络关系、数据导入分析、提供分析结果等六个环节。常见的社会网络数据收集方法主要有问卷法、访谈法、观察法、文献法、实验法以及提名法等;表征网络关系的方法主要包括图论法和矩阵法两种。图论法是指以点和线的形式来表示行动者及其关系的一种方法,点代表行动者,连接两个点的线表示相应两者间的关系。矩阵法是指通过行和列排列元素来表示行动者及其关系的一种方法。

(三) 社会网络分析法的表达形式

社会网络分析法一般通过邻接矩阵和社群图的两种形式来表征其数据结构,邻接矩阵是通过数字描述节点之间的关系;社群图则是利用图形展示网络结构,将网络关系可视化。本书耦合两者的优势,将其结合起来构建宅基地"三权分置"风险网络。

第一,邻接矩阵表达。邻接矩阵是一组由行列构成的数值方阵,矩阵的行和列分别代表"社会行动者",矩阵的数值代表各个行动者之间的"关系",在

---

① 张秀娥,张皓宣.社会网络理论研究回顾与展望[J].现代商业,2018(20):154—157.

某一社会网络中,特定的行和列对应的数值即为行动者之间特定的关系,邻接矩阵可以分为有向和无向两种以区分"关系"的方向性①。一般而言,在有向网络中,矩阵行对应的"行动者"是"关系"的发送者,而矩阵列对应的"行动者"是"关系"的接收者。如果是二值网络矩阵,则矩阵中只包含"0"和"1"两个数值,其中"0"表示矩阵行对应的"行动者"对列不产生影响;"1"表示产生影响关系(见表7-1)。如果是多值网络矩阵,矩阵中还包含"0"和"1"之外的其他数值来表示关系的强弱。而在无向网络中,矩阵行和列对应的"行动者"之间的影响关系是相同的。因此,有向矩阵的数值沿主对角线是非对称的,而无向矩阵的数值沿主对角线是对称的。本书构建的宅基地"三权分置"风险网络邻接矩阵则属于二值有向网络矩阵。

表7-1 社会网络分析法的风险邻接矩阵表达

社会行动者	R01	R02	R03	⋯	Rn−1	Rn
R01	0	1	1	⋯	0	1
R02	0	0	1	⋯	1	1
R03	1	0	0	⋯	1	0
⋯	⋯	⋯	⋯	⋯	⋯	⋯
Rn−1	0	1	1	⋯	1	0
Rn	0	0	0	⋯	1	0

第二,社群图表达。社群图是利用图论理论对邻接矩阵进行图形描述的网络关系图形,其中点和线是社群图的两大基本构成要素,点表示节点,线表示节点之间的关系。与邻接矩阵对应,社群图也分为有向图和无向图两种。有向图是指网络中点与点之间存在影响关系,同时这种关系是有方向的,如单向箭头表示单向影响关系,双向箭头表示一种双向影响关系;而网络中点与点之间存在关系,但这种影响关系没有方向,则被称为无向图,如同事关系等;如

---

① 窦蕾. 基于社会网络分析法的西安市既有建筑绿色改造风险研究[D].西安:西安建筑科技大学,2018.

两点之间不存在影响关系,则两点之间就没有连接线。此外,还可以根据影响关系的强弱来区分二值网络社群图和多值网络社群图,一般用线条的粗细来加以区分,点的形状、大小和位置、线的长短等都是任意的①。本研究重点关注各类宅基地"三权分置"风险之间有无影响关系,并不侧重影响关系的强弱,因此是一种二值有向网络社群图。社群图可以实现网络关系的可视化,能够较为直观地表达网络结构。

(四) 贝叶斯网络拓扑结构的嵌入

宅基地"三权分置"风险评价属于不确定推理问题,受制于科技、环境、人力等复杂因素的影响,有时获取的信息是不全面的,存在很强的不确定性。目前,贝叶斯网络算法凭借其强大的不确定性推理能力,在风险评价领域得到了广泛应用。贝叶斯网络又称因果概率网络,是 1986 年美国的 Pearl 教授提出的②。它是一种基于概率推理的数学模型,是目前不确定知识表达和推理领域最有效的理论模型之一。贝叶斯网络是非循环的有向图,能够很好地将复杂的关系以直观简洁的有向无环图表现出来,是一种定量与定性相结合的推理分析方法。它主要包括两部分内容,即有向无环图和参数。有向无环图是指贝叶斯网络拓扑结构,以节点表示变量,节点间的因果关系以有向弧表示,由因指向果;参数是指条件概率表。在宅基地"三权分置"风险的贝叶斯网络中,如果宅基地"三权分置"两个风险变量直接相连,则表示它们之间有直接依赖关系,反之亦然。在这种意义下,我们称信息能够在两个直接相连的风险节点之间传递。如果两个风险变量不直接相连,那么信息需要通过其他风险变量才能在两者之间传递。如果两者之间的所有信息通道都被阻塞,那么信息就无法在它们之间传递。这时,对其中一个风险变量的了解不会影响对另一个风险变量的信度,因而相互条件独立。如果考虑两个风险变量通过第三个风险变量直接相连这一基本情况,则可将贝叶斯网络分解成三种基本的结

① 孟宪薇.基于社会网络分析方法的准经营性 PPP 项目融资风险研究[D].哈尔滨:哈尔滨工业大学,2018.

② Pearl J.Fusion, propagation, and structuring in belief net-works[J]. Artificial Intelligence, 1986,29(3):241-288.

构,即顺连、分连和汇连。

贝叶斯网络的构建包括两个关键步骤:变量选择和关系建立。首先,需要选择与问题相关的随机变量。这些变量可以是连续的,也可以是离散的。在选择变量时,需要考虑问题的领域知识和实际需求,确保所选变量能够全面反映问题的特性。其次,需要建立变量间的依赖关系。依赖关系可以通过领域知识、数据分析或专家经验来确定。通常情况下,可以使用条件概率表(CPT)来表示变量间的依赖关系。CPT 是一种用于描述变量间条件概率的表格,可通过数据分析或专家评估来确定。

总之,贝叶斯网络的构建方法包括选择变量、建立依赖关系等关键步骤。在构建贝叶斯网络时,需要充分利用领域知识、专家经验和数据分析方法,确保网络能够准确地描述变量间的依赖关系,并能够进行有效的推理和决策。贝叶斯网络的构建方法在实际应用中有着广泛的价值和意义,可以帮助人们更好地理解和分析复杂的问题。

二、宅基地"三权分置"风险网络的构建

宅基地"三权分置"并非一种单纯的产权配置经济行为,而是具有深刻社会属性的土地产权治理体系变革,其诱发的各类风险呈现出较强的社会网络特征。具体表现为宅基地"三权分置"各类风险相互之间存在着复杂的影响关系,风险与风险之间相互传导,最后交织成一个复杂的风险网络。割裂不同风险之间的联系和扩散,容易造成对风险的误判和疏漏,要想对宅基地"三权分置"风险展开科学评价,需要基于社会网络的视角,构建宅基地"三权分置"风险网络,然后对风险网络的关系数据和结构特征展开分析。目前,这种基于社会网络视角的风险评价方法已经在相关领域得到初步运用。如王温鑫等(2018)基于全生命周期,在识别重大项目实施风险的基础上引入社会网络模型,分析各风险之间的关系与影响,并结合案例对关键风险进行评价[①];高少

---

① 王温鑫,金晓斌,杨晓艳,等.基于社会网络视角的土地整治重大项目实施风险识别与评价方法[J].资源科学,2018,40(06):1138—1149.

冲等(2018)立足政企合作项目以政府方和社会资本方为双中心的社会网络特征,用社会网络方法对政企合作项目治理风险进行了评价①;薛朝改等(2019)运用社会网络分析法构建了跨境电商生态系统各类风险因素交互影响的网络模型图及其关系矩阵,计算出各因素的相关变量值②;丁存振等(2023)以玉米市场为例,通过构建基于D—Y溢出指数的市场风险溢出有向网络,从社会网络视角考察粮食市场风险的空间传导路径、传递方向、溢出规模以及中心源头③;白新华(2023)通过社会网络分析方法构建农村基础设施PPP项目风险因素关系网络,筛选出重要残值风险因素和风险关系④;欧阳资生等(2023)利用社会网络分析法对区域金融风险空间关联的网络结构及其溢出效应进行研究⑤。上述不同社会领域风险评估的研究成果为开展宅基地"三权分置"风险评价提供了一个崭新的视角和重要的借鉴价值。

根据风险矩阵思想对宅基地"三权分置"风险进行划分,将风险水平用风险的影响程度和风险发生概率两方面来表示,分为高、中、低三个等级,分别用L3、L2、L1表示,该等级划分主要用于对贝叶斯网络结构的参数学习,如图7-1所示。

社会网络理论的基本假设是:社会中的各个单位不是独立存在的,而是处在一个彼此关联的网络中。换言之,人们生活的社会网络环境决定了风险的形成与社会放大。宅基地"三权分置"本身就是一个复杂的制度网络系统⑥,其潜在风险的成因复杂、类型多样、表现独特,各类风险都是在一定的社会网

① 高少冲,丁荣贵,左剑.政企合作(PPP)项目治理风险评价与策略研究——基于社会网络(SNA)方法[J].工程管理学报,2018,32(04):126—131.
② 薛朝改,闫梦娜,张铎.基于社会网络分析法的跨境电商生态系统风险要素识别[J].财会月刊,2019(16):113—119.
③ 丁存振,徐宣国.基于社会网络视角的我国粮食市场风险空间溢出研究——基于玉米市场的风险测度与实证分析[J].统计研究,2023,40(01):106—120.
④ 白新华.基于社会网络分析法的农村基础设施PPP项目残值风险研究[J].农业经济,2023,433(05):89—91.
⑤ 欧阳资生,熊家毅.中国区域金融风险溢出效应研究——基于社会网络分析方法[J].金融经济学研究,2023,38(03):38—50.
⑥ 刘俊杰,朱新华,张培风.利益相关者视角下农村宅基地"三权分置"改革效果研究——基于社会网络分析[J].江南大学学报(人文社会科学版),2021,20(06):38—46.

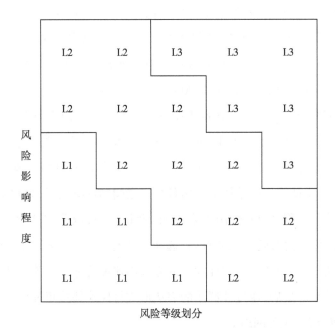

图 7-1 宅基地"三权分置"风险等级划分

络中形成、集聚和扩散的,而且彼此之间相互关联、相互影响,构成了复杂网络关系,具有显著的社会网络结构特征。一方面,宅基地"三权分置"风险网络中多个风险节点之间的连接密度具有分散、降低或加剧、集聚风险的双重作用。另一方面,宅基地"三权分置"风险的形成与放大受到"所嵌入的关系网络"的制约。由宅基地"三权分置"所建立起来的产权关系网络使宅基地"三权分置"风险不仅具有复杂多样、波及广泛等基本特征,而且具有"太多连接而不能倒"以及"太快而不能倒"的新的表现形式①。

　　基于宅基地"三权分置"风险的社会网络属性,其风险评估当然不能完全沿用传统的风险评估思路,假设风险清单中的风险之间相互独立,针对单一风险选择一定指标进行评价,而应该将宅基地"三权分置"各类风险看作一个复杂网络系统,从风险网络的关联性、整体性、系统性视角对其风险进行评价。这就要求首先确定宅基地"三权分置"风险清单中各类风险之间的相互影响

　　① 许多奇.互联网金融风险的社会特性与监管创新[J].社会科学文摘,2018(12):73—75.

关系,进而构建风险网络,然后基于风险网络中节点的异质性、连线的集中性与关系的复杂性等本质特征,从整体和个体两个维度逐层对宅基地"三权分置"风险网络展开评价,依次确定关键风险因素和核心风险关系,最终得出宅基地"三权分置"风险网络的关键风险。

构建宅基地"三权分置"风险网络首先要确定风险网络节点,在确定宅基地"三权分置"风险网络节点时,可以将风险清单中的每一类风险看作一个节点,由此风险节点之间的影响关系就构成了复杂的风险网络。风险网络节点确定后,接下来就需要确定风险网络各节点之间的影响关系,为判别风险节点之间的影响关系程度,可采用问卷调查法及访谈法,依据宅基地"三权分置"风险清单制作风险影响关系调查表,选择宅基地"三权分置"风险核心利益相关者展开调研,进而通过一致性检验的方式构建风险邻接矩阵,确定各节点之间的影响关系。最后,通过社群图的表达形式将风险邻接矩阵可视化,得到宅基地"三权分置"风险网络。

相较于传统的风险评价,本书在确定宅基地"三权分置"风险清单各类风险之间的关系时,采用问卷调查和一致性检验的方法对风险因素影响关系程度进行研究,尽可能提高评价结果的科学性。虽然该方法也需要被调查者凭借自身经验判断各类风险之间的相关性,具有一定的主观性,但在问卷调查中只要求被调查者对两两风险之间是否存在因果关系作出简单的是非判断,对于宅基地"三权分置"风险之间的影响路径以及风险权重大小,则不需要作出过多回答,这就在一定程度上减少了风险节点关系判断复杂性,保证了任何一个对宅基地"三权分置"有所了解的被调查者一般都可以对各类风险之间的相互影响关系作出客观、明确的判断。

三、宅基地"三权分置"关键风险的析出

在构建宅基地"三权分置"风险网络的基础上,接下来就需要从整体和个体风险网络两个维度对宅基地"三权分置"风险网络展开评估,从而析出风险网络中的关键风险因素和核心风险关系,其中关键风险因素析出是整个评估工作的核心任务。由于关键风险因素一般都位于核心风险子集中,因此,在关

键风险因素的分析过程中,首先需要对宅基地"三权分置"风险网络进行整体评价,将风险网络划分为几个风险子集,并通过风险子集间紧密程度分析,评估得到宅基地"三权分置"风险网络中的核心风险子集,即析出宅基地"三权分置"风险的核心块模型;然后对宅基地"三权分置"风险网络进行个体评价,识别各节点的中间人角色,并通过计算"点的中介中心度"对各风险节点多大程度位于网络中心进行评价;最后依据宅基地"三权分置"风险整体网络和个体网络评估结果,得到宅基地"三权分置"风险网络中的关键风险因子。

得出宅基地"三权分置"风险网络中的关键风险因子,并不意味着除这些关键风险因子之外就不需要对其他风险加以管控。因为除风险网络节点之外,风险网络中的风险节点与风险节点之间的连线,即风险网络关系在宅基地"三权分置"风险传导过程中同样起着关键作用。为提高宅基地"三权分置"风险评估的科学性和全面性,还需要对风险网络的核心风险关系进行识别,以弥补单一关键风险因素评估的局限性和片面性。为此,本书首先以社会网络分析法对宅基地"三权分置"关键风险因素和关键风险关系进行判别,将得出的关键风险关系转化为贝叶斯网络拓扑结构;其次采用专家打分法并结合三角模糊数,借鉴马立强等的七级风险等级三角模糊数对应表[①],引入自然语言变量"非常高""高""偏高""中等""偏低""低"和"非常低"[②],计算贝叶斯网络的先验概率(见表7-2),将专家的评判结果转化为模糊概率,通过参数学习、逆向推理和敏感性分析,确定风险发生的概率。具体分析步骤如下:

步骤一,以逻辑推理法对宅基地"三权分置"风险间相互关系初步预判,若是存在相互包含、转化、因果等关系,则记为"1",反之记为"0",将得出的初步关系与领域专家进行交流,对宅基地"三权分置"风险关系进行修正,得出最终的风险关系。

步骤二,根据得出的风险关系构建邻接矩阵,并通过 UCINET 6.0 软件将

---

① 马立强,张雪雪,王丞.城市棚户区改造项目前期决策风险评估研究[J].山东工商学院学报,2020,34(06):56—65.

② 张叶祥,张劼超,杨有宏,等.基于模糊动态贝叶斯网络的公路工程施工安全风险动态评价研究[J].河南科学,2024,42(05):653—659.

其可视化,构建宅基地"三权分置"风险网络拓扑结构。

步骤三,对宅基地"三权分置"关键风险因素和关键风险关系进行识别。

表7-2　宅基地"三权分置"风险等级及其对应的三角模糊数

序号	自然语言变量	三角模糊数
1	非常低(VL)	(0,0,0.1)
2	低(L)	(0,0.1,0.3)
3	偏低(FL)	(0.1,0.3,0.5)
4	中等(M)	(0.3,0.5,0.7)
5	偏高(FH)	(0.5,0.7,0.9)
6	高(H)	(0.7,0.9,1.0)
7	非常高(VH)	(0.9,1.0,1.0)

对宅基地"三权分置"关键风险因素从整体网络和个体网络两个维度进行判别,以块模型概念测算核心位置,以点的中介中心度理论来判别排名靠前的风险因素,在核心位置上且排名在前的风险因素为关键风险。点的中介中心度理论是指在网络结构中某一节点多大程度位于网络的中心。中介中心度越大的点,风险传导能力越强,在网络中的重要程度越高。计算公式如下所示:

$$St = \sum_{r}^{n} \sum_{p}^{n} O_{rp}(t) \text{ ,且与 } r \neq p \neq t, r < p \tag{1}$$

式中,$O_{rp}(t)$表示点t控制点r和点p交往的能力。假设点r和点p之间路径有Z_{rp}条,路径中通过点t的有$Z_{rp}(t)$条,则$O_{rp}(t) = Z_{rp}(t)/Z_{rp}$。

关键风险关系识别采用线的中介中心度理论进行关键风险关系识别。线的中介中心度理论是指网络结构中某一条线多大程度位于网络的中心。线的中介中心度值越大,风险传导能力越强,在网络中的地位越高。具体计算公式如下所示:

$$S_{e \to f} = \sum_{r}^{n} \sum_{p}^{n} O_{rp}(e \to f) \text{ ,且 } r \neq e \neq f \neq p, r < p \tag{2}$$

式中,$O_{rp}(e \to f)$表示关系$e \to f$控制点r和点p交往的能力。假设点r和点p之间路径有Z_{rp}条,路径中通过关系$e \to f$的有$Z_{rp}(e \to f)$条,则$O_{rp}(e \to f) =$

$Z_{rp}(e{\rightarrow}f)/Z_{rp}$。

步骤四,将得出的宅基地"三权分置"关键风险关系转化为模糊贝叶斯网络拓扑结构。将各风险影响因素转化为模糊贝叶斯网络的节点;将风险因素间的因果关系转化为模糊贝叶斯网络的有向边。

步骤五,进行根节点先验概率计算。采用专家打分结合三角模糊数进行概率计算。通过自然语言变量得出各节点的三角模糊概率。邀请领域内多位专家对各风险因素的状态等级进行评判,第 j 位专家对节点 At 处于风险状态 Ri 的评判意见,按其对应的三角模糊数进行转化,进而得出风险节点的三角模糊概率 $P_{ti},j=(x_{ti,j},y_{ti,j},z_{ti,j})$。

通过均值化三角模糊概率,得出模糊均值概率。为了使各节点最终的概率值相对合理,对各位专家给出的评判意见得出的三角模糊概率进行均值化处理,即进行算术平均:

$$P_{ti,FAM} = \frac{P_{ti,1} \oplus P_{ti,2} \oplus P_{ti,3} \oplus \cdots \oplus P_{ti,J} \oplus \cdots \oplus P_{ti,n}}{n} = (x_{ti}, y_{ti}, z_{ti})$$

（3）

以面积均值化将上述得出的模糊均值概率去模糊化:

$$P_{ti,AM} = \frac{x_{ti} + 2y_{ti} + z_{ti}}{5}$$

（4）

将公式(4)得出的概率值进行归一化处理,使风险概率值和为"1"。

$$P_{ti} = \frac{P_{ti,AM}}{\sum_{i=0}^{3} P_{ti,AM}}$$

（5）

步骤六,对宅基地"三权分置"风险贝叶斯网络进行参数学习、正向因果推理和反向诊断推理。根据得出的根节点先验概率分布,利用模糊贝叶斯网络结构和 GENIE 软件计算其他风险因素的不同等级下条件概率分布,便于后续的推理分析。贝叶斯网络的推理分析主要包括正向因果推理和反向诊断推理,其中,正向因果推理是根据求得的节点不同风险等级下的概率值,计算目标节点的不同风险等级状态下的条件概率值;反向诊断推理是假设已知目标节点风险发生的结果即不同风险等级下的概率信息,计算网络结构中除了目标节点以外其他节点的不同风险等级下的概率值。

步骤七,风险等级评估。按照最大隶属度原则,确定宅基地"三权分置"风险的等级。将上述推理分析中变化较大的风险因素作为关键风险因素,将得出的关键风险因素与步骤三中的关键风险因素取并集,作为宅基地"三权分置"关键风险因素。

第三节　宅基地"三权分置"风险的实证评价

按照社会网络理论的解释,宅基地"三权分置"风险网络呈现出网络关联性和交互开放性的特征,各个风险节点动态传递,任意风险节点的变化都可能直接或者间接影响更多潜在的风险节点,最终对整个风险网络产生重大影响。每一类风险并非独立产生影响,风险因素相互关联、相互影响,构成多层次、多映射的复杂网络关系。从宅基地"三权分置"的价值理性与战略理性出发,将复杂网络理论应用于宅基地"三权分置"风险评估的研究,有利于分析各类风险因素对于整个风险网络的动态影响,使关键风险因子和核心风险关系的评价更加系统、科学、直观。

一、宅基地"三权分置"风险的关系网络构建

按照宅基地"三权分置"风险评价的逻辑理路,评价宅基地"三权分置"风险首先需要构建宅基地"三权分置"风险网络。宅基地"三权分置"风险网络构成了运用社会网络分析法评价宅基地"三权分置"风险的基础。构建宅基地"三权分置"风险网络则需要首先确定风险网络节点,然后确定各个风险节点之间的影响关系,才能为关键风险因素及核心风险关系评价提供框架基础。

(一) 风险网络节点的确定

宅基地"三权分置"风险虽然发生在不同的领域、表现为不同的形态、作用于不同的主体,但从网络系统视角看,这些风险之间必然存在相互的关联,共同构成了一个复杂的风险网络系统。不同的风险作为整个风险网络的独立节点,通过相应的传导机制形成一定的风险关系,进而形成宅基地"三权分置"

的风险网络体系。依据社会网络分析的思路,可以把宅基地"三权分置"的每一类风险看作风险网络中的一个风险节点,风险节点之间的影响关系构成了宅基地"三权分置"复杂风险网络。本书首先将前文基于改进扎根理论研究法识别出来的 21 类风险看作宅基地"三权分置"的风险节点,由此,这 21 类风险节点之间的影响关系就构成了宅基地"三权分置"的风险网络(见表 7-3)。

表 7-3　宅基地"三权分置"风险网络节点

风险网络	风险节点	风险领域	风险节点编号
宅基地"三权分置"风险网络	集体组织利益侵蚀风险	经济领域	R01
	地方债务过度扩张风险	经济领域	R02
	农户资格福利不公风险	社会领域	R03
	农民经济利益受损风险	经济领域	R04
	金融担保机构信用风险	经济领域	R05
	使用主体经营利用风险	经济领域	R06
	公有经济基础削弱风险	政治领域	R07
	公共政策执行偏差风险	政治领域	R08
	集体耕地保护不力风险	政治领域	R09
	地方政府信任危机风险	政治领域	R10
	农村执政根基弱化风险	政治领域	R11
	城乡融合发展受阻风险	社会领域	R12
	乡村公共资源侵占风险	社会领域	R13
	乡村治理秩序失范风险	社会领域	R14
	法律法规底线突破风险	政治领域	R15
	乡村文化风貌稀释风险	文化领域	R16
	乡村伦理秩序破坏风险	文化领域	R17
	乡村道德规范迷失风险	文化领域	R18
	乡村生态环境破坏风险	生态领域	R19
	农民社会保障失灵风险	社会领域	R20
	农村耕地污染加剧风险	生态领域	R21

（二）风险网络关系的确定

宅基地"三权分置"风险网络节点确定后,接下来需要对上述 21 个风险节点之间的关系进行判断。

第一,采集原始数据。为判别宅基地"三权分置"风险因素之间的影响关系程度,采用问卷调查法收集专家的意见,确定基础数据。依据宅基地"三权分置"风险识别的结果,以表格的方式设计风险影响关系调查表(见表 7-4),其中的行与列分别对应 21 类宅基地"三权分置"风险因素及其表现,行中所列风险是影响者,列中所列风险因子是被影响者。问卷内容只对可能存在的影响关系进行识别,而不必对所有风险因素关系进行两两识别,因此大大减少问卷填写者的识别次数和判断难度,进而有效提高了回收数据的质量。

由于调查表中无法避免一些专业术语,同时考虑到宅基地"三权分置"风险影响关系的判断需要较为专业的理论知识,为了提高调查数据的科学性、针对性和有效性,本书选择对宅基地"三权分置"风险关注度较高的人群展开调研,主要包括农村基层组织干部、宅基地管理部门的工作人员以及科研院所和高等学校的专家学者等。问卷借助电子邮件、微信社交软件以及现场发放的方式进行调查,共发放 120 份问卷,收回有效调查问卷 99 份,有效问卷填写者的背景资料如表 7-5 所示。

表 7-4　宅基地"三权分置"风险影响关系调查表

	公有经济基础削弱	法律法规底线突破	公共政策执行偏差	集体耕地保护不力	地方政府信任危机	农村执政根基弱化	地方债务过度扩张	农村集体利益侵蚀	……	农村耕地污染加剧
公有经济基础削弱	—									
法律法规底线突破		—								
公共政策执行偏差			—							
集体耕地保护不力				—						
地方政府信任危机					—					

续表

	公有经济基础削弱	法律法规底线突破	公共政策执行偏差	集体耕地保护不力	地方政府信任危机	农村执政根基弱化	地方债务过度扩张	农村集体利益侵蚀	……	农村耕地污染加剧
农村执政根基弱化						—				
地方债务过度扩张							—			
农村集体利益侵蚀								—		
……									—	
农村耕地污染加剧										—

填写说明：表中行中所列风险为影响者；列中所列风险为被影响者，如您认为二者之间直接关联则填写"1"；如无直接关联则填"0"。

表 7-5　专家调查对象分布状况

调查对象	农村基层干部	政府部门人员	科研院所专家	高等学校专家
问卷份数	26	25	20	28
问卷占比	26.26%	25.25%	20.20%	28.28%

　　第二，一致性分析。获得宅基地"三权分置"风险影响关系基础调查数据后，接下来需要对数据进行一致性分析，从而确定风险邻接矩阵、构建宅基地"三权分置"风险网络。一致性分析可以"检测"多个个体在回答问题方面有多大的一致性，从而找出问题的答案。一致性分析既是一种理论，又是一种方法。作为一种理论，关注的是多个个体在回答问题方面有多大的一致性，进而表明他们在多大程度上拥有知识；作为一种方法，强调通过检测多个个体在回答问题方面的一致性，进而给出一系列问题的正确答案。利用一致性分析寻找一系列问题答案的前提条件有三个：一是问题是单选题。每一个问题可以有两个及以上的选项，但是要求个体在作答时只可以选择一个答案，并且问题的标准答案只有一个。二是答案的独立性。每个个体独立完成全部问题的作答，在作答过程中不能和其他答题者交流，保证每个个体的答案是相互独立

的。三是问题的同质性。所有的问题都必须是同一个领域的,不能将两个不同领域的问题混在一起让个体作答,保证问题的同质性。宅基地"三权分置"风险影响关系调查的问题只涉及宅基地"三权分置"风险这一单一领域,且答案只有"0"和"1"两个限定选项,同时在调查中要求每位被调查者独立完成一份问卷。因此,调查获取的数据满足一致性检验的条件,可以用于一致性分析进而确定宅基地"三权分置"风险邻接矩阵、构建风险网络。

依据回收的 99 份有效问卷,利用社会网络分析软件 UCINET6.0 对其进行一致性检验。首先,将回收的 99 份有效调查问卷的结果录入 EXCEL 中,构建"被调查者—填写结果"矩阵。然后利用 UCINET6.0 软件的一致性分析功能,导入调查结果矩阵,得到调查问卷的一致性矩阵和分析结果。有效问卷第一大特征根与第二大特征根的比值为 8.574,大于 3,证明回收的数据存在单一的回答模式[①],因此分析结果可以用于构建宅基地"三权分置"风险因素之间影响关系邻接矩阵,如表 7-6 所示。其中"1"表示行所在的风险因素会对列所在的风险因素产生影响,反之,"0"表示行所在的风险因素不会对列所在的风险因素产生影响。

表 7-6　宅基地"三权分置"风险网络邻接矩阵

	R01	R02	R03	R04	R05	R06	R07	R08	R09	R10	R11	R12	R13	R14	R15	R16	R17	R18	R19	R20	R21
R01	0	0	0	1	0	1	1	0	0	0	0	0	0	0	0	0	0	0	0	0	0
R02	1	0	1	1	0	0	0	0	0	1	1	0	0	1	0	0	0	0	0	1	0
R03	0	1	0	1	0	0	0	0	1	1	0	1	1	1	0	0	1	0	0	1	0
R04	0	0	1	0	0	0	0	0	1	1	0	0	1	1	0	0	0	0	0	1	0
R05	0	0	0	0	0	1	0	0	0	0	0	0	0	0	0	0	0	0	0	0	0
R06	1	0	0	0	1	0	1	0	0	0	0	0	0	0	0	0	0	0	0	0	0
R07	0	0	0	0	1	1	0	0	0	0	0	0	0	0	0	0	0	0	0	0	0

---

① 秦旋,李怀全,莫懿懿.基于 SNA 视角的绿色建筑项目风险网络构建与评价研究[J].土木工程学报,2017,50(02):119—131.

续表

	R01	R02	R03	R04	R05	R06	R07	R08	R09	R10	R11	R12	R13	R14	R15	R16	R17	R18	R19	R20	R21
R08	0	0	0	0	1	1	1	0	1	0	0	0	0	0	0	1	0	1	0	1	1
R09	0	1	1	1	0	0	0	0	0	0	1	0	0	0	0	0	0	0	0	0	0
R10	1	1	1	1	0	0	0	0	0	0	0	0	0	0	0	0	0	0	0	0	0
R11	0	0	0	0	0	0	0	0	0	0	0	0	1	0	1	1	0	1	1	1	0
R12	0	1	1	0	0	0	0	1	1	1	0	1	1	1	0	0	0	1	1	1	0
R13	0	0	1	1	0	0	0	0	0	0	0	0	0	0	0	0	0	0	0	0	0
R14	0	0	1	1	0	0	0	0	0	0	0	0	0	0	0	0	0	0	0	0	0
R15	0	1	1	1	0	0	0	0	0	0	0	0	0	0	0	1	0	0	0	0	0
R16	0	0	0	0	0	0	0	0	0	0	0	0	0	0	0	0	0	0	0	0	0
R17	0	0	0	0	1	0	1	0	0	0	0	0	0	0	1	0	0	0	0	0	0
R18	0	0	0	0	0	0	0	0	0	0	0	0	0	0	0	0	0	0	1	1	0
R19	0	0	0	0	0	0	0	0	0	0	0	0	0	0	0	1	0	1	0	0	0
R20	0	1	1	1	0	0	0	1	1	0	0	0	1	0	1	1	0	1	1	0	0
R21	0	0	1	0	0	0	0	0	0	0	0	0	0	0	0	0	0	0	0	0	0

第三,风险网络可视化。宅基地"三权分置"风险网络邻接矩阵中的数字反映了各类风险之间的影响关系,但无法直观表达其复杂网络特征,为此,可以用社群图的表达形式将风险网络可视化。利用 UCINET6.0 软件的 NetDraw 功能,导入宅基地"三权分置"风险网络邻接矩阵,将宅基地"三权分置"风险网络进行可视化,绘制出宅基地"三权分置"风险网络关系结构图谱(见图7-2)。通过调节网络节点的形状、颜色等参数可以更加直观地展示各类风险之间的影响关系,其中箭头的起点表明该风险是影响关系的发出方,箭头的终点表明该风险是影响关系的接受方[1]。

———————

① 洪小娟,姜楠,夏进进.基于社会网络分析的网络谣言研究——以食品安全微博谣言为例[J].情报杂志,2014,33(08):161—167.

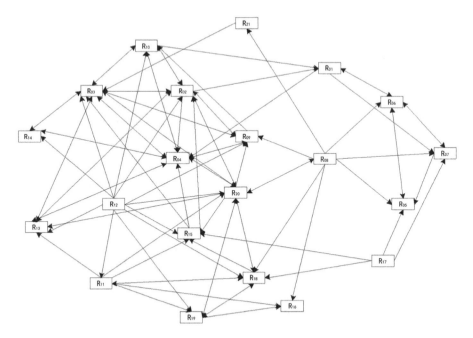

图7-2　宅基地"三权分置"风险网络关系结构图

二、宅基地"三权分置"风险整体网络的评价

宅基地"三权分置"风险整体网络评价是指从整体视角对宅基地"三权分置"风险网络进行系统评价,从而获取宅基地"三权分置"风险网络中的核心风险子群。本书利用块模型对宅基地"三权分置"风险网络进行整体评价。块模型不仅可以针对有向网络图,还可以通过"点集"的形式将拥有大量节点且关系复杂的网络图清晰化,得到核心风险子群,在整体网络评价中应用最广①。块模型主要是针对社会角色的描述性代数分析。为简化宅基地"三权分置"风险网络,本研究的块模型主要是采用聚类法将宅基地"三权分置"风险网络中的节点进行重新排列,从而得到一系列结构上对等的像矩阵。首先,采用聚类分析法将宅基地"三权分置"风险网络中的 21 个节点聚类为几个子

---

① 刘建胜,封孝生,何晚辉,等.社会网络分析在政府间国际组织研究中的应用[J].计算机应用研究,2014,31(01):28—32.

群,每个子群也称作"块";然后构建密度矩阵,按照每个"块"内部关系的真实数比块内部可能存在关系的最大值确定宅基地"三权分置"风险网络的密度矩阵。接着,构建像矩阵,依据 α-密度指标法,确定各个"块"的取值,将宅基地"三权分置"风险网络整体密度定义为 α 值,当密度矩阵大于 α 值则像矩阵为"1",反之则为"0"。最后,识别核心块。依据块的位置特点确定宅基地"三权分置"风险网络中的核心块,从而评估宅基地"三权分置"风险整体网络中的关键风险因素和关键风险关系。

（一）块位置的区分

宅基地"三权分置"风险整体网络中块位置主要借鉴点位置划分的标准进行区分。依据网络节点的出度和入度,点位置通常可以划分为孤立点、发出点、接收点和传递点四种。孤立点没有出度,也没有入度;发出点只有出度,没有入度;接收点只有入度、没有出度;传递点既有入度,也有出度。与网络节点的分类相对应,整体网络的块位置通常也可划分为孤立性位置、发出性位置、接收性位置和传递性位置四种。为克服依据网络节点分类标准的笼统性和抽象性,增强块位置的精准性和针对性,本书在此基础上,借鉴美国社会学和管理学教授罗纳德·伯特对块位置的划分方法[1],进一步拓展了宅基地"三权分置"风险整体网络中的块位置的区分范畴。罗纳德·伯特将块的位置具体化为四种:一是首属人位置,既有接受关系,也有发出关系,内部联系紧密,该位置在网络中一般地位较高;二是谄媚人位置,接受关系少,发出关系多,该位置在网络中一般地位较低;三是经纪人位置,既接受关系,也发出关系,内部联系不紧密,该位置在网络中较为活跃,有发展空间;四是孤立人位置,与外界很少联系,既不发出关系,也不接受关系[2]。由于谄媚人位置理论上属于发出性位置,而依据块内部联系的紧密程度,传递性位置则可以分为首属人位置和经纪人位置两种。因此,本书将宅基地"三权分置"风险网络的块位置划分为首属

① Burt R S. Structural holes and good ideas [J]. American Journal of Sociology, 2004 (2): 349-399.
② 薛朝改,闫梦娜,张铎.基于社会网络分析法的跨境电商生态系统风险要素识别[J].财会月刊,2019(16):113—119.

人位置、经纪人位置、接受性位置、发出性位置以及孤立性位置等五种。

（二）网络节点聚类

基于宅基地"三权分置"风险的整体网络,利用 UCINET6.0 软件的 CON-COR 功能得出宅基地"三权分置"风险网络的分块矩阵。软件运算结果将宅基地"三权分置"风险网络中的点分为八块,其中块 1 包含 R01;块 2 包含 R08、R17;块 3 包含 R05、R06、R07;块 4 包含 R16、R21;块 5 包含 R02、R03、R04;块 6 包含 R09、R10、R13、R14、R15;块 7 包含 R11、R18、R19;块 8 包含 R12、R20。

以整体网络密度为参考标准,对块进行取值,高于密度值记为"1",反之记为"0"。采用 UCINET6.0 软件计算得出的整体网络密度为 0.219,以此为基础得出的网络密度像矩阵具体见表 7-7。依据块模型位置划分理论,由宅基地"三权分置"风险网络块模型像矩阵可以看出,块 4 没有发送关系,属于孤立人位置;块 1、2、6 既有发送关系又有接受关系但内部关系不紧密,属于经纪人位置;块 3、5、7、8 既有发送关系也有接受关系且内部关系紧密,属于首属人位置,因此属于核心位置的有块 1、2、3、5、6、7、8。

表 7-7 宅基地"三权分置"风险网络块密度像矩阵

	1	2	3	4	5	6	7	8	发送	内部
1	0	0	1	0	1	0	0	0	2	0
2	0	0	1	1	0	0	1	1	4	0
3	1	0	1	0	0	0	0	0	1	1
4	0	0	0	0	0	0	0	0	0	0
5	1	0	0	0	1	1	0	1	3	1
6	0	0	0	0	1	0	0	0	1	0
7	0	0	0	1	0	0	1	1	2	1
8	0	1	0	0	1	1	1	1	4	1
接受	2	1	2	2	3	2	2	3	——	——
内部	0	0	1	0	1	0	1	1	——	——

三、宅基地"三权分置"风险个体网络的评价

宅基地"三权分置"风险的个体网络评估是从风险个体的视角对风险网络中的核心风险个体展开评估。社会网络分析法中的个体网络评估方法主要包括中间人分析、中介中心度分析、接近中心度分析等,其中,中间人分析和中介中心度分析是两种较为常用的风险评估方法,而中介中心度又可以分为点的中介中心度和线的中介中心度。点的中介中心度用于关键风险因素识别,线的中介中心度用于关键风险关系识别。因此,本书选择中间人分析和中介中心度分析两种方法对宅基地"三权分置"风险进行个体网络评价。

由公式(1)对各点的中介中心度进行测算,并取排名前五位的风险因素为关键风险因素,分别为 R20、R04、R01、R03、R08,对应的点的中介中心度分别为 111.307、86.557、68.038、59.405、48.627。

依据上述核心位置进行比对,前五位风险因素全部处于核心位置。因此关键风险因素为:集体组织利益侵蚀风险(R01)、农户资格福利不公风险(R03)、农户经济利益受损风险(R04)、公共政策执行偏差风险(R08)、农户社会保障失灵风险(R20)。

四、宅基地"三权分置"关键风险关系的识别

宅基地"三权分置"风险整体网络和个体网络的评价得出了五类关键风险因素,但这并不能完全说明除五类关键风险之外,就不需要对其他风险加以管控,因为除了网络节点之外,社会网络中的关系在风险传导过程中同样起着关键作用。为了提高宅基地"三权分置"风险评价的科学性,还需要通过计算风险网络"线的中介中心度"对网络中某条关系线多大程度上位于其他关系线的中间进行评价,从而识别风险传导能力较强的传导关系[1],进而对其加以有效管控,阻断部分风险在风险网络中的进一步传导。为此,本书以线的中介

----

① 秦旋,李怀全,莫懿懿.基于 SNA 视角的绿色建筑项目风险网络构建与评价研究[J].土木工程学报,2017,50(02):119—131.

中心度理论为计算工具,借助 UCINET 6.0 软件得出的结果如表 7-8 所示,取排名前 20 位的风险关系作为关键风险关系。

表 7-8   宅基地"三权分置"风险影响因素的线的中介中心度

排名	关系	线的中介中心度
1	R08→R20	67.671
2	R04→R01	61.002
3	R20→R40	53.997
4	R01→R06	50.021
5	R20→R03	31.520
6	R18→R21	28.510
7	R19→R21	22.018
8	R01→R02	20.625
9	R11→R18	19.681
10	R21→R08	19.633
11	R06→R05	19.013
12	R03→R21	18.631
13	R06→R07	17.903
14	R20→R02	17.519
15	R20→R19	15.021
16	R20→R18	14.721
17	R01→R15	13.204
18	R05→R08	12.063
19	R02→R15	11.960
20	R10→R04	10.981

首先,将宅基地"三权分置"风险整体网络分析得出的风险关系通过专家检验,进行分析整理调整,得出的贝叶斯网络结构如图 7-3 所示。

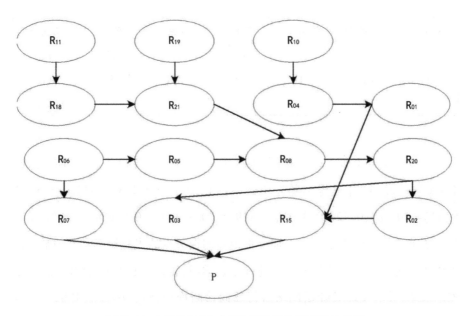

图 7-3　宅基地"三权分置"风险贝叶斯网络结构图

　　然后,邀请五位专家对宅基地"三权分置"风险的模糊贝叶斯网络结构根节点 R10、R11、R19 给出风险等级状态评判意见①,具体如表 7-9 所示。

表 7-9　宅基地"三权分置"根节点的专家评判意见

根节点	风险等级	专家 1	专家 2	专家 3	专家 4	专家 5
R10	L1	M	M	FH	M	M
	L2	VH	VH	VH	H	H
	L3	FL	VL	L	FL	FL
R11	L1	M	FH	M	M	M
	L2	VH	H	H	VH	VH
	L3	L	FL	L	L	L

---

　　① 瞿英,王旭茗,王玉恒,等.基于多态模糊贝叶斯网络的城市燃气管道事故风险预测与诊断研究[J].河北科技大学学报,2023,44(04):411—420.

根节点	风险等级	专家 1	专家 2	专家 3	专家 4	专家 5
R19	L1	M	FH	FH	FL	FL
	L2	H	H	VH	H	VH
	L3	VL	VL	L	VL	VL

假设五位专家所占权重相同,根据表 7-9 所示的各根节点评判意见,结合式(3)—式(5)计算得出其先验概率:P(A10) = (0.273,0.422,0.335);P(A11) = (0.285,0.429,0.310);P(A19) = (0.373,0.610,0.034)。同理,可计算出子节点的条件概率。将上述计算得到的根节点的先验概率和其他节点的条件概率分布,利用 GENIE 软件进行参数学习,得出不同风险等级状态下节点的概率,并对模糊贝叶斯网络进行反向诊断推理,将目标节点 P 的风险等级状态设为 L3,反向推断各节点的不同风险等级的概率值如表 7-10 所示。

表 7-10 宅基地"三权分置"模糊贝叶斯网络初始概率及反向诊断推理概率

风险因素	初始概率			反向诊断概率		
	L1	L2	L3	L1	L2	L3
R01	0.269	0.412	0.309	0.273	0.422	0.305
R02	0.243	0.524	0.233	0.22	0.529	0.251
R03	0.262	0.408	0.33	0.223	0.432	0.345
R04	0.32	0.398	0.282	0.322	0.398	0.28
R05	0.184	0.515	0.301	0.182	0.514	0.304
R06	0.281	0.488	0.231	0.277	0.485	0.238
R07	0.223	0.486	0.291	0.226	0.455	0.319
R08	0.274	0.492	0.234	0.270	0.490	0.240
R10	0.251	0.488	0.261	0.252	0.488	0.260
R11	0.271	0.369	0.360	0.268	0.369	0.360
R15	0.23	0.432	0.338	0.207	0.368	0.425
R18	0.348	0.437	0.215	0.349	0.437	0.214
R19	0.350	0.558	0.093	0.349	0.558	0.093

风险因素	初始概率			反向诊断概率		
	L1	L2	L3	L1	L2	L3
R20	0. 32	0. 534	0. 146	0. 301	0. 547	0. 153
R21	0. 265	0. 498	0. 237	0. 265	0. 496	0. 239
P	0. 239	0. 511	0. 251	0. 000	0. 000	1. 000

注:P 为目标节点,即宅基地"三权分置"风险。

根据最大隶属度原则可以得出:宅基地"三权分置"各风险因素的概率等级均为中等,即在可接受的范围内。当将目标节点 P 的风险状态设为高等时,节点 R15 的概率等级由中等变化为高等。

通过社会网络和贝叶斯网络模型对宅基地"三权分置"风险进行分析研究,依据社会网络分析得出的关键风险关系建立贝叶斯网络拓扑结构,对风险关系进一步分析研究,克服了定量化分析的片面性,从定性和定量两方面对宅基地"三权分置"风险进行全面客观分析。在上述评价模型中,由于篇幅有限,仅对模糊贝叶斯网络进行了正向因果和反向诊断推理。在反向推理中,得出 R15 为较关键风险因素,即法律法规底线突破风险,应对其进行重点防范,其余的风险因素没有发生明显变化,这说明宅基地"三权分置"风险在可接受范围内。

结合前述社会网络分析得出的关键风险因素,宅基地"三权分置"风险关键风险因素为 R01、R03、R04、R08、R15、R20,即集体经济利益侵蚀风险、农户资格福利不公风险、农民经济利益受损风险、公共政策执行偏差风险、法律法规体系突破风险和农户社会保障失灵风险,这些风险主要涉及政治、经济和社会领域,风险受体主要集中于农村居民。

事实上,农村宅基地作为农民安身立命之本,是保障农民安居乐业和农村社会稳定的重要基础。对于农民而言,宅基地是家的象征,是情感的寄托,是岁月的见证。它见证了家族的兴衰,承载着农民的梦想与希望。在推进宅基地"三权分置"改革中,地方政府、金融机构、受让主体等虽然都面临诸如财政收入降低、信用风险增加、经营风险发生的可能,但宅基地"三权分置"风险更多指向农民,这也为我们规制宅基地"三权分置"风险提供了明确的主体靶向。

第八章 我国土地制度改革风险规制的经验启示

实践经验作为解决问题的方法论,是在一定的抽象、简化和假设条件下,通过对已经发生事物本质特征的归纳、总结和梳理,为新生事物发展提供的依据和范式。运用历史的眼光和开放的视野,审视我国土地制度变革风险规制的实践经验,有助于科学、系统、全面地认识和对待当下我国农村宅基地"三权分置"的风险规制问题。

第一节 新中国成立后我国农村土地改革的风险管控

新中国成立以来,我国农村土地制度经历了多次变迁,其中包括新中国成立初期的土地改革运动、20世纪60年代的土地集体化改造和20世纪80年代初期的家庭联产承包责任制实施。这三次农村土地制度改革的历史背景、实现条件、推进方式、变革路径以及改革成效虽然存在较大差异,但在防范和化解土地制度改革风险中形成和积累的经验对于我们今天规制宅基地"三权分置"风险具有极为重要的历史借鉴意义。

一、新中国成立初期土地改革的风险管控

新中国成立后,为了巩固新生的人民政权、加快恢复国民经济,我国依靠强大的政治力量,采取动员方式,通过立法形式,彻底废除了封建土地所有制,建立了农民土地私有制。1950年1月,中共中央下达《关于在各级人民政府

内设土改委员会和组织各级农协直接领导土改运动的指示》,开始在新解放区分批实行土改的准备工作。1950 年 6 月《土地改革法》颁布实施,规定:废除地主阶级封建剥削的土地所有制,实行农民土地所有制,借以解放农村生产力,发展农业生产,为新中国的工业化开辟道路。《土地改革法》公布以后,土地改革运动在新解放区有计划、有步骤地开展。截止到 1952 年底,除一部分少数民族地区及台湾省外,广大新解放区的农业土地改革基本完成。通过土地改革建立起来的农民土地私有制,打破了延续几千年的封建农地经营模式,满足了农民"耕者有其田"的愿望,调动了农民生产积极性,也为此后农村土地制度改革打下了坚实基础。新中国成立初期这次以农村土地农民私有制为核心的土地改革,实质是地权合约的重大调整和深刻的社会变革。新合约解决了对农民的激励问题,因而极大地调动了广大农民的生产积极性,促使中国广大农村发生了巨大变化。

长达两千多年的封建土地所有制根深蒂固,地主阶级占据着物质、精神和心理上的先天优势,而农民则长期受剥削受压迫,在各方面都处于劣势。这使得新中国成立初期的这场土地改革面临的压力和挑战更为艰巨。为防范土地改革风险,中央采用"依靠贫雇农,团结中农,中立富农,有步骤、有分别地消灭封建剥削"的渐进性方针。中央在强化党的组织领导的同时,力戒简单的行政命令、彻底贯彻群众路线,唤醒群众的革命觉悟,激发群众的革命主体性,点燃农民心中的革命火种,并依靠群众自己的力量来消灭封建土地所有制。新中国成立初期的《中华人民共和国土地法》将"消灭富农经济"改为"保护富农经济",规定"保护富农所有自耕及雇人种的土地及其他财产,不得侵犯";对其所有的出租土地,也"保留不动"。"对半地主式的富农出租大量土地,超过其自耕和雇人耕种的土地数量者,应征收其出租的土地"。保护富农经济既推动了农村生产力的发展和国民经济的恢复,也稳定了广大中农的信心,促进了社会稳定、缓解了阶级矛盾,同时也起到了孤立打击地主阶级的积极作用。

同时,对小土地出租者的土地在不超过当地每人平均所有土地数 200%的均予以保护,允许其继续出租或自耕。原来规定小土地出租者每人平均所有土地数量不得超过当地每人平均土地数的 100%。把没收地主全部财产的政策改为仅没收地主的土地、耕畜、农具、多余的粮食及其在农村中多余的房屋,但地主的其他财产不予没收,而在老解放区的土地改革中,曾规定没收地主的一切财产。这样做,一方面可以减轻地主对土地改革的反抗,另一方面地主还可以依靠这些财产维持生活。规定必须注意团结和保护中农的利益,使中农(包括富裕中农在内)的土地及其他财产,不得侵犯。由于对地主、富农、中农及贫雇农政策制定得符合当时的实际情况,形成了一个完整的、相辅相成的、统一的有机整体,因而在此基础上建立了广泛的反封建的统一战线,对顺利地完成土改任务起到非常好的作用。

在实施土改过程中,政府注意发挥农协的作用。1950 年 7 月 15 日,中央人民政府政务院颁布《农民协会组织通则》,指出农民协会是农民自愿结合的群众组织,其首要任务是团结雇农、贫农、中农以及农村中一切反封建的分子,遵照人民政府的政策法令,有步骤地实行反封建的社会改革,保护农民的利益。1950 年 8 月,中央人民政府通过的《关于划分农村阶级成分的决定》将农民分为地主、富农、中农、贫农和雇农。利用农协进行土改,一方面可以减轻政府人员不足的问题,同时农协成员对本村情况了解,也容易将矛盾限定在一个村落的范围之内。

二、农村土地集体化改造中的风险管控

通过新中国成立初期土地改革建立起来的农民土地私有制,打破了延续几千年的封建农地经营模式,满足了农民"耕者有其田"的愿望,调动了农民生产积极性,也为此后农村土地制度改革打下了坚实基础。由于土地农民私有制不能满足和适应新中国发展的需要,这种以农户为单位的农村土地产权制度经历短暂的维持后,就很快被农村土地集体所有制所替代。事实上,在土地改革时期,一些地方为克服小农经济分散经营的不足,就开始探索农村互助组这种农村生产经营模式。1953 年 12 月,中共中央通过的《关于发展农业生产合作社的决议》把"互助组"这种生产组织方式作为农村土地制度实施的新载体,我国农村土地制度也由此迈向集体化时代。互助组的特征是拥有土地

私有权的农民集体从事生产经营,按土地分配流动产品,但已经萌芽了集体产权。在初级社阶段,农村土地的所有权仍归农民私有,但统一交由初级社来集体统一经营,也就是农村土地的所有权归农民所有,而使用权归初级社所有①,社员可以凭借私有土地自愿入股初级社,由初级社统一组织生产经营,并采用按劳分配和按股分红两种分配方式。初级社阶段的农地制度部分克服了农户分散经营的弊端,在一定程度上提高了农业生产率,并为此后高级社和人民公社发展所需的集体主义奠定了思想基础,但土地农民私有和按股分红的分配制度既不符合社会主义改造的初衷,也不能有效平衡农民因土地占有规模差异造成的利益失衡问题。于是在1956年春,全国农村又以发展高级社为中心,掀起了农业合作化运动的第二次高潮,并仅用了一年多的时间就在全国范围建立了高级社。高级社的兴起彻底淘汰了农地的私有制,在农村建立了包括土地在内的生产资料集体所有制,在这一土地制度的基础上,实行统一经营、统一分配,并遵循"各尽所能,按劳取酬"的分配原则②。从1958年3月开始,农村集体化运动开始进入第二个阶段——人民公社时期。同年8月,中共中央政治局通过《关于在农村建立人民公社问题的决议》,决定推行人民公社化运动,不到一个月时间,全国就基本上实现了人民公社化。至此,人民公社成为新的农业生产经营主体,集资源调配、核算单位、分配制度等于一身。1960年11月,为克服人民公社运动初期的困境,农村土地制度由原有的"三级所有,社为基础"调整为"三级所有,大队为基础",即把农村土地的所有权、使用权、分配权从公社这一级下放给生产大队这一级。1962年9月,农村土地制度再次调整为"三级所有,小队为基础"。由此,农业生产合作组织逐渐演变成为一种与合作经济完全背离的高度集体化"政社合一"体制,并一直延续到20世纪80年代初期。

农村土地集体化改造运动采用的是分步推进的强制性渐进式变迁方式,经历了"互助组—初级社—高级社—人民公社"等阶段,每个阶段的变迁是激

① 陈思凡.新中国成立以来的农村土地制度变迁探析[D].厦门:厦门大学,2014.
② 史敬棠等.中国农业合作化运动史料(下)[M].北京:生活·读书·新知三联书店,1959:991+341+296.

进式变迁方式。农村土地私有制转变为农村土地集体所有制的过程采用了"强制性+渐进式"组合模式,从而使得变革相对比较温和而又有力,既保证了国家意志的执行,又给国家留有时间对一定阶段的主体土地制度进行边际调整;制度安排有一定的调整余地,就避免了剧烈震荡,农民也有一定的时间来适应,从而减少了农民对新制度的抵制和制度安排的摩擦。1951 年 9 月召开了全国第一次农业互助合作会议,提出了季节性互助组、常年性互助组和以土地入股为特点的农业生产合作社三种不同的互助合作形式,同时提出了农业互助合作的原则是根据生产发展的需要和可能,按照积极发展、稳步前进的方针和自愿互利的原则,采取典型示范、逐步推广的方法,引导个体农民沿着互助合作的道路前进。应该说,上述制度设计是符合发展规律的,既没有挫伤农民的积极性,还在一定程度上解决了个体农业存在的种种问题。然而,在合作化运动的后期,由于种种复杂的历史原因和认识上的局限性,忽视了农民的个人利益和当时农村生产经营的特点,严格的集中生产经营、平均分配产品割断了劳动者的劳动付出与生产资料及最终劳动成果的联系,使广大农民彻底失去了生产积极性,破坏了农业生产力。对此,邓小平同志说:"有人说,过去搞社会主义改造,速度太快了。我看这个意见不能说一点道理也没有。比如农业合作化,一两年一个高潮,一种组织形式还没有来得及巩固,很快又变了。从初级合作化到普遍办高级社就是如此。"①

三、家庭联产承包责任制中的风险管控

家庭联产承包责任制是新中国成立后我国农村土地制度改革的一个伟大创举。1978 年党的十一届三中全会的召开,为农村土地改革创新提供了新的历史机遇。中国农民成功地开启了包产到户、包干到户的土地承包制度创新实践,出现了自下而上的、从市场诱致到政府供给的、土地使用权与所有权相分离的制度变迁过程。1978 年,安徽省发生特大干旱,秋粮无法下种。为了抵御旱灾,11 月 24 日晚,凤阳县梨园公社小岗村 18 位农民在一份不到百字

---

① 邓小平文选:第二卷[M].北京:人民出版社,1994:316.

的保证书上摁下了鲜红的手印,开始搞大包干。"包产到户""包干到户",打破了大锅饭、大呼隆,解决了出工不出力、种地糊弄人的问题,可谓石破天惊、打破坚冰。这种做法在当时也引发了激烈的争议,遇到重重阻力。1980 年 5 月 31 日,邓小平同志在一次谈话中指出:"农村政策放宽以后,一些适宜搞包产到户的地方搞了包产到户,效果很好,变化很快……有的同志担心,这样搞会不会影响集体经济。我看这种担心是不必要的。"①1980 年 9 月,中央在北京召开各省区市党委第一书记座谈会,专题讨论加强和完善农业生产责任制,并批准印发了会议纪要《关于进一步加强和完善农业生产责任制的几个问题》,即著名的"中发〔1980〕75 号"文件。文件指出,"在那些边远山区和贫穷落后的地区,长期'吃粮靠返销、生产靠贷款、生活靠救济'的生产队,应当支持群众的要求,可以包产到户,也可以包干到户,并在一个较长的时间内保持稳定"。从此,"包产到户""包干到户"广泛推开。对于各地农村掀起的家庭联产承包责任制高潮,中央在政策上给予了支持。1981 年党的十一届六中全会充分肯定了联产计酬责任制。1982 年到 1986 年,中央连续出台五个一号文件,都强调要稳定和完善家庭联产承包责任制。1983 年,中共中央、国务院发出《关于实行政社分开建立乡政府的通知》,废除了长达 25 年的人民公社体制。1984 年的中央一号文件还明确规定土地承包期一般应在 15 年以上。到 1986 年初,全国超过 99.6% 的农户实行大包干。至此,家庭联产承包责任制度在我国农村全面确立。

家庭联产承包责任制是由农民自发推行的制度创新,在家庭联产承包责任制的确立上体现了激进性质,而制度体系的其他配套制度则采取诱导性制度来逐步完善。小岗村村民的自下而上的变革,使制度实施的阻力小,实施成本低;制度安排的可逆性大,便于制度修正和调整,是一种较为理想的制度变迁组合模式。该制度完全确立后转变为渐进式方式,通过农民内生的制度需求来渐进地、缓慢地推动制度改革。在国家得到巨大的物质保障的同时农民个人的生活水平也开始不断提高,国家和个人获得双赢,整个国民经济处于

---

① 邓小平文选:第二卷.北京:人民出版社,1994:315.

向好的帕累托改进状态。事实上,家庭联产承包责任制的实施也并不是一帆风顺的,是思想认识逐步提高、改革举措逐步深化的渐进式过程。为规避改革中的风险,从中央到地方都采取了一系列行之有效的举措,其风险防范的基本思路是坚持实事求是,解放思想,一切从实际出发,顺民意、合民情,尊重基层首创精神、维护农民基本权益。家庭联产承包责任制直接把家庭的生产投入与家庭的经济收入紧密结合在一起,一开始就提出的"交够国家的,留够集体的,剩下都是自己的"分配原则,非常透明、直接,在很大程度上克服了集体共同生产条件下"出工不出力、出力不出活"和分配上的"大锅饭"弊端,产生了制度激励功能,极大地调动了农民生产的积极性。农业生产本身的特点也使家庭联产承包责任制改革具有较强的可操作性。同时,家庭联产承包责任制有效降低甚至消除了某些农业集体生产的监督管理成本。由于农业生产的特殊性,过去对农民劳动投入的质量、数量进行监控管理付出了很高的成本;家庭联产承包责任制实际上基本消除了这种监控管理成本,以往靠集体养活的大批农村社队干部,包产到户后必须靠自己的劳动才能生存了,这就大大减轻了农民负担,从而减少了改革的成本。

第二节 试点地区宅基地"三权分置"风险的规制探索

自 2015 年起,全国 33 个试点地区开始探索宅基地有偿使用、自愿退出、权益保障、取得方式、管理制度等全面改革。2018 年中央一号文件提出探索宅基地"三权分置"后,各试点地区在前期创新探索的基础上,进一步聚焦宅基地"三权分置"的实现形式,有序拓展宅基地制度改革内容和范围,因地制宜落实集体所有权、保障农户资格权、适度放活使用权,形成了一批可复制、可推广、利修法的政策性、实践性成果,为全面推进宅基地"三权分置"积累了丰富的实践经验,其中,在规制宅基地"三权分置"风险方面的一些共性思路和举措也为进一步优化农村宅基地"三权分置"风险治理体系提供了相应的实践经验。

一、浙江义乌宅基地"三权分置"的风险防范探索

浙江省义乌市是我国农村宅基地"三权分置"改革的发源地。该市自2015年被确定为全国农村土地制度改革试点后,在全国率先做出了农村宅基地所有权、资格权、使用权"三权分置"制度设计,围绕宅基地的取得置换、明晰产权、抵押担保、入市流转、有偿使用、有偿退出及民主管理等七方面构建了农村宅基地制度改革试点"1+7+9"的制度体系,并以农村宅基地"取得固定化、价值市场化、权益多样化、配置有偿化、管理科学化"新机制,有效平衡了宅基地的基本保障功能、完整物权功能和价值增值功能。在落实宅基地集体所有权中,突出农民主体地位,通过村级组织民主管理,实现村集体自主实施美丽乡村建设和宅基地的自主分配。在固化宅基地资格权方面,严格界定村集体经济组织成员的资格条件,通过"按人分配、按户控制"实现宅基地资格权的无偿分配,并以多村集中联建的方式推进城乡新社区集聚建设,以"零增地"模式开展"空心村"改造、以农民自愿为原则实施"异地奔小康"工程等方式探索不同区域农民住房保障的多种实现形式;在完善宅基地使用权权能方面,以解决农村住房历史遗留问题为基础,对轻微违法的农户,经村集体经济组织收取有偿使用费后,允许办理不动产权证,逐步探索形成政府主导、集体主导、统筹利用的富有特色的宅基地退出机制,以及宅基地置换权益、有偿配置、不动产统一登记、农户互保抵押贷款授信、农民住房财产抵押等农民财产权益的多种实现方式。义乌市前期的实践探索既保障了农民的基本居住权利,又唤醒了农村沉睡的资产,最大限度地促进了宅基地价值的增值,增加了农民财产性收入,同时,优化了城乡土地资源配置,让城市更像城市、让乡村更像乡村,走出一条乡村振兴的特色之路。

2018年新一轮农村宅基地制度改革试点启动后,义乌市在上一轮宅基地制度改革基础上,构建了"1+10+10"农村宅基地制度改革政策体系,进一步完善"所有权稳固、资格权保障、使用权放活"的宅基地"三权分置"实现形式及途径。其主要制度创新包括:一是完善宅基地集体所有权行使机制。从农村集体对宅基地等村庄建设用地的自主统筹、自主分配、自主处置、自主收益、自

主管理等方面,探索集体所有权的有效实现方式,健全农村基层的宅基地科学民主管理机制。二是完善宅基地农户资格权保障机制。做好农村集体经济组织成员资格条件的界定和登记,完善宅基地分配制度,严格农村建设用地总规模控制,探索不同区域农民住房保障的多种实现形式,探索宅基地资格权多种实现形式和市场化有偿调剂的稳妥途径,健全农民建房用地保障机制。三是完善宅基地明晰产权制度。继续坚持"尊重事实、一户一宅、法定面积"的原则,树立正确管理导向,按不同时期,区分不同情形,采用不同方法,妥善处理农村宅基地历史遗留问题,夯实农房办证基础。四是完善宅基地使用权流转制度。完善宅基地使用权流转的标准和条件,探索盘活利用农村闲置宅基地和闲置住宅发展乡村产业的有效途径,探索完善合法继承农房宅基地使用权的管理办法。五是完善宅基地使用权抵押制度。建立完善科学评估、适时更新、动态调整的农村宅基地基准地价体系,健全农民住房财产权和宅基地使用权抵押融资风险处置分担机制、缓释和补偿机制,防范、化解抵押风险。六是完善宅基地有偿使用制度。针对有历史遗留问题的农村宅基地的有偿使用,探索历史原因形成的"一户多宅"和超标准宅基地的有偿使用制度,鼓励宅基地有偿选位,实现市场化配置。七是完善宅基地自愿有偿退出机制。结合义乌实际鼓励多种方式腾退农村宅基地,探索落实允许进城落户农民依法自愿有偿退出宅基地的有关规定,合理处置不符合现行有关法律和政策规定的"一户多宅"等问题,深化全域土地精准管控,提高农村建设用地集约利用水平。八是建立健全宅基地收益保障机制,完善宅基地收益分配机制和使用管理办法,实现集体经济组织成员长期共享。九是完善宅基地审批制度。强化宅基地规划和用途管制,按照法律规定完善农村宅基地审批制度,结合"最多跑一次"改革等,方便群众办事。十是完善宅基地监管机制。落实镇(街道)政府属地管理责任,强化对镇(街道)政府宅基地审批和管理的监管,创新宅基地执法机制,推进宅基地"一张图"数字化管理。

义乌市作为丘陵地区典型代表,在守牢"土地公有制性质不改变、耕地红线不突破、农民利益不受损"三条底线的基础上,最大化防控改革风险。加强改革顶层设计,维护农村宅基地集体所有权,拓展使用权的管理范围;固化宅基地资格权,严格宅基地农户资格权的认定,对参军入伍、入学就读、服刑人员等特殊群体保留宅基地农户资格权作了明确的规定,保障这些特殊群体合法获取资格权,维护乡村社会稳定;通过农房流转使用权,盘活农村居民的"沉睡资产",第三方发展民宿、乡村旅游等,有效盘活了农房的利用。为了让农民住房财产变成"活资本",义乌探索建立全国首个农村宅基地基准地价体系,正式公布《义乌市宅基地基准地价》,金融机构可以依据宅基地基准地价给予贷款。同时助推农业项目落地,引导资本下乡发展"网红村",为农民带来更多的收益。既保障农民基本居住权利,又最大限度促进宅基地价值增值,增加农民财产性收入。

二、河南长垣宅基地"三权分置"的风险防范探索

河南省长垣县县域面积 1051 平方千米,耕地面积 86 万亩,人口数量 88 万人,人均耕地面积不足 1 亩,低于全国平均水平。宅基地"三权分置"改革之前,长垣宅基地闲置浪费与耕地短缺形成了鲜明的对比。为此,长垣把宅基地"三权分置"改革置于乡村振兴战略的宏观背景中,坚持问题导向、树立系统思维,完善配套机制,一体落实集体所有权、保障农户资格权、适度放活使用权,探索了粮食核心区宅基地"三权分置"改革的实践路径。

第一,夯实宅基地"三权分置"改革基础。在中央 2018 年正式提出探索宅基地"三权分置"之前,长垣就从 2015 年开始,依托全国农村土地制度改革试点逐步推进宅基地制度改革。这些前期实践探索,为此后的宅基地"三权分置"改革奠定了扎实的基础,其改革举措主要包括三个方面:一是分类保障户有所居。根据不同区域村庄发展前景、资源禀赋、经济条件采用多元化的方式保障农民居住权益。在开展地籍调查确权、实施房产一体登记的基础上,将村庄分为保留村、城郊村和搬迁村三类,采用多元化、差异化的方式保障农民的居住权益。二是梯度推进有偿使用。在保障户有所居的前提下,实行村集体主导下的宅基地有偿使用制度,对超标准占用、一户多宅、非本村村民占用宅基地的,采用"按年超标累增"方式收取使用费。三是稳妥引导自愿退出。由乡镇政府指导、村集体组织实施,对违规占用宅基地无偿退归集体;集体经

济组织在保障农户基本居住需求的前提下,鼓励农户自愿退出。宅基地退出补偿标准参照土地征收区片价格计算,地上房屋通过协商或第三方评估确定补偿价格。

第二,落实宅基地集体所有权。围绕宅基地集体所有权主体虚位、利益虚化的现实矛盾,长垣聚焦明确权利主体、细化权能范围、创新行使方式三个环节,推动宅基地集体所有权落实落地。在实践过程中,把村委会或村级以上集体经济组织作为行使宅基地所有权的主体代表,把宅基地所有权细化为分配权、管理权和收益权,通过村民自治的方式落实宅基地集体所有权。其中,分配权体现为决定宅基地使用权的拥有人,收储、收回闲置宅基地等权利;管理权体现在对农户资格权认定、审核、监管、惩处等方面;收益权则体现为在保证户有所居的前提下,合理收取有偿使用费、有序经营集体土地,获取处置收益等。

第三,保障宅基地农户资格权。针对农户资格权内涵模糊、认定困难的法律缺陷,长垣通过规范标准程序、赋予相应权益、完善动态机制三个方面的举措,保障宅基地农户资格权落实到位。长垣把宅基地农户资格权定义为符合条件的农民无偿取得宅基地使用权的一种资格,明确规定其不得转让,并通过颁发《农村宅基地资格权证》的方式,细化宅基地农户资格权的认定标准、认定程序以及"按人确认、按户实现"的实现方式。为完善资格权取得机制,出台了《农村宅基地资格权证登记发放办法》,对拥有医疗、教育等特殊技能的人群,有特殊贡献的村贤、乡贤,原有宅基地已退还给村集体的外出就业人群以及回乡落户的机关单位工作人员,经村集体表决同意可以获取宅基地资格权证,解决其后顾之忧。同时建立了宅基地资格权证登记制度,支持农民外出经商、异地从业,维护流动人口权益,带动城乡融合发展。鼓励进城落户农民将资格权自愿有偿退还给原集体,在有偿退还后农户资格权消失,但不影响其作为集体经济组织成员身份享受的集体权益。农户将暂时不用的宅基地无偿退还集体,可保留资格权,将来农户需要建房时,可再次申请获得宅基地。农村村民出卖、出租住房后,再申请宅基地的,不予批准,但可通过流转方式从其他村民手中取得宅基地。在资格权权益保障中,通过"按人确认、按户实现"

的方法行使资格权,遵循"一户一宅"限定条件,保障农村村民的基本居住权利。规定每户宅基地批准面积不得超过 167 平方米,鼓励以联建、统建房屋形式保障农户资格权。对具有资格权的农户规定可以无偿取得本集体分配的宅基地,有条件的村庄也可通过竞价方式实现宅基地资格权。

第四,适度放活宅基地使用权。长垣在分类保障户有所居的前提下,打破宅基地在村集体经济组织内流转的限制和宅基地单一居住保障功能局限,允许城市规划区外的宅基地使用权在县域范围农户之间通过转让、互换、赠与、继承、出租、抵押、入股等方式自由流转,并赋予宅基地使用权人对宅基地及地上建筑的占有权、使用权和收益权,流转期限原则上不超过 20 年。同时,允许符合条件的农户跨集体申请取得宅基地,允许村庄规划范围内的存量宅基地通过出租、出让、合作等方式用于发展乡村旅游等新产业新业态,允许农民在不改建、不扩建的基础上自主选择宅基地经营性用途。

第五,完善宅基地"三权分置"配套机制。长垣把宅基地"三权分置"与农村土地制度改革结合起来,与实施乡村振兴战略结合起来,完善配套机制,为宅基地"三权分置"提供支撑保障。一是完善农村基层治理体系。在村庄组建村级集体股份经济合作社,厘清自治组织和经济组织的职责权限,形成"基层党组织+村民自治组织+集体经济组织"三位一体的治理体系。二是建设城乡一体土地市场。推行集体与国有土地相同的市场交易规则,赋予集体经营性建设用地与国有土地相同的权能。三是实施乡村分级分类规划。结合实施乡村振兴战略,将全县村庄分为集聚提升、城郊融合、特色保护、整治改善、搬迁撤并五类,编制多规合一乡村规划。

三、四川泸县宅基地"三权分置"的风险防范探索

四川省泸县自 2015 年 3 月获批实施宅基地试点改革以来,着力落实宅基地所有权、保障宅基地资格权、放活宅基地使用权。在落实宅基地所有权方面,突出集体主张。通过产权登记、规划引领、民主管理等,把权属"确"下来、把资源"管"起来、把责任"定"出来。全县封顶固化宅基地总量和底线保障,组织编制"多规合一"村庄规划,建立宅基地村级自治、镇级监管、县级督导制

度,落实村级主体管控,建立土管会,健全村民自治章程,民主管理集体土地。在保障宅基地资格权方面,突出人地分离,促"传统农民"变"新型农民"。通过完善法治、跨区配置、保全资格等,把用地"节"起来,让安居"好"起来,让人口"动"起来,建立了宅基地法定无偿、预置有偿、超占有偿、节约有奖制度,推动公平节约用地。建立了宅基地县内统筹配置制度,允许宅基地资格权人跨镇跨村到条件较好的地方有偿取得宅基地。在放活宅基地使用权方面,突出权益活化,促"沉睡资源"变"流动资产",通过有偿腾退、以地置业、以地换房等,把资源"聚"起来,让资源"活"起来,把资源"用"起来,设计了"部分退出、整体退出、永久退出、保权退出"等路径,建立了共建共享、置产经营、抵押融资制度等。

　　泸县在防范和规制宅基地"三权分置"风险中始终坚守"三条底线",坚持问题导向,有破有立,大力探索宅基地依法取得、分类处置、有偿退出、适度放活、规范监管路径,为乡村振兴提供要素支撑。其主要做法可以概括为五个方面。第一,"统筹法"分配,促成"节地和优居"。统筹宅基地分配标准和区域差异性需求,建立起宅基地法定无偿、跨区有偿和县内统筹制度,明确村民附属设施用地,防止小房大院现象;支持村民跨区选位,促进节约集约用地。坚持以户为单位,以资格权人为有效人数,限定宅基地面积。明确宅基地跨区有偿流转的审批程序、收益分配等。第二,"平均法"处置,促成"消遗和筹资"。测算村民平均占有的现有宅基地,并以此作为行政处置和有偿使用的分类界限标准,探索违占超占宅基地分类处置机制,化解遗留问题,筹集发展资金,促进用地公平。按照抽样调查方式,测算出全县集体经济组织成员住宅和附属设施人均占地面积。针对尚未确权登记的宅基地,视情形给予行政分类处置。坚持以村集体经济组织为实施主体、以村民小组为独立核算单位,推行宅基地分类有偿使用。第三,"节地法"补偿,促成"挪地和流转"。针对闲置宅基地有偿退出节余指标,明确退出范围,探索以宅基地退出节余指标为基准的补偿机制,区分住宅和附属设施用地,给予农户资金补偿。对新办农转非再整户有偿退出的,给予农户放弃宅基地资格权补偿。对收回的宅基地,除就地利用外,就其复垦复耕指标可易地布局使用、调整为集体经营性建设用地、用于县内调剂、交由政府收储。根据自愿原则,允许住有所居且属城镇落户的、一户多宅的、跨区建房的、一户一宅有多余宅基地的农户,以及通过继承农房等合法方式占用宅基地的非集体经济组织成员,按照"三调图斑"①建设用地范围,申请宅基地有偿退出。第四,"需求法"放活,促成"增收和解压"。顺应乡村振兴建设需求,在允许农房出租、转让、继承的基础上,不断丰富宅基地权能,重点探索权益置换、入股经营、合作建设实现方式,增加农民财产性收入,缓解业主短期投入压力。针对困难家庭,实施以合法宅基地使用权在定点的农民公寓等住宅小区置换房屋居住权。允许农户将农房及宅基地使用权入股农业新型经营主体,或者入股村股份经济合作经营组织。允许农户以合法宅基地使用权与第三方合作,通过双方协商、集体组织监督、村委会同意、政府审批备案,实施合作建设。第五,"层级法"规范,促成"适管和便民"。明晰县、镇、村、组宅基地管理职责,建立村民小组户代会议事规则、村股份经济合作经营组织运行规则、村土地民主管理委员会自治章程等民主管理制度,落实"四级网格化"管理;搭建宅基地信息化管理平台,开展网上申报、审批、转办、推送、查询等信息化服务,完善终端农户"掌上"申报与查询、后端部门"并联"办理与归档等功能,逐步实现全要素、全链条、全流程数字化管理目标。

第三节 我国土地制度改革风险规制的经验启示

我国土地制度改革的实践经验表明,农村土地制度改革作为重大利益关系的调整,其中潜在风险的识别与规避始终是一个重要的现实课题②。规制土地制度变革风险实践中的一些规律性认识和普遍性举措对规制宅基地"三权分置"改革风险具有一定的借鉴意义和启示价值。

---

① "三调图斑"是第三次全国国土调查中的一个重要概念,是指在土地利用现状调查中,根据土地的实际利用情况划定地块,图斑代表不同的土地利用类型。

② 李军国,赵晓强.中国农村土地制度变迁的经验与启示[J].中国经济报告,2020(04):34—39.

一、坚持市场取向与政府调控双轮驱动

宅基地"三权分置"改革是在经济体制改革的背景下进行的,而经济体制改革的核心问题是处理好政府和市场关系,使市场在资源配置中起决定性作用和更好发挥政府作用。土地不仅是与劳动、资本并列的三大基本经济资源要素之一,也是与劳动资源并列的两大原始资源之一。新中国成立后的历次农村土地制度改革经验表明,尊重市场规律、坚持市场取向始终是防范土地制度改革风险的关键举措。改革开放初期的家庭联产承包责任制突破计划经济的束缚,引入市场机制,调动了广大农民的生产积极性和主动性,大大解放和发展了农村生产力。党的十八届三中全会明确提出,经济体制改革的核心问题是处理好政府与市场的关系,使市场在资源配置中起决定性作用和更好发挥政府作用。党的十九届五中全会提出,"十四五"时期,我国经济社会发展主要目标之一便是产权制度改革和要素市场化配置改革取得重大进展,土地要素改革势必成为经济体制改革的重要任务。农村宅基地"三权分置"必须充分发挥市场机制的作用,采取市场化交易方式,在农村集体经营性建设用地入市制度改革的基础上,将农村宅基地逐步纳入城乡统一的建设用地市场,提升农村住宅和农村宅基地的交易便利性程度,为稳步提升广大农户财产性收入提供制度保障。事实上,市场机制本身就包含着风险机制,风险机制作为市场运行的约束机制,以竞争可能带来的亏损乃至破产的巨大压力,鞭策市场主体努力改善经营管理,增强市场竞争实力,提高自身对经营风险的调节能力和适应能力。在利益的诱惑下,风险作为一种外在压力作用于市场主体,与竞争机制同时调节市场的供求。

在诸多经济要素中,土地是唯一具有自然稀缺性和不可创造性的要素,这就决定了土地在经济价值分配中的优势和先导性地位,为国家发展建设发挥着空间承载力、自然生产力、空间价值贡献等多方面作用。但是,由于土地具有空间开敞性、外部性,土地兼具私有资产属性和公有资源属性,因而土地资源利用要同时处理好政府与市场、公平与效率、放活与稳定的关系。在现代法治国家,尤其是欧洲和北美普遍建立了以土地规划或者空间规划为基础的土

地用途管制制度,并以此为基础规范土地征收和土地流转市场。以法治手段对土地用途实施管控,不但能保证国家经济社会发展的公益目标的实现,同时也有利于保护土地所有者和使用者的合法权益。宅基地这一土地资源要素更具特殊性和复杂性,集资源、资产、资本属性于一体,改革涉及的主体、包含的利益关系十分复杂,公益性需求范围更宽泛、外部性配置效应更明显。垄断势力、信息不对称以及外部性等因素的存在都会导致宅基地资源配置过程中的市场失灵,在市场这只"看不见的手"失灵的情况下,就需要政府这只"看得见的手"相助。即便是市场经济体制较为完善的西方国家也都高度重视发挥政府在土地制度改革中的宏观调控和监管作用,先后围绕土地用途管制、分区规划、交易限制等采取了一系列强有力的风险规制政策。政府在校正土地市场失灵方面发挥着重要作用,这集中表现在政府的土地利用规划和用途管制上,但政府对微观经济活动的介入,只限于弥补市场缺陷、校正市场偏差,而不是取代市场配置资源的决定性作用。我国各地宅基地"三权分置"改革试点的实践经验也证实,坚持市场取向与政府调控的有机统一是防范和规制宅基地"三权分置"改革风险的必由之路。

二、坚持民主决策与法治保障相互支撑

新中国成立以来,我国始终将法治化作为推动土地政策改革创新的重要方法。1950年颁布实施了《中华人民共和国土地改革法》,为发展农业生产、新中国的工业化开辟了道路。改革开放初期,1986年颁布实施的《土地管理法》,确立了耕地保护这一基本国策,在随后的修订中,扫清了土地作为生产要素进入市场的法律障碍,为我国工业化、城市化的快速发展奠定了重要基础。新时期,通过改革和立法的同频共振,注重发挥立法在土地政策改革中的引领作用。一方面,将依法经过试点、各方面认识比较一致的宅基地制度创新经验及时上升为国家法律制度,推动相关改革的全面实施;另一方面,确保改革于法有据,通过立法推动改革。我国注重土地法治化建设的实践经验表明,运用法治思维和法治方式推动土地政策改革,充分发挥法治化在土地政策改革中的固根本、稳预期、控风险、利长远的重要作用,是推动国家改革和发展的

重要方略,是国家治理能力提升的重要体现。

农村宅基地"三权分置"改革关乎亿万农民的切身利益,广泛的民意汇集、有序的政治参与、高效的民主决策、完善的法治保障,既是中国特色社会主义民主法治建设的本质、特质、品质,也是中国农村土地制度改革最为鲜明的特征、特色、特点。宅基地"三权分置"作为一种自上而下与自下而上相结合的制度变迁,需要与农民的需求对接,这就要求形成与农民需求特点相适配的决策机制。我国农村地区发展水平差异显著、熟人社会特点鲜明,具有公共决策非专业化、利益关系非正式化、治理模式非程式化等特点。充分发挥广大农民在宅基地"三权分置"中的主体作用,尊重农民群众的首创精神,不仅可以大大降低土地资源配置的运行成本,也有利于避免外部监督面临的合谋风险。在新中国成立初期,实行"耕者有其田"的土地改革,倡导互助合作,农民大力支持,土地改革顺利完成,在合作化运动高级社、人民公社时期,农民生产经营自主权的丧失导致农民群众消极反抗,农业生产严重破坏。党的十一届三中全会后,包产到户、发展乡镇企业和市场取向的改革顺应了广大农民的意愿,农村生产力得到新的解放。在我国改革开放初期,邓小平同志就指出改革"步子要稳",要同人民群众商量着办事,在及时总结经验教训的基础上适时调整方向①,强调在改革的过程中运用民主与法治的方式克服改革的激进与盲目,防范改革风险。江西省余江区宅基地"三权分置"改革中实行的"政府引导,村组主导,农民参与"的工作机制就是坚持民主决策与法治保障相互支撑的生动实践。

尊重民主并不排斥法治支撑,民主若不以法治为根本形式,则只能停留在愿望中。改革合法性是改革正当性、合理性的逻辑起点。只有获得法律的认可,改革在重组利益关系格局时才能较好地说服利益受损者,化解改革阻力和社会风险。新发展阶段,宅基地"三权分置"改革合法性的要求,不仅包括改革内容合法,也包括改革程序合法。农民是有限理性的生产经营者,政府是有

---

① 丁士松.政治法治化的理论逻辑——邓小平法政治哲学与法政治理论研究[M].北京:人民出版社,2009:85.

限理性的宏观管理者。农民的有限理性需要政府的有限理性进行校正引导，而政府的有限理性则决定了重大改革决策必须于法有据，坚持法治原则，严格依法行政。我国土地制度改革的实践经验表明，防范化解土地制度改革风险的根本保障是法治建设。新中国成立以来的我国农村土地制度改革整个历程，都是在法治的轨道上进行的。1950 年颁布《土地改革法》，废除了封建土地所有制；1982 通过《全国农村工作会议纪要》，把家庭联产承包责任制作为一项正式制度安排，1982 年的《宪法》和 1986 的《土地管理法》使这一制度更加明确。这些实践经验表明，宅基地"三权分置"改革，必须在法治框架下实施、在法治轨道中运行。

三、坚持顶层设计与基层探索良性互动

新中国成立以来，我国农村改革能够取得巨大成功的一个很重要的经验就是，在强制性的制度变迁中充分重视诱致因素的作用，以谨慎强制的方式不断修正制度变迁轨迹，坚持摸着石头过河和加强顶层设计相结合，从而保证了制度变迁的有效性和方向的正确性。实践中，对必须取得突破但一时还不那么有把握的改革，就采取试点探索、投石问路的方法，先行试点，鼓励大胆探索，取得经验、看准了再推开。我国农村土地制度的改革也都是从国情、农情出发，摸着石头过河，从实践中来，在国家的主导下，将基层实践探索经验加以总结，上升为理论认识，并在此基础上发展创新，转化为具体制度政策，形成国家农地制度，反过来引导促进农地制度改革。正是这种智慧和思想，为我国农村土地制度改革实现一次又一次关键的转折，取得一次又一次巨大的跨越，奠定了基础，筑牢了根基。

改革开放在认识和实践上的每一次突破和发展，无不来自人民群众的实践和智慧。尊重农民创造，就是在把握方向、坚守底线、明确大政方针的前提下，鼓励基层积极探索、大胆创新。当前实施乡村振兴战略，要充分尊重农民意愿，发挥农民主体作用，调动农民的积极性、主动性、创造性。一方面，充分尊重农民的首创精神，让农民充分表达利益诉求，并总结推广群众的实践经验，与农民一道，共同推动农村改革的展开和深化。另一方面，土地制度经在

国家层面确定后,与时俱进改革创新,随着制度的约束结构和主体的演变及其相互之间的良性互动,新的适合当前生产力发展的模式和制度逐渐替代旧有的发展模式和制度,形成自然渐进的演化,共同推进了中国"三农"的巨大发展变迁。正是因为顶层设计呼应了基层群众的意愿,对接了基层的探索,在"顶层"与"基层"的良性互动中,农村土地制度改革才不断取得突破,蹄疾步稳地向前推进。

基层探索与顶层设计良性互动的改革方法体现了马克思主义的基本原理。习近平总书记指出:"摸着石头过河和加强顶层设计是辩证统一的,推进局部的阶段性改革要在加强顶层设计的前提下进行,加强顶层设计要在推进局部的阶段性改革的基础上来谋划"。① 基层探索的实践活动是顶层设计的理论基础和源头活水;顶层设计为基层实践活动提供了指导思想和实践方向。宅基地"三权分置"是国家的整体布局,也是各地的具体实践。我国人口众多、地域辽阔,宅基地"三权分置"在中国发展史甚至人类发展史上都没有先例,涉及的领域、覆盖的群体、推进的难度也前所未有。作为一个具有超大规模特征的国家,我国实施宅基地"三权分置"既要有中央层面的通盘部署、长远擘画和统一协调,也要有地区层面的因地制宜、因时而动和多元创新。客观上要求"刚性"与"弹性"的有机结合。当前党中央对新的历史时期深化宅基地"三权分置"改革的重视程度前所未有,推进力度也前所未,试点地区农村宅基地"三权分置"改革呈现出全面推进、重点突破、亮点纷呈、成效显著的良好态势,一大批有特色、有亮点的鲜活实践正在涌现。但同时,从地方改革探索的实际反映来看,还是存在改革举措落地见效不够有力,成效不尽如人意的问题。防范宅基地"三权分置"改革风险很重要的一点就是如何更好地处理好顶层设计与基层探索的关系,顶层设计在明确改革开放方向性原则性重大问题的同时,要给基层探索留下足够的空间,以充分发挥基层和群众的主观能动性和首创精神,特别对于那些已经赋予了改革先行先试权的区域,需要在风

---

① 中共中央宣传部. 习近平新时代中国特色社会主义思想学习纲要(2023 年版)[M]. 北京:学习出版社,人民出版社,2023:93.

险可控前提下,着力平衡好地方政府与中央相关职能部门权利和职责之间的关系,探索更大力度和更加有效的综合授权、一揽子授权的方式。

四、坚持系统推进与重点突破有机衔接

系统推进与重点突破相结合是马克思主义辩证法在我国农村土地制度改革中的成功运用。我国 1978 年启动的以家庭"大包干"为"第一枪"的农村家庭联产承包责任制改革,看起来只不过是一次内部的农业经营模式的创新,却很快激活了国家一系列的经济、政治、社会制度改革。先是人民公社体制被终结,乡镇政府取而代之;后是"统购统销"消亡,统一的市场体系确立;接着是乡镇企业"横空出世",剩余农村劳动力进城务工经商;再到财税体制脱胎换骨,农业产业化、新型城镇化快速兴起,统筹城乡一体化进程与实施乡村振兴战略,无一不是牵一发而动全身的重大创举。

实践证明,包括农村宅基地在内的任何领域的具体改革活动,都不能简单地看作是一个孤立存在的事物,而必然会和周围其他事物产生联系,需要各个动力齿轮都能咬合住,才能产生有效的推力。没有单独的一项改革是可以一骑绝尘的,每一个具体的改革,都和其他的改革互为充分必要条件。根据唯物辩证法两点论与重点论的关系,整体推进是有重点突破的整体推进,重点突破也是在整体推进前提下的重点突破。经济发展是多要素组合配置、多主体协同参与、多领域有机结合的结果,任一环节改革滞后都会造成改革效率损失。宅基地"三权分置"的试点探索表明,推进宅基地"三权分置"改革综合性强,是一个完整的系统工程,需要农村土地确权登记颁证、土地流转平台和规范管理制度建设、农村社会保障制度健全和完善、农业转移人口市民化等一系列制度保障,靠单兵突进难以奏效,必须树立系统性思维,增加多种要素、多环节、多领域改革之间的衔接配套,这样才能深入推进农地"三权分置"政策的贯彻实施。单兵突进会由于相关改革滞后或环境条件不支持而受到牵制,但整体推进并不是平均用力,而是要选准重点领域和关键环节,集中力量,打开突破口。强调系统推进,原因在于宅基地"三权分置"本身就是一个整体,是一个系统工程,是一场需要各项改革共同推进、协调配合的改革,既包括土地制度、

户籍制度又包括社保制度、住房制度,既涉及经济基础又涉及上层建筑,既牵涉乡风文明建设也牵涉生态环境保护,领域广泛、环节诸多、主体多元。且各领域、各环节、各主体之间的关联性、互动性、耦合性日益增强,每一项发展任务都会对其他任务产生重要影响,每一项发展任务又都需要其他改革措施协同配合,且各项具体制度之间存在着相互依赖、相互制约的关系,机械地截断制度之间的关联性,孤立地试验某一项制度改革既不科学也不现实,没有整体推进,各个单项任务就无法完成。

五、坚持公平正义与市场效率统筹兼顾

新中国成立 70 多年来我国农村土地制度变迁的历程就是一部公平和效率相互平衡的过程。新中国成立初期的土地改革以实现公平为主,兼顾效率提升;人民公社时期集体化运动过分凸显公平,导致效率下降;改革开放后的家庭联产承包责任制在保证公平的基础上,向效率倾斜。

宅基地"三权分置"的重要价值导向就是平衡居住保障功能与财产价值功能。社会保障功能强调社会公平,社会公平的体现是社会主义的本质要求;财产价值功能强调经济效率,经济效率是市场经济实现的方向。为此,农村宅基地"三权分置"改革应遵循土地的自然属性和要素特征,找准公平与效率的结合点,正确认识和处理公平和效率的辩证关系。一方面,公平与效率相互依存,不可偏废。没有效率做前提,可分配的"蛋糕"就无法做大,就没有所谓真正意义上的公平,而没有公平做支撑,农民劳而无功、劳无所获,效率提升也就无从谈起。另一方面,公平与效率相互区别,在不同发展阶段,应有不同的侧重点。在经济欠发达、社会保障不完善阶段,制度变迁受公平影响较多,而在经济发展到社会保障能全覆盖的阶段,效率便会占主导。正是基于这样一种认识,深化农村宅基地"三权分置"改革,必须立足实际、稳妥推进、试点先行。推行宅基地"三权分置"时必须立足当前我国农村地区社会保障体系建设现状和农业就业人口占比较大的基本国情,承认当前阶段农村宅基地的社会保障功能与财产价值功能的区域差异性,渐次推进,分类施策,在进程把握和具体设计上应充分考虑我国经济社会发展的阶段性特征,制定一些具有缓冲或

者过渡作用的制度。同时要在坚守底线的前提下创新试点方案,选择更具代表性的试点,增强试点灵活性和针对性,避免出现"发达地区觉得太滞后而欠发达地区又觉得太超前"的情况。

六、坚持循序渐进与因地制宜辩证逻辑

坚持因地制宜与循序渐进是坚持马克思主义唯物辩证法的要求,是习近平新时代中国特色社会主义思想的要求,也是防范化解农村宅基地改革风险所必须遵循的客观规律。我国改革开放40多年来农村土地制度改革的实践就是遵循"摸着石头过河"这个理论渐进式推进的,即在适应生产力发展水平的基础上,逐步赋权于农民,给予农民以充分的生产经营自主权,并且支持地方先行先试,通过"试点—完善—推广"的方式来实现变革。无论是改革开放初期家庭联产承包责任制的推行,还是现阶段农村土地"三权分置"改革,都是采取了这种方式,先在全国设立农村改革试验区,通过试点试验、总结基层实践经验,再推广,然后全面铺开。试点试验的目的就是要检验改革方案的可行性,权衡利弊,进而对改革方案进行修订和完善。试点地区对宅基地"三权分置"实现形式的探索,均是各地结合自己的资源禀赋因地制宜作出的理性选择,这充分说明农地"三权分置"具有极强的制度张力,其具体实践模式完全可以是丰富多样的。

深化农村宅基地"三权分置"改革是农村改革的重中之重,是一项关系国家根本的重大制度变革,牵扯面广、涉及利益多,影响巨大,必须坚持"渐进式"的改革方式,慎之又慎,稳步推进。今后较长一段时期内,深化农村宅基地"三权分置"改革的第一要义是稳定问题,或者说效率必须服从于稳定。因为对于我们这样一个人多地少、国情复杂的农业大国来说,稳定是最重要的,过度关注效率问题的农村土地制度,如果在推行中不慎触动了稳定问题,那么不仅效率问题无从谈起,严重的时候还会给整个国家和民族带来灾难,在这点上我们是有深刻历史教训的,所以说深化农村土地制度改革必须坚持"渐进式"的改革方式,以最大限度地减少改革成本和不确定性。同时,宅基地"三权分置"改革是一项前人没有实现的制度创新,只能在不断实践中积累经验。

马克思主义唯物史观认为,生产力决定生产关系,生产关系对生产力具有反作用,当生产关系适应生产力发展的状况时,就会推动生产力的发展;反之,就会阻碍生产力的发展。中国的农村土地制度改革是一个立足本土背景、迈向自身目标的实践命题,中国是一个具有超大规模特征、各地农村发展存在差异的国家,是一个实行社会主义制度、以实现共同富裕为指向的国家,是一个实行社会主义市场经济体制、农村土地实行集体所有制的国家,推进农村土地制度改革在理念、方式、路径和目标等方面具有自身特色。基于此,深化宅基地"三权分置"改革必须立足于本土化实践来选择路径、提出方案、规制风险、检验成效。同时,在宅基地"三权分置"改革的实践中,各个区域的资源禀赋不同、社会经济文化背景不同,在发展中会形成不同的经验,这些多样性的经验为乡村振兴提供了多种可能。由于各地乡村的差异很大,没有统一的宅基地"三权分置"模式可供模仿,因此需要有最大的包容性,允许各种形式的试验,各地区在实践探索中也必须立足农村生产力发展的实际,坚持一切从实际出发并适时调整、不断完善,以此最大限度地实现改革的可行性和有效性。

第九章 宅基地"三权分置"风险的规制治理

风险的无处不在使得整个世界都深陷其中,任何试图脱离风险社会的想法都是对制度的无知与背叛。制度风险不可能完全通过归类列举的方式加以固定,也正因为这些不确定性的存在,未来才有无限的可能。规制宅基地"三权分置"风险,使其在各种可以预见和难以预见的风险挑战中增强创造力、竞争力、发展力和持续力,不仅是深化宅基地"三权分置"改革的必然要求,也是全面推进乡村振兴、加快农业农村现代化、实现共同富裕目标的重要保障。规制宅基地"三权分置"风险显然不是一个单纯的产权配置问题,其背后隐藏着极为复杂的多因素交互作用。这一过程嵌入并整合于国家治理体系和治理能力现代化的框架之中,是为实现乡村振兴战略目标而构建的关于乡村政治、经济、社会、文化等领域的价值体系,深刻反映了关于宅基地相关利益、权力和权利关系的制度体系以及由制度体系所决定并与之相匹配的行动框架。由此,价值理念、制度体系、行动框架彼此互动共同构成了宅基地"三权分置"风险的规制基本逻辑。在这一逻辑的统摄下,宅基地"三权分置"风险规制的核心要义就是推动价值理念的重塑更新、制度体系的激励包容、行动策略的协同优化,从而构建一个主体多元、过程开放、责任明确、规制公平的风险治理体系。

第一节 重塑宅基地"三权分置"的价值理念

人们对制度变迁背景的刻画与阐述始终体现着对周围环境的基本认识和态度,良好的制度设计和制度创新具有"观念注入"或"价值先置"倾向。制度设计本身的"价值"就在于通过合理的"理性"行为来弥补人性的缺陷和人类集体生活的不完善,通过结构性的调整和完善,提升社会运行的合理性和公共福利的效率。马克思主义认识论认为,实践决定认识,认识反作用于实践。人们对于制度风险的科学认识决定着人们如何防范与应对风险,因此,价值观念就构成了本书分析框架的首要维度。价值理念是一种普遍的精神范式,对事物的客观形式与动态发展具有重要影响。重塑合理的风险理念有利于积极有效的风险治理。规制宅基地"三权分置"风险的价值在于将应对风险不确定性、流动性、复杂性的求助机制投映为国家、集体、农民的"价值判断""集体意识",在最大程度上诠释人们对宅基地"三权分置"确定性的愿景期待,承载起多元主体对改革与安全的诉求感知。理性的认知框架是不确定情景下风险认知的"简化机制",构成了制度风险规制图谱的主体。宅基地"三权分置"不仅是物质层面和制度层面的变革,更是思想观念和价值理念的突破,实用高效的理念方法不仅为风险防范化解策略的谋划提供根本指引和基础工具,也直接决定着宅基地"三权分置"风险规制的成败。这就需要我们"强调存在于新的偶然性、复杂性和不确定性之中的人类计划的未决问题"①,超越传统的、线性的、单向的思想束缚,以辩证思维、系统思维、底线思维和创新思维来认识、辨析、厘清和应对宅基地"三权分置"改革。

一、以辩证思维认识宅基地"三权分置"风险

宅基地"三权分置"由诸多完善与不完善、理想与不理想的主体、对象、要素构成,不能用一种理想化的思路营建改革路径,这一改革探索也是一个不断遭遇新问题、新风险,又不断产生新的风险应对、风险免疫能力的过程。宅基地"三权分置"走向合理化的特点不是没有任何风险,而在于约束主体自身,把风险控制在一定范围之内。以辩证思维认识宅基地"三权分置"风险,就是把风险意识内嵌为一种主体素质,树立更为周全、辩证、现实的文明观、改革观、发展观,对主体性进行"有限性"、有限伦理确认,统筹发展与风险、发展与代价,形成具有风险和代价底蕴的新发展理念。

---

① 乌尔里希·贝克.世界风险社会[M].吴英姿,孙淑敏,译.南京:南京大学出版社,2004:2.

（一）坚持"促改革"和"保安全"的辩证统一

促改革与保安全是一体之两翼、驱动之双轮,二者互为条件,彼此支撑。改革是先手棋,安全是硬道理。离开了相对的安全稳定,事物也就不可能保持自己的本质,根本谈不上改革;离开了改革创新,事物就会失去生命力,也根本不可能保持相对安全稳定。坚持稳中求进的工作总基调,有效防范和化解宅基地"三权分置"风险,是唯物辩证法关于运动和静止、质变和量变规律在现实中的具体运用。稳中求进不是无所作为,不是强力维稳、机械求稳,而是在把握好度的前提下有所作为,恰到好处,把握好平衡、把握好时机、把握好力度。稳中求进蕴含着深刻的哲学智慧,既反对消极应付、不思进取,又反对盲目蛮干、急于求成。新中国成立以来农村土地制度改革的实践表明,只有循序渐进、因地制宜,改革发展才能不断推进,同时也只有改革发展不断推进,乡村社会稳定才能具备坚实基础。在推进宅基地"三权分置"改革中要妥善处理好保障性权能"稳定"与财产性权能"放活"的关系,把握住"适度",胆子要大、步子要稳,既在坚持宅基地产权本质属性的基础上不断改革创新,又在不断改革创新中使宅基地产权结构得到更好地坚持和优化,从而实现高质量发展和高水平安全的良性互动。

（二）坚持"两点论"和"重点论"的辩证统一

唯物辩证法认为,重点和全面是辩证统一的关系,重点是全面中的重点,全面是有重点的全面。宅基地"三权分置"风险具有系统性、复杂性、多维性等特征,外部风险和内部风险交织、传统风险和新兴风险叠加、一般风险和重大风险共存。坚持和运用唯物辩证法防范化解宅基地"三权分置"风险,既要抓住宅基地"三权分置"风险的主要矛盾和矛盾的主要方面,又要兼顾宅基地"三权分置"风险的次要矛盾和矛盾的次要方面;既要看到重大风险,也要看到一般风险;既要看到显现的风险,也要看到潜在的风险;既要看到局部风险,也要看到系统性风险;既要看到相对简单的风险,也要看到相互交织的风险;既要看到经济风险,也要看到政治风险;既要统揽农村土地制度改革的全局,又要凸显宅基地制度改革的特质。对宅基地"三权分置"所面临的纷繁复杂、相互交织的风险和挑战,要善于运用辩证思维,既统揽全局又抓住重点,进行战略谋划,前瞻布局,牢牢把握战略主动权,抓住改革重点,实现关键突破,赢得战略主动,维护好发展局面。

(三) 坚持"防风险"和"抓机遇"的辩证统一

从马克思主义哲学唯物辩证法的角度看,宅基地"三权分置"必然内含着风险因素,风险挑战是不可避免的,具有发生危机的可能性。推进宅基地"三权分置"改革决不能把现存当作永恒,把实然视为应然,要时刻做好防范风险、迎接挑战的准备。随着时间的推移和空间的变化,宅基地"三权分置"风险会因外在条件的变化而发生变化,外在条件不同,风险发生的范围会不同、持续的时间会不同,影响的程度也会不同。这就要求我们要充分认识宅基地"三权分置"风险发生的长期性和反复性特征,做好长期应对风险挑战的思想准备和现实准备。与此同时,也要接纳包容和积极利用宅基地"三权分置"风险。风险具有两面性,损失与收益并存。对待宅基地"三权分置"风险不应只是消极地对待其损失一面,还应有意识地将风险作为一种机会,一种积极的甚至难得的改善与成功的契机,学会从风险中受益,善于从风险中获益。在推进宅基地"三权分置"中要把握好"风险"和"机遇"的对立统一关系,既要在形势有利的时候,善于看到潜伏着的不利因素,也要在形势不利的时候,善于发现蕴藏着的转机,既要防范宅基地"三权分置"风险的发生,也要理性对待宅基地"三权分置"带来的机遇。

二、以系统思维辨析宅基地"三权分置"风险

系统思维是一种懂得处理、质问、淘汰和保存矛盾的思维,强调从整体上揭示系统内部各要素之间以及系统与外部环境之间的多种多样的联系、关系、结构与功能。宅基地"三权分置"改革是一种传承历史、观照现实、探索未来的制度动态演进过程。改革风险产生的根源在于制度创新中的不平衡、不充分、不协调。宅基地"三权分置"制度系统内部结构与外部环境构成了一个系统的有机整体,共同为乡村振兴提供土地要素保障,各制度要素之间存在着相互依赖、相互制约的关系,机械地截断制度之间的关联性,孤立地试验某一项制度改革,既不科学也不现实。

（一）认清宅基地"三权分置"风险的整体性

2018年中央一号文件是把宅基地"三权分置"置于"推进体制机制创新，强化乡村振兴制度性供给"宏观背景下提出的，这意味着宅基地"三权分置"是"完善产权制度和要素市场化配置为重点，激活主体、激活要素、激活市场，着力增强改革的系统性、整体性、协同性"战略部署的一个重要有机组成部分。同时，宅基地"三权分置"不仅要解决当下一户多宅、闲置浪费、退出困难、流转不畅等现实问题，也要立足于乡村自身发展，着眼乡村振兴长远目标，从实施乡村振兴战略的大局，从中国式现代化建设的战略高度来设定目标指向。由此可见，规制宅基地"三权分置"风险必须增强系统思维，从整体性的视角去认识，既要解决好当下发展和安全面临的紧迫任务，又要兼顾未来的发展目标、前景和安全工作长远需求，既不能杀鸡取卵、竭泽而渔、饮鸩止渴，也不能表面安全、短时平稳、长期遗患。要妥善处理好稳定与放活、赋权与扩能、规范与多样、机遇与挑战、创新与底线、现实与未来、全局与局部的关系，有机衔接确权颁证、自愿退出、有偿使用、适度放活、抵押担保、权益保障、民主管理等具体制度安排，系统耦合户籍制度、社保制度、住房制度、就业制度、金融制度、财税制度等外部制度结构。

（二）把握宅基地"三权分置"风险的规律性

应对宅基地"三权分置"改革风险"要端起历史规律的望远镜去细心观望"①，以对规律的把握来提高科学防范和化解风险的能力。在这个过程中我们要在尊重客观规律的前提下充分发挥人的主观能动性。由于宅基地"三权分置"风险的传播和显化具有潜伏性、隐蔽性和复杂性等特征，风险影响的增长恰恰是因为没有人了解或想了解它们。新中国成立初期"大跃进"的严重失误已经证明，忽视风险发展的客观规律，过分夸大主观意志和主观努力的作用，必然导致改革的失败。宅基地"三权分置"改革既有击楫中流的畅快，也伴随着调整的阵痛、成长的烦恼、创新的风险。只有把宅基地"三权分置"风险置于历史与未来相互贯通的坐标系中和经济社会发展全局的参照系中去考

---

① 习近平.习近平谈治国理政（第二卷）[M].北京:外文出版社,2017:442.

量,以历史唯物主义的眼光和透视改革的定位,清晰地认识风险在哪里、机遇在何处、出路在何方,才能自觉与中央要求"上下对称",做到"蹄疾步稳"。

（三）注重宅基地"三权分置"风险的关联性

人类的行动一般都具有双重性,它在达成一定的目标的同时,也可能带来一些意想不到的"副产品"。宅基地"三权分置"风险并不是孤立存在的,而是存在着联系,并不是静止不变的,而是处于不断发展变化之中,这要求我们应充分预测每一项决策可能产生的后果,并对这些后果进行对比性评价。在规制宅基地"三权分置"风险过程中,要充分尊重土地制度系统关联性的客观规律,对当前迫切需要推进改革的农村土地征收、集体经营性建设用地入市、农村宅基地使用、土地利用总体规划调整完善等多项土地使用制度,从理论上阐述清楚相互之间的依存关系,绘制出清晰的制度系统关联性脉络图。在顶层设计阶段,就要加强制度之间的协调,在分别制定农村土地征收、集体经营性建设用地入市、农村宅基地使用、土地利用总体规划调整完善的改革试点实施细则时,除突出不同制度改革的自身需求外,还必须对不同实施细则之间的协同性和耦合性进行科学论证。

三、以底线思维厘清宅基地"三权分置"风险

底线思维是在正确认识客观事物的基础上,以底线为导向的科学思维方法,通常分析预测发展可能出现的最坏结果,并将其作为警戒线、红线,尽一切可能避免最坏结果的出现,在此基础上努力争取最优局面的积极的战略性思维方法。以底线思维厘定宅基地"三权分置"改革边界不仅要求我们在推进改革中不失足、不失控、不失守,更要坚持问题导向、目标导向、结果导向,在守底的前提下,根据时代发展新要求、针对新状况,解决新问题、破解新矛盾、完成新任务、实现新突破,争取达到实践效果的最优化、改革效益的最大化。2020 年 6 月中央全面深化改革委员会第十四次会议审议通过的《深化农村宅基地制度改革试点方案》,要求坚决守住土地公有制性质不改变、耕地红线不突破、农民利益不受损这三条底线,实现好、维护好、发展好农民权益。2021年颁布实施的《土地管理法实施条例》鲜明提出禁止违背农村村民意愿强制

流转宅基地,禁止违法收回农村村民依法取得的宅基地,禁止以退出宅基地作为农村村民进城落户的条件,禁止强迫农村村民搬迁退出宅基地。这为我们确立底线意识,规制宅基地"三权分置"风险指明了方向。

（一）坚守集体所有不改变的政治底线

坚持宅基地的集体所有性质是深化宅基地"三权分置"改革的政治底线,任何形式的将农村集体土地变为私有的改革方案都是不被接受的。探索集体所有权实现形式,包括对农民集体主体改造、集体权能拓展、行使程序优化等均以坚持农民集体所有为前提,不得违反土地公有制的底线要求。在积极探索落实宅基地集体所有权的基础上,通过市场机制优化资源配置,适度放活宅基地和农民房屋使用权,绝不是让城里人和工商资本到农村买房置地,要严格禁止下乡利用农村宅基地建设别墅大院和私人会馆。市场化程度越是深化,越要始终坚持农村土地农民集体所有这根"定海神针",确保改革进程中不发生颠覆性错误。

（二）坚守耕地红线不突破的用途底线

民以食为天,粮以田为本。耕地是保障粮食安全、生态安全的基础,是支撑农业和农村发展的根基。耕地红线不可突破,既是我们这代人端牢饭碗的现实之需,更是为子孙后代留下良田沃土的长远之计。采取"长牙齿"的措施,落实最严格的耕地保护制度,坚决遏制耕地"非农化"、防止"非粮化"始终是我国农村土地制度改革的一个基本要求。宅基地"三权分置"改革要牢固树立耕地红线不破的用途底线意识,坚持农地姓农,严守耕地红线,保障粮食安全。一方面要进一步规范农村宅基地管理制度,完善宅基地分配和农民用地建房管理,探索多种形式保障农村居民户有所居,坚决遏制农村乱占耕地建房问题;另一方面要积极稳妥开展农村闲置宅基地和闲置住宅盘活利用工作,通过挖掘农村建设用地存量,提高土地节约集约利用效率。

（三）坚守农民利益不受损的价值底线

尊重人民主体地位,发挥群众首创精神,紧紧依靠人民推动改革,是我国农村改革成功的重要经验。有效制度变迁和均衡利益博弈结果从根本上而言取决于农民利益的保护程度。这既是宅基地"三权分置"制度变迁博弈的逻辑起点,也是最终的目标。农民在宅基地"三权分置"改革中,受文化程度低、信息辨别能力弱、谈判时间不充裕、信息不对称以及自身资源禀赋等因素所限,始终处于相对弱势的地位,也是最容易遭受改革风险的群体,在这个过程中必须切实保护好农民的权益,决不能忽视农民的权益问题。《乡村振兴促进法》第四条规定:"坚持农民主体地位,充分尊重农民意愿,保障农民民主权利和其他合法权益,调动农民的积极性、主动性、创造性,维护农民根本利益。"深化宅基地"三区分置"改革要从农民利益出发,坚守农民利益不受损,充分尊重农民主体地位,发挥农民群众的首创精神。在改革过程中,要避免命令主义和"一刀切"形式,不能替代农民作出选择,不能强行流转农民的宅基地,不得强迫农民退出宅基地等。此外,要赋予农民更多的土地权利,最大限度地保障农民的土地要素财产权益,满足人民日益增长的美好生活需要,贯彻"改革依靠农民、改革为了农民"的核心理念。

(四)坚守资源环境不破坏的生态底线

宅基地"三权分置"改革涉及耕地、建设用地、生态用地等不同土地类型之间的转换,必然会对耕地和生态用地的数量和质量产生影响。面对全球气候变化和我国生态环境赤字增大的问题,坚持保护优先、绿色发展,持续推进生态系统保护修复、筑牢生态安全屏障体系,成为国家发展的重大战略任务。党的二十大报告提出,中国式现代化是人与自然和谐共生的现代化。宅基地是分布在农村的人类生活空间,生态资源是自然空间,人与自然和谐共生需要重视农村的生态资源和空间资源。没有生态资源的宅基地仅仅具有农民居住的功能,无法改变其空间功能及经济价值。深化宅基地"三权分置"改革必须树立生态优先的理念,正视目前农村宅基地在使用过程中产生的生态环境破坏、大量闲置浪费、民俗文化遗失等问题,结合美丽乡村建设目标,以宅基地"三权分置"改革为突破,营造"严守耕地和生态红线、保护耕地和生态用地人人有责"的氛围,落实地方政府和土地使用主体的保护责任,建立耕地和生态保护共同责任机制,着力改善农村人居环境,因地制宜发展农家乐、民宿、乡村旅游、养老休闲等绿色产业,协同推进宅基地资源的节约集约利用和农户生态环境的有效改善。

四、以创新思维应对宅基地"三权分置"风险

创新思维作为与时俱进、求新求变、以新颖独到的方法解决问题的一种思维方式,是一切创新活动的思想源泉,对于经济社会发展、防范化解风险起着十分重要的促进作用。宅基地"三权分置"任务之重、挑战之多、考验之大都是前所未有的,要在"深水区"里"逆水行舟",在"攻坚期"间"爬坡过坎",必须有自我革新的勇气和胸怀,跳出条条框框限制,克服部门利益掣肘,敢于打破思维定式、勇于突破思维惯性、善于摆脱路径依赖,与时俱进、因地制宜、求真务实,对改革做新思考、对结构做新调整、对工作做新谋划,力求以新的理念、方法和路径解决问题,找出新路子、创造新经验、打开新局面、开创新境界。

（一）坚持实践思维

实践思维是创新思维的现实基础,是人类追求创新的根本来源,也是检验创新思维成果是否符合真理的最终标准。制度不是凭空想象出来的,而是经过实践探索逐步形成的。对经过实践检验行之有效的治理理念、治理方式、治理手段及时进行总结和提炼,将其上升为制度形态,才能推动各方面制度的完善和发展。对经过实践检验发现的制度偏差和漏洞及时进行调整和弥补,才能使国家制度更加成熟和定型。宅基地"三权分置"风险源于发展实践的内在矛盾,其外部社会历史条件在不断发生变化,与风险规制相关的理念、路径、制度也不能一成不变,这就要求我们善于运用矛盾分析的方法深入研究改革实践中的新矛盾、新变化,从而恰当地定位风险问题,细致地分析风险问题,有效地防范和化解风险问题。关键是要立足当前宅基地"三权分置"风险规制实际求变求异。所谓求"变",就是要准确识变、科学应变、主动求变,要在危机中育先机、于变局中开新局。所谓求"异",就是要在了解和尊重客观实际的基础上,敢走前人未走之路、敢行前人未行之事。

（二）突出问题意识

创新思维是以问题为导向的批判性思维,问题是创新的起点,也是创新的动力源。从某种意义上说,创新的过程就是发现问题、研究问题、解决问题的

过程。宅基地"三权分置"是由问题倒逼而产生,又在不断解决问题中得以深化,能否有效解决宅基地"三权分置"面临的风险,是衡量改革成效的重要标准。党中央在部署推进宅基地"三权分置"改革过程中,始终坚持强烈的问题意识,着眼于切实解决体制机制中的突出问题。在制定方案上,强调改革要奔着问题去,拿出的方案要有棱角,提出的措施要有针对性。在部署推动上,强调要聚焦重要领域和关键环节,哪里矛盾和问题最突出,就重点抓哪里的改革。在督促落实上,强调要在解决重点、难点问题上下功夫,让实践来检验、让结果来评判、让群众来打分,确保改革举措落地见效。从认识论角度看,问题和矛盾是客观存在的,是不以人的意志为转移的,更不是由人的主观意念和想象所决定的。问题的存在就是改革的方向。所以,在推进宅基地"三权分置"改革中,哪里的矛盾和问题突出,特别是影响经济社会发展的重要领域和关键环节,改革的重点就应指向哪里。

(三) 树立开放意识

宅基地"三权分置"风险广泛存在于社会各个领域,并且不同类型的风险往往相互叠加和影响,构筑一张开放包容的风险信息网络显得格外重要。创新思维是以开放为特征的交互性思维,开放不只是经济社会发展的重要前提,也是创新思维的一个核心特征。保持开放性,让思维不断与跟自己相异的事物和观点碰撞、交互、融通,才可能产生新火花。在横向上,规制宅基地"三权分置"的思维要向乡村外部开放,主动寻求乡村产业、社会保障、生态建设、文化振兴等不同领域的交叉融合,在不断交互中集成、综合、创新;在纵向上,既要从宅基地产权制度的历史传统中找思路,也要面向新发展阶段人地关系的变迁趋势前瞻性地开展思考。同时,在思维方法的运用上也需要一种互动交融。既要注重唯物辩证法与现代科学思维方法的辩证融合,又要注重思维中的宅基地"三权分置"制度层面的概念、判断、推理等理性因素与广大农民的意志、情感、想象等非理性因素的互动交融。

(四) 树立前瞻意识

风险把人们的视线从过去转移到未来,风险的反思功能是为了能够更好地控制未来。贝克告诉我们:"风险意识的核心不在于现在,而在于未来。在风险社会中,过去失去了它决定现在的权力。"①所以,风险意识也是一种前瞻意识,是在对过去、现在各种情况、因素进行系统、科学分析的基础上,预测事物在未来可能出现的趋势,从而采取有效措施进行应对。预见未来可能发生的情况以及在各种选择之间取舍的能力是当前社会发展的关键②。风险事件的传统顺序被视为按照以下方式进行:外部风险刺激引发个体风险感知,这一感知可能成为风险沟通中的尝试主体,随后导致风险管理行为,以防止重现不希望的事件或减轻其影响③。人类不能做风险信息的被动接收者,而应该主动地去寻找、感知风险可能存在的各种预兆,事先做好风险的预知,这样我们就能够在风险来临时处于有利位置。这就要求我们运用马克思主义哲学的基本理论,用联系的观点、发展的观点、全面的观点来看待宅基地"三权分置"风险。

第二节 耦合宅基地"三权分置"的制度系统

制度和治理是人类辨别风险、分担风险、应对风险的稳定化行为模式,不同的环境下,针对不同的风险,会形成不同的制度形态和治理模式④。在风险社会与社会转型双重变奏的语境下,如何寻求良好社会秩序的建构与生成,需要坚持风险视角与制度思维。制度系统层级决定、控制、规范、引导和激励着现实层面的风险规制活动以及个体或组织的实际行为。一个好的制度不是消除冲突,而是适应冲突和具备解决冲突的能力。宅基地"三权分置"深刻嵌套于乡村振兴制度体系之中,关联到宅基地分配、取得、流转、退出、管制以及基层治理、产业发展、社会保障、金融支持、生态治理、文化传承等。这意味着宅基地"三权分置"是一个经济制度与法权制度、产权制度与实施制度、正式制度与非正式制度等共同构成的制度集合,其风险的主要来源是关系紧密的制

---

① 乌尔里希·贝克.风险社会[M].何博闻,译.南京:译林出版社,2004:35.

② 彼得·伯恩斯坦.与天为敌[M].毛二万,张顺明,译.北京:清华大学出版社,1999:绪言Ⅻ.

③ 谢尔顿·克里姆斯基,多米尼克·戈尔丁.风险的社会理论学说[M].徐元玲,孟毓焕,徐玲等,译.北京:北京出版社,2005:94.

④ 杨雪冬.风险社会、治理有效性与整体治理观[J].行政论坛,2016,23(03):1—7+115.

度体系中的各项制度之间出现了相互重叠、交叉、越位、缺位甚至相互打架等现象。从源头上规制宅基地"三权分置"风险,需要深入探寻这些风险产生的深层结构基础,并在制度设计上由对科学理性的单向控制思维转向对内源性的感性秩序的探究。这就要求我们立足我国经济社会发展的独特性机理,重视历史传统和社会现实所形塑的制度环境和既定约束,以稳定的制度结构和有效的制度供给作为基础、保障和动力,在优化宅基地"三权分置"制度安排和实施机制的基础上,进一步改善宅基地"三权分置"的外部制度环境,优化制度体系结构,发挥制度加乘效应,避免制度之间的摩擦。

一、改善宅基地"三权分置"的法治环境

风险社会中最为稀缺的价值需求就是对于确定性的追求。法律作为一种确定性的价值存在,在制度运行中充当着最佳的调控模式。在如今这样一个自然风险、技术风险和制度风险并存的风险社会中,有效解决这些法律机制层面存在的问题,成为走出制度困境的必由之路①。在风险规制中,法律体系的价值和意义就在于规范和追寻技术上可以管理的哪怕是可能性很小或影响范围很小的风险和灾难的每一个细节②。有效规制宅基地"三权分置"风险,不仅是对宅基地产权结构进行重构,更是在承认已经发生和潜藏的风险的基础上进行修正,努力探寻法律文本中相关权利缺失的权能,以及通过何种路径实现还权赋能。针对宅基地"三权分置"风险,无论是"铺路架桥"的政策落实,还是"保驾护航"的制度调整,都离不开法治的跟进,这也是我国土地法治改革的功能与价值所在③。从法律层面规定宅基地所有权、资格权与使用权三者之间的权能结构、权属关系、权能属性是深化农村宅基地"三权分置"的关键所在④。这就要求我们要适时将宅基地"三权分置"的决策部署和行之有效的探索措施转

---

① 安东尼·吉登斯.现代性的后果[M].田禾,译.南京:译林出版社,2000:148.

② 乌尔里希·贝克,王武龙.从工业社会到风险社会(上篇:关于人类生存、社会结构和生态启蒙等问题的思考[J].马克思主义与现实,2003(03):26—45.

③ 聂婴智,韩学平.农地"三权分置"的风险与法治防范[J].学术交流,2016(10):131—136.

④ 丁国民,龙圣锦.乡村振兴战略背景下农村宅基地"三权分置"的障碍与破解[J].西北农林科技大学学报(社会科学版),2019,19(01):39—50.

化为法律,使之法律化、具体化、条文化,保障政策的稳定性和连续性,避免大的波动和反复,并通过法治引领推进改革,依靠法律的强制实施确保改革主张落地生根,从而形成法律决策、改革试点、立法推广的良性循环,做到立法与改革同步,使宅基地"三权分置"改革始终在法治轨道上进行。

（一）法治凝聚改革共识

改革是时代的主旋律,法治是保障改革的重要途径。法治相较于政策和法制更有利于减少改革分歧和阻力,增强农民参与农村宅基地"三权分置"改革的内在积极性。宅基地"三权分置"改革深化面临诸多风险,其中一个重要的原因在于尚未达成改革的法治共识。从法治原理来讲,恪守法治与深化改革总体上是统一的、一致的,但在某些方面也会有不统一、不一致的现象,尤其是对于处在试点探索阶段的宅基地"三权分置"而言,可能会挑战既有的法治秩序和法治权威。在这种情况下,尤其需要用法治凝聚改革共识。

法治是理想与实践的结合,法治的这一特性表明了法治共识具有可生成性。我国农村土地产权制度变迁的历程表明,在全社会尊崇法治的阶段,农村土地产权制度改革往往能够取得实效,在法治秩序受到破坏时期,农村土地产权制度改革难以取得实效。法治共识相较于法治秩序,有更高的要求。因宅基地"三权分置"改革的复杂性与艰巨性,更需要形成法治共识,法治共识有利于确定改革边界,在边界范围内最大限度拓展改革空间,减少各权利主体之间的利益摩擦,减少改革阻力。当前,农村宅基地"三权分置"改革处于制度完善和改革深化阶段,需要凝聚的法治共识有以下特征:一是必须坚持社会主义公有制,确保公有制性质不改变;二是改革的重大事项和程序必须有法可依;三是在法治轨道范围内解决权利主体和权能冲突问题;四是在不突破法律和政策底线的情况下,允许最大限度拓展改革的空间;五是兼顾政策的灵活性与法律的稳定性。

习近平总书记指出:"凡属重大改革都要于法有据。"[1]改革的基本原则和

---

[1]　中共中央宣传部.习近平新时代中国特色社会主义思想学习纲要(2023年版)[M].北京:学习出版社,人民出版社,2023:94.

方向应当于法有据。宅基地"三权分置"制度改革必须以法治为导向,准确界定各权利主体的权利,保障各项权利,形成稳定预期。若改革偏离了法治轨道,改革成果容易被少数人占据,改革失败的风险也将大大增加,有损国家和法律的公信力。宪法规定了农村宅基地改革的法律底线,即必须保证生产资料的社会主义公有制,确保农村宅基地归集体所有的属性不改变。从程序上,因农村宅基地"三权分置"制度改革是重大改革,改革决策必须符合法定程序要求。一些地区出现的"撤乡并村"等损害农民利益的改革风险,有多方面的原因,但其中一个重要的原因在于决策程序不合法,靠行政命令简单粗暴推进所谓的改革,违反了依法推行改革的要求,最终损害了农民的利益。

(二) 立法固化改革成果

从逻辑上看,立法是一切法律活动得以展现的起点①,我们只有明确了宅基地"三权分置"的基本法律规则,才能在立法上防范"三权分置"风险,促进宅基地制度完善。党的十八大以来,一系列以政策为主导的宅基地制度改革应运而生并纵深推进,与改革推行之迅速相比,对改革成果进行立法固定的进度却略显缓慢。包括"三权分置"在内的一系列宅基地制度改革均以中共中央、国务院联合发布的中央政策为依据,迄今仍未有一部专门的"宅基地管理法"对改革内容予以规范固定。宅基地"三权分置"不是简单的权利拆分,而应围绕政策的功能目标协调处理"三权"关系,并通过对《土地管理法》《宅基地管理办法》等相关立法的调整予以明确,实现宅基地"三权分置"的法律表达。有鉴于此,有必要将工作重心转向宅基地改革规范化,尽快将试点探索已成熟的经验与做法上升为制度、转化为法律,填补立法空缺,提升宅基地"三权分置"的刚性约束与稳定程度,为宅基地"三权分置"提供必要的法律依托。一方面加快出台一部专门的宅基地管理法。较为可行的办法是通过修订《土地管理法》,对宅基地制度作出较目前更为全面的规定,同时按照《土地管理法》规定的精神和原则制定《农村宅基地使用条例》,在施行一段时间后再总结经验,制定出台《农村宅基地管理法》,对农村宅基地权利的内涵、范围、取

---

① 杨春福.风险社会的法理解读[J].法制与社会发展,2011,17(06):106—114.

得、登记、行使、转让以及消灭等内容进行明确的规定。另一方面加快推进《农村集体经济组织法》立法进程。目前《农村集体经济组织法》已经被列入立法计划。要围绕构建归属清晰、权能完整、流转顺畅、保护严格的中国特色社会主义农村集体产权制度的目标,明晰成员身份认定标准,完善村集体经济组织的内部治理机制,健全村集体资产收益分配机制,建立村级集体经济组织激励约束机制。在立法过程中应坚持一般与特别相交融、自治与强制相结合、民主与效率相协调的理念①,尊重历史、实事求是,立足当下我国农村土地关系、人口结构、社会状况等新情况,对农村集体经济组织的法人地位、成员资格、组织机构、运行机制、管理模式、内外关系、支持方式等进行明确。

（三）系统整合分散法律

有关宅基地的规定散见于《宪法》《民法典》《土地管理法》等法律中,相关法律法规之间衔接不足且存在立法漏洞,尚未形成系统的法律规范体系。作为一定经济基础之上的法律上层建筑,构成其体系的各个法律部门和法律规范,必然在总的和基本的方面反映该经济基础及其统一的要求,共同的经济基础及其对法的统一要求必然形成各个法律部门和法律规范之间的相互协调与和谐一致②。宅基地"三权分置"是以提高土地资源利用效率、增加农民收入为目标,这也决定了宅基地改革是一项系统性工作。系统性的宅基地改革也需要法律制度的体系化,缘于宅基地"三权分置"所呈现出的多元性,宅基地"三权分置"法治化天然地被赋予体系统合的角色定位。具体言之,应以法典化思维推进宅基地"三权分置"改革法治化进程,即以整体主义立场、系统论方法作为理论依托,通过制定新法凝练共识规则与一般原则,吸收分散立法,妥善处理宅基地"三权分置"框架下各项法律规范的逻辑与衔接关系,实现对宅基地"三权分置"的立法整合。基于宅基地使用权与集体建设用地使用权在主体、期限、缴费、功能等方面的差异,《民法典·物权编》将宅基地使用权界定为一项权能严重受限的独立用益物权,并对宅基地使用权做出了不

---

① 宋天骐.农村集体经济组织立法论纲[J].山东科技大学学报（社会科学版）,2021,23（04）:31—39.

② 李龙主.法理学[M].武汉:武汉大学出版社,1996:325.

可抵押的限制性规定,为此,要修改《土地管理法》以及《民法典·物权编》中关于宅基地不能抵押的限制性条款,从法律上明确农村宅基地抵押、流转与退出行为的合法性,在保留农村宅基地原有用益物权的前提下,完善农村宅基地交易制度,探索依托形式多样的方式实现农村宅基地的土地财产收益,实现从农村的房地产权分离到房地产权的一体化。

（四）法治保障改革效能

宅基地"三权分置"的法治完善不仅需要立法方面的明晰化和具体化,同时也离不开法律实施的及时性与有效性。为达致良法善治目标及实现宅基地"三权分置"目标价值,保证宅基地"三权分置"法律规范系统的有序运行,有必要建设以严格执法与公正司法为核心环节的法治实施系统。2019年新修正的《土地管理法》已将农村宅基地管理职责由原来的自然资源部划归农业农村部,相关部门结合农村宅基地实际出台了一系列文件,如《关于进一步加强农村宅基地管理的通知》《关于规范农村宅基地审批管理的通知》等,文件就宅基地的规划、供应、审批、监管及改革等方面的职责进行了明确。立足当前"部省指导、市县主导、乡镇主责、村级主体"的宅基地管理机制,应逐步建立起权责统一、权威高效的宅基地执法监管体系。一是明确职能职责。依据《土地管理法实施条例》,进一步明确非法占地建住宅所占土地的性质;明确农业农村部门对农村宅基地违法案件的查处区域范围;赋予农业农村部门恢复土地原貌的行政处罚权;由自然资源主管部门在非法占地违法行为发生初期进行前置违法行为查处。二是厘清执法权限。按照中央深化行政执法体制改革精神和有关文件要求,探索按照法定程序和要求逐步将农村宅基地执法权赋予乡（镇）人民政府实施,由乡（镇）街道综合执法机构负责执法监管,县级农业农村执法部门负责开展业务指导和查处跨区域、典型性违法案件。乡（镇）、街道执法机构还可以按照城乡规划法从快查处,有效遏制乱占耕地建房新增案件。三是创新监管方式。发挥空间规划的刚性约束作用,对于未开展农村宅基地规划布局的区域,统筹安排农村宅基地用地规模、指标和布局,满足合理的宅基地需求,保障农村村民住有所居,引导农村村民合法修建住宅,以利于农村宅基地的管理。四是注重监管成效。鉴于农业农村部门开展农村宅基地执法程序复杂、历时长等缺点,地方政府可依据《土地管理法》,研究制定或修改配套的地方性办法和规定,多部门联合协作,探索农村宅基地执法快速查处机制,有效遏制新增案例,保护耕地。

二、耦合宅基地"三权分置"的配套制度

制度效能的发挥要求不同层次、不同领域的制度构成有机整体,形成制度之间相互联系、相互影响、相互配合和共同作用的系统。制度耦合是指制度系统内的各项制度安排为了实现某一确定的功能和目标,有机地组合在一起,从不同角度来约束人们的行为,使个人利益与社会利益趋于一致。宅基地"三权分置"不仅是对失衡宅基地产权结构进行干预或矫正的机制,就其本义而言亦是一个分层化体系,实际上就是市场机制、政府调控与社区自治的融合,既要分散决策也需集中决策,既有个人利益也有公共利益。这意味着深刻嵌套于乡村振兴制度体系之中的宅基地"三权分置"必须与财税金融、社会保障、住房制度、户籍制度等派生制度改革相互协同、相互支撑,形成制度创新的体系融贯和逻辑一致。

（一）创新公共财政支持机制

财政资金在农村土地制度改革中发挥着兜底保障功能和杠杆调控作用。充分彰显公共财政制度的优势,综合利用价格、财政补贴、税收等政策工具的撬动作用,既是激活宅基地"三权分置"活力的"催化剂",也是规制宅基地"三权分置"风险的"安全阀"。宅基地"三权分置"改革要求政府产权管制放松,地方政府在建设用地市场的垄断地位由此会受到冲击,进而影响地方财政收入。为此,要健全中央和地方财力与事权相匹配的体制,改善地方融资环境、优化地方税收结构、扩展地方税收来源,降低地方政府对土地财政的依赖程度,减少地方土地财政收入下降的风险。

一是调整农地收益支出结构。针对土地出让收入用于农业农村比例偏低的现实,依据《关于调整完善土地出让收入使用范围 优先支持乡村振兴的意见》精神,合理把握改革节奏,注重发挥整体效益,建立健全"市县留用为主、省级适当统筹"的资金调剂机制,逐年提高土地出让收入用于农业农村比例。

二是适度减免农地交易税收。对前期宅基地使用权交易中暂免征收各类交易税,并在今后的渐次推进过程中适当减少相应的税种、税额。同时,要建立农村宅基地交易税返还机制,把收缴的宅基地交易税返还于农村基础设施建设、公共服务供给、人居环境改善之中。三是设立腾退补贴专项资金。在保持现有财政支农资金不减的情况下,由中央财政和地方财政共同设立宅基地腾退专项补贴资金,用于闲置宅基地和闲置农房盘活利用奖励、补助等,参照宅基地的价值、当地的消费水平、城乡居民收入等因素,给予不同层次的财政补贴。四是发行地方政府专项债券。针对闲置宅基地盘活、农民集中、村庄集聚中基层资金不足的现实问题,可探索发行政府专项债券,用于支持闲置宅基地和闲置农房盘活利用项目的发展,并有序扩大涉农类专项债券发行规模,引导和鼓励专项债券资金向宅基地"三权分置"改革、乡村人居环境整治、村庄基础设施建设、乡村特色产业发展等领域投入。五是设立改革风险补偿基金。按照政府引导,金融资本、社会资本、工商资本共同筹资的方式设立宅基地"三权分置"改革风险补偿基金。配合风险补偿基金设立,完善农村宅基地所有权交易保险政策,加大财政补贴,鼓励保险机构开发宅基地所有权交易险种和范围,并逐步拓宽至宅基地置换、担保、抵押、转让、退出等环节,鼓励有条件的地区开展农村宅基地所有权交易保险试点。

(二) 完善农村土地金融制度

农村金融制度在农村市场经济制度改革中占据重要地位,以金融资金为纽带将农村其他生产要素联系起来,从而促进农村经济的持续发展,联结资源要素、融通配置农村资金、积累剩余资本等是其主要功能①。深化农村宅基地"三权分置"改革,需要建立科学完善的农地金融制度。

一是完善乡村金融服务组织。建立健全包括政策性、商业性和其他金融组织等在内的多元化、多层次的农村金融供给组织,搭建以城带乡、城乡融合、互惠共赢的农村金融生态系统。鼓励社会资本成立农村土地租赁、担保、估价、资产管理等中介公司,完善农地产权处置机制,形成有效交易链,促进土地

---

① 冉光和.现代农村金融制度构建与创新[M].北京:科学出版社,2013:60—62.

产权在更大范围内畅通交易。二是优化乡村金融政策保障。强化货币政策、财政政策、差异化监管等政策的协同性,构建农村金融服务政策保障体系。实施利率费率补贴、奖励涉农贷款增量等扶持政策,降低农村金融组织的市场化运作成本。引导推进保险产品创新和以农地抵押为基础的"银政保"多行业、多产品的组合与协同创新,拓展风险分散与转移方式。三是创新抵押融资治理机制。健全宅基地抵押融资的市场机制,成立政策性担保公司,搭建全方位、宽领域的担保平台,建立土地产权价值专业评估机构,制定统一的价值评估标准,探索构建完备的抵押物处置、贷款风险保障、贷款风险分担等机制,帮助借贷双方进一步缓释风险冲击。提高宅基地抵押贷款的覆盖面、可获得性和可持续性。四是完善乡村金融信用体系。积极推动涉农信用信息数据平台建设,加强部门间信用数据共享,不断健全农村信用体系。结合数字乡村建设、信用乡村建设,探索将金融服务嵌入智慧政务系统。建立健全农户信用档案,以信用建设促进贷款投放,实现信息、信用、信贷联动。普及金融与征信知识,强化社会宣教,将信用积分与贷款额度挂钩,促进农村征信体系的进一步完善。五是创新土地金融产品服务。持续改善宅基地抵押贷款产品与服务的适用性,提升不同贷款模式的风险分担效果。探索发展"信托+抵押""土地证券化"等贷款产品,丰富产品形式。探索建立农民专业合作社和供销合作社的相互担保机制,分散和转移交易风险。六是强化土地金融协同监管。利用互联网、大数据、区块链等数字技术的优势,综合运用期货、保险等风险管理工具,实施宅基地金融风险全流程治理。以县域为基本单元设立农村金融协同工作站,强化"三会一行"监管主体的沟通协作,实现与公安、法院、工商等部门联动,调解金融纠纷,提供金融援助,降低农村金融消费者维权成本。

(三) 完善农村社会保障制度

社会保障制度的建立和完善在宅基地"三权分置"改革中发挥着安全网和助推器的作用,不仅可以有效规避农民失去安身立命之本的风险,也可以分担宅基地的农村社会保障功能,促使宅基地得到解放从而充分发挥其潜藏的经济价值。要主动顺应我国新型城镇化发展趋势,建立健全符合现代农民特点的社会保障制度,减轻宅基地社会保障负担,使更多农民从对宅基地的依赖状态之下真正、全面地解放出来,化解农民自愿退出宅基地、进城落户的后顾之忧,分摊社会风险、分散农户风险。

一是完善农村居民医疗保险制度。继续提高政府补贴水平,稳定农民个人筹资水平,探索设立不同档次的筹资水平及相应的报销政策,由农民根据其经济状况和需求选择缴费档次。探索推行"以个人为单位参保"制度,参照城镇职工参保模式,建立城乡居民医保个人账户,建立健全个人缴费年限与未来医保补助挂钩的可预期的报销或保障制度,避免家庭成员选择性参保的情况,提高医保覆盖面。着力加强医疗卫生机构改革,有效约束医疗机构过度提供服务和消费者过度利用服务的行为,防止医疗价格的不断攀升。二是完善农村居民社会养老制度。依据《关于城乡居民基本养老保险待遇确定和基础养老金正常调整机制的指导意见》精神,对标城市居民养老金增长与调节机制,建立农村养老金稳定增长和动态调节机制,着力提高农村老年人养老金水平,辅之以精准化养老服务补贴制度,逐步缩小城乡差距。激励引导农村居民选择更高档次缴费标准,既要增加对选择更高档次缴费水平的农村居民的补贴标准,也要采取各种措施增加农民对制度的信任。加快推进城乡居民基本养老保险基金的省级统筹,建立统一的基金投资管理体制,实行多元化投资,从而提高基金的收益率。逐步探索和实行按照省级行政单位人均可用财力确定中央对各省级行政单位基础养老金补助比例,按县级行政单位的人均可用财力确定省级财政对各县级行政单位补贴的分担比例。三是完善农村最低生活保障制度。进一步扩大农村低保覆盖范围,把符合条件的农村人口都纳入进去,实现应保尽保。逐渐提高农村低保标准,将以县级行政区为单位制定低保标准的做法改为以省级行政区为单位制定低保标准。对于财政能力弱的地区,适当加大上级财政支持力度,弥补供需之间的缺口。鼓励各地探索城乡两种低保制度合并,推动城乡居民享受同等最低生活保障。在最低生活保障制度的基础上,建立低保与单项救助、分类救助相结合,覆盖农民主要生存风险的救助保障体系。

(四)创新乡村住房保障制度

乡村住房保障是农民的基本权利和基本公共服务均等化的重要内容。党的二十大报告提出,要加快建立多主体供给、多渠道保障、租购并举的住房制度。《土地管理法》《关于农村土地征收、集体经营性建设用地入市、宅基地制度改革试点工作的意见》都提出"保障农村村民实现户有所居"。宅基地"三权分置"不能忽视宅基地使用权的住房保障功能,要构建与改革风险相匹配的乡村居住保障制度,从而达到既激活宅基地财产价值,又保障农民居住权的双重目的。在宅基地财产权利导向改革和供地形势日益紧张的背景下,"一户一宅"的住房保障形式越来越难以为继,需根据不同区域的人地禀赋特征,采用分类试点的方式探索灵活多样的居住保障方式,构建起完备的社会兜底农村保障机制①。

可以根据不同区域的人地禀赋特征,采用分类试点的方式进行探索。传统农区可以继续实行"一户一宅"的方式,非农产业比较发达的地区宜探索"相对集中统建、多户联建"方式,以"一户一房"落实住房保障功能;地处城镇建设用地规模范围内的农区,在不损害农民居住权利的前提下,探索利用退出回收、闲置回收的宅基地资源,采用统规统建农民住宅小区和保障性公寓方式,按"户有所居"落实住房保障功能。此外,对于主动退出宅基地进城落户的农民,可考虑在他们买房居住等方面新增一些激励政策,如完善国家住房保障政策体系,给予购房租房补贴和享受廉租房、公租房、限价商品房等福利政策,减轻其购房租房的压力,保障"居者有其屋"。住房保障方式从"一户一宅"到"一户一房"再到"住有所居"的转变,不仅能更有效地提供住房保障,而且能够节约、集约利用建设用地,规范建房管理,夯实农村生态宜居功能。从长期发展看,顺应城乡融合发展趋势下城乡居民双向流动,则需建立起城乡一体的居住权保障体系,弱化农民的成员权身份,强化其公民权身份。逐步将宅基地初始取得的资格权与其后的宅基地使用权的转让权相剥离,与此同时,构建居住保障的城乡联动机制,促进城镇和农村保障性住房一体化发展,让农民享有城市居民同样的住房保障。为缓解供地形势日益紧张的局势,可放宽保

---

① 胡新艳,许金海,陈卓.中国农村宅基地制度改革的演进逻辑与未来走向[J].华中农业大学学报(社会科学版),2021(01):26—32+174.

障居住范围,农村居民可根据自身情况,任意选择一处城镇或农村保障性房源作为自己的保障性住房。这不仅最大程度地满足农民的居住权保障,而且加深了城镇与乡村的联结,有利于城乡一体化建设,构筑新型城乡关系。

（五）深化城乡户籍制度改革

户籍制度作为一项基本社会制度,在我国长期具有社会管理和资源分配等多重功能,联动着土地、财政、金融、行政管理等方面改革。当前,我国户籍制度已经发生了深刻变化,全国已经取消了农业户口和非农业户口的区分,建立了统一的城乡户籍制度,城乡户籍登记一体化的格局初步形成,但未来仍需与社会保障制度、公共服务体制以及农村土地制度等联合推进才能有效缩小城乡收入差距,实现城乡均衡一体化发展。在新型城镇化迈入高质量发展的新阶段,推动户籍制度改革再出发再深化,应从公平、正义的原则出发,更加注重促进农业转移人口市民化,提高户籍人口城镇化率,实现居住地公共服务的均衡化和普惠化,推动城乡要素的双向流动,以此来实现资源要素市场化配置,提升要素配置效率[①]。一是聚焦存量改革,畅通重点人群举家进城落户渠道。聚焦在城市有稳定就业和生活的农业转移人口,坚持存量优先、带动增量的原则,把农业转移人口举家进城落户作为重点,稳妥有序推进户籍制度改革,畅通农业转移人口举家进城落户的渠道,推动与城镇居民享有同等权利、履行同等义务。二是提高落户意愿,解决农业转移人口的后顾之忧。正确激活挂钩政策的内生激励功能,确保激励约束及时到位,加大农业转移人口市民化奖励支持力度,同时以吸纳非居住地户籍人口落户数量为主要依据,加大新增建设用地指标配给力度。注重农村土地的保障功能,切实维护进城落户转移人口权益,提高落户意愿。加大职业技能培训力度,帮助农业转移人口提高融入城镇的能力。三是创新落户机制,全面放开放宽落户限制。全面推行流动人口居住证制度,加快制定出台国家基本公共服务标准指南,鼓励各地区逐步扩大居住证附加的基本公共服务范围,不断提高居住证的含金量。精简积

---

① 赵军洁,张晓旭.中国户籍制度改革:历程回顾、改革估价和趋势判断[J].宏观经济研究,2021(09):125—132+160.

分项目,鼓励取消年度落户名额限制,实现"愿落尽落"。四是完善功能集成,提高落户的便利化水平。加快探索以经常居住地登记户口制度,结合身份证更新换发,实现户口登记与身份证登记制度的有效衔接,进一步增强居民身份证的多种集成功能和识别作用。以居民身份证号码为唯一标识,建立人口管理大数据平台,实现跨部门、跨地区的信息共建共享。探索农村集体经济组织成员资格与户籍脱钩,构建人才加入乡村机制。探索实施电子居住证改革,推动居住证迭代升级,降低常住人口享受公共服务的成本,释放新型居住证改革红利。

(六)联动农村土地制度改革

宅基地"三权分置"作为农村土地制度改革的重要组成部分,必然与耕地保护制度、集体土地征收、集体建设用地入市、城乡统一建设用地市场建立、农村集体经济产权改革等衔接关联。这就要求采用体系化视角,将反映现实疑难问题的具体制度关联作为一个整体看待,同时将对具体制度的局部研究置入体系化视角予以检验。尤其要推动宅基地"三权分置"与集体经营性建设用地入市的协同联动。《土地管理法》鼓励农村集体经济组织及其成员盘活利用闲置宅基地和闲置住宅。这些政策法律规定为宅基地流转制度和集体经营性建设用地入市改革的协同联动提供了依据。实现两者的协同联动,需要以宅基地和集体经营性建设用地同等化对待为条件,以闲置结余宅基地为对象推动宅基地与集体建设用地之间的转换,实现宅基地与集体建设用地的权利平等。这种转换既有宅基地向集体建设用地的转换,又有集体建设用地向宅基地的转换。对于前者,主要是宅基地腾退整治后节余宅基地成为集体建设用地的来源,转为集体经营性建设用地。对于后者,既可以是公益性集体建设用地转为宅基地,也可以是经营性建设用地转为宅基地。在转为宅基地时,可以结合在集体土地上建租赁房的改革,有效满足农民特别是无宅基地农民的居住需求,这也是丰富农民住宅用地取得方式、探索农民住房保障的新机制、实现宅基地制度基本目标的重要举措。但无论是哪种转换方式,是否转换、转换多少、怎么转换等决定权都可依法交给集体。

此外,还要推动宅基地"三权分置"与集体土地征收制度改革、国土空间规划和用途管制等制度改革的协同。在集体土地征收涉及宅基地时，集体成员、资格权人、不同情况下的使用权人享有何种权利，应否补偿及如何补偿，在设计改革方案时必须予以考虑，被征收人的住有所居如何保障、以何种方式保障必须有具体可行的方案。宅基地的选址、面积和公共设施配套等必须在村庄规划、城乡规划、国土空间规划下科学确定。空心村和闲置宅基地的整治、宅基地的分配以及宅基地的开发和转为其他产业用地都要符合国土规划和用途管制，而制定和调整各类规划的科学性和民主性，也需要相关主体特别是宅基地使用权人有效参与。

三、培育宅基地"三权分置"非正式制度

正式制度、非正式制度及其实施特征构成了制度的三大基石，制度变迁过程表现为三者的边际调整。已改变的正式制度与持续存在的非正式制度之间的紧张关系，对制度风险规制有着重要的影响。进一步地，正式制度也只是决定行为选择的总体约束的一小部分，人们行为选择的大部分行为空间是由非正式制度来约束的①。把积极的非正式制度因素有效地纳入正式制度体系中，是制度建设必须遵循的客观规律。我国农地制度变迁事实证明，正式制度与非正式制度的契合程度是农地制度延续或变革成本的关键因素②。宅基地作为农民安身立命的重要保障，牵涉传统文化、宗族伦理以及利益集团等错综复杂的利益关系，相对于物质制度下的风险，来自精神世界价值观的风险更加可怕，在宅基地"三权分置"改革中必须坚守伦理价值的维度。构建健康理性的宅基地"三权分置"非正式制度环境，确保正式制度与非正式制度之间保持一种协调与互融的关系，减少制度运行的阻力和成本，引导公众风险理性认知显得尤为重要。

（一）提升微观个体的感性认知

个体认知是制度的内在重要来源。从某种意义上看，外在的制度是内在

---

① 道格拉斯·C.诺思.经济史中的结构与变迁[M].陈郁，罗华平等，译.上海：上海人民出版社，1994:49.
② 李飞龙.中国农地制度70年变革：以正式制度与非正式制度为分析框架[J].中国农业大学学报（社会科学版），2019,36(05):65—72.

的个体认知和社会认知等隐性变量的显性表达。在人们的行为选择过程中，感性认识和理性思维共同产生支配作用，在日常生活世界里的大量选择行为也多是由具有主动性和选择性的感性认识支配的。这在中国乡村礼俗社会的感性秩序中有着明显的生动的体现，传统的熟人关系、习俗、惯例和宗族血亲关系都反映了我国乡村社会生活的感性化特征，模仿、从众、承续、沿袭、重复等感性行为大量存在于乡土社会。因而，农民微观个体感性认知水平的逐步提升以及正式规则的渐进实施是确保农村土地产权制度改革成功的关键因素。

宅基地"三权分置"属于创新性的正式制度安排，传统文化、村庄规范、价值观念等属于世代相传、渐进演化的非正式制度。中央在宅基地"三权分置"改革中确定的基本原则是"尊重农民主体地位"。显然，在"尊重农民主体地位"这一正式制度规则下，农户参与宅基地"三权分置"的意愿和行为将更多地受非正式制度的约束，而改革的成效也受非正式制度的影响。一方面，地方政府和村民自治组织应采用农民易于理解的方式，通过政策宣传、产权知识教育等途径，使农户对宅基地"三权分置"改革有充分的了解，降低未知因素对农户造成的恐惧感，提高农民群体的风险防范意识与农民群体在宅基地流转中的缔约能力和谈判水平，通过签订规范的宅基地流转合同规避风险，提高宅基地"三权分置"风险的可控性。另一方面，通过法律知识讲座和培训提高农民对土地权益的认识，培养农民群体的法律素养，促使他们利用法律来维护自身的土地权益，从根本上抑制发生在农民身边的土地违法行为。同时，为保证法律的有效执行，还需完善土地侵权行为处理办法，通过制定专门的纠纷和违法处理办法，构建农村基层侵权仲裁和地方政府法制监管机制，有效保障农民的权益，在降低农民产权安全认知偏差的基础上提高他们的产权安全认知水平。

（二）发挥意识形态的引领作用

人在复杂社会关系中的地位和利益获取都与意识形态有密切的联系。传统的意识形态如家庭意识、宗族意识、平均意识、公私意识等意识形态是宅基地"三权分置"制度安排的重要考量。当隐藏在农民观念中的意识形态与制度调整内在契合,达成统一时,农民就会支持制度的变革,从而降低制度创新的成本。

首先,要深入了解农民对于宅基地"三权分置"的态度和认知,发掘农民真正的制度需求,不断提高农民对土地的珍惜意识,消除"集体资产不占白不占"的不良产权观念,引导农民对宅基地产生心理所有权观念,重塑农民产权观念,从根本上抑制发生在农民身边的土地违法行为,促使宅基地"三权分置"在意识形态上与农村居民达成共识、形成合力。其次,要注意政策的宣传与教育,避免因为误解而带来摩擦,造成行动上的不协调,增加交易成本。在宅基地"三权分置"的实施过程中,对于关系到农户实际利益的政策都需要深入群众,向群众讲解政策用意,减少认识偏差。最后,坚持实事求是的精神,发挥群众智慧,克服教条主义和急功近利思想。在宅基地"三权分置"的实施过程中,加强对广大乡镇干部的教育。他们是宅基地"三权分置"的实际执行者,通过教育纠正他们意识形态上的偏差是非常有必要的。另外,在制度执行过程中,要密切注意制度的执行效果,并及时评估制度出现的偏差,积极吸取群众对于制度实施的调整意见,克服制度执行过程中的教条主义,避免急功近利、运动式的推进方式。

(三)挖掘乡土文化的优秀基因

产权配置不仅是一种经济体制,也是一种文化现象。在相同文化的熏陶下,人们会就一些行为规范达成共识,这是非正式制度协调人类活动的一种方式。对于一个社会而言,只有当尊重他人财产和权利的文化意识成为人们的共识和自觉之后,才会具有良序市场体系所必须具备的刚性产权结构,契约型交易才能成为经济社会活动的主要形式。乡村文明是中华民族文明史的主体,村庄是这种文明的载体,耕读文明是我们的软实力①。我国乡村传统文化是基于各地区特定的风俗习惯、语言文字、资源禀赋、环境区位等长期演化积淀而来,不同地区、不同主体的乡村社会之间形成了各具特色的地方性乡村文化,也选择了不同的产权治理模式。随着宅基地"三权分置"的深入推进,更

---

① 十八大以来重要文献选编(上)[M].北京:中央文献出版社,2014:605.

多项目将会在村庄落地,乡村优秀传统文化能够保证项目方案更好地融入当地,符合地方情况。对传统文化认识越深越容易获得当地农民的支持。而村庄的外源性主体和外源性项目的入驻,问题的复杂性和棘手程度超出了乡村传统文化的范畴,将会为地方治理带来一定的适应性问题,推进新主体的适应性治理,则需要乡村传统文化和现代治理方式的互嵌共融。乡村振兴战略的总目标是实现农业农村现代化,现代化过程中必将面临新现象新问题,在乡村传统文化与现代化接轨过程中,要弥合传统与现代的差异,从风俗习惯、经营管理、技术操作、治理工具等多维度对接现代化①。

（四）彰显村规民约的软法效力

作为一种涉及村民风俗、社会公德、公共秩序、利益调适、乡村治理等方面的自我教育、自我管理和自我约束的软法规范,村规民约在宅基地"三权分置"中有其独特的地位、功能和价值。村规民约虽然没有国家强制力的直接保证实施,但基于正当性的软法规范、有效的利益导向机制,配合声誉与面子、利益与取得、公共强制、国家强制的辐射效果等基础,村规民约在乡村治理中实现了实际的激励约束功能。一是提高村规民约制定的正当性。在制定村规民约时要强化程序上和实体上的正当性,确保利益各方的知情权和参与权,对涉及利益和风险的部分要充分说明,使村规民约真正基于利益各方民主、开放、协商的合意而形成,从而使各方对村规民约有着高度的内心认同。同时,注意对村规民约合法性的审查,实现村规民约作为软法与国家法的对接。二是强化村规民约惩戒的合法化。在形式上可将操作性强的规范内容制作成合同形式,在自愿的基础上,村民进行签字承诺。在内容上经过这种签字承诺,不仅是其对规范内容的直接认可,也赋予了在违反规范时对其进行适度惩罚的法律权利基础,也可以进一步解决村规民约惩罚性条款的法律效力问题。三是增强村规民约实施的透明性。在村规民约的实施过程中,利益各方应当享有充分的知情权,从而能够依据公开、透明的信息作出相应的行动和决策。

---

① 洪名勇,曹豪爽.农村宅基地"三权分置"与村庄治理现代化提升路径[J].农业经济问题,2023(07):4—12.

反言之,如果村规民约的实施过程中,不具备信息透明的要求,可能导致实施过程中存在对暗箱操作的质疑等。四是拓宽村规民约评价的开放性。在村规民约的实施过程中,应当建立良性的舆论与评价机制,可以借助网络、社会信用体系等加强利益导向的力度,拓宽利益导向的广度,确保村规民约的有效实现。

（五）坚守土地改革的伦理价值

经济的市场化与社会化、现代化是同一过程,它不仅要求提高人们的科学文化水平,而且要建立起相应的价值观念和道德规范①。西方经济发展的教训启示我们,以市场利益为核心的目标追求最容易忽略伦理价值维度,该种忽略恰恰是社会风险的触发点,经济发展带来的财富增加很容易掩盖一个社会发展中更深层次的嬗变,社会危机爆发的根本原因在于其经济发展中的伦理价值维度的缺失。

宅基地"三权分置"作为一种社会经济治理的方式,主要目标固然是促进经济发展、提升经济效益,但绝对不能忽视社会整体伦理价值目标,消解宅基地"三权分置"改革可能出现的道德风险、伦理风险,需要坚守与发展传统伦理观念的价值。当然,对传统伦理价值的坚守并不意味着为了固守传统而限制甚至反对新型产权配置模式。我们需要赋予传统伦理价值新的发展内涵,构建积极性的应对策略推进传统伦理向现代伦理的转化,以现代伦理观念指引宅基地"三权分置"改革的深入推进。同时,要建立健全伦理失范行为惩罚体系。宅基地"三权分置"改革是涉及亿万农民利益格局的产权结构调整,其所要建立的现代产权制度是一个复杂精巧的巨型系统,仅仅依靠农村居民及其他主体的自觉,其伦理问题将不可能得到解决。无论是破解历史遗留问题、解决违规占用还是适度放活使用权和推进市场化配置都离不开制度的支持,伦理失范固然可以借助内在的道德自律加以调整,但这远远不够,尤其是从长远发展的角度看,更需要对失范行为给予外在的惩罚,以外在的规范约束激发道德内驱力。首先,建立和完善一套信用机制,借助大数据平台开展信用评

---

① 彼得.科斯洛夫斯基.经济秩序理论和伦理学[M].北京:中国社会科学出版社,1997:5.

估,给宅基地"三权分置"市场主体在征信平台上留出自主空间,提升其主动性和自觉性、自律性,一旦违背相应的制度,即进入信用评估系统生成信用级别,在必要时,可以建立法律惩罚机制。通过强化法律意识提高利益主体的法律认知水平,并及时惩戒伦理失范行为。其次,要提高市场主体的诚信度、责任心,就必须进一步形成对宅基地"三权分置"参与主体,尤其是工商企业等主体行为的监督管理体系。如加大社会媒体的监督支持力度,积极形成正面的社会舆论氛围,让每个社会成员都成为监督者。最后,建立完善的信息反馈机制,可以借助专业的机构如律师事务所、会计师事务所等加强专业的监督行为。在必要时,可以制定内部伦理规范,有效地预防失范行为。

第三节　优化宅基地"三权分置"的行动策略

宅基地"三权分置"作为一种典型的集体行动,不仅体现为一种价值理念和制度设计,更体现为一种行动策略。文本形态的宅基地"三权分置"制度安排转化为现实形态的改革目标并非一个线性过程,从中央到地方、从集体到农户、从政府到市场、从产权到利益、从农地到农房等需要经历多领域、多环节、多层次的制度细化与落实。规制治理意在强调利用多元的治理主体,引入多元的治理工具,通过更好、更公平、更有效率、更具参与性的治理体系,来实现规制任务①。这意味着宅基地"三权分置"必然是集体合作行动,更为重要的是培育一种新的行动能力,从多元合作的维度去重构一个行动化而非单一制度化的宅基地"三权分置"风险规制网络,形成一种弹性迅捷、相互信任、资源共享、平等协商的合作规制行动系统,改变既往"以不变应万变"的行动策略,根据现实情景实施"以动制动"的行动策略,实现由封闭走向开放、由控制走向服务、由引导走向促进的转型②,共同应对宅基地"三权分置"风险问题。这一合作行动事实上是运用科学的改革方法论,规范改革行为、约束改革边界、

---

① 宋华琳.论政府规制中的合作治理[J].政治与法律,2016(08):14—23.
② 柳亦博.论合作治理的生成:从控制、竞争到合作[J].天津社会科学,2015(03):92—95.

管控改革风险、保障改革实施、释放改革活力的多元合作过程。

一、构筑宅基地"三权分置"改革运行体制

宅基地"三权分置"改革与乡村产业振兴、社会保障、文化建设、生态治理等既相互促进又相互制衡,只有整体推进、协同配合才能取得事半功倍之效。一些试点地区之所以能够有效规制改革的风险,一个重要的经验就是强化了上下之间的有机衔接和横向之间的有效协同,形成了自上而下、层层递进、全面覆盖的改革运行体系。为此,规制宅基地"三权分置"风险应从顶层设计、责任落实、组织推动、社会动员、要素保障、考核评价、监督检查等方面完善宅基地"三权分置"改革的运行组织体系。

（一）完善领导组织架构

习近平总书记指出:"全面深化改革是一个复杂的系统工程,单靠某一个或某几个部门往往力不从心,这就需要建立更高层面的领导机制。"[1]宅基地"三权分置"涵盖经济、政治、文化、社会、生态等多个领域,包括资源、资产、资本等多个系统,涉及国家、集体、农民等多元主体,贯穿宅基地分配、流转、抵押、退出、使用、收益、审批、监管等多个环节,是一个自上而下、全面系统、跨领域的改革集成联动极为复杂而敏感的过程,难以通过单一部门牵头和基层试点实现解决,只有成立一个利益超脱机构,才能推动改革走向深入。

新修正的《土地管理法》已将宅基地审批权由县级人民政府下放到乡（镇）人民政府,管理部门由原来的土地行政主管部门调整为农业农村主管部门。据此,可结合《乡村振兴责任制实施办法》的贯彻落实,在中央层面,成立由农业农村部门牵头,发展改革、自然资源、生态环境、市场监管、财政、税务、金融、人社、住建等相关部门共同参与的宅基地"三权分置"改革专门领导机构,负责农村宅基地"三权分置"改革总体设计、整体推进,统筹宅基地"三权分置"的制度环境、制度安排和实施机制。其中,农业农村部门负责指导宅基地分配、使用、流转、纠纷仲裁及违法用地查处等;自然资源部门负责国土空间

---

① 习近平.习近平谈治国理政(第一卷)[M].北京:外文出版社,2018:86.

规划、农转用审批、发放规划许可证、用地指标、登记发证等;住建部门负责住宅质量安全监管和风貌管控环节。同时,应在部门之间建立协调机制,使"各自为政"转变为"协同治理",形成政府内部宅基地"三权分置"改革的合力。地方层面可参照中央的组织架构和运行机制,成立本区域宅基地"三权分置"改革相应的组织领导机构,建立对上沟通协调机制、横向会商协调机制、部门分工落实机制、对下跟踪督查机制,统筹部署落实区域内宅基地"三权分置"改革工作,以此形成"中央统筹、部省指导、市县主导、乡镇主责、村级主体"的宅基地"三权分置"改革组织运行框架。

(二) 成立决策咨询机构

实践经验表明,消除风险决策的不确定性必须保障各利益相关方之间的理性商谈和风险知识交流。规避制度风险需要通过专家式认识和常人式认识的体用结合以实现不同类别制度之间的协调。政府决策咨询机构作为现代国家治理体系的重要组成部分,是政府应对公共风险可资依靠的重要力量,他们掌握着行政官员所不具备的专业知识,其意见在政府决策者识别风险、理解风险规律以及出台防控措施等方面都发挥着重要甚至决定性作用。

宅基地"三权分置"作为农村土地改革的难点所在、关键所在,具有原创性、探索性、复杂性的特征,相关决策部署的复杂结构不仅要求决策体系在知识上具有大学科的视野,而且要求决策体系具有表达不同利益主体意愿的平衡机制。国家层面可以整合现有部门咨询机构的力量,组建成立宅基地"三权分置"改革专家咨询委员会,为宅基地"三权分置"改革提供全过程的咨询支持。同时,可考虑组建由中央决策部门牵头、由代表性评估机构和评估专家构成的"宅基地改革评估委员会"等议事职能机构,主持宅基地试点改革评估工作大局、制定评估工作指标体系。在农业农村部设置"宅基地改革评估与审议办公室"等分支机构作为事务管理与业务咨询部门,负责具体评估任务的分工部署与过程监管,以此保障宅基地改革评估工作的实施效率与专业化。各地改革决策部署落实中要保持对社会的开放性,吸纳社会组织、农民、企业、媒体、公众等参与宅基地"三权分置"决策之中,推动多元主体在信息协商、情况通报、信息共享等层面加强合作与交流,凝聚宅基地"三权分置"改革的强大合力。同时,可结合干部交流相关规定以及公务员聘任制改革实践,灵活采取委任、聘任、挂职等多种方式面向高等院校、科研院所等事业单位和国有企业选拔使用专业技术人才,提升宅基地"三权分置"试点工作的专业性、科学性和合理性。

（三）筑牢乡村自治根基

乡村治理是实施乡村振兴战略的重要内容,也是国家治理的基石。乡村是基于血缘、亲缘、地缘而形成的乡村自治单元,呈现较强的关系联结和明显的地域特征,在宅基地"三权分置"风险防范中发挥着基础性作用。规制宅基地"三权分置"风险需要根据乡村治理主体、治理结构和治理议题的变化,充分发挥乡村自治单元的协调作用、纽带作用、创造作用,构建形成能够容纳各类新旧乡村主体,适应更加复杂公共决策需要的乡村自治体系,促进乡村治理"重心下移"和"半径扩大",使乡村成为真正的治理主体,使宅基地"三权分置"成为一种社会选择的过程。一是重塑乡村自治价值。以"共同富裕"为价值遵循,以"按劳分配"为核心推进更加符合社会主义公平正义的乡村自主责任机制的价值基础再造,借由传统乡村价值观的持续影响,以推进党建引领下的乡村自治为抓手,激发乡村主体公共意识和社会责任感,推进乡村自主责任机制的价值基础塑造。二是建强乡村自治组织。建立基层党组织领导、村民自治组织和村务监督组织为基础、集体经济组织和农民合作组织为纽带、其他经济社会组织为补充的村级组织体系,理顺各类自治组织在宅基地管理等事务中的职责定位,确保不缺位、不越位。三是完善乡村自治制度。出台强化集体主导和村民自治的相关政策,完善农村宅基地管理体制机制,健全基层党组织领导的村民自治机制,完善党务、村务、财务"三公开"制度,创新群众参与机制,充分保障其知情权、参与权、表达权、监督权,积极探索包括宅基地在内的农村集体产权的有效实现形式和治理体系。四是创新乡村自治活动。坚持和发展新时代"枫桥经验",通过构建"百姓议事会""村民代表大会"等民主形式,探索农民自主参与的低成本"柔性"改革路径,拓展村民说事、乡贤参事、民情恳谈等各类协商活动,形成民事民议、民事民办、民事民管的良好局面。五是夯实乡村德治根基。深入挖掘、继承、创新优秀乡土文化,把我国农耕文明优秀遗产和现代文明要素结合起来,加强农村思想道德建设和公共文化建设,培育挖掘乡土文化人才,弘扬主旋律和社会正气,培育文明乡风、良好家风、淳朴民风,改善农民精神风貌,提高乡村社会文明程度,焕发乡村文明新气象。

（四）激活农民主体意识

农民是宅基地"三权分置"改革的直接参与者,是宅基地流转、退出、出租、抵押、置换的直接利益相关者,也是改革过程中一户多宅、面积超标、违法违建的责任承担者,更是未来宅基地"三权分置"改革可持续发展和健康发展至关重要的主体力量。宅基地"三权分置"各种外部性问题均与农民风险相联系,每种风险均直接或间接与农民相关联。因此,农户这一微观主体选择权、知情权、参与权、表达权、监督权的扩展既是微观主体要素组合多样化和自身利益实现的过程,也是宅基地资源实现合理配置的过程,还是不同微观主体因配置效率提高而收益普遍增长的过程。推进宅基地"三权分置"改革应发挥农民主体作用和首创精神,尊重农民意愿,保障农民的知情权、参与权、选择权、监督权和受益权,增强农民的经济参与感、政治认同感、文化建设感、心理归属感和生态体验感,以农民为主体培养农民的自觉意识和角色意识,强化农民的主体意识和参与意识。一是健全农民利益表达机制。以建设多元利益表达平台为抓手不断拓宽农民利益诉求渠道,进一步优化现有的信访制度,充分利用现代信息技术的各种媒介,加强政府与农民之间的双向信息传递,增进相互信任和理解,确保农民可以充分表达自己的意见和诉求,并拥有宅基地管理的参与权和监督权,营造尊重农民首创精神和主体地位的浓厚氛围。二是完善信息公开制度。信息不对称会影响农民对地方政府与基层组织的信任度,也会阻碍农民知情权、监督权和决策权的有效实现。地方政府有关部门要为农民群众提供便捷高效、信息透明的服务。同时,基层组织对涉及农民切身利益的事项都要及时通过宣传栏、广播、电视、网络、手机短信等多种渠道公开公示,让宅基地管理在阳光下运行。三是拓宽农民参与决策渠道。明确规定农民参与宅基地管理决策的方式、途径,并以法律的形式固定下来,使农民参与决策有据可循、有法可依。运用建议征集制度,引导农民献计献策,确保农村宅基地规划利用是在民主决策机制下进行,使"民主决策、民主管理、民主监督"成为农村宅基地管理的常态。

二、优化宅基地"三权分置"改革实施路径

宅基地"三权分置"作为乡村振兴的基础性制度安排,涉及主体千丝万缕、利益关系千头万绪,往往牵一发而动全身,必须谋定而后动①。规制宅基地"三权分置"风险不仅应该关注"是什么"的本体论或者"应怎样"的认识论这类判断,更应该关心这些判断是建立在怎样的实现手段基础之上的,是如何形成、如何实现的。在理论基础上构建综合考虑稳定、保障和发展的路径可能结构组合后,需要因地制宜、因时制宜地确立最为合理的改革具体路径,以此促进公平与效率、安全与发展之间的协调平衡,推进"福利保障"与"资产盘活"相得益彰。这就需要我们在系统哲学的指引下对宅基地"三权分置"改革的方法论进行反思性整合,探索建构一种理解和认识宅基地"三权分置"复杂性的系统整体论理念和系统方法论,使理论的实践性在具体的改革策略、改革路径、改革秩序和改革工具中得到彰显。

(一)坚持试点先行的改革策略

诺斯认为,中国的制度结构拥有一种非同寻常的适应能力,它允许用不同的方式进行试点试验,以克服长期存在的经济发展障碍,并在应对新挑战的同时抓住开放带来的机遇②。宅基地"三权分置"是我国为了完善农村土地产权制度,推动乡村振兴而实施的重要宏观制度设计,但是没有给出具体实践模式。个体和组织的知识结构和信息存量都是一定的,未来先见性不可预知,制度安排不能设计好终极模型。因此,采用试点先行的渐进改革方式,利用现存的制度框架、人力资源、信息传播、物质基础等,为旧制度改革提供福利,减少改革梗阻,提高农民和社会各方主体对新制度的接受程度,可以有效避免社会不稳定性因素的衍生。

从宅基地"三权分置"改革试点来看,不同试点实践探索形成了一些区域

① 严金明,陈昊,夏方舟.深化农村"三块地"改革:问题、要义和取向[J].改革,2018(5):48—55.

② Douglass C. North. Understanding the process of economic change, Princeton:Princeton University Press, 2005:154.

性的短期的制度。规制宅基地"三权分置"风险需要系统提炼各试点的共性政策诉求,将其上升为顶层政策,而对于不同地区的差异化动力和诉求,则应继续鼓励多样化试点和尝试。在未来的试点改革中,应进一步结合乡村振兴、乡村治理、共同富裕等大背景,围绕宅基地价值的发现与实现,作出更为全面的安排。一是做好试点风险管控。在风险总体可控前提下科学把握时序、节奏和步骤,积极稳妥推进改革试点任务实施,建立健全改革试点评估机制,加强动态跟踪分析,转变单纯依靠自上而下的宅基地"三权分置"改革试点绩效传统评价模式,综合运用上级评价、交叉评价、第三方评价等多种方式,定性与定量评估相结合的方法,构建改革试点绩效评估体系。二是细化改革试点工作流程。进一步明确宅基地"三权分置"改革试点授权决定的内容,对授权改革试点的目的、事项、范围、期限等内容作出具体规定,增加对改革试点必要性、正当性、目的性以及社会稳定风险评估情况的说明。探索以清单方式加强试点的授权,以清单批量授权方式赋予试点城市或地区更多自主权。三是固化改革试点有效成果。及时总结试点地区宅基地制度创新经验,完善宅基地"三权分置"顶层设计,为全国范围开展宅基地"三权分置"提供基本遵循。将改革试点复制推广实施情况纳入国务院对落实有关重大政策措施真抓实干、取得明显成效的地方进行激励支持的制度框架。

(二) 选择中间扩散的改革路径

面对地方共性需求与异质需求并存的改革实践,充满复杂性的宅基地"三权分置"改革需要平衡国家统一化立法与地方多样化实践的张力,依赖同质性诉求与差异性诉求的识别,必须在对经济环境、市场交易、商业逻辑等具有准确、全面认知的基础上才能有效地实现制度创新。宅基地"三权分置"改革路径应嵌入地方禀赋分化的现实条件,形成"求同"与"存异"相协调的格局。这就需要在中央主导型的强制性变迁和分散农民自发型的诱致性变迁之间选择以地方政府为主导的中间扩散型路径①,让地方政府在中央政府宏观

① 杨瑞龙.我国制度变迁方式转换的三阶段论——兼论地方政府的制度创新行为[J].经济研究,1998(01):5—12.

调控的框架内,因地制宜创新宅基地"三权分置"的实施机制,减少宅基地"三权分置"改革不必要的机会成本与效率损失。

县域在我国行政区划中连接城乡、贯通工农、地域适中,完全具备与事权相匹配的财权和行政权,能够有效统筹县域内资源要素,是新发展阶段推动城乡融合发展的重要切入点。选择以地方政府为主导的中间扩散型路径,应以县域为重要支点,发挥县级政府在宅基地"三权分置"改革中承上启下和探索创新的作用,在县域层面建立起"上下衔接、部门协同、权责分明、信息畅通、运行高效"的宅基地"三权分置"运行体系,形成以县城为中心、乡镇为纽带、村庄为腹地的宅基地"三权分置"改革实施机制。一方面,要建立宅基地"三权分置"改革容错纠错机制,在妥善把握总体要求和基本原则的前提下,结合动机态度、客观条件、程序方法、行为表现、因果关系以及后果影响等因素,合理设定容错纠错情形、科学制定容错纠错清单、有效界定容错纠错边界、有机衔接容错纠错环节。另一方面,要完善科学有效监督约束机制,改进对县级政府的监督方式和手段,健全县级政府决策责任制度,明晰县级政府的权责关系,推进县级政府决策科学化、民主化、法治化。

(三) 坚持因地制宜的改革秩序

宅基地财产功能和保障功能之间的关系具有时间性、空间性和动态性的特点。宅基地"三权分置"受社会经济发展水平、自然资源禀赋、宅基地需求关系、乡风民俗等诸多因素影响。我国地域辽阔,农村地区间经济发展水平、自然资源禀赋千差万别,民族文化风俗差异很大,导致各地宅基地"三权分置"的实现条件与环境在区域间的差异很大。"三权分置"落实中面临的现实需求各不相同,宅基地配置机制也不尽相同,不可能形成统一的模式,因此,宅基地"三权分置"只能由中央作出框架性制度规定,而由地方政府和农村社区根据实际作出制度选择。

一是因地制宜解决历史遗留问题。以历史政策、房屋建设及其主体的合法性为依据分类型、分区域明确宅基地历史遗留问题的合法性、合规性界定标准,既要保障农户合理合法的权益不受损害,也要避免违规超占利益的合法化。对于违规超标准占用宅基地应根据主体差异、用途差异、占用面积等条件,分类、分段收取有偿使用费,或要求其根据利用规范进行必要整改;对于非集体经济组织成员自愿退出宅基地的,应给予地上房屋合理补偿,宅基地则不予补偿。对于属于历史遗留问题而不愿退出宅基地的,应由集体要求其缴纳有偿使用费。二是因地制宜探索户有所居形式。土地资源紧缺平原发达地区应探索适宜的村民聚居点,实现户有所居;现代农业发展重点区域应以规模化发展为重点,复垦调整腾退的宅基地,实现耕地连片,合理利用建设用地;丘区和山区要促进小农户与现代农业的有机衔接,发展新型农业经营主体;偏远农户可选择自愿有偿退出宅基地,跨区有偿异地重新取得宅基地,实现宜居和相对聚居。三是因地制宜盘活开发利用。区位是宅基地资产化空间分异的主要影响因素①。应根据区域特点采用不同的宅基地利用模式。对于城中村、近郊地区和发达地区,宅基地流转和租赁需求高,市场极为活跃,对宅基地的利用多以居住功能和商业功能为主,将宅基地通过交易平台流转后出租作为主要利用模式。远郊地区、偏远地区和落后地区往往生态和人文环境较为良好,适宜结合生态、农业、文化等发展旅游产业。

（四）用好数智赋能的改革工具

人类利用制度来规避风险,却也在同时利用科技来冒险,而非常有趣的是制度存在风险的同时,科技也可以降低风险,因此现代风险社会中风险与不确定性的收敛必然要求科技与制度的耦合②。以大数据、物联网、互联网、区块链、人工智能为技术介质,能够优化组合治理要素,增强宅基地"三权分置"风险规制沟通力、响应力和执行力。

一是构建全要素大数据体系。集成整合地理、地貌、遥感、土地、林业、地质、生态等基础属性数据,基于地籍调查制度和农村土地产权登记制度,完善土地产权变动、权利变化、权属纠纷等权籍数据,供需变化、流转模式、交易价格等流转交易数据。结合数字农业农村发展规划的实施,以省域为基本单位,建立农村宅基地产权管理信息系统,形成省、市、县、乡四级联网的农村宅基地

①　杨璐璐,王君也.经济发达地区农村宅基地整理潜力类型及原因——基于晋江市20个行政村的调查分析[J].农村经济,2018(05):8—14.

②　姜裕富.风险社会中的问责机制研究[J].四川行政学院学报,2015,96(06):23—27.

产权管理系统,全面掌握全国农村闲置宅基地及闲置住宅情况,形成地上地下、可持续更新的宅基地三维立体"一张图"大数据体系。二是建立综合信息操作平台。以大数据基础平台为支撑,结合区块链、AR、VR、MR 等技术,完善构建统一的宅基地"三权分置"改革相关业务信息化管理服务体系,打造信息公开、搜索查询、线上办理、虚拟现场、公众参与、智能客服等诸多功能模块。强化宅基地"三权分置"改革的软件开发、数据建库和硬件设施建设,依托各级政府电子政务平台,建立宅基地确权登记数据中心,在宅基地登记发证申请、权属调查、人口调查、宗地测量、审核审批、制证颁证、档案管理等各环节逐步实现网络化、数字化管理,提高农村宅基地确权登记发证工作的效率和质量。三是构建智能决策支持平台。通过大数据技术建立宅基地"三权分置"改革动态监测与反馈平台,实时监测全周期和全维度的改革实施进展。通过云计算、物联网、可视化和智能终端等新兴技术对改革数据进行深度追踪,利用各类模式识别、机器学习、数据挖掘和智能算法等人工智能技术评估制度改革效果、梳理改革问题、探讨改革优化策略,预测宅基地改革的可能走向与预期效果,辅助农村土地管理者、使用者、经营者进行智能化决策。

三、健全宅基地"三权分置"风险治理机制

宅基地"三权分置"风险在制度设计中肇始,在制度运行中藏匿,在制度效能中演变,其周期性、演变性、多样性、放大性及叠加性等决定着试图使风险防范毕其功于一役的想法是不切实际的。这就需要我们从风险规制的过程视角,充分把握宅基地"三权分置"的动态演进性,构建更具针对性、适应性和灵敏性的常态化风险治理机制,形成预防与管控有机结合的治理闭环系统,及时修正宅基地"三权分置"改革失误,保障宅基地"三权分置"改革沿着健康的、可持续的道路发展下去。

（一）完善制度运行风险研判机制

预判风险所在是防范风险的前提,把握风险走向是谋求战略主动的关键。宅基地"三权分置"风险的复杂特质要求把实证性的风险预警与反思式的风险预警结合起来,通过收集风险信息、识别风险来源、分析风险等级、判明风险

原因和预警风险态势①,确保宅基地"三权分置"改革的社会成本与代价不超出社会的承受能力,保证改革的成效和维护社会的相对稳定。

一是准确收集风险信息。加强政府、市场和社会在宅基地"三权分置"改革风险信息收集上的协同,在不同地区、部门、行业之间建立改革信息沟通和共享机制,让来自政府体系内外的各种信息能够自由、快速地进入政府决策中。打通并整合现有改革系统功能,使农业农村、自然资源、人社保障等政府部门与高等院校、科研机构相互配合,实现跨行业、跨系统、跨地域的数据共享、数据合作应用开发,协同实施动态监测。二是全面识别风险来源。参照历史数据、试点探索和专家经验等,辩证地分析和综合识别引发宅基地"三权分置"风险的因素,对政策制度、市场环境、农户需求和财政金融等支持资源进行梳理,科学分析宅基地"三权分置"系统脆弱性来源。三是精准分析风险等级。综合采用系统评价、数理统计、综合指标等方法,重点对底线突破、规划失控、权益分配、政策供给风险进行发生概率和影响因素的分析,拟定一套便于操作且易于判定的风险等级指标体系,设定预警阈值。四是系统判明风险原因。立足乡村振兴和共同富裕的视角,运用系统思维,从整体与部分、整体与环境的相互作用过程来认识和把握宅基地"三权分置"风险,系统研判风险背后的原因,尽可能减少风险遗漏现象的发生。五是科学预警风险态势。运用现代信息技术,对风险传播的时空进行计量建模与风险预测,监控风险因素的变动趋势,预判风险的类别和波及范围,明确风险预警的重点及止损目标,将宅基地"三权分置"风险控制在合理范围之内。

(二) 优化改革决策风险评估机制

风险作为一个现代的概念,本身暗含着决策,是对未来危害的积极评估,一个社会越是寻求生活在未来之中和积极地塑造未来,风险概念就越普及②,正是决策将风险与危险区别开来。《土地管理法》明确规定,县级以上地方人

---

① 李泉.农村宅基地制度改革试点:典型案例与经验借鉴——来自浙江义乌、江西余江和贵州湄潭的实践探索[J].社科纵横,2022,37(02):60—69.

② 安东尼·吉登斯,克里斯多弗·皮尔森.现代性——吉登斯访谈录[M].尹宏毅,译.北京:新华出版社,2001.76.

民政府拟申请征收土地的,应当开展拟征收土地现状调查和社会稳定风险评估。从风险管理理论和功用主义的角度看,宅基地"三权分置"改革决策风险评估是保证决策质量、消减决策风险的有效途径。

一是出台风险评估指南。在国家层面加快启动农村土地制度改革决策风险防控法规文件研制工作,从法规上完善国家和地方农村土地制度改革决策风险评估机制。以国务院出台的《重大行政决策程序暂行条例》为指引,借鉴其他领域实践经验,制定《农村土地制度改革决策风险评估指南》,并督促地方政府加快政策制定工作。二是创新风险评估方式。把宅基地"三权分置"改革风险的情景模拟和制度运行的压力测试作为决策风险评估的重要工具,以试点经验、历史规律、专家意见等为基础,加入头脑风暴、合理想象等元素,构建若干完整的压力测试场景,为宏观审慎的宅基地"三权分置"政策制定提供有效工具。三是整合风险评估内容。在对宅基地"三权分置"改革决策合法性、合理性、可行性和可控性评估基础上,立足这一改革的系统性、复杂性、探索性特征,打通经济效益与财政影响、居住保障、乡村治理、生态环境、文化承续等之间的内在关联,对改革政策进行系统性评估。四是明确风险评估主体。着眼于农业农村现代化和新型城镇化进程中加强农村土地资源优化利用的重大需求,通过征询宅基地所有权人、资格权人、使用权人、国土资源管理部门和高校专家学者等意见,基于不同利益主体视角,引入风险评估模型,研判宅基地"三权分置"改革政策的实施效果。

(三)健全改革风险协同防控机制

宅基地"三权分置"涉及多个地区、多个部门、多个主体、多个领域,改革风险的跨界性、关联性极强。面对具有复杂性机理和不确定性机制的宅基地"三权分置"风险,分散行动的治理逻辑显然无力应对,必须建立健全风险防控的协同机制。

一是加强风险防控主体协同。根据宅基地"三权分置"风险防控的特殊要求,制定有效的协商制度规范,提高协同效率,加快防范速度。在具体防控任务中,分清主次,辨明重点,实现牵头部门与协同部门相互配合。同时要健全协同工作考核指标体系,完善协同激励政策和约束制度,激发各主体合力防控的内生需求,从而形成一个集政府理性、专家理性与公众理性于一体的宅基地"三权分置"风险防控会商机制。二是强化风险防控流程协同。全周期的宅基地"三权分置"风险防控涉及多个环节,包括风险发生前的监测与研判,风险发生时的应急处理,以及风险发生后的处置和次生风险的防控,这涉及风险识别、风险评估、风险应对和风险监控等多项工作。每一个环节、每一项工作都是风险防控的重要链条,都需要深入地加以考虑和谋划。因为只有确保了"防"和"治"链条的完美对接,才能形成合力。三是强化风险防控领域协同。宅基地是土地的一个类别,宅基地制度是土地制度的一个组成部分,宅基地"三权分置"是"三块地"改革的一个方面,深深嵌在经济、社会和制度系统中。改革的系统性、整体性和协同性,要求改革风险防控联动。要把耕地保护、农地征收、集体经营性建设用地入市、城乡统一建设用地市场建立与宅基地"三权分置"改革作为一个整体,构建全局性、系统性、协同性的风险防控战略规划体系。研究制定《农村土地制度改革风险防控指引》,明确农村土地制度改革风险防控的总体要求、主要目标、重点任务和保障机制,指引各级地方政府开展农村土地制度改革风险管控,科学地应对处理风险危机。

（四）改进改革风险防控责任机制

一是完善风险沟通机制。风险沟通作为重大决策社会稳定风险评估与应对的关键手段,是实现多元主体协同共治的重要途径。良好的信任和有效的风险沟通有利于降低由环境风险引发的社会风险①。宅基地"三权分置"风险规制必须高度重视新媒介条件下的风险沟通,在利益整合与文化交融的基础上不断凝聚价值共识,培育负责任的风险治理主体并协同行动。通过真诚沟通和广泛协商,减少农民心理抵触,培养理性参与的合作主体。通过基层政府、农村集体、社会力量、乡村精英、农村居民等各主体间的信任关系建立,充分展示多方意见,实现多元双向对称沟通,协商解决风险深层次的社会文化和道德问题。二是建立风险分配机制。产权配置本质上是一种风险与责任格局的转变,其引发的制度变迁过程也是风险再分配过程。公平正义的风险分配

---

① 龚文娟.环境风险沟通中的公众参与和系统信任[J].社会学研究,2016(3):47—74+243.

机制同样也是有效破解宅基地"三权分置"风险的重要路径之一。在风险社会中,从国家到社会、从政府到市场、从集体到个体都可能成为风险的直接或间接责任主体,需要在政府、集体、农户和其他社会主体之间合理配置责任,通过对话、交流、协商与合作,明确各自的责任,合理分摊风险责任,从而形成一种有组织的负责任的现代性体制①。三是压实地方政府责任。宅基地"三权分置"风险治理需要地方政府积极引导多元主体的制度选择行为,以有效降低利益相关方的剩余损失和制度创新效率损失②。风险防范制度的选择是由具有结构复杂性和"不完全理性"的利益相关者在具有功能各异性、信息不对称性等特点的复杂不完全的情境条件下进行取舍的,它们既受改革的内外部条件影响,也受行动中的互动关系与规则的影响。正是由于宅基地"三权分置"改革有风险,所以政府,尤其是地方政府应当承担改革风险防范制度选择的主体责任,引导建立健全相应的制度体系,激活制度创新的内生动力。

---

① 钱亚梅.风险社会的责任分配初探[M].上海:复旦大学出版社,2014:31.
② 衡霞,谭振宇.地方政府农业供给侧改革风险防范责任的制度分析框架[J].四川师范大学学报(社会科学版),2018,45(01):106—113.

结　语

　　在中华民族伟大复兴战略全局和世界百年未有之大变局同步交织的时代背景下,风险社会的诸多表征已经出现并对我国社会结构和传统秩序产生深刻的影响,进而从不同层面和领域加速形塑着我国经济社会的现实图景。正如习近平总书记所言,"在前进道路上我们面临的风险考验只会越来越复杂,甚至会遇到难以想象的惊涛骇浪"①。生活在现代社会之中,风险已成为当下的时代背景与社会特征,正在改变着人类社会的制度规则与运行逻辑。

　　宅基地"三权分置"作为中国特色社会主义的土地制度创新,既无先例可循,也无可供全部复制的具体经验,既要解决繁杂的历史遗留问题,又要防范可能出现的风险挑战,呈现出一幅极为复杂、联动与独特的图景。在宅基地"三权分置"过程中,风险不仅作为脱域机制的不良运作所导致的损害而存在,而且也作为封闭性、制度化的行动场所而存在。宅基地"三权分置"改革在体系、结构、功能、价值、执行中存在的现实问题使得依赖制度形成的风险成为宅基地"三权分置"改革风险形成的可能来源。

　　任何一项制度创新都有风险,而且越是一个需要进行改革的制度,越是一个风险迭出的状态,但这并不意味着有风险就不进行制度创新。宅基地"三权分置"的根本目的是寻找一种更加公平、合理、高效的宅基地制度安排,就存在论、本体论意义而言,宅基地现存风险是激发人们进行制度创新的重要动因,没有风险也就没有制度创新。这就要求我们不应仅仅以"已然"的问题为导向,而应更强调以"未然"的风险为导向,努力摆脱思维惯性与经验主义,善

---

　　①　习近平.习近平著作选读(第二卷)[M].北京:人民出版社,2023:257—258.

于从一个更宏观、更富创新性的视角去探寻和应对不确定性带给宅基地"三权分置"的各类风险挑战,深刻认知改革的复杂性、艰巨性、长期性,更加注重改革的系统性、整体性、协同性,把风险思维、预防理念作为宅基地"三权分置"制度设计和制度实施的核心思维和理念,灵活运用风险防控的思维方法,科学把握风险演化的基本规律,充分发挥风险治理的制度效能,妥善处理效率与公平、权利与权益、供给与需求、赋权与管制、活力与秩序等重大关系,以更大的确定性应对各种不确定性,为丰富和总结中国特色社会主义经验、讲好中国故事和推动实现中国式农业农村现代化提供更多美好图景和改革样本。

参考文献

一、经典文献

马克思恩格斯选集(第1卷)[M].北京:人民出版社,1995.

马克思恩格斯选集(第2卷)[M].北京:人民出版社,1995.

马克思恩格斯文集(第1卷)[M].北京:人民出版社,2009.

马克思恩格斯文集(第2卷)[M].北京:人民出版社,2009.

马克思恩格斯文集(第5卷)[M].北京:人民出版社,2009.

马克思恩格斯文集(第8卷)[M].北京:人民出版社,2009.

马克思恩格斯全集(第23卷)[M].北京:人民出版社,1972.

马克思恩格斯全集(第30卷)[M].北京:人民出版社,2009.

马克思.1844年经济学哲学手稿[M].北京:人民出版社,2000.

马克思,恩格斯.德意志意识形态(节选本)[M].北京:人民出版社,2003.

邓小平.邓小平文选(第二卷)[M].北京:人民出版社,1994.

习近平.高举中国特色社会主义伟大旗帜 为全面建设社会主义现代化国家而团结奋斗——在中国共产党第二十次全国代表大会上的报告[M].北京:人民出版社,2022.

习近平.习近平谈治国理政(第一卷)[M].北京:外文出版社,2018.

习近平.习近平谈治国理政(第二卷)[M].北京:外文出版社,2017.

习近平.习近平谈治国理政(第四卷)[M].北京:外文出版社,2022.

习近平.习近平著作选读(第二卷)[M].北京:人民出版社,2023.

习近平.论"三农"工作[M].北京:中央文献出版社,2022.

中共中央宣传部.习近平新时代中国特色社会主义思想学习纲要(2023年版)[M].北京:学习出版社,人民出版社,2023.

中共中央文献研究室.十八大以来重要文献选编(中)[M].北京:中央文献出版社,2016.

二、学术著作

尹贻林,陈伟珂,王亦虹.公共政策的风险评价[M].北京:科学出版社,2012.

张佩国.近代江南乡村地权的历史人类学研究[M].上海:上海人民出版社,2002.

靳相木.中国乡村地权变迁的法经济学研究[M].北京:中国社会科学出版社,2005.

刘承韪.产权与政治:中国农村土地制度变迁研究[M].北京:法律出版社,2012.

韩俊.中国农村土地问题调查[M].上海:上海远东出版社,2009.

王利明.中国民法典学者建议稿及立法理由:物权编[M].北京:法律出版社,2005.

涂圣伟.中国乡村振兴的制度创新之路[M].北京:社会科学文献出版社,2019.

罗必良.新制度经济学[M].太原:山西经济出版社,2005.

李锡鹤.民法原理稿[M].北京:法律出版社,2009.

高永周.回到科斯:法律经济学理论探源[M].北京:法律出版社,2016.

顾镜清,等.风险管理[M].北京:中国国际广播出版社,1993.

王巍. 国家风险:开放时代的不测风云[M]. 沈阳:辽宁人民出版社, 1988.

周宜波.风险管理概论[M].武汉:武汉大学出版社,1992.

顾孟迪,雷鹏.风险管理[M].北京:清华大学出版社,2009.

邹积亮.政府突发事件风险评估研究与实践[M].北京:国家行政学院出版社,2013.

邓大松.社会保险[M].北京:中国劳动社会保障出版社,2002.

沈岿.风险规制与行政法新发展[M].北京:法律出版社,2013.

戚建刚.灾难性风险行政法规制的基本原理[M].北京:法律出版社, 2015.

马洪,孙尚清.西方新制度经济学[M].北京:中国发展出版社,1996.

彭德琳.新制度经济学[M].武汉:湖北人民出版社,2002.

莫凡.马克思主义社会风险思想研究[M].兰州:甘肃人民出版社, 2014.

樊浩.中国伦理精神的现代建构[M].南京:江苏人民出版社,1997.

袁庆明.制度经济学(第二版)[M].上海:复旦大学出版社,2019.

程虹.制度变迁的周期:一个一般理论及其对中国改革的研究[M].北京:人民出版社,2000.

陈锡文.我与中国农村 50 年[M].上海:上海人民出版社,2019.

魏后凯、杜志雄.中国农村发展报告——聚焦"十四五"时期中国的农村发展[M].北京:中国社会科学出版社,2020.

王宏波.社会工程学导论[M].北京:科学出版社,2021.

武建奇.马克思的产权思想[M].北京:中国社会科学出版社,2008.

卢现祥,朱巧玲.新制度经济学[M].北京:北京大学出版社,2012.

樊纲.渐进式改革的政治经济学分析[M].上海:上海远东出版社,1996.

周其仁.产权与中国变革[M].北京:北京大学出版社,2017.

宋志红.中国农村土地制度改革研究:思路、难点与制度建设[M].北京:中国人民大学出版社,2017.

周其仁.产权与制度变迁:中国改革的经验研究[M].北京:北京大学出版社,2004.

卢现祥.新制度经济学[M].武汉:武汉大学出版社,2001.

樊纲.渐进式改革的政治经济学分析[M].上海:上海远东出版社,1996.

王利明.物权法研究[M].北京:中国人民大学出版社,2002.

龚暄杰.农村集体土地增值利益分享法治化研究[M].北京:法律出版社,2019.

孙建伟.城乡统筹背景下宅基地置换法律问题研究——以上海市为例[M].北京:知识产权出版社,2018.

杨青贵.集体土地所有权实现法律机制研究[M].北京:法律出版社,2016.

周雪光.中国国家治理的制度逻辑:一个组织学研究[M].北京:生活·读书·新知三联书店,2017.

周雪光.组织社会学十讲[M].北京:社会科学文献出版社,2003.

费孝通.乡土中国[M].北京:北京大学出版社,2012.

史敬棠等.中国农业合作化运动史料(下)[M].北京:生活·读书·新知三联书店,1959.

丁士松.政治法治化的理论逻辑——邓小平法政治哲学与法政治理论研究[M].北京:人民出版社,2009.

李龙主.法理学[M].武汉:武汉大学出版社,1996.

冉光和.现代农村金融制度构建与创新[M].北京:科学出版社,2013.

钱亚梅.风险社会的责任分配初探[M].上海:复旦大学出版社,2014.

Newby H. Urbanisation and the Rural Class Structure: Reflections on a Case Study//Butte F, Newby H. The Rural Ssociology of the Advanced Societies[M]. London: Croom Helm, 1980.

Shucksmith M. No Homes for Locals[M]. Gower: Farnborough, 1981.

Gallent N, Tewdwr-Jones M. Rural Second Homes in Europe: Examining Housing Supply and Planning Control[M].Aldershot: Ashgate, 2000.

Cloke P, Thrift N. Class and Change in Rural Britain//Marsden T, Lowe P, Whatmore S. Rural Restructuring: Global Processes and Their Responses[M]. London: David Fulton, 1990.

Hawke N. The right to Buy in Rural Areas: An Investigation of Section 19 of the Housing Act 1980[M]. Leicester Polytechnic Law School, Leicester, 1985.

Lowe P, Clark J, Seymour S, et al. Moralizing the Environment: Countryside Change, Farming and Pollution[M].London: UCL Press, 1997.

Bramley G, Smart G. Rural Incomes and Housing Affordability[M]. Salisbury, Wilts: Rural Development Commission, 1995.

Baldwin R, Cave M, Lodge M. The Oxford Handbook of Regulation[M]. Oxford University Press, 2010:12.

Selznick P. Focusing Organizational Research on Regulation, in R. Noll. Regulatory Policy and the Social Science[M].University of California Press,1985:363.

Black J. Decentring Regulation: Understanding the Role of Regulation and Self-Regulation in a "Post-Regulatory."[M] World, 54 Current Legal Problems, 2001:142.

Yates J. Risk Taking Behavior[M]. NewYork: John Wiley & Sons Ltd, 1992: 387-401.

Thornton P H,Ocasio W.Institutional Logics//Greenwood R,Oliver C,Suddaby R,et al. The Sage Handbook of Organizational Institutionalism Thousand Oaks: Sage Publications Ltd, 2008: 99-129.

Thompson M, Wildavsky A. A Proposal to Create a Cultural Theory of Risk[M]. 1982:148.

Douglas M, Wildavsky A. Risk and Culture: An Essay on the Selection of Technological and Environmental Dangers[M]. Berkeley: University of California Press, 1982:186.

Krimsky S, Golding D. Social Theories of Risk[M]. London: Greenwood Press, 1992:129.

Luhmann N. Risk Sociology[M]. Berlin Press,1991: 17-118.

Luhmann N.Risk: A Sociological Theory[M]. Berlin: De Gruyter, 1993:218.

Scoot W R. Institutions and Organizations(2nd Ed)[M].London: Sage Publications, Inc., 2001: 83.

Friedland R R R. Alford. Bringing Society Back in: Symbols, Practices and Institutional Contradictions[M]. Chicago: University of Chicago Press, 1991:232-263.

Miles M B, Huberman A M, Saldana J. Qualitative Data Analysis: A Methods Sourcebook[M]. London: Sage Publications, 2018.

Glaser B G, Strauss A L. The Discovery of Grounded Theory: Strategies for Qualitative [M]. New York: Aldine Publishing Company, 1967:10-28.

Corbin J M, Strauss A L. Basics of Qualitative Research: Techniques and Procedures for Developing Grounded Theory(3rd ed)[M]. USA: SAGE, 2008: 195-200, 263-274.

Giddens A. Runaway World: How Globalization Is Reshaping Our Lives[M]. London: Profile Books Ltd, 2002:13.

Burt R.S. Structure Holes: the Social Structure of Competition[M]. Cambridge: Cambridge University Press, 1992.

Merton P K. Theoretical Sociology[M]. New York: The Press, 1967:115.

North D C. Understanding the Process of Economic Change[M]. Princeton: Princeton

University Press，2005：154.

三、期刊文章

张成福,陈占锋,谢一帆.风险社会与风险治理[J].教学与研究,2009(05):5—11.

杨艳文.乡村振兴视域下农业农村现代化面临的社会风险及化解之道[J].领导科学,2021(18):83—86.

韩长赋.中国农村土地制度改革[J].农业经济问题,2019(01):4—16.

姚洋.集体决策下的诱导性制度变迁——中国农村地权稳定性演化的实证分析[J].中国农村观察,2000(02):11—19+80.

丁东铭,魏永艳.新时期社会风险评估机制建设进程中的失范问题及其对策[J].长白学刊,2017(04):58—65.

相子国.农村宅基地置换工作中的风险控制——以德州市为例[J].管理学刊,2011,24(01):82—86.

吕军书,张文赟.农村宅基地使用权流转的风险防范问题分析[J].河南师范大学学报(哲学社会科学版),2013,40(02):102—105.

周国平,徐净,王丹.农村宅基地流转的风险防范[J].科学发展,2013(11):39—43.

吕军书,时丕彬.风险防范视角下农村宅基地继承制度改革的价值、困境与破局[J].理论与改革,2017(04):12—19.

韩楠.论农村宅基地使用权继承制度改革的风险防范[J].农业经济,2018(12):79—80.

韦想,狄志颖,吕昕.农村宅基地使用权抵押贷款风险分析与完善[J].法制与社会,2015(04):212—213+216.

惠献波.宅基地使用权抵押融资模式、风险及防范策略分析[J].农村金融研究,2016(02):73—76.

郭晓鸣,虞洪.四川农村宅基地自愿有偿退出探索实践及其潜在风险和应对建议[J].国土资源科技管理,2017,34(03):9—14.

林超,陈泓冰.农村宅基地流转制度改革风险评估研究[J].经济体制改革,2014(04):90—94.

吕军书,张硕.宅基地"三权分置"的法律内涵、价值与实现路径[J].农业经济,2020(06):92—94.

林津,吴群,刘向南.宅基地"三权分置"制度改革的潜在风险及其管控[J].华中农业大学学报(社会科学版),2022(01):183—192.

郭苗苗,杨博宇.基于文化价值保护视角下的宅基地使用权流转问题研究——以陕北窑洞为例[J].乡村科技,2019(17):46—47.

周慧敏,陈凤,邓思宇,等.国外农地经营权流转经验及启示[J].江苏农业科学,2022,50(17):290—294.

陈思媛,韩述.宅基地"三权分置"改革:政策演进、风险分析及防范对策[J].中国西部,2021(06):102—108.

贺雪峰.农村宅基地"三权分置"改革能收获什么[J].决策,2018(07):13.

印子.对宅基地使用权初始取得市场化的反思[J].天津行政学院学报,2014,16(06):86—91.

刘双良,秦玉莹."三权分置"背景下宅基地流转风险防范——基于物权视角的分析[J].农业经济,2020(04):95—97.

郑风田.避免宅基地"三权分置"改革陷入风险[J].农村工作通讯,2018(08):42.

汪杨植,黄敏,杜伟.深化农村宅基地"三权分置"改革的思考[J].农村经济,2019(07):18—25.

叶剑锋,吴宇哲.宅基地制度改革的风险与规避——义乌市"三权分置"的实践[J].浙江工商大学学报,2018(06):88—99.

于水,王亚星,杜焱强.农村空心化下宅基地三权分置的功能作用、潜在风险与制度建构[J].经济体制改革,2020(02):80—87.

郭晓鸣,虞洪.四川农村宅基地自愿有偿退出探索实践及其潜在风险和应对建议[J].国土资源科技管理,2017,34(03):9—14.

韩俊.农村土地制度改革须守住三条底线[J].山西农经,2015(01):11.

李雪萍.基于层次分析法的农村土地流转风险评价研究[J].科技经济市场,2012(04):63—66.

林超,陈泓冰.农村宅基地流转制度改革风险评估研究[J].经济体制改革,2014(04):90—94.

惠献波.地票交易制度风险评价及防范对策研究——基于重庆市的实证分析[J].西华大学学报(哲学社会科学版),2017,36(04):59—65.

刘永健,耿弘,孙文华,等.基于网络层次分析法和灰色聚类分析的农村宅基地上市流转风险评价研究[J].上海农业学报,2017,33(04):138—145.

吴明发,严金明,陈昊.农村宅基地流转的社会风险评估实证研究[J].科学经济社会,2018,36(01):64—70.

严静,孔令刚,程从坤,等.宅基地退出社会稳定风险评价指标体系研究[J].石家庄经济学院学报,2016,39(06):72—78.

刘永健,耿弘,孙文华,等.基于网络层次分析法和灰色聚类分析的农村宅基地上市流转风险评价研究[J].上海农业学报,2017,33(04):138—145.

关江华,黄朝禧.微观福利与风险视角的农户宅基地流转:武汉调查[J].改革,2013(08):78—85.

张婷,张安录,邓松林.期望收益、风险预期及农户宅基地退出行为——基于上海市松江区、金山区农户的实证分析[J].资源科学,2016,38(08):1503—1514.

钟苏娟,朱新华.农户分化、风险认知与宅基地流转意愿[J].现代经济信息,2018(16):3—5.

朱新华,陆思璇.风险认知、抗险能力与农户宅基地退出[J].资源科学,2018,40(04):698—706.

孙鹏飞,赵凯,周升强,等.风险预期、社会网络与农户宅基地退出——基于安徽省金寨县626户农户样本[J].中国土地科学,2019,33(04):42—50.

吴丽,梁皓,霍荣棉.制度信任框架下宅基地"三权分置"改革制度风险研究[J].中国土地科学,2020,34(06):41—47.

温世扬,陈明之.宅基地资格权的法律内涵及实现路径[J].西北农林科技大学学报(社会科学版),2022,22(03):73—81.

丁国民,龙圣锦.乡村振兴战略背景下农村宅基地"三权分置"的障碍与破解[J].西北农林科技大学学报(社会科学版),2019,19(01):39—50.

董新辉.宅基地使用权流转制度的困境、出路与重塑[J].学术交流,2018(09):104—111.

卢江海,钱泓澎.制度变迁视角下宅基地使用权流转市场研究——基于义乌市宅基地"三权分置"改革实践[J].财经论丛,2019(11):102—112.

王蔷,郭晓鸣.乡村转型下的农村宅基地制度改革[J].华南农业大学学报(社会科学版),2020,19(05):39—46.

邱丽.从"祖业观"到"集体观":宅基地制度改革与地权观念演变——基于江西余江的考察[J].南京农业大学学报(社会科学版),2021,21(03):167—178.

陈振.农地流转风险:国内外研究进展、述评及改进[J].农业经济问题,2021(6):76—88.

刘双良.宅基地"三权分置"助推乡村振兴的多重逻辑与实现进路[J].贵州社会科学,2021(03):146—152.

雪克来提·肖开提,迪力沙提·亚库甫.乡村振兴战略导向下的宅基地"三权分置"制度改革[J].新疆师范大学学报(哲学社会科学版),2019,40(05):131—137.

王蔷,郭晓鸣.乡村转型下的农村宅基地制度改革[J].华南农业大学学报(社会科学版),2020,19(05):39—46.

房建恩.乡村振兴背景下宅基地"三权分置"的功能检视与实现路径[J].中国土地科学,2019,33(05):23—29.

陈振,罗遥,欧名豪.宅基地"三权分置":基本内涵、功能价值与实现路径[J].农村经济,2018(11):40—46.

刘双良,秦玉莹.宅基地"三权分置"政策的议程设置与推进路径——基于多源流理论模型视角的分析[J].西北农林科技大学学报(社会科版),2019,19(01):60—68.

刘双良,秦玉莹."三权分置"背景下宅基地流转风险防范——基于物权视角的分析[J].农业经济,2020(04):95—97.

韩立达,王艳西,韩冬.农村宅基地"三权分置":内在要求、权利性质与实现形式[J].农业经济问题,2018(07):36—45.

付宗平.乡村振兴框架下宅基地"三权分置"的内在要求与实现路径[J].农村经济,2019(07):26—33.

李国权.论宅基地"三权"分置的可能风险及防范对策[J].河南社会科学,2020,28(12):46—53.

吴丽,梁皓,霍荣棉.制度信任框架下宅基地"三权分置"改革制度风险研究[J].中国土地科学,2020,34(06):41—47.

吴明发,严金明,蓝秀琳,等.基于模糊综合评价模型的农村宅基地流转风险评价[J].生态经济,2018,34(1):94—97+170.

胡大伟.宅基地"三权分置"的实施瓶颈与规范路径——基于杭州宅基地制度改革实践[J].湖南农业大学学报(社会科学版),2020,21(1):49—55.

刘双良,秦玉莹."三权分置"背景下宅基地流转风险防范——基于物权视角的分析[J].农业经济,2020(4):95—97.

陆亚东.中国管理学理论研究的窘境与未来[J].外国经济与管理,2015,37(03):3—15.

刘守英,熊雪锋.经济结构变革、村庄转型与宅基地制度变迁——四川省泸县宅基地制度改革案例研究[J].中国农村经济,2018(06):2—20.

贺雪峰.论农村土地集体所有制的优势[J].南京农业大学学报(社会科学版),2017,17(03):1—8+155.

竹立家.理性的改革逻辑何以可能——从风险社会理论及现实不确定性出发[J].人民论坛·学术前沿,2012(07):16—23.

程雪阳.重建财产权:我国土地制度改革的基本经验与方向[J].学术月刊,2020,52(04):98—108.

陈小君,蒋省三.宅基地使用权制度:规范解析、实践挑战及其立法回应[J].管理世界,2010(10):1—12.

郑尚元.宅基地使用权性质及农民居住权利之保障[J].中国法学,2014(02):142—157.

杨杰.宅基地问题的法律分析[J].南京农业大学学报(社会科学版),2007(2):74—77.

谌种华.耕地保护新举措——浅谈农村宅基地的清理整顿[J].农村经济,2004

（S1）：18—20.

乔陆印.农村宅基地制度改革的理论逻辑与深化路径——基于农民权益的分析视角[J].农业经济问题,2022(03):97—108.

胡历芳,曾寅初."三权分置"下农地权利性质与权能安排——基于法学和经济学的跨学科分析[J].社会科学研究,2023(02):86—96.

严枝.马克思的产权理论及其现实意义[J].真理的追求,1997(02):17—22.

熊丙万.实用主义能走多远?——美国财产法学引领的私法新思维[J].清华法学,2018,12(01):129—151.

叶祥松.论马克思的产权理论[J].经济经纬,2000(04):15—18.

汪忠,黄瑞华.国外风险管理研究的理论、方法及其进展[J].外国经济与管理,2005(02):25—31.

杨小娟.熵在制度风险管理中的应用分析[J].湖南城市学院学报(自然科学版),2016,25(05):39—40.

曾玉珍,穆月英.农业风险分类及风险管理工具适用性分析[J].经济经纬,2011(2):128—132.

付舒.社会养老保险制度风险表征及其化解策略[J].重庆社会科学,2014(06):16—22.

李文祥.论制度风险[J].长春市委党校学报,2008(05):13—17.

赵鹏.风险社会的自由与安全——风险规制的兴起及其对传统行政法原理的挑战[J].交大法学,2011,2(01):43—60.

刘恒.论风险规制中的知情权[J].暨南学报(哲学社会科学版),2013,35(05):2—14+161.

道格拉斯·C.诺思.制度变迁理论纲要[J].改革,1995(03):52—56.

张广利,许丽娜.当代西方风险社会理论的三个研究维度探析[J].华东理工大学学报(社会科学版),2014,29(02):1—8+16.

陈东冬.社会风险治理的理论依据、实践困境和创新路径研究[J].中共南昌市委党校学报,2022,20(03):48—52+62.

钟开斌.风险管理研究:历史与现状[J].中国应急管理,2007(11):20—25.

蔡立东,姜楠.农地三权分置的法实现[J].中国社会科学,2017(05):102—122+207.

李婷婷,龙花楼,王艳飞.中国农村宅基地闲置程度及其成因分析[J].中国土地科学,2019,33(12):64—71.

王敬尧,魏来.当代中国农地制度变迁的存续与变迁[J].中国社会科学,2016(2):73—92.

董新辉.新中国70年宅基地使用权流转:制度变迁、现实困境、改革方向[J].中国农村经济,2019(06):2—27.

刘守英.中共十八届三中全会后的土地制度改革及其实施[J].法商研究,2014,31(02):3—10.

向勇.宅基地三权分置的立法意旨[J].农业经济问题,2019(04):10—17.

高帆.中国城乡土地制度演变:内在机理与趋向研判[J].社会科学战线,2020,(12):56—66+281.

杨玉珍.需求诱致和体制约束下我国土地制度创新路径——兼论试点市的土地制度创新行为[J].现代经济探讨,2015(4):34—38.

赵艳霞,李莹莹.乡村振兴中宅基地"三权分置"的内生变革与路径研究[J].财经理论研究,2018,(05):1—8.

张克俊,付宗平.基于功能变迁的宅基地制度改革探索[J].社会科学研究,2017(6):47—53.

徐汉明.论公有产权的新模式——农民土地持有产权制度研究[J].法学评论,2010,28(04):24—28.

韩长赋.中国农村土地制度改革[J].农业经济问题,2019(01):4—16.

林超,郭彦君.农村宅基地功能研究述评及对乡村振兴启示[J].经济体制改革,2020(04):194—199.

乔金亮.对农村宅基地不能有"非分之想"[J].农村经营管理,2018(11):27.

洪名勇,曹豪爽.农村宅基地"三权分置"与村庄治理现代化提升路径[J].农业经济问题,2023(07):4—12.

宋志红.宅基地使用权流转的困境与出路[J].中国土地科学,2016,30(05):13—20.

缪德刚.从单一产权到"三权分置":新中国农村土地产权制度70年沿革[J].西南民族大学学报(人文社科版),2019,40(12):103—112.

洪名勇.论马克思的土地产权理论[J].经济学家,1998(01):28—33.

杨海钦.关于综合改革农村土地使用权流转的理论探索[J].河南社会科学,2010(02):204—206.

戴建国.从佃户到田面主:宋代土地产权形态的演变[J].中国社会科学,2017(03):161—180+207—208.

聂鑫.传统中国的土地产权分立制度探析[J].浙江社会科学,2009(09):83—88+127—128.

周子良.永佃权的历史考察及其当代价值[J].现代法学,2002(02):65—73.

龙登高,温方方,邱永志.典田的性质与权益——基于清代与宋代的比较研究[J].历史研究,2016(05):54—70+191.

田则林,余义之,杨世友.三权分离:农地代营——完善土地承包制、促进土地流转的新途径[J].中国农村经济,1990(02):41—44.

叶华.三权分离的改革思路与农地微观制度安排[J].社会科学家,1998(S2):47—49.

叶兴庆.从"两权分离"到"三权分离"——我国农地产权制度的过去与未来[J].中国党政干部论坛,2014(06):7—12.

刘国栋.论宅基地三权分置政策中农户资格权的法律表达[J].法律科学,2019(1):192—201.

高帆.中国农地"三权分置"的形成逻辑与实施政策[J].经济学家,2018(04):86—95.

王庆明.产权变革路径与起源之争:立足转型中国的思考[J].社会科学,2018(6):72—81.

姚树荣,李菲.百年视野下的土地制度与中国式现代化[J].河北师范大学学报(哲学社会科学版),2022,45(05):149—156.

董新辉.新中国70年宅基地使用权流转:制度变迁、现实困境、改革方向[J].中国农村经济,2019(06):2—27.

刘守英.中共十八届三中全会后的土地制度改革及其实施[J].法商研究,2014,31(02):3—10.

胡新艳,许金海,陈卓.中国农村宅基地制度改革的演进逻辑与未来走向[J].华中农业大学学报(社会科学版),2021(01):26—32+174.

付宗平.乡村振兴框架下宅基地"三权分置"的内在要求与实现路径[J].农村经济,2019(07):26—33.

贺雪峰.农村宅基地改革试点的若干问题[J].新建筑,2016(4):15—16.

胡新艳,罗明忠,张彤.权能拓展、交易赋权与适度管制——中国农村宅基地制度的回顾与展望[J].农业经济问题,2019(02):73—81.

邓大才.通向权利的阶梯:产权过程与国家治理——中西方比较视角下的中国经验[J].中国社会科学,2018(04):42—66+205.

熊万胜.地权的社会构成:理解三权分置之后农村地权的新视角[J].社会科学,2021(05):70—81.

汪丁丁.产权博弈[J].经济研究,1996(10):70—80.

周雪光."关系产权":产权制度的一个社会学解释[J].社会学研究,2005(02):1—31+243.

张小军.象征地权与文化经济——福建阳村的历史地权个案研究[J].中国社会科学,2004(03):121—135+208.

臧得顺.臧村"关系地权"的实践逻辑——一个地权研究分析框架的构建[J].社会学研究,2012,27(01):78—105+244.

马良灿.地权是一束权力关系[J].中国农村观察,2009(02):25—33.

杨磊,刘建平."混合地权"的制度分析及其实践逻辑——基于Z村村民小组的个案分析[J].社会,2015,35(02):218—240.

齐琪,徐小峰,杨春梅,等.乡村振兴背景下宅基地功能转型机理与模式研究——基于典型村庄的案例分析[J].中国土地科学,2020,34(6):84—93.

熊万胜.地权的社会构成:理解三权分置之后农村地权的新视角[J].社会科学,2021(05):70—81.

高圣平.农村宅基地制度:从管制、赋权到盘活[J].农业经济问题,2019(01):60—72.

张少停,康依宁.城乡关系视角下我国农村土地制度演变的逻辑:1949—2019[J].郑州轻工业大学学报(社会科学版),2021,22(03):40—48.

刘守英,熊雪锋.产权与管制——中国宅基地制度演进与改革[J].中国经济问题,2019(06):17—27.

张义博.我国农村宅基地制度变迁研究[J].宏观经济研究,2017(4):35—42.

李蕊.管制及其改进:中国土地管理制度改革的逻辑进路[J].广东社会科学,2020(04):234—242.

汪洋.集体土地所有权的三重功能属性——基于罗马氏族与我国农村集体土地的比较分析[J].比较法研究,2014(02):12—25.

桂华,贺雪峰.宅基地管理与物权法的适用限度[J].法学研究,2014,36(04):26—46.

龙开胜.宅基地使用权制度改革的现实逻辑与路径选择[J].社会科学家,2016(02):10—15.

罗必良.科斯定理:反思与拓展——兼论中国农地流转制度改革与选择[J].经济研究,2017,52(11):178—193.

罗必良.从产权界定到产权实施——中国农地经营制度变革的过去与未来[J].农业经济问题,2019(01):17—31.

谭荣.自然资源产权制度研究:理论与进展[J].中国土地科学,2020,34(02):103—110.

杨青贵.落实宅基地集体所有权的实践探索与制度因应[J].法治研究,2021(05):130—140.

姚树荣,熊雪锋.宅基地权利分置的制度结构与农户福利[J].中国土地科学,2018,32(04):16—23.

吴宇哲,沈欣言.农村宅基地资格权设置的内在逻辑与实现形式探索[J].中国土地科学,2022,36(08):35—42.

宋志红.宅基地资格权:内涵、实践探索与制度构建[J].法学评论,2021,39(01):

78—93.

张克俊,付宗平.基于功能变迁的宅基地制度改革探索[J].社会科学研究,2017(06):47—53.

罗必良.农村宅基地制度改革:分置、开放与盘活[J].华中农业大学学报(社会科学版),2021(01):1—3.

杨青贵.适度放活宅基地使用权的理论逻辑与实现进路[J].农业经济问题,2023(07):64—75.

刘广明,张俊慈."适度放活"视阈下宅基地使用权流转的理路探索与制度重构[J].世界农业,2021(03):26—35+140.

陈胜祥.农村宅基地"三权"分置:问题导向、分置逻辑与实现路径.南京农业大学学报(社会科学版),2022(2):147—158.

郑淋议,钱文荣,洪名勇,等.中国为什么要坚持土地集体所有制——基于产权与治权的分析[J].经济学家,2020(05):109—118.

李蕊.管制及其改进:中国土地管理制度改革的逻辑进路[J].广东社会科学,2020(04):234—242.

龙开胜.宅基地使用权制度改革的现实逻辑与路径选择[J].社会科学家,2016(02):10—15.

杨一介.宅基地使用权规制规则反思:冲突与回应[J].云南大学学报(社会科学版),2018,17(04):118—127

陈小君.农村集体土地征收的法理反思与制度重构[J].中国法学,2012(01):33—44.

田国强,陈旭东.制度的本质、变迁与选择——赫维茨制度经济思想诠释及其现实意义[J].学术月刊,2018,50(01):63—77.

徐忠国,卓跃飞,吴次芳,等.农村宅基地三权分置的经济解释与法理演绎[J].中国土地科学,2018,32(08):16—22.

王晓毅,阿妮尔.全球视野下的中国特色乡村振兴:制度优势与行动路径[J].社会学研究,2022,37(05):1—18+226.

刘国栋.论宅基地三权分置政策中农户资格权的法律表达[J].法律科学(西北政法大学学报),2019,37(01):192—200.

罗必良,洪炜杰.农地调整、政治关联与地权分配不公[J].社会科学战线,2019(01):60—70.

殷少美,李纪军,周寓康.集体非农建设用地流转研究评述[J].农村经济,2005(09):36—39.

傅沂.路径构造理论与演化经济学:分离还是融合?[J].学习与探索,2018(08):122—129.

王雁红.从双重管理到分类管理:我国社会组织管理的制度变迁与路径创造[J].江苏社会科学,2018(06):76—85.

曹碹玮,马骏.资源型区域的创新——从路径依赖到路径创造[J].中国软科学,2007(07):152—157.

冀县卿,钱忠好.中国农地产权制度改革40年:变迁分析及其启示[J].农业技术经济,2019(1):17—24.

吴晓燕.农村土地产权制度变革与基层社会治理转型[J].华中师范大学学报(人文社会科学版),2013,52(05):7—12.

罗必良,耿鹏鹏.乡村治理及其转型的产权逻辑[J].清华大学学报(哲学社会科学版),2022(3):188—204,219—220.

邓大才.中国农村产权变迁与经验——来自国家治理视角下的启示[J].中国社会科学,2017(01):4—24+204.

贺雪峰.乡村治理现代化:村庄与体制[J].求索,2017(10):4—10.

徐忠国,卓跃飞,吴次芳,等.农村宅基地三权分置的经济解释与法理演绎[J].中国土地科学,2018,32(08):16—22.

乔陆印,刘彦随.新时期乡村振兴战略与农村宅基地制度改革[J].地理研究,2019,38(03):655—666.

黄延信.破解农村宅基地制度改革难题之道[J].农业经济问题,2021(08):83—89.

邓大才.产权单位与治理单位的关联性研究——基于中国农村治理的逻辑[J].中国社会科学,2015(07):43—64+206.

庞亚君.推进乡村治理现代化:基于宅基地改革视角的实证分析[J].治理研究,2021,37(04):111—117.

高强,周丽.功能变迁视角下农村宅基地管理制度研究——基于对常州市武进区的实地调查[J].经济纵横,2023(08):80—89.

郑兴明,雷国铨.农村宅基地退出改革的实践进展、成效审视与推进路径——基于三个典型试点地区的比较分析[J].经济体制改革,2022(04):73—79.

杨磊.农地产权变革与乡村治理秩序:一个农政变迁的分析框架——基于湖北省Z村的个案扩展研究[J].公共管理学报,2020,17(01):84—95+172.

朱启臻.乡村农家院落的价值何在[J].中国乡村发现,2018(05):88—90.

乔陆印,刘彦随.新时期乡村振兴战略与农村宅基地制度改革[J].地理研究,2019,38(03):655—666.

李怀,陈明红.乡村振兴背景下宅基地"三权分置"改革的政策意蕴与实践模式[J].中国流通经济,2023,37(04):72—80.

崔宝玉,王孝瑹.村党支部书记村委会主任"一肩挑"能改善中国村治吗?[J].中国农村观察,2022(01):71—90.

徐亚东,张应良.城乡要素流动的关键桎梏与实现路径——基于"有效市场—有能集体—有为政府"理论框架[J].农林经济管理学报,2023,22(05):546—554.

宋迎新,钟和曦.浙江省农村宅基地"三权分置"的实践与思考[J].浙江国土资源,2018(04):32—33.

胡鹏鹏.三权分置政策下宅基地流转的困境与出路[J].中国国土资源经济,2021,34(06):22—29.

李怀.农村宅基地"三权分置":历史演进与理论创新[J].上海经济研究,2020(04):75—82+127.

陈小君.我国农民集体成员权的立法抉择[J].清华法学,2017(02):46—55.

肖攀.农村宅基地"三权分置"登记现状与思考[J].中国土地,2019(06):41—43.

曲颂,仲鹭勃,郭君平.宅基地制度改革的关键问题:实践解析与理论探释[J].中国农村经济,2022(12):73—89.

公茂刚,吕淑玉.中国共产党农村宅基地政策变革及产权结构细分研究[J].经济问题,2021(07):13—22.

桂华.论土地开发模式与"人的城镇化"——兼评征地制度改革问题[J].华中农业大学学报(社会科学版),2019(01):155—161.

夏沁.宅基地增值收益分配体系的规范构建[J].华南农业大学学报(社会科学版),2023,22(04):1—12.

邓大才.产权单位与治理单位的关联性研究——基于中国农村治理的逻辑[J].中国社会科学,2015(07):43—64+206.

童列春.中国农地集体所有权的虚与实[J].农村经济,2011(10):23—27.

谭启平."三权分置"的中国民法典确认与表达[J].北方法学,2018,12(05):5—15.

张力,王年."三权分置"路径下农村宅基地资格权的制度表达[J].农业经济问题,2019(04):18—27.

史卫民,彭逸飞."三权分置"下宅基地资格权实现的法治保障[J].中国农业资源与区划,2023,44(05):238—249.

孙建伟.宅基地"三权分置"中资格权、使用权定性辨析——兼与席志国副教授商榷[J].政治与法律,2019(01):125—139.

钟文晶,罗必良.禀赋效应、产权强度与农地流转抑制——基于广东省的实证分析[J].农业经济问题,2013,34(03):6—16+110.

江帆,李苑玉.宅基地"三权分置"的利益衡量与权利配置——以使用权为中心[J].农村经济,2019(12):57—65.

乔陆印,刘彦随.新时期乡村振兴战略与农村宅基地制度改革[J].地理研究,2019,38(03):655—666.

江帆.经济法的价值理念和基本原则[J].现代法学,2005(05):118—122.

李艳艳.马克思恩格斯历史发展动力观的理论超越及其当代启示[J].马克思主义研究,2019(01):97—105.

杨雪冬.全球化、风险社会与复合治理[J].马克思主义与现实,2004(04):61—77.

刘敬杰,夏敏,刘友兆,等.基于多智能体与CA结合模型分析的农村土地利用变化驱动机制[J].农业工程学报,2018,34(06):242—252.

余强毅,吴文斌,唐华俊,等.复杂系统理论与Agent模型在土地变化科学中的研究进展[J].地理学报,2011,66(11):1518—1530.

胡新艳,许金海,陈卓.中国农村宅基地制度改革的演进逻辑与未来走向[J].华中农业大学学报(社会科学版),2021(01):26—32+174.

乔陆印.农村宅基地制度改革的理论逻辑与深化路径——基于农民权益的分析视角[J].农业经济问题,2022(03):97—108.

王琦妍.社会—生态系统概念性框架研究综述[J].中国人口·资源与环境,2011,21(S1):440—443.

苑韶峰,李威,李胜男,等.应用多主体复杂适应系统理论的宅基地退出补偿定价[J].农业工程学报,2020,36(03):263—270.

钱颖一.市场与法治[J].经济社会体制比较,2000(03):1—11.

高帆.中国经济发展的一般性、异质性及其引申含义[J].学术月刊,2018,50(06):57—66.

昝廷全.系统产权理论[J].中国传媒大学学报(自然科学版),2013,20(02):1—6+28.

张清勇,刘守英.宅基地的生产资料属性及其政策意义——兼论宅基地制度变迁的过程和逻辑[J].中国农村经济,2021(08):2—23.

刘彦随.中国新时代城乡融合与乡村振兴[J].地理学报,2018,73(04):637—650.

刘守英.农村宅基地制度的特殊性与出路[J].国家行政学院学报,2015(03):18—24+43.

张成玉.不同资源禀赋条件下宅基地改革模式比较研究[J].上海国土资源,2022,43(01):6—11.

李国正,王浩宇,查紫振,等.可资本化下宅基地禀赋对农户异地创业影响研究[J].中国人口·资源与环境,2020,30(09):146—155.

周雪光,艾云.多重逻辑下的制度变迁:一个分析框架[J].中国社会科学,2010(04):132—150+223.

杜焱强,王亚星,等.中国宅基地制度变迁:历史演变、多重逻辑与变迁特征[J].经济社会体制比较,2020(05):90—99.

刘圣欢,杨砚池.农村宅基地"三权分置"的权利结构与实施路径——基于大理市银桥镇农村宅基地制度改革试点[J].华中师范大学学报(人文社会科学版),2018,57

（05）：45—54.

王成，徐爽.农村宅基地"三权分置"的制度逻辑及使用权资本化路径[J].资源科学，2021,43（07）：1375—1386.

林津，刘向南，吴群.宅基地制度的优化路径研究——基于财产权益纠偏的分析框架[J].农业经济问题，2021（06）：89—99.

刘升.宅基地的资本化运作及政治社会后果[J].华南农业大学学报（社会科学版），2015,14（04）：29—36.

孙阿凡，杨遂全.集体经营性建设用地入市与地方政府和村集体的博弈[J].华南农业大学学报（社会科学版），2016,15（01）：20—27.

陈国波.我国农地制度改革的双层次互动进化博弈模型分析[J].生态经济，2009（10）：48—51.

刘守英，熊雪锋.经济结构变革、村庄转型与宅基地制度变迁——四川省泸县宅基地制度改革案例研究[J].中国农村经济，2018（06）：2—20.

杨登峰.中国共产党百年土地政策试点的法治省思[J].法治现代化研究，2021,5（06）：47—63.

罗必良.农地流转的市场逻辑——"产权强度—禀赋效应—交易装置"的分析线索及案例研究[J].南方经济，2014（05）：1—24.

刘玉珍，程军.土地调整的普遍性习惯与法律性规定的冲突及其化解路径[J].农村经济，2019（03）：39—45.

姚洋.集体决策下的诱导性制度变迁——中国农村地权稳定性演化的实证分析[J].中国农村观察，2000（02）：11—19+80.

王俊龙，郭贯成.1949年以来中国宅基地制度变迁的历史演变、基本逻辑与展望[J].农业经济问题，2022（03）：88—96.

刘恒科.宅基地三权分置的政策意涵与制度实现[J].法学家，2021（05）.

陈晓军，张孝成，郑财贵，等.重庆地票制度风险评估研究[J].中国人口·资源与环境，2012,22（07）：156—161.

林超，陈泓冰.农村宅基地流转制度改革风险评估研究[J].经济体制改革，2014,187（04）：90—94.

刘敬杰，夏敏，刘友兆.基于多主体的省域内补充耕地指标交易风险评价与防控——以江苏省为例[J].南京农业大学学报（社会科学版），2018,18（03）：113—121+155.

司林波，裴索亚.国家生物安全风险防控和治理的影响因素与政策启示——基于扎根理论的政策文本研究[J].中共天津市委党校学报，2021,23（03）：61—71.

阳富强，赵家乐.基于扎根理论的高校实验室风险因子分析[J].实验技术与管理，2022,39（05）：217—222.

吴秀宇,葛亚红,路曦越.多元制度逻辑下农村自建房安全风险形成机理研究[J].安全与环境学报,2022,22(04):2040—2049.

温阳阳,张正峰.基于扎根理论的农民集中居住社会风险识别——以北京市 Y 镇 H 社区为例[J].中国土地科学,2018,32(10):21—27.

伍麟.风险概念的哲学理路[J].哲学动态,2011(07):71—78.

裴雷,孙建军,周兆韬.政策文本计算:一种新的政策文本解读方式[J].图书与情报,2016(06):47—55.

吴肃然,李名荟.扎根理论的历史与逻辑[J].社会学研究,2020,35(02):75—98+243.

贾哲敏.扎根理论在公共管理研究中的应用:方法与实践[J].中国行政管理,2015(03):90—95.

陈晓军,张孝成,郑财贵,等.重庆地票制度风险评估研究[J].中国人口·资源与环境,2012,22(07):156—161.

刘守英,熊雪锋,章永辉,等.土地制度与中国发展模式[J].中国工业经济,2022(01):34—53.

高飞.承包地"三权分置"制度实施风险及其防范[J].地方立法研究,2022,7(01):12—26.

曹海林,任贵州.农村基层公共服务设施共建共享何以可能[J].南京农业大学学报(社会科学版),2017,17(01):51—59,145—146.

张衍,吴先强.农地"三权分置"改革中的潜在风险及对策[J].社会科学战线,2019(01):71—78+281.

张宪丽,高奇琦.社会风险化还是心理风险化——对贝克风险社会理论的反思[J].探索与争鸣,2021(08):71—79+178.

张秀娥,张皓宣.社会网络理论研究回顾与展望[J].现代商业,2018(20):154—157.

王温鑫,金晓斌,杨晓艳,等.基于社会网络视角的土地整治重大项目实施风险识别与评价方法[J].资源科学,2018,40(06):1138—1149.

高少冲,丁荣贵,左剑.政企合作(PPP)项目治理风险评价与策略研究——基于社会网络(SNA)方法[J].工程管理学报,2018,32(04):126—131.

薛朝改,闫梦娜,张铎.基于社会网络分析法的跨境电商生态系统风险要素识别[J].财会月刊,2019(16):113—119.

宋英华,田丽,吕伟,等.基于 SNA 的重特大道路交通事故风险指标体系构建[J].中国安全生产科学技术,2019,15(6):151—156.

柯丽华,陈魁香,胡南燕,等.基于 SNA 的露天矿爆破安全风险评估[J].中国安全科学学报,2022,32(10):48—56.

丁存振,徐宣国.基于社会网络视角的我国粮食市场风险空间溢出研究——基于玉米市场的风险测度与实证分析[J].统计研究,2023,40(01):106—120.

白新华.基于社会网络分析法的农村基础设施 PPP 项目残值风险研究[J].农业经济,2023,433(05):89—91.

欧阳资生,熊家毅.中国区域金融风险溢出效应研究——基于社会网络分析方法[J].金融经济学研究,2023,38(03):38—50.

刘俊杰,朱新华,张培凤.利益相关者视角下农村宅基地"三权分置"改革效果研究——基于社会网络分析[J].江南大学学报(人文社会科学版),2021,20(06):38—46.

许多奇.互联网金融风险的社会特性与监管创新[J].社会科学文摘,2018(12):73—75.

马立强,张雪雪,王丞.城市棚户区改造项目前期决策风险评估研究[J].山东工商学院学报,2020,34(06):56—65.

张叶祥,张劼超,杨有宏,等.基于模糊动态贝叶斯网络的公路工程施工安全风险动态评价研究[J].河南科学,2024,42(05):653—659.

秦旋,李怀全,莫懿懿.基于 SNA 视角的绿色建筑项目风险网络构建与评价研究[J].土木工程学报,2017,50(02):119—131.

洪小娟,姜楠,夏进进.基于社会网络分析的网络谣言研究——以食品安全微博谣言为例[J].情报杂志,2014,33(08):161—167.

刘建胜,封孝生,何晚辉,等.社会网络分析在政府间国际组织研究中的应用[J].计算机应用研究,2014,31(01):28—32.

薛朝改,闫梦娜,张铎.基于社会网络分析法的跨境电商生态系统风险要素识别[J].财会月刊,2019(16):113—119.

秦旋,李怀全,莫懿懿.基于 SNA 视角的绿色建筑项目风险网络构建与评价研究[J].土木工程学报,2017,50(02):119—131.

瞿英,王旭茗,王玉恒,等.基于多态模糊贝叶斯网络的城市燃气管道事故风险预测与诊断研究[J].河北科技大学学报,2023,44(04):411—420.

李军国,赵晓强.中国农村土地制度变迁的经验与启示[J].中国经济报告,2020(04):34—39.

乌尔里希·贝克,刘宁宁,沈天霄.风险社会政治学[J].马克思主义与现实,2005(03):42—46.

杨雪冬.风险社会、治理有效性与整体治理观[J].行政论坛,2016,23(03):1—7+115.

乌尔里希·贝克,王武龙.从工业社会到风险社会(上篇:关于人类生存、社会结构和生态启蒙等问题的思考[J].马克思主义与现实,2003(03):26—45.

聂婴智,韩学平.农地"三权分置"的风险与法治防范[J].学术交流,2016(10):131—136.

丁国民,龙圣锦.乡村振兴战略背景下农村宅基地"三权分置"的障碍与破解[J].西北农林科技大学学报(社会科学版),2019,19(01):39—50.

杨春福.风险社会的法理解读[J].法制与社会发展,2011,17(06):106—114.

宋天骐.农村集体经济组织立法论纲[J].山东科技大学学报(社会科学版),2021,23(04):31—39.

房建恩.乡村振兴背景下宅基地"三权分置"的功能检视与实现路径[J].中国土地科学,2019,33(05):23—29.

胡新艳,许金海,陈卓.中国农村宅基地制度改革的演进逻辑与未来走向[J].华中农业大学学报(社会科学版),2021(01):26—32+174.

赵军洁,张晓旭.中国户籍制度改革:历程回顾、改革估价和趋势判断[J].宏观经济研究,2021(09):125—132+160.

李飞龙.中国农地制度70年变革:以正式制度与非正式制度为分析框架[J].中国农业大学学报(社会科学版),2019,36(05):65—72.

洪名勇,曹豪爽.农村宅基地"三权分置"与村庄治理现代化提升路径[J].农业经济问题,2023(07):4—12.

宋华琳.论政府规制中的合作治理[J].政治与法律,2016(08):14—23.

柳亦博.论合作治理的生成:从控制、竞争到合作[J].天津社会科学,2015(03):92—95.

严金明,陈昊,夏方舟.深化农村"三块地"改革:问题、要义和取向[J].改革,2018(05):48—55.

杨瑞龙.我国制度变迁方式转换的三阶段论———兼论地方政府的制度创新行为[J].经济研究,1998(01):5—12.

杨璐璐,王君也.经济发达地区农村宅基地整理潜力类型及原因——基于晋江市20个行政村的调查分析[J].农村经济,2018(05):8—14.

姜裕富.风险社会中的问责机制研究[J].四川行政学院学报,2015,96(06):23—27.

李泉.农村宅基地制度改革试点:典型案例与经验借鉴——来自浙江义乌、江西余江和贵州湄潭的实践探索[J].社科纵横,2022,37(02):60—69.

龚文娟.环境风险沟通中的公众参与和系统信任[J].社会学研究,2016(03):47—74+243.

衡霞,谭振宇.地方政府农业供给侧改革风险防范责任的制度分析框架[J].四川师范大学学报(社会科学版),2018,45(01):106—113.

Chang E E, Chiang P C, Lu P H, et al. Comparisons of Metal Leachability for Various

Wastes by Extraction and Leaching Methods[J]. Chemosphere, 2001, 45(1): 91-99.

Benn S, Dunphy D, Martin A. Governance of Environmental Risk: New Approaches to Managing Stakeholder Involvement. Journal of Environmental Management, 2009(4): 1567-1575.

Danisch R. Risk Assessment as Rhetorical Practice: The Ironic Mathematics Behind Terrorism, Banking, and Publicpolicy[J]. Public Understanding of Science, 2013, 22(2): 236-251.

Parks P J. Explaining "Irrational" Land Use Risk Aversion and Marginal Agricultural Land[J]. Journal of Environmental Economics and Management, 1995, 28(01):34-47

Odozi J C. Cross Border Trade in Grain Between Nigeria and Neighbouring Niger: Risk Management Assessment Along Sokoto Illela-Konni Border Land [J]. Cogent Economics & Finance, 2015, 3(1):55-59.

Mukhopadhyay B. Towards An Efficient Land Transfer Policy[J]. The Journal of Developing Areas, 2018,53(4).

Zvi Lerman, Natalya Shagaida. Land Policies and Agricultural Land Markets in Russia [J]. Land Use Policy, 2006, 24(1): 14-23.

Esayas Meresa, Yikunoamlak Gebrewhid. Application of GIS and Remote Sensing to Analyse Land Use Land Cover Change Detection and Vegetation Dynamics Using Multi-temporal Satellite Images; The Case of Mariamdehan Kebele, Tigray Region, Northern Ethiopia [J]. Asian Journal of Geographical Research, 2019:1-11.

Ann Grubbström, Camilla Eriksson. Retired Farmers and New Land Users: How Relations to Land and People Influence Farmers'Land Transfer Decisions[J]. Sociologia Ruralis, 2018, 58(4): 707-725.

Yoko Kijima, Rayner Tabetando.Efficiency and Equity of Rural Land Markets and the Impact on Income: Evidence in Kenya and Uganda from 2003 to 2015[J]. Land Use Policy, 2020(91):104416.

Holden S, Ghebru H'E. Impact of Land Certification on Land Rental Market Participation in Tigray Region, Northern Ethiopia[J]. SSRN Electronic Journal, 2007:5211.

Arrow K J. Anthony C F. Environmental Preservation, Uncertainty and Irreversibility [J]. The Quarterly Journal of Economics, 1974, 88(02): 312-319.

Harold Demsetz. Toward a Theory of Property Rights[J]. American Economic Review, 1967, 57(02): 347-359.

Armen Alchian and Harold Demsetz. The Property Right Paradigm[J]. The Journal of Economic History, 1973, 33(01): 16-27.

Besley, Timothy. Property Rightsand Investment Incentives: Theory and Evidence from

Ghana[J]. Journal of Political Economy, 1995, 103(05): 903-937.

Malashevskyi, Mykola, and Olena Bugaienko. The Substantiation of Urban Habitats Peer land Exchange in Ukraine[J]. Geodesy and Cartography, 2016, 42(02): 53-57.

Sherwood K; Chaney P. The Resale of Right to Buy Dwellings: a Case Study of Migration and Social Change in Rural England[J]. Journal of Rural Studies, 2000,16(01): 79-94.

Mihara M. Effects of Agricultural Land Consolidation on Erosion Processes in Semi-Mountainous Paddy Fields of Japan[J]. Journal of Agricultural Engineering Research, 1996, 64(03): 237-247.

Zvi Lerman and Natalya Shagaida. Land Policies and Agricultural Land Markets in Russia[J]. Land Use Policy, 2007, 24(01): 14-23.

Laird, Frank N. Participatory Analysis, Democracy, and Technological Decision Making[J]. Science, Technology and Human Values, 1993, 18(03): 341-361.

Demetriou D. The Assessment of Land Valuation in Land Consolidation Schemes: The Need for a New Land Valuation Framework (Article) [J]. Land Use Policy, 2016(54): 487-498.

Assal, Timothy J. Assal, Jessica M. Montag. A Tale of Two Land Uses in the American West: Rural Residential Growth and Energy Development[J]. Journal of Maps, 2012, 8 (4): 327-333.

Schultz Theodore W. Institutions and the Rising Economic Value of Man[J]. American Journal of Agricultural Economics,1968(50):1313-1322.

Cheung S N. The Structure of a Contract and The Theory of a Non-exclusive Resouce [J].Journal of Law and Economics, 1970(13)1: 49-70.

European Commission, The TRUSTNET Framework: A New Perspective on Risk Governance, Brussels, European Commission Nuclear Science and Technology Directorate-General for Research, 2000.

International Risk Governance Council. Risk governance: Towards an integrative approach[R]. International Risk Governance Council, 2005.

Morgan B, Yeung K. An Introduction to Law and Regulation: Text and Materials. Law in Context[J]. Social Science Electronic Publishing, 2007: 3-4.

Alchian A. A. Some Economics of Property Rights [J]. Politico, 1965, 30 (4): 816-829.

Hodgson G M. The Hidden Persuades: Institutions and Individuals in Economic Theory [J]. Cambridge Journal of Economics, 2003(27):159-175.

Peter Ho. In Defense of Endogenous, Spontaneously Ordered Development: The Institutional Structure of China's Rural Urban Property Rights. Journal of Peasant Studies, 2013, 40 (6): 1-32.

Kilkon Ko, Kayoung Shin. How Asian Countries Understand Policy Experiment as Policy pilots? [J]. Asian Journal of Political Science, 2017, 25(3): 253-265.

Shi W, Sun S L, Yan D, Zhu Z. Institutional Fragility and Outward Foreign Direct Investment from China. Journal of International Business Studies, 2017, 48(4):452-476.

Pache A C, Santos F. Inside the Hybrid Organization:Selective Coupling as a Response to Conflicting Institutional Logics [J]. Academy of Management Journal, 2013, 56(04): 972-1001.

Niazi M A. Introduction to the Modeling and Analysis of Complex Systems: A Review [J].Complex Adaptive Systems Modeling, 2016, 4(1):1-3.

Nelson R R, Winter S G. In Search of Useful Theory of Innovation[J]. Research Policy,1977(6):36-76.

Jasanoff S. Bridging the two Cultures of Risk Analysis[J]. Risk Analysis, 1993, 13 (2): 123-123.

Harrison C. White, Scott A. Boorman,Ronald L. Breiger. Social Structure from Multiple Networks. I. Blockmodels of Roles and Positions[J]. American Journal of Sociology, 1976, 81(4): 730-780.

Pearl J. Fusion, Propagation, and Structuring in Belief Net-works[J]. Artificial Intelligence, 1986, 29(3): 241-288.

Burt R S. Structural Holes and Good Ideas[J]. American Journal of Sociology, 2004 (2): 349-399.

四、报纸文章

邹一南.积极推进农村宅基地制度改革试点[N].学习时报,2020-08-12.

史晓露.成都市郫都区率先探索:国有资本下乡盘活闲置宅基地[N].四川日报,2021-11-05(06).

袁威.宅基地制度改革要处理好四个关系[N].学习时报,2020-08-12(A6).

五、学位论文

周梦思.农民宅基地用益物权抵押风险识别及其防范对策研究[D].南昌:江西财经大学,2016.

赵欢.宅基地三权分置制度研究[D].保定:河北大学, 2019

郭娇.宅基地农户资格权研究[D].南京:东南大学,2019.

秦小红.经济法视域中的若干涉农制度研究[D].重庆:西南政法大学,2014.

张少停.国家管制视角下农村集体土地产权制度改革研究[D].太原:山西大学,2019.

程秀建.我国宅基地"三权分置"改革法律问题研究[D].重庆:西南政法大学,2019.

郑凯文.基于"结构—行动"分析框架的宅基地退出机制研究[D].杭州:浙江大学,2019.

钟杨.重庆地票交易制度风险防控研究[D].重庆:西南大学,2012.

蒋萍.重庆农村土地交易所地票交易风险及防范研究[D].重庆:西南大学,2012.

王漪.政府主导型农地流转风险识别及评价研究[D].上海:华东理工大学,2018.

史丽娜.基于社会网络分析法的轨道交通 PPP 项目运营风险研究[D].南宁:广西大学,2016.

窦蕾.基于社会网络分析法的西安市既有建筑绿色改造风险研究[D].西安:西安建筑科技大学,2018.

孟宪薇.基于社会网络分析方法的准经营性 PPP 项目融资风险研究[D].哈尔滨:哈尔滨工业大学,2018.

陈思凡.新中国成立以来的农村土地制度变迁探析[D].厦门:厦门大学,2014.

六、国外译著

塞缪尔·P.亨廷顿.变革社会中的政治秩序[M].王冠华等,译.北京:生活·读书·新知三联书店,1989:266—267,12—13.

安东尼·吉登斯. 失控的世界[M].周红云,译.南昌:江西人民出版社,2001:20—66,22,18.

黑格尔.精神现象学:第1卷[M].北京:商务印书馆,1959:57.

斯蒂文·沙维尔.法律经济分析的基础理论[M].赵海怡,史册,宁静波,译.北京:中国人民大学出版社,2013:11—21.

乌尔里希.贝克,约翰内斯·威尔姆斯.自由与资本主义[M].路国林,译.杭州:浙江人民出版社,2001:119,118,125,121.

安东尼·奥格斯.规制:法律形式与经济学理论[M].骆梅英,译.北京:中国人民大学出版社,2008:47—55.

布雷耶.打破恶性循环:政府如何有效规制风险[M].宋华琳,译.北京:法律出版社,2009:35.

安东尼·吉登斯,克里斯多弗·皮尔森.现代性:吉登斯访谈录[M].尹宏毅,译.北京:新华出版社,2000:193.

乌尔里希·贝克.世界风险社会[M].吴英姿,孙淑敏,译.南京:南京大学出版社,上海三联书店,2004:10,2.

埃里克·S.赖纳特.富国为什么富穷国为什么穷[M].杨虎涛等,译.北京:中国人民大学出版社,2013:173.

冈纳·缪尔达尔.亚洲的戏剧:南亚国家贫困问题研究[M].方福前,译.北京:商务印书馆,2015:13.

约瑟夫·熊彼特.经济发展理论[M].郭武军,译.北京:华夏出版社,2015:152.

道格拉斯·C.诺思.经济史中的结构与变迁[M].陈郁等,译.上海:上海人民出版社,1994:68,49.

乌尔里希·贝克.风险社会[M].何博闻,译.南京:译林出版社,2004:2,102,35,24.

安东尼·吉登斯.现代性的后果[M].田禾,译.南京:译林出版社,2000:135—139,25,148.

乌尔里希·贝克,安东尼·吉登斯,斯科特·拉什.自反性现代化[M].赵文书,译.北京:商务印书馆,2001:48.

哈罗德·J.伯尔曼.法律与革命——西方法律传统的形成[M].贺卫方等,译.北京:中国大百科全书出版社,1993:V.

亨利·梅因.古代法[M].沈景一,译.北京:商务印书馆,1996:96—97.

Y.巴泽尔.产权的经济分析[M].费方域,段毅才,译.上海:上海人民出版社,1997:142.

雅克勒·高夫.历史与记忆[M].方仁杰等,译.北京:中国人民大学出版社,2010:10.

B.盖伊·彼得斯.政治科学中的制度理论:新制度主义(第二版)[M].王向民,段红伟,译.上海:上海人民出版社,2011:16.

Y.巴泽尔.产权的经济分析[M].费方域,段毅才,译.上海:格致出版社,上海人民出版社,2017:4.

马歇尔.经济学原理:上卷[M].朱志泰,陈良璧,译.北京:商务印书馆,1997:163—164.

约翰·穆勒.政治经济学原理(上)[M].赵荣潜等,译.北京:商务印书馆,1991:212.

布坎南.自由、市场和国家[M].吴良健,译.北京:北京经济学院出版社,1988:109—124.

弗兰克·H.奈特.风险、不确定性与利润[M].北京:商务印书馆,2006:232.

安东尼·吉登斯.社会的构成[M].北京:生活·读书·新知三联书店,1998:449.

约瑟夫·熊彼特.资本主义、社会主义与民主[M].北京:商务印书馆,1999:144—147.

奥特弗利德·赫费.作为现代化之代价的道德[M].邓安庆,朱更生,译.上海:上海世纪出版集团,2005:65.

安东尼·吉登斯,克里斯多弗·皮尔森.现代性:吉登斯访谈录[M].尹宏毅,译.北京:新华出版社,2000:47,76.

约翰·H.霍兰.隐秩序:适应性造就复杂性[M].周晓牧,韩晖,译.上海:上海世纪出版集团,2011:5.

卡尔·波兰尼.大转型:我们时代的政治与经济起源[M].冯钢,刘阳,译.杭州:浙江人民出版社,2007:15—20.

马克·格兰诺维特.社会与经济:信任、权力与制度[M].王永雄,罗家德,译.北京:中信出版集团,2019:23.

迈克尔·D.贝勒斯.程序正义——面向个人的分配[M].邓海平,译.北京:高等教育出版社,2005:158—164.

沃尔特·W.鲍威尔,保罗·J.迪马吉奥.组织分析的新制度主义[M].姚伟,译.上海:上海人民出版社,2008:15.

艾里克.拉斯缪森.博弈与信息——博弈论概论[M].北京:北京大学出版社,2003:26.

约瑟夫·熊彼特.经济发展理论:对于利润、资本、信贷、利息和经济周期的考察[M].何畏等,译.北京:商务印书馆,2009:28.

乌尔里希·贝克.风险社会:新的现代性之路[M].张文杰,何博闻,译.南京:译林出版社,2018:92—93,4.

罗伯特·K.殷.案例研究设计与方法[M].周海涛,主译.重庆:重庆大学出版社,2004:95—107.

谢尔顿·克里姆斯基,多米尼克·戈尔丁.风险的社会理论学说[M].徐元玲,孟毓焕,徐玲等,译.北京:北京出版社,2005:66—68.

C.尼古拉斯·泰勒,C.霍布斯·布莱恩,G.古德里奇.社会评估:理论、过程和技术[M].葛顺道,译.重庆:重庆大学出版社,2009:1.

斯坦利·沃瑟曼,凯瑟琳·福斯特.社会网络分析:方法与应用[M].陈禹,孙彩虹,译.北京:中国人民大学出版社,2012:26—28.

彼得·伯恩斯坦.与天为敌[M].毛二万,张顺明,译.北京:清华大学出版社,1999:绪言XII.

谢尔顿·克里姆斯基,多米尼克·戈尔丁.风险的社会理论学说[M].徐元玲,孟毓焕,徐玲等,译.北京:北京出版社,2005:94.

彼得.科斯洛夫斯基.经济秩序理论和伦理学[M].北京:中国社会科学出版社,1997:5.

塞缪尔·P.亨廷顿.变化社会中的政治秩序[M].王冠华,译.上海:上海人民出版社,2008:26.

七、网络资料

农业农村部.对十三届全国人大三次会议第 5495 号建议的答复［EB/OL］.（2022—11—17）.https://baijiahao.baidu.com/s？id＝1683586751969031776&wfr＝spider&for＝pc.

自然资源部.对十三届全国人大四次会议第 6921 号建议的答复：自然资人议复字［2021］113 号［EB/OL］.（2021—07—06）.http://gi. mnr. gov. cn/202111/t20211112_2703310.html.

责任编辑：许运娜
封面设计：木　辛

图书在版编目（CIP）数据

宅基地"三权分置"风险识别与规制研究 ／ 李国权
著. -- 北京 ：人民出版社，2024.12. -- ISBN 978－7－01
－027007－4

Ⅰ．F321.1

中国国家版本馆 CIP 数据核字第 2024NF6078 号

宅基地"三权分置"风险识别与规制研究

ZHAIJIDI "SANQUANFENZHI" FENGXIAN SHIBIE YU GUIZHI YANJIU

李国权　著

人民出版社 出版发行
（100706　北京市东城区隆福寺街 99 号）

北京建宏印刷有限公司印刷　新华书店经销

2024 年 12 月第 1 版　2024 年 12 月北京第 1 次印刷
开本：710 毫米×1000 毫米 1/16　印张：24.75
字数：372 千字

ISBN 978－7－01－027007－4　定价：128.00 元

邮购地址 100706　北京市东城区隆福寺街 99 号
人民东方图书销售中心　电话 （010）65250042　65289539